KB071596

교육방법 및 교육공학 3판

변영계 · 김영환 · 손 미 공저

학지사

머리말

　'어떻게 하면 현장의 교육방법을 교육공학을 이용해 개선할 수 있을 것인가?' 라는 자문을 던지며 1996년에 초판을 냈었고 2000년에 재판을 거쳐 이제 3판을 내게 되었다. 초판부터 보여 주신 많은 학형과 독자의 애정과 격려에 도취해 있는 동안에 어느새 부실해진 2판을 바쁘다는 핑계로 바라만 보던 것이 어언 4년. 그 와중에 어느덧 '교육공학 = e-러닝' 또는 '교육공학 = 임용준비시험' 이라는 등식이 사회를 지배하고 있는 듯하다. 개정하면서 이를 타파해 보겠노라는 다짐도 했고, 초심으로 돌아가서 가슴과 머리에 품은 것을 다 풀어 보리라는 호언장담도 했었지만 결과는 또다시 미완성으로 남았다.

　"포수는 한 덩이 납으로 / 그 순수(純粹)를 겨냥하지만 / 매양 쏘는 것은 / 피에 젖은 한 마리 상(傷)한 새에 지나지 않는다."(박남수 「새」) 그럼에도 나름대로 고심하고 노력했다는 것에 자위하며 다시 독자와 학형들의 손에 조심스럽게 3판을 내놓는다.

　이번 판 역시 어떻게 하면 학교교육을 더 효과적이고 효율적이며, 매력적이고 안전하게 할 수 있을 것인가의 문제를 학교현장의 실제와 교육공학적 여러 아이디어의 관점에서 풀어 보고, 특히 예비교사를 위해서 필요한 지침이 무엇인가를 찾아보는 데 중점을 두었다.

이번 집필의 기본 방향을 좀 더 구체적으로 풀어 보면 다음과 같다.

첫째, 가급적 너무 어려운 이론이나 학설을 있는 그대로 소개하는 것은 피하고 현장 수업에 적용될 수 있는 수업방법의 원리, 절차 그리고 활용요령을 위주로 제시하였다.

둘째, 이 책은 (1) 교육방법의 개선을 위한 교육공학적 접근, (2) 실제 수업의 계획과 수업방법의 실제, (3) 수업의 효율화와 수업매체의 세 영역으로 나누어 구성하였다. 하지만 양적인 비중은 교육방법과 교육공학이 절반씩 균형적 안배가 되도록 했다.

셋째, 이 책은 유치원, 초등학교, 중등학교에서 교직을 맡게 될 예비 교사는 물론 기존의 교사를 염두에 두고 집필하였다. 따라서 책에 제시된 설명의 예나 그림 등을 각급 학교에 맞는 것으로 골고루 제시하려고 노력하였다.

마지막으로 이 책은 혼자서도 학습할 수 있도록 모듈 형식으로 만들었다. 따라서 각 장은 학습목표, 읽을거리, 요약, 연습문제를 제시하여 독자가 좀 더 쉽게, 그러면서도 차근차근 자율학습을 할 수 있도록 구성하였다.

처음 이 책을 계획했을 때는 욕심을 좀 부려 그림과 삽화는 물론이고 첨단 교육공학을 현장의 수업방법에 적용하는 방법과 사례를 더 많이 넣고 책 끝부분에 자습용 프로그램도 추가하려고 했다. 그러나 아직은 현장의 추이를 좀 더 지켜보아야 할 단계로 판단되어 다음 개정판으로 이 과제를 미루기로 한다. 대신에 홈페이지(http://home.pusan.ac.kr/~flykim)에 접속하면 장별로 관련된 최신 교육공학 자료를 접할 수 있으니 참고하기 바란다. 또한 이 홈페이지 안에는 임용고사 준비 및 이 교재의 완전학습을 위한 연습문제가 파일로 만들어져 있어서 누구든지 다운받아 사용할 수 있도록 하였다.

이번 3판이 나오기까지 많은 분의 도움이 있었다. 초판을 위해 도와주었던 사람들을 돌이켜보면 김광휘, 김정란, 정희태 박사와 그동안 대학으로 자리를 옮긴 이상수, 박한숙 교수 등을 잊을 수 없다. 2판은 1판을 기준으로 저자들이 소폭 수정했고, 3판은 대폭 수정하였다. 그리고 보니 1판에 비해 제법 많이 달라진 것 같다. 3판의 마지막 교정을 위해 2007년 여름 찌는 더위와 싸우며 책을 읽어 준 김영진 박사와 제3사관학교의 정지언 교수에게 깊은 감사를 드린다. 또한 오랜 시간 이 책의 개정을 참고 기다려 주신 학지사 김진환 사장님과 편집부 여러분에게도 감사를 표한다.

2007년 지독히 더운 여름날
해운대를 바라보면서
변영계 · 김영환 · 손 미 씀

차 례

교육방법 및 교육공학의 개요

　　교육방법은 어떻게 가르칠 것인가에 대한 물음과 대답으로, 교육의 기능 중 가장 기본적이며 본질적인 것이다. 교육공학은 이러한 교육방법의 개선과 함양을 위해 구체적이며 실천적인 기여를 한다.

방법 / 교육 / 교육방법 / 좋은 교육방법 / 교육공학의 개념 / 교육공학의 영역 / 교육을 위한 공학의 필요성 / 교육공학과 교수공학 / 교육방법과 교육공학의 관계

교육방법이란 결국 어떻게 가르칠 것인가를 탐구하는 것이며, 학교 및 각종 교육현장에서 가장 중요한 부분의 하나다. 학교의 가장 기본적인 기능이 가르치고 배우는 것이기 때문이다. 그러나 아무렇게나 가르치고 배우는 것은 아닐 것이다. 그렇다면 어떤 것이 잘 가르치는 좋은 교육방법일까?

교육공학이란 또 무엇일까? 교육이라는 말과 공학이라는 말은 어떤 관계를 가지고 있으며, 이 둘이 하나가 되어 만들어 내는 영역과 기능은 어떤 것이 있을까? 우리는 이 장에서 이러한 질문에 대한 답을 구하고자 한다. 이 장의 학습을 끝낸 후에 학습자는 다음과 같은 학습목표를 성취하기를 기대한다.

1 방법이라는 말이 가진 특징을 설명할 수 있다.
2 교육의 네 가지 기본 요소 간의 관계를 설명할 수 있다.
3 교육의 하위 영역 다섯 가지를 제시할 수 있다.
4 교육과정과 교수의 차이점을 설명할 수 있다.
5 좋은 교육방법의 네 가지 요소를 설명할 수 있다.
6 교육공학과 교수공학의 개념을 구별하여 설명할 수 있다.
7 공학의 특성 다섯 가지를 제시할 수 있다.
8 교육공학의 영역과 기능을 설명할 수 있다.
9 교수공학의 영역과 기능을 설명할 수 있다.
10 교수체제 설계모형의 다섯 단계를 설명할 수 있다.
11 교육에서의 공학과 교육의 공학을 구분하여 설명할 수 있다.
12 교육방법과 교육공학의 관계를 설명할 수 있다.

1. 교육방법의 정의

교육방법이란 쉽게 풀면 '교육을 하는 방법'이다. 그러나 이 정의는 교육이라는 말 자체가 광범위하고 종합적일 뿐만 아니라, 방법이라는 말 또한 매우 포괄적이어서 '교육방법이란 무엇인가?' 라는 질문의 답으로는 충분하지 않다. 좀 더 구체적인 교육방법의 정의를 내리기 위해서는 교육이라는 말과 방법이라는 말의 의미를 새겨 보아야 한다. 우선 공학에 비해 좀 더 단순해 보이는 방법의 의미부터 짚어 보자.

1) 방법의 정의

방법이라는 말의 사전적 정의는 "어떤 일을 이루거나 해결하기 위해 사용하는 기술이나 요령" 이다(paran 국어사전). 그러면 방법이라는 말을 우리는 일상생활에서 어떻게 사용하고 있을까? '방법' 이라는 말은 보통 '～ 을 하는 방법을 ～한다.' 라는 형태로 사용되는데 '라면을 끓이는 방법을 안다.' 든지, '이차부등식을 푸는 방법을 모른다.' 또는 '다른 방법을 찾아야 한다.' 등이 그 예다. 이러한 예를 잘 살펴보면 방법이라는 말의 두 가지 특성이 발견된다.

첫째, 방법이라는 말은 어떤 '목적' 을 염두에 두고 있으며, 다시 '목적' 은 반드시 목적에 도달하지 못한 '현재의 상태' 를 전제로 하고 있다. '라면을 끓여야 할 필요' 나 '이차부등식을 풀어야 할 필요' 또는 '다른 방법을 찾아야 하는 현재' 등이 그 예다.

둘째, 방법이라는 말은 목적에 도달하기 위한 '이론적 지식' 과 이를 실현시

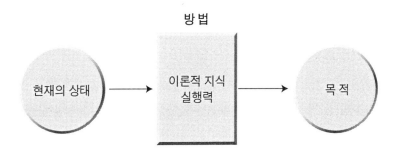

[그림 1-1] 방법의 특성

킬 수 있는 '실행력'을 포함한다. 예컨대 '라면을 끓이는 방법을 안다.'는 것
은 라면을 끓이는 절차를 말로 설명하거나 글로 써서 보일 수 있는 이론적 지
식과, 이 지식에 더하여 라면을 끓일 수 있는 실행력을 포함한다. [그림 1-1]
은 방법이 전제로 하고 있는 현재의 상태와 목적, 그리고 방법이 내포하고 있
는 이론적 지식과 실행력 간의 관계를 그림으로 나타낸 것이다.

2) 교육의 정의

교육이란 사회적으로 가치 있다고 여겨지는 지식, 태도, 행동 등을 사회적
으로 인정된 방법으로 배우고 익히며 개발하는 체제적인 활동이다. 여기서
체제적(systemic)이란 말은 어떤 현상을 볼 때 그 현상을 구성하고 있는 요소
를 하나하나 부분적으로 떼어 놓고 보기보다는 하나의 유기체(有機體), 즉 살
아 있는 생명체처럼 일정한 상호작용을 통한 유기적 관계를 가지고 있는 것
으로 보아야 한다는 것이다. 예방주사와 우리 몸의 관계를 예로 살펴보자.
우리가 예방주사를 맞으면 주사를 맞은 그 자리만 부풀어 오르고 가려워지
는 것 같지만, 사실은 몸 전체에 영향을 주어 한동안 열이 나고 가벼운 감기
에 걸린 것 같은 증상을 느끼게 된다. 즉, 예방주사의 성분이 항체를 형성하
고, 이렇게 형성된 항체는 주사를 맞은 자리뿐만 아니라 온몸에 고루 퍼져 자
리를 잡게 된다. 이와 같이 교육도 그 구성요소 간에 서로 긴밀한 상호작용
을 계속하면서 변화한다는 점에서 체제적이라고 말한다. 그렇다면 교육의
구성요소는 무엇일까?

(1) 교육의 구성요소

교육을 구성하는 기본 요소는 네 가지, 즉 교사, 학습자, 교육과정 그리고
교육상황이다. 다음의 [그림 1-2]를 보면서 이런 요소의 개념 및 관계를 살
펴보자.

[그림 1-2]에서 교사, 학습자, 교육과정의 세 가지 요소가 모두 겹쳐지는

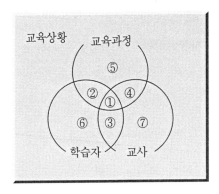

[그림 1-2] 교육과정, 교사, 학습자, 교육상황과의 관계

영역 ①은 교육과정에 제시된 내용을 교사가 적절하게 제시하여 학습이 이루어지는 것을 말한다. 영역 ②는 교사의 도움 없이 학습자가 스스로 교육과정에 있는 내용을 학습한 것이고, 영역 ③은 교육과정에 없는 내용을 교사와 학습자 간의 활동에 의해서 학습한 것이다. 영역 ④는 교육과정에 있는 내용을 교사가 제시하였으나 학습되지 못한 것이다. 영역 ⑤는 교육과정상에는 나타나 있으나 교사가 제시하지도 않았고 학습되지도 않은 것이며, 영역 ⑥은 학습자 혼자서 교육과정 이외의 내용을 학습한 것이다. 마지막으로 영역 ⑦은 교육과정에 없는 내용을 교사가 제시하였으나 학습자가 학습하지 않은 것을 말한다. 이렇게 본다면 가장 이상적인 교육은 영역 ①이 상대적으로 가장 커지는 것이다(이영덕, 1985).

이처럼 교육과정, 교사, 학습자는 교육을 이해하는 데 아주 중요한 구성요소임에 틀림없다. 여기에 한 가지 요소를 더한다면 그것은 교육상황(context)이다. 예컨대 영역 ②의 경우에 '학습자가 스스로 교육과정의 내용을 이해했을 때'의 스스로란 말이 가지고 있는 뜻은 '전적으로 혼자서'라기보다는 '교사 이외의 다른 환경적(또는 상황적) 도움을 받아서'라고 보는 것이 더 타당할 것이다. 사실 교사와 교육과정 이외에도 학습에 영향을 줄 수 있는 요소는 매일 집으로 배달되는 학습지, 학원, 가정교사, 컴퓨터 프로그램, 인터넷, 교육방송 등 다양하다. 이렇게 교육과정, 교사 그리고 학습자를 둘러싸고 있으면서 다양한 방법으로 영향을 주고받는 것이 바로 교육환경 또는 교육상황이다.

(2) 교육의 하위영역

교육이라는 활동을 구성하고 있는 하위영역을 학문적 분류가 아닌 학교 현장을 중심으로 구분하면 [그림 1-3]과 같이 교수(instruction), 교육과정 (curriculum), 상담(counseling), 행정(administration), 평가(evaluation)의 다섯 영역으로 나뉜다(Reigeluth, 1983).

위의 다섯 가지 하위영역 요소 중에서 가장 긴밀하면서도 명백히 구별되어야 할 것이 교육과정과 교수다. 교육과정(curriculum)은 "학교의 지도하에서 학습자에 의해 학습되는 모든 지식, 기능 또는 학습에 의하여 시행되는 경험과 활동을 일정한 순서로 배열해 놓은 교육내용의 계획"(김원희, 김용선, 1975)으로 라틴어 'currere(달린다, 달리는 코스)'에서 파생된 말이다.

교수(instruction)란 학습이 발생할 수 있도록 하기 위해 학습자에게 도움을 주는 의도적이고 계획적인 활동을 계획하고 관리하는 전체 과정이다. Reigeluth(1983)는 교육과정과 교수의 차이를 '무엇을 가르칠 것인가?(What to teach)'와 '어떻게 가르칠 것인가?(How to teach)'의 차이라고 설명하고 있다. 이것은 우선 무엇을 가르칠 것인가가 결정이 되어야 하며, 이를 바탕으로 어떻게 가르칠 것인가를 생각해야 한다는 것이다. 예컨대 여름방학 동안에 친구들이 모여서 여행을 간다고 할 때, 무엇을 가장 먼저 고려하겠는

[그림 1-3] 교육의 하위영역(Reigeluth, 1983)

가? 그것은 아마도 어디로 갈 것인지를 결정하는 것일 것이다. 이것은 교육을 생각할 때 '도대체 무엇을 가르쳐야 할 것인가?'에 대한 답을 구하는 것과 마찬가지다. 어디로 갈 것인지가 결정되면 그다음 나오는 문제는 '어떻게, 즉 어떤 방법으로 갈 것인가?'에 대한 물음이 될 것이다. 비행기, 기차, 버스, 승용차 아니면 자전거? 또는 도보? 우리는 어떤 기준으로 여행 방법을 결정할까? 예컨대 급히 가야 할 때는 비행기가 유리할 것이고, 경비가 부족할 때는 자전거나 도보를 고려할 것이다. 또 시간과 경비에서 어느 정도 여유가 있을 경우 사람이 많다면 기차나 버스를, 사람이 적다면 승용차 등을 고려할 것이다. 그러나 실제로 여행 방법을 결정할 때는 이보다 훨씬 많은 요소가 복합적으로 고려되기 마련이다. 교수(방법)도 이와 유사하다고 할 수 있다.

3) 교육방법의 정의

앞에서 제시된 교육의 구성요소, 하위영역 그리고 방법의 개념을 통합해 보면 교육방법의 정의가 더욱 명확해진다. 우선 교육의 하위영역 면에서 본다면 교육방법이란 교수방법, 교육과정방법, 교육상담방법, 교육행정방법 그리고 교육평가방법 등을 모두 포함하는 것이어야 한다. 그러나 현재 교직과목의 편제상 교육과정과 교육평가는 '교육과정 및 교육평가'라는 과목에서, 교육행정은 '교육행정 및 교육경영'에서 그리고 상담은 '생활지도' 과목에서 다루고 있으므로 이 책에서 다루는 교육방법은 주로 교수방법에 관련된 것이다. 이런 점에서 보면 사실 이 책의 제목을 '교수방법 및 교수공학'이라고 하는 것이 더 적절하지만, 현 교직과목의 교육과정에 충실하기 위해서 '교육방법 및 교육공학'이라고 했음을 밝힌다. 교육의 구성요소와 방법의 개념을 함께 정리해 보면 [그림 1-4]와 같다.

[그림 1-4]는 학습자, 수업자 그리고 교육과정이 각각 학습자의 현 상태, 교수방법 그리고 교육과정과 상응하고 있으며, 교수방법은 지식과 실행력으로 구성되어 있다.

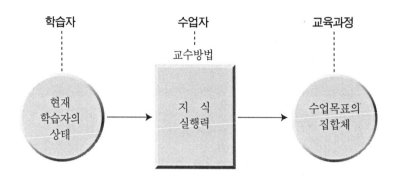

[그림 1-4] 교수방법의 영역

여기서 교수와 수업의 구별이 필요하다. 교수란 말 그대로 보면 '가르칠 교(敎)'와 '줄 수(授)'로서 가르쳐 주는 것이고, 수업은 '줄 수(授)'와 '업 업(業)'으로 주는 일을 말한다. 영어에서는 아직도 명쾌한 합의는 도출되지 않았지만 대부분 교수는 'instruction'으로, 수업은 'teaching'으로 구별하고 있다. 여기서 교수란 수업에 비해 좀 더 포괄적인 것으로서 구체적으로는 설계 · 개발 · 적용 · 관리 · 평가를 포함하며, 수업이란 주로 교사의 적용과 실행에 중점을 두는 것이다(Reigeluth, 1983). 따라서 교사가 교실에서 수업시간에 가르치는 것은 수업이며, 이는 교수의 일부분이다. 교수란 교사가 수업을 하기 위한 준비 · 계획 · 수업 · 수업 후 처치 등 모든 제반 활동을 말한다. 따라서 교육방법이란 구체적으로 교수방법을 말하며, 이 교수방법은 교사 및 기타 교수자가 학습을 발생시키기 위한 목적으로 설계 · 개발 · 적용 · 관리 · 평가를 하기 위한 지식과 실행력이라고 정의된다.

4) 좋은 교육방법의 정의와 필요성

좋은 교육방법은 효과적이고 효율적이며, 매력적이고 안전한 것이어야 한다. 효과적이란 목표로 하는 학습이 발생했느냐를 보는 것이고, 효율적이란 얼마나 경제적으로 그 목표가 달성되었느냐를 보는 것이다. 매력적이란 학습자와 교수자가 얼마나 그 과정을 좋아하며 흥미를 가지고 참여할 수 있느냐에 대한 고려이고, 안전하다는 것은 교육방법이 실천과 수행상 도덕적으로 문제가 없다는 것을 말한다. 예를 들어 보자.

여러분은 아마 평상시에는 도저히 불가능한 분량의 암기를 체벌 등의 강압적인 수단이 동원되는 경우 짧은 시간에 해낸 경험이 한 번 정도는 있을 것이다. 이 방법은 효과적이고 효율적이라고 말할 수 있을지 모른다. 목표로 하는 학습이 발생하였고 이 목표가 평소에 비해 짧은 시간 내에 달성되었기 때문이다. 그러나 이 수업은 매력적인가? 학습자는 물론 교수자도 다시 이 방법을 통해 학습하기를 원할까? 물론 아니다. 또한 이 방법은 도덕적으로 안전하며 다른 내용의 학습을 위해서도 추천할 수 있는 방법인가? 이것 역시 아닐 것이다.

최근의 학습자는 효율성과 효과성보다는 매력성을 더 중시하는 경향이 있고, 장기적으로 보더라도 매력성이 다른 두 가지보다 훨씬 더 중요하다고 볼 수 있다. 안정성 역시 최근에 와서 주목을 받기 시작하고 있으나 좀 더 많은 관심이 요청되는 분야다.

좋은 교육방법은 왜 필요할까? 좋은 교육방법의 필요성은 학습자와 교수자가 효율적이고 효과적이며, 매력적이고 안전하게 교수-학습활동을 한다면 학습자가 지적 영역의 학습에 필요한 시간을 최대한으로 줄일 수 있을 것이라는 가설을 바탕으로 하고 있다. 이렇게 학습자가 학습에 투자해야 할 시간이 줄게 되면 나머지 시간을 좀 더 인간적인 활동, 즉 그림을 그리고 독서를 하며 선생님과 함께 다양한 주제와 자신에 대해 토론할 시간을 가질 수 있다. 따라서 좋은 교육방법을 알고 실행하려면 그 궁극적인 목적이 학습이 잘되도록 지도하는 것은 물론 학습자가 더 많은 시간을 학습 이외의 인간적인 활동에 할애할 수 있도록 도와주는 데 있다는 것을 항상 생각하며 교육활동에 임하는 자세가 필요하다.

2. 교육공학의 정의

'교육공학이 무엇입니까?' '교육에도 공학이 있습니까?' 교육공학을 소개하면서 가장 흔하게 들을 수 있는 질문이다. 왜 사람들은 교육공학이라는 말에 고개를 갸우뚱하게 될까? 그것은 아마도 '공학' 과 '교육' 이 서로 어울리지 않는다고 생각하기 때문일 것이다. Heinich(1973)도 일찍이 공학이라는 말이 교육에 적용될 경우 큰 오해를 불러일으킨다고 지적했는데, 이것은 공학을 좀 더 실제적인 사고나 하나의 과정으로 보지 못하기 때문이라고 했다. 그렇다면 공학은 무엇일까?

1) 공학의 정의

대부분의 사람은 '공학(工學)' 이라는 말을 건물을 짓고, 기계를 만드는 것과 연관 지어 인식하고 있다. 그러나 공학의 영어식 어원인 'technology' 는 라틴어의 기예 또는 기술을 뜻하는 'techne' 와 학문에 대한 탐구를 뜻하는 'logos' 가 합성된 말이다. 이렇게 보면 공학, 즉 technology의 개념이 기계류만을 지칭하는 것이 아님을 알 수 있다.

그렇다면 technology란 무엇인가? 이는 과학적 지식을 인간의 생활을 향상시키기 위해 창의적이고 실질적으로 사용한 것을 말한다. 예컨대 프레온가스를 압축하면 온도가 떨어진다는 것은 과학적 지식이다. 이 과학적 지식 자체만으로는 그 사실 이상의 의미는 없다. 그러나 우리는 이런 프레온가스의 성질을 이용해 창의적으로 일상생활에 실질적인 도움이 되는 냉장고를 만들어 냈다.

Galbraith(1967)는 이러한 맥락에서 technology를 "과학적이고 잘 조직된 지식을 현실적인 문제해결에 체계적으로(systematic) 적용하는 것" 이라고 정의하고 있다. Heinich 등(1996)은 "공학은 기계류와 관련된 하드웨어나 소프트웨어를 포함할 수도 그렇지 않을 수도 있는 것으로서, 어떤 특정한 과제를 수행하는 데 있어서 요구되는 실천적 문제해결기법을 의미한다."라고 정의하였고, Finn(1964)은 "공학은 기계적 생산품 또는 발명품 이상의 체계적 사고의 과정이며 방식이다."라고 정의하고 있다. 이 외에도 많은 사람이 공학을 다양하게 정의하고 있으나, 김종량(1992)은 다음과 같이 공학의 특성을 종합하여 제시하고 있다.

① 공학은 기계류 등의 산업 또는 공업 분야에만 국한되는 것이 아니다.
② 공학은 합리적 사고과정이며 체계적 문제해결방식으로서 과학적 지식을 적용하는 모든 분야에 해당한다.
③ 공학은 의도하는 목표의 달성을 위해 요구되는 실천적 원리 및 기법을 실제 과정에 유용하게 적용한다.
④ 공학은 개별적이고 부분적인 산물이 아니라 총체적이고 통합적인 과정이다.
⑤ 공학은 과학과 개념상 구분되는 것이다.

2) 교육을 위한 공학의 필요성

그렇다면 교육을 위해 공학을 활용해야 할 필요성은 무엇일까?

첫째, 교육과 공학 둘 다 공히 과학적 지식을 바탕으로 하고 실천적이며 창의적인 영역의 작업을 필요로 한다는 공통점이 있는데, 공학은 그 실제적인 작업을 위한 방법을 제공하고 있다는 점이 포함된다. 교육학이 크게 보아 '교육과학' 과 '교육실천학' 으로 구분되는 것은(이돈희, 1983) 마치 공학이 과학에 바탕을 두되 실제적이며 창의적인 작업이 필요한 영역이라는 것과 유사하다. 이런 점은 Skinner(1954)가 그의 논문 제목을 「학습의 과학과 수업의 예술(The science of learning and the art of teaching)」이라고 한 것과도 일치한다.

둘째, 교육과 공학 둘 다 하드웨어적이고 소프트웨어적인 측면을 가지고 있다. 공학의 하드웨어가 기계나 시설이고 소프트웨어가 운용체제나 기술이듯이, 교육에서도 하드웨어나 소프트웨어의 활용이 필요하기 때문이다. 교육에서의 하드웨어란 각종 교수매체와 학교의 건물 및 각종 기자재를 들 수 있으며, 소프트웨어란 하드웨어를 운영하기 위해 필요한 자료와 지식뿐만 아니라 교육활동에 관련된 제반 체제를 포함하기도 한다.

셋째, 공학은 본질적으로 통합적이고 체계화된 방법과 기술을 적용할 수 있는 힘이 있기 때문에 각종 교육에 관련된 각종 문제를 해결하고 교육구조의 개선을 위해 사용될 수 있다.

3) 교육공학과 교수공학의 개념

교육공학은 시대의 발전에 따라 그동안 계속 이름이 바뀌어 왔으며 시각교육에서 시청각교육으로, 교육공학에서 이제는 교수공학(instructional technology)으로 변천하고 있다. 학술적으로는 아직까지 교육공학과 교수공학이라는 말이 공존하고 있지만 교육공학계에서 가장 영향력 있는 미국교육공학회(AECT)에서는 교육공학과 교수공학이 상호 교환되어 사용될 수 있음을 전제로 하여 1994년부터 '교수공학'이라는 용어를 채택하고 그 이유를 다음과 같이 설명하였다.

① 교수공학이 미국에서 더욱 널리 통용되고 있다.
② 더 넓은 실천현장을 포괄할 수 있다.
③ 교육을 위한 공학의 기능을 더 정확하게 기술한다.
④ 정의를 내리는 하나의 문장 속에 교수와 학습이라는 용어를 함께 넣을 수 있다는 이점이 있다(Seels & Richey, 1994).

여기서 AECT의 정의를 중심으로 교육공학의 개념이 어떻게 변화했는지

표 1-1	교육공학과 교수공학의 정의		

교육공학의 정의 (AECT, 1977)		교수공학의 정의 (Seels & Richey, 1994)		교육공학 정의 연구위원회 (AECT, 2004)
교육공학이란 모든 인간학습에 포함된 문제를 분석하고, 그 해결책을 고안·실행하고 평가·관리하기 위하여 사람, 절차, 아이디어, 기계 및 조직을 포함하는 복합적이며 통합적인 과정이다.	⇒	교수공학이란 학습을 위한 과정과 자원의 설계, 개발, 활용, 관리 및 평가에 관한 이론과 실제다.	⇒	적절한 공학적 과정 및 자원을 창출, 활용, 관리함으로써 학습을 촉진하고 수행을 개선하는 연구와 윤리적 실천이다.

알아보자.

그동안 교육공학이라는 말이 실제 교육공학 관련 학자의 주요 관심영역에 비해 더 넓은 의미와 영역으로 인식되었던 것이 사실이다. 교수공학이란 말 그대로는 앞의 [그림 1-3]처럼 교육의 하위영역인 교수, 교육과정, 상담, 행정, 평가의 다섯 영역을 모두 포괄하기 때문이다. 그러나 교육공학 관련자의 주요 관심이 점차적으로 '교수'라는 측면에 더 가까워지면서 교수공학이라는 개념을 선호하게 된 것이다.

4) 교수(교육)공학의 영역

교수공학의 영역은 교수공학의 개념에 따라 설계, 개발, 활용, 관리, 평가의 다섯 영역으로 구분되며 이들 영역은 각각 다시 세부적인 하위요소와 관련 활동으로 구성된다. 그리고 교수공학의 다섯 영역은 [그림 1-5]와 같이 서로 긴밀하게 상호 연관 및 지원관계에 놓여 있다.

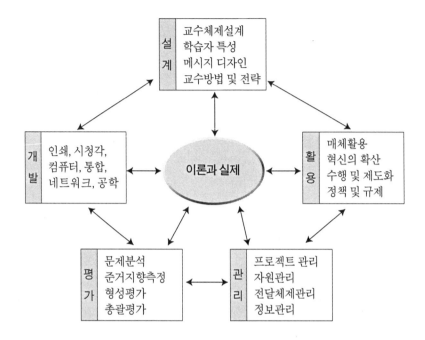

[그림 1-5] 교수공학 내부 영역 간의 관계(Seels & Richey, 1994)

5) 교육에서의 공학과 교육의 공학

교육공학을 이해하는 데는 크게 두 가지 측면이 있는데 하나는 교육목적의 더욱 효율적인 달성을 위해 공학을 수단으로 활용하는 '교육에서의 공학(technology in education)' 이고, 다른 하나는 교육의 개선을 위한 과정으로서 공학을 사용하는 '교육의 공학(technology of education)' 이다. Holloway(1984)는 공학을 수단으로 도입한 것을 채택(adoption), 과정으로서 도입한 것은 적응(adaptation)이라고 설명하면서 채택보다는 적응이 더 바람직하다고 말한다.

'교육에서의 공학' 이란 협의의 교육공학으로, 예를 들면 시청각매체를 수업에 활용하는 것을 말한다. 여기서 매체는 하드웨어와 소프트웨어로 구성되며, 초기에는 주로 하드웨어의 개발과 보급에 치우쳤으나 갈수록 소프트웨어의 개발에 더 많은 관심을 가지게 되었다.

'교육의 공학'이란 교육목표의 달성을 위해 교육과 그에 관련된 과정 및 요소를 통합적인 체제로 이해하면서 여기서 발생할 수 있는 문제의 해결이나 목표의 성취를 위해 체제적인 접근법을 사용하는 것을 말한다. 이것은 한 단위시간의 교수-학습과정의 효율성을 증대시키는 것에서부터 학교교육에 관련된 계획적이고 체제적인 전반적인 활동의 개선까지도 포괄하고 있다. 좀 더 구체적으로는 교육내용과 목표의 선정, 학습계열의 설정, 효율적이고 효과적인 수업설계, 수업방법, 평가, 수업 등과 학급 및 학교의 경영과 관리, 각종 시설의 관리 및 운영 등에 관한 교육문제 전반을 들 수 있다.

여기서 체제적인 접근법이란 문제의 해결을 위해 전체를 분석하고 이 전체 속에서 각 부분의 기능이 어떻게 역동적이며 상호 보완적으로 관계되는지를 파악하고, 다시 이들을 전체 속에서 이해하려는 방법을 말한다. 이런 체제적 접근법은 교육공학의 가장 중요한 특성 중의 하나다. 따라서 교육공학의 개념은 교육에서의 공학이 아니라 교육의 공학이라는 측면에서 파악되어야 한다.

6) 교육공학의 영역과 전망

교육공학의 영역은 크게 보아 탐구영역으로서의 교육공학과 전문적 활동 영역으로서의 교육공학으로 나뉜다. 우선 탐구영역으로서의 교육공학은 인간학습의 문제를 해결하는 것과 관련된 경험적 연구와 평가, 그리고 종합적 연구결과를 바탕으로 한 이론과 지식체제에 관심을 갖는다. 전문적 활동영역으로서의 교육공학은 주로 관련 이론과 연구결과를 교육현장에 적용하는 것이다. 따라서 교육공학 전문활동가의 활동영역의 폭은 다른 어떤 교육학의 하위영역보다도 넓다. 우선 학교교육은 물론 평생교육, 기업교육 그리고 군대 및 각급 특수목적 교육기관에 이르기까지 교육공학적 사고와 지식이 활용될 수 있기 때문이다. 실제로 교육공학을 전공한 전문가가 주축이 되어 운영 중인 관련 학술단체로 한국교육공학회, 한국교육정보미디어학회, 기업교육학회, 산업교육학회 등이 분야별로 다양하게 구성되어 있으며, 이는 교육공학의 탐구영역 및 활동영역이 확산되고 있다는 증거이기도 하다.

특히 기업교육에서 교육공학의 필요성은 날로 증가되고 있으며, 최근 각종 사회교육시설에서도 이와 유사한 경향을 보이고 있다. 또한 군대교육 영역에서도 교육공학의 필요성이 급증하고 있는데, 미국 군대에서 이루어지고 있는 첨단교육방법 개발 및 교수공학적 접근법에 관련된 투자와 노력은 아주 좋은 예다.

이렇게 각급 기관에서 교육공학에 대한 요구가 증가하고 있는 이유는 다음과 같다.

① 다양한 교육기관이 교육의 중요성을 다시금 실감하고 있다.
② 교육의 중요성이 부각되면서 종래의 구태의연한 교육방법에서 벗어나 좀 더 효율적이고 효과적인 교육방법을 찾아 나서고 있다.
③ 컴퓨터와 관련된 공학의 급속한 발달로 인해 멀티미디어, 인터넷, 가상현실 등 각종 매체의 설계와 제작에 대한 요구가 빈번하게 발생하고 있다.
④ 각종 문제를 좀 더 과학적이며 체제적으로 해석하고 해결책을 찾으려는 움직임이 확산되고 있다.

그렇다면 실제 교육공학의 영역은 어디서부터 어디까지일까? 개괄적으로 말하면 교육공학의 영역은 좁게는 한 시간의 수업을 어떻게 효과적이고 효율적이며 매력적이고 안전하게 할 것인가에 대한 과학적이며 실천적인 수준의 문제해결에서부터 크게는 각종 교육기관의 교육목표를 효과적 · 효율적 · 매력적이고 안전하게 달성하기 위한 제반 문제를 탐구하고 해결책을 제시하는 것까지를 포함한다고 볼 수 있다. 권성호(1990)는 교육공학의 탐구영역모델을 [그림 1-6]과 같이 제시하고 있다.

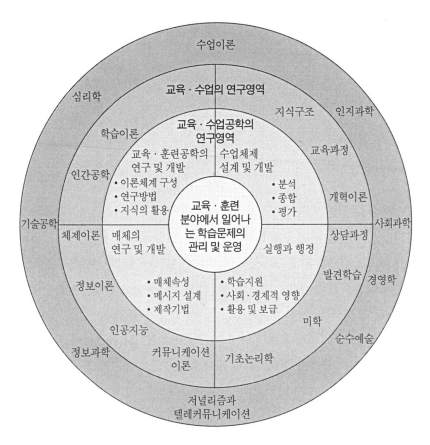

[그림 1-6] 교육공학의 탐구영역(권성호, 1990)

3. 교육방법과 교육공학

1) 교육방법과 교육공학의 관계

지금까지는 교육방법과 교육공학에 대해 알아보았다. 이제 이들의 관계에 대해 살펴보고자 한다. 교육방법과 교육공학은 어떤 관계에 있을까? 왜 우리는 이 두 가지를 함께 묶어서 배우는 것일까? 교육방법과 교육공학과의 관계는 다음과 같은 몇 가지 점에서 함께 논의되고 취급된다.

첫째, 교육공학이 실제적으로 가장 역동적이고 긴밀하게 적용될 수 있는 분야는 교육방법과 관련된 영역이므로 이 둘은 아주 긴밀한 관계를 가지고 있다. 방법이 이론과 실행으로 구성되었듯이 공학 역시 과학적 지식과 그의 적용(실행)을 중심으로 하기 때문이다.

둘째, 교육공학은 첨단정보공학을 교육에 도입하여 더욱 다양한 교육방법의 가능성을 열어 주고 있다. 멀티미디어, 인터넷, 위성방송과 인터넷방송 및 각종 첨단정보공학을 이용한 원격교육 및 개별화 교육은 그 좋은 예다.

셋째, 교육공학의 과학적인 접근법은 수업현장 및 교육현장에서의 교육방법의 질적 개선을 위한 구체적이고 실무적인 지침을 제공해 준다. 예컨대 수업을 설계하기 위한 학습자의 분석, 목표의 분석, 필요한 매체의 분석 등을 통한 정확한 자료의 수집과 이해는 수업방법의 개선을 위한 자료를 제공한다.

넷째, 교육공학의 체제적 접근법은 교육방법이 가지고 있는 각종 교육환경과 관련된 제반 체제적 문제의 해결을 위한 구체적이고 실무적인 지침을 제공해 준다. 교육방법에 대한 개선은 비단 학습자에 대한 분석 등 수업 현장에 관련된 분석만을 통해 이루어지는 것은 아니다. 여기에 환경적인 특성, 교사와 학습자 간에 형성된 관계, 사용할 수 있는 매체 그리고 수업방법에 영향을 주는 기타 제반 환경 등과의 복합적이며 체제적인 변인에 대한 이해와 적용도 필요하다. 교육공학의 체제적 접근법은 이러한 문제의 해결을 위한 안목과 방법을 제공한다.

2) 교육공학적 교육방법에 대한 우려와 우리의 자세

앞에서 살펴본 것처럼 교육공학과 교육방법은 긴밀한 관계를 맺고 있다. 이에 대해 일부에서는 교육공학, 특히 첨단정보공학적 접근이 교육에 미칠 수 있는 부정적인 면에 대한 우려의 소리가 있는데, 예를 들면 첨단정보화의 물결을 교육에 끌어들이는 데 교육공학이 앞장서고 있으나 그 부정적 측면에 대한 배려를 하지 못하고 있다는 지적이 바로 그것이다. 예컨대 과도한 컴퓨터의 활용은 인간을 기계화와 비인간화시키고 컴퓨터 프로그램의 논리에 따른 학습은 사고를 경직하게 하며 풍부한 인성의 개발을 방해한다는 비판이 있다.

하지만 위의 비판은 고정된 수행순서에 따른 프로그램식 학습에 해당되는 것으로 최근의 하이퍼미디어와 멀티미디어 그리고 인터넷을 활용한 탐구형, 자기주도형, 문제해결형 등의 학습법에는 해당되지 않는다. 오히려 이들을 이용한 방식은 인지능력의 발달 등 여러 가지 장점을 갖는다. 컴퓨터 통신의 발달은 인터넷을 이용한 토론이나 채팅, 전자우편(e-mail) 등을 이용한 인간과 인간 사이의 커뮤니케이션을 증대시키고 있는데 이런 발전은 단순한 지식이나 정보의 교류에서 감정과 느낌의 교류로 확대 발전하고 있다(김영환, 1998a).

또한 각종 하드웨어와 소프트웨어의 발전에 따라 사용은 쉬우면서 가격이 싼 제품이 다양한 형태로 개발되고 있어서 교육은 물론 사회 전체가 첨단공학에의 의존도가 높아지고 있다. 최근 우리나라뿐만 아니라 싱가포르 등지에서는 학습자에게 휴대하기 간편한 컴퓨터(태블릿 PC, PDA 등)를 보급하며 학습자가 언제 어디서나 학습할 수 있는 최첨단 환경을 조성해 가고 있고, 이를 지원하기 위한 온라인 학습자료 개발도 활발히 이루어지고 있다.

그러나 무분별하게 공학적 방법을 교육에 도입해서는 곤란하다. 이들 공학적 요소를 어떻게 효과적, 효율적, 매력적이면서도 안전하게 교육현장의 문제점을 개선하고 교육의 질을 높일 수 있는 방향으로 활용할 것인가에 대한 깊은 논의와 연구가 교사는 물론 연구진과 정책결정자, 학부모 그리고 학생의 차원에서도 있어야 한다. 결국 교육체제 전체가 함께 이에 대한 준비를 해야 한다.

공학의 개발과 활용은 궁극적 목표가 아닌 수단이며, 결국 우리의 과제는 어떻게 공학을 효과적, 효율적, 매력적이며 안전하게 교육에서 활용하여 교육의 질을 높일 수 있을 것인가에 있다.

요약

1. 교육방법의 개념 정의를 위해서는 교육과 방법이라는 개념의 분명한 이해가 선행되어야 한다.

   ① 교육은 사회적으로 가치 있는 지식·태도·행동을 사회적으로 인정된 방법으로 배우고 익히며 개발하는 활동으로, 특히 교육을 구성하는 요소 간에는 서로 긴밀한 유기체적인 상호작용을 하면서 변화한다는 점에서 체제적인 활동이다.

   ② 방법이란 현재의 상태에서 어떤 목적(이상적인 상태)에 도달하기 위한 지식과 실행력을 포함하는 개념이다.

2. 교육을 이해하는 데 필요한 구성요소는 교사, 학습자, 교육과정인데, 이 세 요소는 이들을 둘러싸고 있는 교육환경(또는 교육상황)이라는 환경적 요소와의 관련 속에서 이해되어야 한다.

3. 교육의 하위영역은 교육과정, 교수, 상담, 행정, 평가의 다섯 가지로 이루어져 있다. 특히 교육과정은 교수에 있어서 바탕이 되는 영역이다. 이때 교육과정이란 학습경험과 활동을 일정한 순서로 배열해 놓은 교육내용의 계획으로서 무엇을 가르칠 것인가에 해당되며, 반면 어떻게 가르칠 것인가에 해당되는 것이 교수의 영역이다.

4. 수업(teaching)이 주로 교사의 적용과 실행에 중점을 두는 개념인 데 비하여, 교수(instruction)는 설계, 개발, 적용, 관리, 평가를 포함하는 개념으로 수업을 포함한 더욱 포괄적인 개념이라는 것에서 두 개념은 서로 구별될 수 있다.

5. 교육의 구성요소와 방법의 개념을 함께 고려할 때, 교육방법이란 교사 및 기타 교수자가 학습을 발생시키기 위한 목적으로 설계·개발·적용·관리·평가를 하기 위한 지식과 실행력을 갖추는 것으로 정의될 수 있다.

6. 좋은 교육방법이 되기 위해서는 효과성, 효율성, 매력성, 안전성을

갖추어야 하며, 이러한 교육방법은 학습에 투자하는 시간을 줄임으로써 남는 시간에 더 많은 인간적인 활동을 할 수 있도록 해 준다.

7. 공학이란 과학 또는 과학적 지식을 인간의 생활을 향상시키려는 실질적 가치를 위해 창의적으로 사용하는 것이다.

8. 공학은 교육에 있어서 과학적 지식을 바탕으로 한 실천적이고 창의적인 작업을 하기 위해 필요한 방법을 제공할 수 있으며, 아울러 하드웨어와 소프트웨어의 효과적인 활용과 교육의 구조를 체계화시키는 데 도움을 줄 수 있다는 점에서 그 필요성이 강조된다.

9. 교육공학(educational technology)이란 과학적이고 잘 조직된 지식을 교육의 전 영역(교수, 교육과정, 상담, 행정, 평가)에 걸쳐서 발생할 수 있는 교육적인 문제의 해결을 위한 통합적이고 체제적인 과정이다.

10. 교수공학(instructional technology)이란 교육공학의 하위영역으로, 학습을 위한 과정과 자원의 설계, 개발, 활용, 관리 및 평가에 관한 이론과 실제다.

11. 교육에서의 공학은 교육목적의 효율적인 달성을 위한 수단의 개념으로서, 시청각매체를 수업에 활용하는 것을 일컫는 협의의 교육공학이다. 교육의 공학은 교육적인 문제의 해결이나 목표의 성취를 위해 체제적인 접근법을 사용하는 것을 포함하는 개념이다. 체제적인 방법을 사용한다는 교육공학의 특성상 교육공학은 교육의 공학이라는 측면에서 이해되어야 한다.

12. 최근 매체의 급속한 개발과 체제적 접근법의 확산, 교육과 훈련에 대한 요구와 기회의 증대와 같은 상황으로 인하여 교육공학의 탐구 영역이 점차 확대되고 있다.

연 습 문 제

1. 다음 중 수업에 대한 가장 넓은 의미의 교육공학적 접근은? **2000 초등기출**
   ① 복사기를 이용하여 학습 자료를 복사한다.
   ② 행동과학이론을 수업설계와 운영에 적용한다.
   ③ 인터넷을 이용하여 학습 자료를 얻는다.
   ④ 가상학교에서 제공하는 수업을 듣는다.
   ⑤ 수업내용을 멀티미디어로 제시한다.

2. 교육공학의 영역 중 학습자의 개별 특성을 고려한 수업을 실행하기 위하여 학습자의 특성을 연구하는 영역은? **2004 초등기출**
   ① 설계   ② 개발   ③ 활용   ④ 관리

3. 최근 교육 부문에서 일어나는 변화를 가리켜 '교육에서 학습으로의 변화'라고 말하는 사람들이 주목하고 있는 변화를 가장 잘 진술한 것은?
   ① 교육자 주도의 교육보다 학습자 스스로 추구하는 학습이 일반화되는 추세
   ② 교육자와 학습자의 면대면(面對面) 교육보다 원격 교육이 더 보편화되는 추세
   ③ 교사가 학생 교육보다 자신을 위한 학습에 투자하는 시간이 더 많아지는 추세
   ④ 아동을 위한 교육 시장보다 성인의 자기주도적 학습을 위한 시장이 더 확장되는 추세

4. 다음 중 '방법'이라는 말과 가장 거리가 먼 것은?
   ① 방법은 목적을 염두에 두고 있다.
   ② 방법은 목적을 위한 이론적 지식과 실행력을 포함한다.
   ③ 방법은 현재의 상태와 목적의 중간에 위치한다.
   ④ 방법은 필요와 수행력으로 구성된다.

5. 다음 중 교육공학에서 말하는 공학의 개념을 가장 정확히 설명하고 있는 것은?

　① 기계나 장치를 주로 다루는 것이다.

　② 과학적 지식을 이용해서 생산품이나 발명품을 제작하는 것이다.

　③ 과학적 지식을 이용해서 실제적인 문제를 해결하는 것이다.

　④ 과학적 지식을 체계적으로 적용하는 것이다.

6. 다음 중 공학의 특성과 가장 관계가 없는 것은?

　① 공학은 기계류 등의 산업 또는 공업 분야에만 국한되는 것이 아니다.

　② 공학은 합리적 사고과정이자 체계적 문제해결방식으로서 과학적 지식을 적용하는 모든 분야에 해당한다.

　③ 공학은 의도하는 목표의 달성을 위해 요구되는 실천적 원리 및 기법을 실제 과정에 유용하게 적용한다.

　④ 공학은 개별적이고 부분적인 특성이 강하다.

7. 다음 중 교육공학의 영역의 예를 가장 잘 포함하고 있는 것은?

　① 기업교육, 군대교육, 한 시간의 수업 개선

　② 기업교육, 군대교육, 한 시간의 수업 개선, 교육기관의 체제 개선

　③ 매체개발 연구, 개혁이론, 컴퓨터 CPU의 개선

　④ 컴퓨터 그래픽, 순수예술, 메시지 설계, 컴퓨터 CPU의 개선

8. 교육공학의 영역이 점차 확대되는 이유가 아닌 것은?

　① 체제적 접근법의 확산

　② 최근 매체의 급속한 발달

　③ 공학 만능주의의 확산

　④ 교육과 훈련에 대한 요구와 기회의 증대

교수–학습과정의 이해

학습

교육과정부터 수업과 학습까지는 독립된 부분의 합이 아니라 하나의 연장선상에 있는 유기적이며 체제적인 활동으로 이해되어야 한다.

교수설계 / 교수개발 / 교수실행 / 교수관리 / 교수평가 / 교육과정에서 학습까지 / 거시적 전략 / 미시적 전략 / 계열화 / 주제별 계열화 / 나선형 계열화 / 수업과 학습 / 행동주의 이론 / 인지주의 이론 / 구성주의 이론 / 사회심리학 이론 / 처방적 이론 / 기술적 이론

　　우리는 제1장에서 교육방법과 교육공학의 개념 및 교육과정, 교수 그리고 수업의 관계와 차이점을 개략적으로 살펴보았다. 이 세 가지 요소는 한 가지 공통점을 가지고 있는데, 그것은 모두 학습자에게 무엇을 어떻게 학습시켜야 하는지를 구현하기 위한 하나의 체제적인 활동의 연장선상에 있다는 것이다.

　　이러한 연장선상에 있는 교육과정에서 수업과 학습으로 이어지는 전체 과정에 대한 기본적인 이해가 본격적으로 수업의 설계와 그에 관련된 매체의 활용으로 들어가기 전에 필요하다. 따라서 이 장에서는 우선 교수와 교수설계에 대한 이해를 공고히 하고 이를 바탕으로 교육과정에서부터 수업과 학습에 이르는 전체 과정을 살펴본 후 이 과정에서 중요한 요소인 계열화, 수업과 학습 및 교수설계이론이 가지는 처방적 특성에 대해 알아보려 한다. 특히 학습이론으로 행동주의 이론, 인지주의 이론, 구성주의 이론, 사회심리학 이론에 대해 살펴볼 것이다. 이 장의 학습을 끝낸 후에 학습자는 다음과 같은 학습목표를 성취하기를 기대한다.

1 교수의 다섯 가지 하위영역과 그 특징을 설명할 수 있다.
2 교수설계의 '거시적 수준' 및 '미시적 수준'의 결정, 그리고 '무엇을 가르칠 것인가'와 '어떻게 가르칠 것인가'의 관계를 도표로 그리면서 설명할 수 있다.
3 교육과정에서 교수평가까지의 전체 과정을 설명할 수 있다.
4 계열화의 개념을 설명할 수 있다.
5 계열화의 두 가지 종류를 설명할 수 있다.
6 수업과 학습의 개념을 각각 설명할 수 있다.
7 수업과 학습의 차이점을 설명할 수 있다.
8 교수이론과 학습이론의 차이를 설명할 수 있다.
9 교수이론의 처방성과 기술성을 설명할 수 있다.
10 학습이론의 네 가지 종류를 설명할 수 있다.

1. 교수와 교수설계

우리는 제1장에서 교육의 하위영역이 교육과정 · 교수 · 상담 · 교육행정 · 교육평가로 구성되어 있으며, 교수는 교수설계 · 교수개발 · 교수실행 · 교수 관리 · 교수평가로 구성되어 있음을 개괄적으로 살펴보았다. 여기서는 교수 의 다섯 가지 하위영역에 대해 [그림 2-1]을 통해 구체적으로 알아보자.

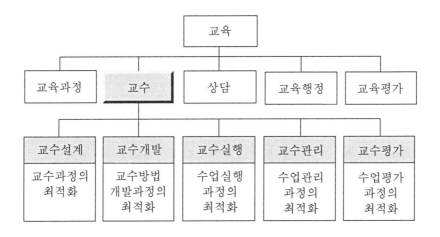

[그림 2-1] 교육의 하위영역과 교수의 하위영역

1) 교수설계

교수설계(instructional design)란 교육실무자와 교수개발자에 의해 수행되는 전문적인 활동으로서, 교수방법을 이해하고 개선하고 적용하는 것이다. 즉, 특정 학습내용이나 학습집단에 대하여 학습자의 지식과 기능 면에서 기대되는 변화를 가져오기 위해 필요한 최적의 교수방법이 무엇인지를 결정하는 과정으로, 이 과정의 최종산출물은 학습을 위한 교수계획표(교수명세서)를 작성하는 것이다. 이는 건축의 경우 청사진 제작과 유사하다. 교수설계과정에서 고려해야 할 요소는 다음과 같다.

(1) 교수체제설계

ISD(instructional systems design) 모형은 교수설계를 위해 사용되는 여러 가지 모형 중 가장 기본적인 모형이다. 이 모형은 요구에 입각하여 투입(input)의 최소화와 성과(output)의 최대화를 모색하는 절차적 모형으로서 분석, 설계, 개발, 실행, 평가의 단계로 구성되어 있고 평가의 결과는 모든 과정에 소급되어 적용되며 수정과 보완의 준거가 된다.

[그림 2-2] ISD 일반모형

ISD 모형은 교수와 관련된 인간학습에 관한 지식과 경험에서 나온 자료를 바탕으로 하고 있다. 이 기본 모형을 바탕으로 다양한 모형이 개발되어 왔으며, 이러한 ISD 모형의 장점은 다음과 같다.

① 대부분 지침과 준거 그리고 절차를 포함하고 있어서 교수설계와 개발 과정에서 발생할 수 있는 수행상의 오류를 방지하도록 도와준다.
② 연구결과와 학습이론에 기초를 두고 있어서 신뢰성이 있다.
③ 전체 절차가 내적 일관성을 가지고 있어서 산출물이 전체적으로 균형을 가지게 되므로 구성요소 간에 발생할 수 있는 구조적 오류나 불균형의 문제를 최소화할 수 있다.
④ 학습자와 수업자에 대해 충분한 분석을 바탕으로 효율적이며 매력적인 교수체제가 될 수 있다.
⑤ 산출물의 질이 높고 학습자와 수업자를 잘 고려했기 때문에 보급, 분

배, 채택을 촉진시킨다.

(2) 학습자 특성

학습의 과정과 결과에 영향을 미치는 학습자의 특성을 분석하기 위한 지침·준거 등이 포함된다(예: 연령, 경험, 성별, 선수학습, 흥미 등).

(3) 메시지 디자인

메시지란 여기서는 궁극적으로 교수-학습내용이다. 따라서 교수-학습을 위한 의사소통을 원활하게 하기 위해 필요한 메시지의 외적 형태(예: 시청각디자인)와 지각, 인지, 기억 등이 연계된 제시방식에 대한 기획과 결정을 포함한다.

(4) 교수전략

한 단위 수업 내의 활동이나 사태를 선정하거나 일정한 묶음의 단위 수업을 계열화하기 위해 구체적인 사양을 정하는 것이다. 여기서 계열화란 묶인 단위 수업의 학습내용을 어떤 순서로, 어떤 크기로 배치할 것인가를 결정하는 데 도움을 주는 전략으로 거시적 교수전략이다. 반면에 한 단위 수업 내의 활동에 대한 전략은 미시적 교수전략이라고 불린다.

Gagné(1970)의 수업의 사태(events of instruction)나 Merrill과 Reigeluth의 요소제시이론(김영환, 2000) 등은 대표적인 미시적 교수전략이며, 거시적 전략으로는 Reigeluth(1983)의 정교화이론, 김영환(1994)과 Reigeluth(1983)의 단순화 조건법 등이 있다.

2) 교수개발

교수개발(instructional development)은 선정된 교수방법을 실제적으로 개발해 내는 기법을 이해하고 필요에 따라 그것을 개선하고 그 개발기법을 직접 적용하여 교수-학습자료와 매체를 개발하는 데 목적을 두고 있다. 즉, 건축에 비유하면 청사진을 바탕으로 직접 집을 짓는 것에 해당되는 것으로 다음과 같은 특성을 갖는다.

①교수매체의 유형과 특성에 관한 연구 및 이론을 기초로 이루어진다.
②요구분석의 결과를 바탕으로 한 설계에서 출발하며 다시 형성평가 및 종합평가의 결과를 수렴하여 완성된다.
③교수에 적용되는 다양한 하드웨어와 소프트웨어를 통합하여 이루어지는데 구체적인 하위영역은 인쇄공학, 시청각공학, 컴퓨터공학 그리고 이들이 모두 하나로 합해진 통합된 공학 등이다.

(1) 인쇄공학

인쇄공학은 교수-학습활동을 지원하는 가장 기본적인 것으로 주로 문자와 그림, 사진 등의 인쇄물을 활용해 효과적으로 활용하는 원리와 전략을 말한다. 교육공학의 영역 중 가장 초기부터 있어 왔고 여전히 중요하게 다루어지고 있는 영역이기도 하다. 왜냐하면 아무리 첨단공학이 발전하더라도 아직까지는 학습을 돕는 가장 기본적인 자료며, 다른 매체에 비해서 경제성과 사용상 간편성이 뛰어날 뿐더러 심리적으로도 가장 인간에게 친근하기 때문이다.

(2) 시청각공학

시청각공학은 교수-학습활동을 돕기 위해 컴퓨터 이외의 다양한 기계를 사용하여 시각과 청각적 자료와 매체를 제작하거나 활용하는 것이다. 이것은 크게 다음과 같이 세 가지로 세분화된다.

①비투사(非透寫)자료: 빛의 투사가 필요 없는 자료로서 실물, 모형, 각종 도표와 그래프, 포스터와 만화 등이 있다.
②투사매체와 자료: 빛을 이용해서 시각적 자료를 복수의 학습자에게 제

시하기 위한 매체와 자료로서 OHP(TP), 필름스트립(필름), 실물투사기(실물자료), 슬라이드 기계(슬라이드) 등이 있다. 비투사자료와 투사매체에 대해서는 이 책의 제10장에서 심도 있게 다룰 것이다.

③ 시청각매체와 자료: 움직이는 영상이나 소리를 이용해서 교수-학습활동을 지원하기 위한 매체와 자료로서 비디오(테이프), 오디오(테이프나 CD), 영화(필름) 등이 있다. 시청각매체와 자료에 대해서는 이 책의 제10장에서 다시 구체적으로 다룰 것이다.

(3) 컴퓨터공학

컴퓨터공학은 컴퓨터를 기반으로 하여 각종 교수-학습자료를 설계·제작하는 것으로 정보를 디지털 방식으로서 처리한다는 점에서 아날로그 방식으로 처리하는 시청각매체와 구분된다. 이 영역에는 컴퓨터의 교육적 활용을 위한 멀티미디어와 ICT 활용이 있는데, 여기에 대해서는 이 책의 제11장에서 구체화될 것이다.

(4) 네트워크공학

네트워크공학은 컴퓨터를 중심으로 한다는 점에서는 컴퓨터공학 및 통합공학과 유사하나 여러 매체를 통합하여 데이터베이스화된 자료를 제작하거나 통신을 이용해 전달하면서 교수-학습활동을 지원하는 점에서 차이점을 갖는다. 그러나 최근 컴퓨터 관련 공학 역시 실제로는 네트워크공학으로 변해 가고 있다. 여기에는 LAN, CALS, 인트라넷, 인터넷, 인터넷 방송, 위성방송, 디지털 및 데이터 방송, 가상교육 등이 있는데, 이는 이 책의 제11, 12, 13장에서 자세히 다룰 것이다.

3) 교수실행

교수실행(instructional implementation)이란 개발된 교수방법과 자료·매체를 실제로 활용하는 방법을 이해하고 개선하고 적용해 보려는 데에 목적을 두고 있다. 이것은 네 가지, 즉 매체의 활용, 혁신의 확산, 실행 및 제도화 그리고 정책과 규제로 구성된다.

첫째, 매체의 활용이란 어떤 주어진 교수-학습 상황에 가장 적절한 교수 매체를 선정하고 활용하는 데 필요한 원리와 절차를 정리해 놓은 지식으로 교육공학에서 가장 오랜 역사를 갖고 있는 것 중의 하나다. 둘째, 혁신의 확산은 매체의 활용에 장애가 되는 요소를 파악하여 활용을 극대화하려는 노력에서 비롯된 것으로 매체를 둘러싼 여러 체제의 변화가 필요하다는 점을 강조한다. 사실 어떤 매체든 처음 등장할 때 혁신의 산물로 인식되는데, 이런 혁신에는 여러 가지 형태의 저항이 있게 마련이다. 확산은 이런 저항을 최소화하기 위한 것이다. 셋째, 실행 및 제도화는 확산의 결과가 일상의 교수-학습상황 속에서 제대로 자리를 잡기 위한 방안을 강구하고 이를 제도적으로 뒷받침한다. 넷째, 정책 및 규제는 교수공학을 확산하고 활용하는 데 영향을 주는 사회의 규칙, 법 그리고 행위 등에 관련한 국가수준의 의사결정으로 보통 정해진 방침인 정책과, 이의 시행과 실천을 감시하기 위한 규제 등이 있다.

4) 교수관리

교수공학에서의 관리는 교수공학의 과정과 결과를 운영하고 조정하는 기능으로 기획 · 조직 · 조정 및 감독의 형태로 나타난다. 그 하위요소로는 프로젝트 관리, 자원관리, 전달체제관리, 정보관리 등이 있다.

프로젝트 관리는 말 그대로 교수설계와 개발에 관한 프로젝트를 기획, 조직, 조정 및 감독하는 것이다.

자원관리란 교수공학에 관련된 각종 자원의 지원체제와 서비스에 대한 관리기능으로 여기에는 인적 자원, 예산, 재료, 시간, 시설 그리고 지적 자원까지를 포함한다. 특히 지적 재산권을 세계적으로 인정하고 보호하려는 경향이 강해지고 있기에 소프트웨어 보호법 및 지적 재산권 보호법 등의 요지

정도는 알아 두어야 한다.

　전달체제관리란 교수자료를 학습자와 교수자에게 보급하고 확산시키는 과정과 방법을 관리하는 것이다.

　정보관리란 교수공학에 관련된 정보를 저장, 전달, 처리하는 과정과 방법을 관리하는 것으로, 특히 최근에 정보관리의 중요성이 더욱 강조되고 있다.

5) 교수평가

　교수평가(instructional evaluation)는 이 모든 활동의 효과성, 효율성, 매력성, 안전성 등을 평가하기 위해 필요한 방법을 이해하고 개선하고 적용하려는 것이다. 여기에는 문제분석, 준거지향평가, 형성평가, 총괄평가 등이 있다.

　문제분석은 정보수집과 의사결정전략을 사용하여 문제의 본질과 매개변인을 결정하는 것이다. 준거지향평가(準據指向評價)란 학습자가 사전에 정의된 학습내용을 숙달하였는가를 판단하는 것으로 목표와 관련하여 지식, 태도, 기능, 행동 등의 변화가 얼마나 도달되었는지에 관한 정보를 제공한다. 형성평가는 개발과정에서 각종 정보를 수집하여 개발 산출물의 질을 향상시키고자 하는 것이 목적이고, 총괄평가는 산출물의 유용성과 효과성을 결정하기 위하여 개발의 결과가 사용된 이후에 각종 정보를 수집하고 그 효과를 평가하는 것이다.

2. 교육과정에서 학습까지

　교육과정과 교수와 학습은 따로 떼어서 생각하기 어렵다. 제1장에서 논의된 것처럼 무엇을 가르칠 것인가를 결정하는 것이 어떻게 가르칠 것인가에 선행되어야 하며, 가르치는 내용이 가지는 특성에 따라 가르치는 방법이 달라질 수 있기 때문이다. 결국은 교육과정이 교수설계에 영향을 주게 되

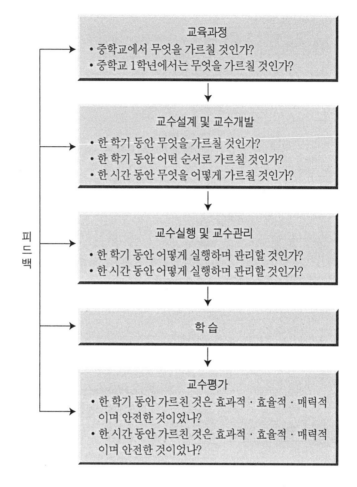

[그림 2-3] 교육과정에서 교수평가까지(개요)

고, 교수와 학습에도 영향을 준다는 것이다. 다음의 [그림 2-3]은 앞에서 본 [그림 2-1]을 이런 관점에서 다시 그려 본 것이다.

　　[그림 2-3]은 교수평가의 과정이 거의 전 단계로 피드백이 일어날 수 있음을 보여 준다. 즉, 교수평가의 결과에 따라서 교육과정을 고쳐야 할 경우도 있으며, 교수의 각 하위단계를 수정해야 할 것도 있다는 것이다. 이처럼 교육과정 이외에도 교수와 학습에 영향을 주는 요인이 다양하므로 교수설계에 서

고려해야 할 요소도 매우 많다. 이런 요소 중에 교육과정의 결정이 이루어진 바로 다음 단계인 교수설계에는 미시적 수준과 거시적 수준의 결정이 있다.

거시적 수준이란 교육과정이 결정된 후 가르쳐야 할 여러 개의 주제에 대해 내리는 결정이다. 주로 교과내용을 선정하기(selection), 계열화하기(sequencing), 종합하기(synthesizing), 요약하기(summarizing) 등을 말하며, 이를 약칭하여 4S라고 한다. Reigeluth의 정교화이론은 거시적 수준의 교수설계의 대표적 예다. 미시적 수준이란 이렇게 교과내용이 선정된 후 하나하나의 단위 수업시간에서 가르치는 데 필요한 아이디어를 모아놓은 것을 말한다. Merrill의 내용요소제시이론은 미시적 수준의 교수설계의 대표적 예다(Reigeluth, 1999).

이러한 거시적 수준과 미시적 수준의 결정을 위한 전략은 '무엇을 가르칠 것인가?' 와 '어떻게 가르칠 것인가?' 로 구분할 수 있다. 무엇을 가르칠 것인가에 해당하는 전략은 거시적 수준에서 가르칠 내용의 선정에 해당되며 나머지 계열화·종합화·요약화는 모두 어떻게 가르칠 것인가에 대한 대답이 된다. 〈표 2-1〉은 이들의 관계를 요약해서 제시하고 있다.

표 2-1 거시적 수준과 미시적 수준의 전략

	거시적 수준	미시적 수준
무엇을 가르칠 것인가?	한 학기 또는 과목에서 가르칠 내용의 선정	한 시간 동안 가르친 내용의 선정
어떻게 가르칠 것인가?	• 계열화 전략 • 종합화 전략 • 요약화 전략	• 동기전략 • 제시전략 • 강화전략

미시적 수준의 전략은 모두 어떻게 가르칠 것인가에 대한 대답으로서 학습자의 동기를 높이기 위한 전략, 각종 수업내용의 제시전략, 강화전략 등 다양한 수업설계와 실행에 대한 전략으로 구성되어 있다.

이러한 내용에 대한 결정은 교육과정수준의 결정이 이루어지고 난 후에

내려지게 된다. [그림 2-4]는 교육과정부터 학습과 교수평가까지의 전체 과
정을 제시하고 있다.

　[그림 2-4]의 ①과 ②의 사항은 결정이며, ③은 관점에 따라서 교육과정과
교수의 중간단계로 보거나 아니면 교수 중에서 거시적 수준의 내용선정의
단계로 볼 수 있다. ④와 ⑤는 교수설계단계이고, ⑥은 수업에 해당하는 교
수실행과 교수관리, ⑦은 학습을 그리고 ⑧은 교수평가를 나타내고 있다. 그
런데 우리나라의 교육과정은 전국적으로 통일되어 있기 때문에 각급 학교에
서 교사가 교육과정의 개발에 참여할 수 있는 기회는 일반적으로 상당히 제
한되어 있다. 따라서 각 단계 중에서 실제로 교사가 적극적으로 관여할 수
있는 것은 주로 교수수준의 활동인 ③부터 ⑧까지라고 볼 수 있다. 이 중에
서 학교현장의 교사에게 가장 많이 요구되는 활동은 주로 ⑤에서 ⑥까지로,
한 단위시간의 수업설계와 그에 관련된 교수개발, 그리고 실행과 관리로 이
어지는 수업에 관련된 것이다.

　여기서 ③과 ④에 대한 정리가 필요하다. 우리나라 초·중·고등학교의
경우에 ③인 가르칠 내용의 선정은 주로 교육과정의 영향을 받고 ④마저도
교사용 지도서나 교육과정에서 주는 기본적인 지침에 의지하고 마는 경우가
많아 실무자가 그들 수준의 구체적인 지침이나 계획의 개발을 소홀히 하는
경향이 없지 않다.

　그렇다면 최근 중요성이 인식되면서 많은 교육전문가를 필요로 하고 있
는 사회교육과 기업교육의 경우는 어떤가? 이들 영역에서는 학교교육과는
달리 대부분의 경우에 ③과 ④를 위한 기본적 제시가 없음은 물론이고, 거의
모든 것을 실무자가 구체적으로 개발해야 한다. 이러한 ③과 ④에 대한 결정
에서 중요한 것은 주로 ④며, 특히 조직전략의 요소 중에서 내용의 순서와 크
기를 결정하는 계열화에 대한 결정과 설계가 가장 많은 영향을 주게 된다.
그러나 그동안 계열화는 이러한 중요성에도 불구하고 크게 주목을 받지 못
해 왔다. 이에 우리는 이러한 문제점을 극복하기 위해 계열화에 대한 기본적
이해를 도모하고자 한다.

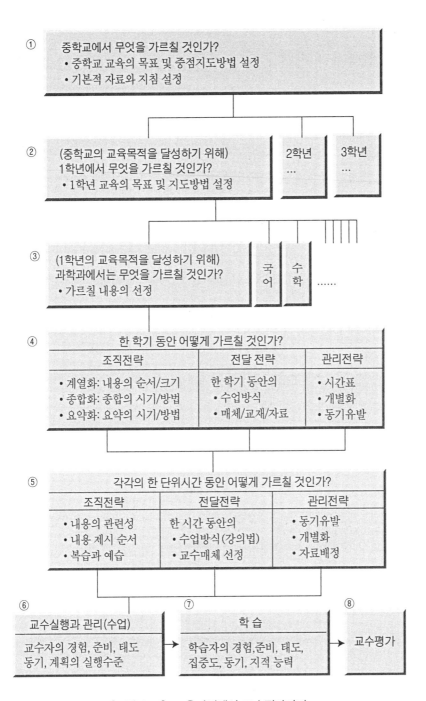

① 중학교에서 무엇을 가르칠 것인가?
• 중학교 교육의 목표 및 중점지도방법 설정
• 기본적 자료와 지침 설정

② (중학교의 교육목적을 달성하기 위해)
1학년에서 무엇을 가르칠 것인가?
• 1학년 교육의 목표 및 지도방법 설정

2학년
...

3학년
...

③ (1학년의 교육목적을 달성하기 위해)
과학과에서는 무엇을 가르칠 것인가?
• 가르칠 내용의 선정

국어   수학   ......

④ 한 학기 동안 어떻게 가르칠 것인가?

조직전략	전달 전략	관리전략
• 계열화: 내용의 순서/크기 • 종합화: 종합의 시기/방법 • 요약화: 요약의 시기/방법	한 학기 동안의 • 수업방식 • 매체/교재/자료	• 시간표 • 개별화 • 동기유발

⑤ 각각의 한 단위시간 동안 어떻게 가르칠 것인가?

조직전략	전달전략	관리전략
• 내용의 관련성 • 내용 제시 순서 • 복습과 예습	한 시간 동안의 • 수업방식(강의법) • 교수매체 선정	• 동기유발 • 개별화 • 자료배정

⑥ 교수실행과 관리(수업)

교수자의 경험, 준비, 태도
동기, 계획의 실행수준

⑦ 학습

학습자의 경험, 준비, 태도,
집중도, 동기, 지적 능력

⑧ 교수평가

[그림 2-4] 교육과정에서 교수평가까지

3. 계열화에 대한 이해

1) 계열화의 정의

계열화(sequence)란 "그룹을 짓고 그것들을 특정한 순서로 배열하는 것" 이며, 교수설계과정상에서의 계열화란 "주어진 교육과정에 의해 가르쳐야 할 내용을 어떻게 골라 작은 묶음(수업을 위한 크기)으로 만들고, 이들을 가르치는 순서는 어떻게 되어야 하는가?"라는 물음의 답을 구하는 것이다(김영환 & Reigeluth, 1995). 이러한 계열화는 내용의 선정, 학습할 순서의 결정, 배운 내용의 종합, 요약을 위한 복습과 밀접한 관계를 가지게 되어 궁극적으로 계열화는 수업의 효과성·효율성·매력성에 영향을 주게 된다.

계열화를 구성하기 위한 기본 원리는 다음과 같다.

① 단순한 내용에서 복잡한 내용의 순서로
② 구체적인 내용에서 추상적인 내용의 순서로
③ 쉬운 내용에서 어려운 내용의 순서로
④ 대표성이 높은 내용에서 특수한 내용의 순서로

2) 계열화가 중요한 시기

첫째, 계열화는 어떤 단위의 학습내용을 모두 학습하기 위해 소요되는 시간이 예습, 복습, 수업참석 및 개별학습을 포함하여 총 20시간 이상일 때 중요하다. 이 분량은 초등은 대체적으로 4~5차시 정도이고 중등은 7~8차시 정도이며, 대학의 경우에는 10시간 분량의 강의가 될 것이다. 이것은 전체 학습에 필요한 시간이 많을수록 학습자 혼자서 학습내용을 논리적이고 유의미하게 구성하는 데 어려움을 느끼기 때문이다.

둘째, 계열화는 코스를 구성하고 있는 주제 간의 관련성이 높을수록 더 중요한데, 이것은 계열화의 중요성이 주제 간의 유의미한 관계를 바탕으로 하고 있기 때문이다. 이 유의미한 관계는 전에 배운 내용과 새로 배울 내용을 연관 짓는 데 중요한 단서가 된다(김영환, 1994).

3) 주제별 계열화와 나선형 계열화

계열화의 기본적인 근간이 되는 계열화의 방법은, 주제별 계열화와 나선형 계열화로 대별된다([그림 2-5] 참조). 주제별 계열화란 한 주제를 완전히 학습한 후 다음 주제를 학습하는 방식이다. 우리 교과서는 보통 이런 식으로 계열화가 되어 있다. 이 주제별 계열화의 장점은 학습자가 아무런 혼선 없이 한 주제에 대해 깊이 학습할 수 있다는 것이지만, 한 주제를 배운 후 다음 주제로 넘어간 후에는 처음의 주제를 다시 학습할 기회가 없어서 쉽게 잊어버릴 수도 있다. 이러한 단점을 극복하기 위해서는 체계적인 복습과 지금까지 배운 내용을 전체적으로 종합하는 활동이 뒤따라야 한다.

Bruner(1966)가 제시한 나선형 계열화는 학습자에게 여러 개의 주제를 단순화된 수준에서 소개한 다음, 학습이 진전됨에 따라 그 여러 개의 주제 모두를 점진적으로 심화시키면서 제시하는 방식으로 체계적인 종합과 복습이 가

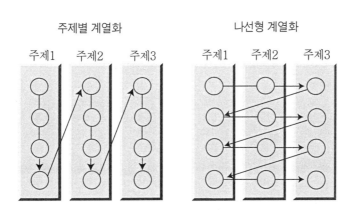

[그림 2-5] 주제별 계열화와 나선형 계열화(김영환, 1994)

능하다는 장점이 있다. 즉, 나선형 계열화는 여러 가지 주제 간의 상호 관계를 이해하고 종합하며 과제 전체의 특성을 빠른 시간 내에 이해시킬 수 있다. 또한 이렇게 다양한 주제를 반복하는 과정에서 이전에 배운 내용을 복습할 수 있는 기회도 주어진다. 그러나 이러한 반복이 경우에 따라서는 한 주제에 대한 집중적인 심화에 방해가 될 수 있고 수업전개의 흐름 전환 시에 학습자료를 준비하고 활용하는 데 불편을 줄 수도 있다.

현실적으로 순수한 나선형 계열화나 주제별 계열화는 존재하기 어렵다. 따라서 나선형 계열화와 주제별 계열화의 진정한 차이란 수업설계에서 한 주제에서 다른 주제로 넘어갈 때 그 간격을 얼마나 크게 잡는 것이 좋을 것인가의 문제로 귀결된다.

지금까지 학습한 계열화는 여행을 갈 때 어디로 갈 것인지, 어디에서 며칠을 머물고 그다음은 또 어디서 며칠을 머물러야 하는지에 대한 결정을 하는 과정에 비유된다. 이 결정을 내린 후에는 머물게 될 한 장소에서 주어진 시간 동안 구체적으로 무엇을 해야 하며 어떻게 해야 하는지에 비유되는 수업방법에 대한 결정과 그 수업의 과정과 결과로서 발생하는 학습의 문제가 남게 된다.

4. 수업과 학습

1) 학습의 정의

학습이란 주어진 환경 속에서 계속적인 경험으로 일어나는 행동의 변화를 말한다. 단, 그러한 행동의 변화는 타고난 반응경향, 성숙 또는 피로나 약물에 의한 일시적 상태의 변화로는 설명될 수 없다(Hilgard & Bower, 1975).

이 정의를 기준으로 보면 학습의 정의는 첫째, 환경과의 상호작용 속에서,

둘째, 후천적으로 얻어지는, 셋째, 영속적이며 안정된 형태의 행동의 변화라는 세 가지 요소로 요약된다. 그런데 이 세 요소 중에서 영속적이며 안정된 형태의 행동변화를 제외한 나머지 두 요소에 대해서는 다소 입장과 해석에서 차이가 있다. 이러한 입장 차이는 행동주의, 인지주의 그리고 구성주의로 나뉜다.

(1) 행동주의 학습이론

행동주의 학습이론은 Locke의 경험론에 근거를 두고 있는데, 이 입장에서는 우리의 마음은 백지와 같아서 무엇이든지 받아들일 수 있다고 본다. 따라서 이들은 학습을 "조성된 환경에 의해 발생되는 학습자의 행동의 변화"라고 규정하며 학습자의 외적 환경이 바로 학습을 발생시키는 조건이라 본다. 이 외적 환경은 다음의 세 가지 법칙에 근거하고 있다.

1 강화의 법칙: 학습자에게 주어지는 긍정적인 강화는 학습을 촉진하고, 부정적인 강화는 바람직하지 못한 학습을 제거할 수 있다.
2 효과의 법칙: 학습 도중 주어지는 피드백은 학습내용에 대한 효과를 자각시켜서 학습의욕을 높인다.
3 연습의 법칙: 학습은 강화와 함께 계속적이며 단계적인 반복연습을 통해서 이루어진다.

Skinner는 행동주의 학습이론에 기초하여 티칭머신(teaching machine)과 프로그램 학습을 제시하였는데 이는 즉각적 강화의 제공, 긍정적 강화를 통한 보상, 소단계 학습에 의한 반복연습과 성공의 기회 제공, 학습자의 능력에 맞춘 학습진행, 힌트의 적절한 사용 등과 같은 행동주의 원리가 구현된 교수-학습형태다.

(2) 인지주의 학습이론

인지주의 학습이론에서는 학습자의 행동보다는 그 행동을 일으키는 정신활동, 즉 인지활동에 관심을 두고 있다. 따라서 인지주의 입장에서의 학습은 "이해를 통해서 학습자의 인지구조가 변화하는 것"으로 인식되며, Piaget의 인지발달이론이 그 대표적인 이론이다.

인지발달이론은 인지발달은 물리적 환경, 성숙, 사회적 영향, 개인의 조절 기능과 같은 요인에 의해 영향을 받으며 동화(assimilation)와 조절(accommodation)을 거쳐 인지구조(schema)의 변형을 통한 발달과정을 갖는다고 본다.

(3) 구성주의 학습이론

구성주의 학습이론은 행동주의나 인지주의 학습이론과는 사뭇 다른 학습관을 갖고 있다. 우선 인지주의와 행동주의는 학습할 가치가 있다고 객관적으로 검증된 학습내용을 학습하기 위해 이들 이론이 처방(處方)한 방법에 따라 학습한 후 이에 대한 성취 여부를 평가하는 공통점을 갖는다. 반면 구성주의 학습이론은 우선 객관적으로 검증된 지식의 존재를 부정하는 상대주의적 인식론에 철학적 기초를 두고 있다. 따라서 구성주의에서 학습은 극히 개인적인 이해에서 출발하고 개인적 경험과 흥미에 따라 지식의 가치를 판단한다(Duffy & Bednar, 1991).

구성주의(constructivism)에서 말하는 구성(construction)은 활동의 결과가 아니라 학습자가 스스로 설계해 나가는 구성과정을 의미한다(김영환, 1998a). 따라서 구성주의에서 학습이란 학습자가 자신의 경험, 흥미에 따라 정한 학습내용을 자신이 스스로 구성해 나가는 과정"이며, 그 결과는 이 과정을 수행할 수 있는 능력을 갖추었는가에 대한 확인으로 평가된다.

(4) 사회심리학 학습이론

사회심리학은 학습에 있어서 교실의 사회적 조직의 영향을 중요하게 보는 입장이다. 따라서 사회심리학적 관점에서 학습에 대한 이해와 교수전략은 교실의 구조 및 집단의 조직 등이 핵심적 변인으로 고려된다. 즉, 교실의 집단 조직이 무엇인가? 개별적 학습, 소집단 학습, 대집단 학습인가? 교실에서의 권위적 구조는 어떠한가? 학습활동에 학습자의 자율권과 통제권이 얼마나 부여되는가? 또한 보상구조는 무엇인가? 경쟁보다 협동성이 강조되는가? 등과 같은 결정 사항은 사회심리학적 관점에서 학습의 중요한 요소다.

협동학습이론은 사회심리학적 관점에서 학습을 보는 대표적인 이론이다. 협동학습은 이질적 소집단 학습자가 공통의 학습목표나 과제를 성취하기 위해 함께 활동하며 그 과정을 통해 사회적 기술과 협동기술을 학습하는 것을 의미한다. Slavin 등의 학자는 협동학습이 경쟁학습과 개별학습보다 효과적이며 사회적으로도 좀 더 바람직하다는 점을 강조한다. 역동적이고 사회적인 협동학습이 효과적이기 위해서는 학습자의 적절한 협동학습 기술의 습득이 매우 중요하다. Slavin 등의 학자들은 이를 위해 소집단 협력, 학습자 통제 교수법, 집단 성취를 바탕으로 한 보상 등의 원리를 적용한 일련의 협동학습 기술을 개발하였다(Slavin, 1990).

2) 수업과 학습의 관계

학습과 수업은 어떤 관계에 있을까? 이상적으로 말하자면 수업이 모두 학습으로 나타나는 것일 것이다. 이렇게 되면 앞의 [그림 2-4]의 전 과정이 모두 학습으로 이어지며 교수평가는 완벽한 결과를 가져오게 된다. 그러나 이런 이상적인 형태가 이루어지는 데는 이론적 · 실제적인 문제가 있다.

첫째, 이론적 문제란 학습이 반드시 수업의 결과로만 발생하는 것이 아니라는 것이다. 비록 정도의 차이는 있지만 학습은 수업이 없이도 환경과의 상호작용을 통해서 발생한다는 것을 이론적으로 부정할 수 없다.

둘째, 실제적 문제란 수업과 학습이 이루어지기까지의 전 과정이 얼마나 충실했는가, 즉 교육과정부터 교수설계, 그리고 수업과 학습에 이르는 과정의 건실도를 완벽하게 장담하기 힘들다는 것이다. 이것은 교육과정 개발자, 교수설계자 그리고 수업자라는 잠재적인, 그러나 대부분의 경우에 실제적인 영향을 주는 변인인 각 전문가의 실행력의 질을 통해 문제가 발생한다는 것이다. 다시 말하면 교육과정이 얼마나 충실하게 구성되었는가? 교수설계자가 얼마나 주어진 조건을 제대로 분석했는가? 교수설계는 얼마나 충실히 되었는가? 수업상황에서 수업자의 경험과 준비는 충실했는가? 학습자는 바라는 수준만큼 준비가 되어 있었는가? 평가가 제대로 이루어졌는가 등의 전체 체제의 건실도에 좌우된다는 것이다.

셋째, 체제적 문제 이외에도 수업과 학습상황에서 돌발적인 문제가 발생한다는 것을 간과할 수 없다. 왜냐하면 수업이 여러 가지 이유에서 의도했던 대로 이루어지지 않거나 수업준비 시 상정했던 학습자의 상태가 변화하거나, 아니면 수업상황이 돌발적으로 변화할 수도 있기 때문이다.

3) 수업과 학습의 차이점

수업과 학습의 차이점은 다음과 같다.

첫째, 수업은 의도적이지만 학습은 의도적인 경우도 있고 무의도적인 경우도 있다. 우선 '수업'이라는 문자의 의미는 '일을 주는 것(授業)'이다. 준다는 것은 최소한 무언가를 누구에게 준다는 말을 전제로 하고 있다. 여기서 보듯이 수업은 주어야 할 내용과 대상을 이미 전제로 하고 있다. 그러나 학습은 우리가 정의에서 보았듯이 이미 환경과의 상호작용을 포함하고 있기에 의도성을 확신할 수는 없다. 여기서 인간의 학습에 영향을 줄 수 있는 환경의 종류와 상호작용의 종류는 아마 헤아릴 수 없이 많을 것이며, 이 안에 의도적인 환경도 있을 것이고 무의도적으로 맞닥뜨려야 하는 환경도 있을 것이기 때문이다. 이러한 차이로 수업은 일의적(一意的)이며 학습은 다의적(多意的)이라고 보는 사람도 있다.

둘째, 수업에 대한 연구는 실제 교육이 이루어지는 교실의 현상에 관심이 있으나, 학습에 대한 연구는 기본적으로 연구실이나 실험실 속의 실험상황에 관심이 있다. 교실에서 가장 중요한 일은 학습자가 일정한 목적에 도달하게 하는 실천적인 것이며, 실험실에서 가장 중요한 일은 어떤 과정을 통해서 학습이 이루어지는지를 연구하는 실험적인 것이다.

셋째, 수업은 처방적(處方的)이지만 학습은 기술적(記述的)이다. 처방적이라는 말은 무엇인가? 약국에 가면 '처방(prescription)'이라고 크게 쓰인 것을 쉽게 볼 수 있다. 이 말은 아픈 증상에 따라 구체적으로 어떤 약을 어떻게 먹어야 하며, 조심해야 할 음식과 행동은 무엇인지를 제시해 준다는 말이다. 무엇을 위해서인가? 물론 아픈 증상을 치료하기 위해서다. 이렇듯 처방이라는 말은 뚜렷한 목적과 그 목적을 달성해야 할 현재의 요구를 바탕으로 어떻게 해야 하는지를 제시하는 것을 목적으로 하고 있다. 그러나 기술적이라는 말은 방법에는 관심이 없고 단지 과정과 그 과정의 결과에만 관심이 있다.

이러한 처방적이며 기술적인 성격은 수업과 학습의 개선과 연구를 위한 이론에도 마찬가지로 적용된다. 수업과 학습의 수행과 발생에 깊은 관계를 가지고 있는 교수설계이론은 자연히 수업과 학습 모두를 대상으로 하고 있다고 볼 수 있으므로 교수설계이론의 성격을 이해하는 것은 의미가 있다.

5. 교수설계이론의 성격

교수방법의 선정과 개발에 가장 밀접히 관련된 것이 교수설계라는 것을 우리는 앞에서 확인한 바 있다. 따라서 교수설계이론은 수업과 학습을 위해 다양한 교수방법을 찾아내고 개발해야 할 우리에게는 중요한 분야가 아닐 수 없다. 이러한 교수설계이론은 그 근본적인 목적이 가장 적합한 교수방법을 만들어 내는 데 있으므로 본질적으로 처방적 성격을 가진다고 정의된다. 반면에 학습에 대한 연구인 학습이론은 학습의 과정이 어떠한지를 기술하는 데 목적이 있다. 따라서 교수설계이론은 처방적이며 학습이론은 기술적이라고 정의할 수 있다.

교수이론에 대해 더 깊이 들어가기 전에 처방적이라는 말과 기술적이라는 말에 대해 다시 한 번 구체적으로 짚고 넘어가는 것이 좋겠다. 앞의 예를 다시 한 번 생각해 보자. 몸이 몹시 아플 때 우리는 병원이나 약국을 찾게 된다. 의사나 약사는 몸무게는 얼마인지, 성별, 나이 등 기본적인 조건과 어떻게 해서 아프게 되었는지의 과정을 듣고 진단하여 아픈 원인을 찾아내는 것이 보통이다. 그리고는 어떻게 하면 그 증상을 고칠 수 있는지 자세한 처방을 만들어 준다. 무슨 약을 어떻게 먹어야 하며 음식은 어떻다는 등 아주 구체적이고 실제적인 정보와 지침을 준다.

여기서 의사가 환자의 조건과 원인을 알아내고 보고서를 쓰는 것은 기술적인 활동이며, 이러한 보고서를 토대로 조건에 맞추어 병을 고칠 수 있는 지침을 만들어 주는 것은 처방적 활동이다. 따라서 처방적 활동은 기술적 활동과 밀접한 관계에 있다. 그러나 기술적 활동이 처방적 활동을 위해 언제나 반드시 필요한 것은 아니며, 또한 기술적 활동이 언제나 처방적 활동을 보장하거나 그것을 위한 선수작업으로 행해지는 것은 아니다. 예컨대 오랜 경험이 있는 명의(名醫)는 몇 마디만 듣고도 쉽게 처방을 내릴 수 있는 반면 경험이 없는 의사가 오랜 시간 동안 조건과 원인을 분석하여 내린 처방이 듣지 않는 경우도 있기 때문이다. 따라서 처방적 활동을 위해서는 기술적 활동, 경험 그리고 때로는 직관 등도 필요하게 된다.

[그림 2-6]은 기술적 교수이론과 처방적 교수이론의 차이점을 묘사하고 있다. 기술적 교수이론은 주어진 조건에 적용한 방법이 어떤 결과를 낳았는가를 기술하는 것을 목적으로 하며 처방적 교수이론은 주어진 조건을 토대

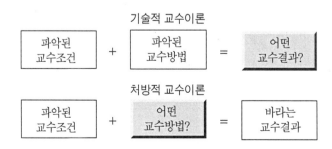

[그림 2-6] 기술적 이론과 처방적 이론

로 성취하고자 하는 목적을 달성하기 위한 방법이 무엇인가를 찾아내는 것을 목적으로 한다.

〈표 2-2〉는 교수이론과 학습이론을 비교·요약한 것이다. 여기서 주의해야 할 것은 모든 처방적 이론이 교수이론인 것은 아니며, 역시 모든 기술적 이론이 학습이론은 아니라는 것이다. 다시 말하면 교수이론도 처방적으로 또는 기술적으로 나타날 수 있으며, 학습이론도 처방적·기술적 두 가지 형태를 취할 수 있다.

표 2-2 교수이론과 학습이론의 비교

	교수이론	학습이론
목적	〈특정한 교수방법의 개발과 제시〉 주어진 상황(학습자, 내용, 환경)의 조건을 명확히 파악하고 교수목표를 설정한 다음, 이 둘 사이에 존재하는 차이를 극복하기 위해 필요한 교수방법의 개발과 제시를 목적으로 한다.	〈학습과정의 이해〉 어떤 특정한 조건에 특정한 방법을 사용했을 때 어떤 결과가 발생하는지, 그리고 그 과정은 어떠한지 등을 이해하는 데 목적이 있다.
주된 관심	교사의 준비와 수행	학습자에게 일어나는 일
예시	동기를 높이기 위해서는 현 상태에서 급격한 변화를 일으킬 수 있는 참신하거나 갈등을 일으키거나, 역설적인 사건 등 기대하지 않았던 사건을 제시하여 주의를 집중시켜라. 그리고 나서 ~을 사용해 집중된 주의를 유지시켜라.	동기를 높이기 위해서는 주의를 집중하도록 하라. (처방적 학습이론의 예시)

요약

1. 교수설계의 목적은 교수방법을 이해하고 개선하고 적용하는 데 있으며, 관련 활동요소는 교수체제설계, 학습자 특성, 메시지 디자인, 교수전략을 포함한다. 이 활동의 결과는 수업의 실행을 위한 청사진으로 나타난다.

2. 교수개발은 교수방법을 개발해 내는 기법을 이해하고 개선하며 적용하는 데 목적이 있으며, 개발영역은 인쇄공학, 시청각공학, 컴퓨터공학, 네트워크 등을 포함한다.

3. 교수실행은 개발된 교수방법을 실제로 적용해 보는 데 목적이 있으며, 매체의 활용, 혁신의 확산, 실행 및 제도화 그리고 정책과 규제 등의 활동을 포함한다. 좀 더 구체적인 교수실행의 예는 현장중심으로 볼 때 수업의 과정이라 할 수 있다.

4. 교수관리란 교수프로그램의 적절한 운영과 관리를 목적으로 하며, 관련영역으로 자원관리, 전달체제관리, 정보관리 등이 포함된다.

5. 교수평가는 모든 교수활동의 효과성, 효율성, 매력성 그리고 안정성에 대한 평가를 하는 데 목적이 있으며 문제분석, 준거지향평가, 형성평가, 총괄평가의 요소를 포함한다.

6. 거시적 수준의 결정은 내용을 선정하기(selection), 계열화하기(sequencing), 종합하기(summarizing), 요약하기(synthesizing) 등 네 가지다.

7. 계열화란 거시적 수준의 결정으로 한 코스에서 어떻게 내용을 그룹 짓고 그 순서를 정할 것인가에 대한 결정이다.

8. 계열화는 전체 코스를 학습하는 데 소요되는 총 학습시간의 길이가 20시간 이상이면서 내용을 구성하고 있는 주제 간의 관련성이 높을 때 더욱 중요하다.

9. 주제별 계열화란 한 주제를 완전히 학습한 다음에 다른 주제를 학습 하는 것이며, 나선형 계열화란 다양한 주제 여러 개를 단순화된 수 준에서 돌아가며 골고루 제시한 다음, 다시 수준을 높여 가며 제시 하는 것이다.

10. 학습이란 주어진 환경 속에서 계속 경험으로 일어나는 행동의 영속 적 변화를 말한다.

11. 행동주의 학습이론은 Locke의 경험론을 바탕으로 학습을 "조성된 환경에 의해 발생되는 학습자의 행동의 변화"라고 규정한다. 학습 은 강화의 법칙, 효과의 법칙, 연습의 법칙에 의해 발생한다고 보고 있으며 Skinner는 이를 바탕으로 티칭머신과 프로그램학습을 개발 하였다.

12. 인지주의 학습이론은 학습을 "이해를 통해서 학습자의 인지구조가 변화하는 것"으로 규정한다. 이 이론의 대표가 되는 Piaget의 인지 발달이론은 인지발달이 물리적 환경, 성숙, 사회적 영향, 개인의 조 절기능과 같은 요인과 동화(assimilation)와 조절(accommodation)을 통한 인지구조의 변형으로 학습을 설명한다.

13. 구성주의에서 학습은 극히 개인적인 이해에서 출발하고 개인적 경 험과 흥미에 따라 지식의 가치를 판정한다. 구성주의에서 학습이란 학습자가 자신의 경험, 흥미에 따라 정한 학습내용을 자신이 스스 로 구성해 나가는 과정으로 설명한다.

14. 사회심리학 학습이론은 학습에 있어서 교실의 사회적 조직의 영향 을 중요하게 보는 입장이다. 따라서 학습에 대한 이해와 교수전략 은 교실의 구조 및 집단의 조직 등이 핵심적 변인으로 고려된다.

15. 대부분의 교수설계이론은 주어진 조건을 바탕으로 바라는 목표를 달성하기 위해 필요로 하는 방법의 개발과 실행에 관심을 가지는 처방적 이론이고, 대부분의 학습이론은 주어진 조건에 적용한 방법

이 어떤 결과를 낳았는지를 기술하는 기술적 이론이다.

16. 교수설계이론도 처방적 형태나 기술적 형태를 가질 수 있으며, 학습
이론도 두 가지 형태를 취할 수 있다.

연 습 문 제

1. 교수-학습이론 중 〈보기〉는 어떤 이론에 대한 설명인가?   2003 초등기출

> 보기
>
> 먼저 광각렌즈를 통해 사물의 전체적인 모습을 관찰함으로써 각 부분이 서로
> 어떠한 관계를 형성하고 있는지 파악할 수 있을 것이다. 그다음 각 부분별로
> 확대해 들어가 세부 사항을 관찰할 수 있을 것이다. 한 단계 줌인(zoom-in)해서
> 세부사항을 관찰한 다음 다시 줌아웃(zoom-out)해서 세부사항을 관찰한 다음
> 다시 줌아웃해서 전체와 부분 간의 관계를 다시 반복적으로 검토할 수도 있다.

① 정교화 이론   ② 처방적 교수이론
③ 내용요소 제시이론   ④ 구성주의 교수이론

2. 다음 〈보기〉의 내용을 특징으로 하는 교수설계 이론은?   2002 중등기출

> 보기
>
> • 학습결과의 범주를 이차원적인 수행-내용 행렬표로 제시하고 있다.
> • 일차적 자료제시 형태는 일반성과 사례, 설명식과 탐구식으로 이루어져 있다.
> • 이차적 자료제시 형태는 맥락, 선수학습, 암기법, 도움말, 표현법, 피드백을
>   포함한다.

① 상황학습 이론(Situated Learning Theory)
② 체제설계 이론(System Design Theory)

③ 내용요소제시 이론(Component Displat Theory)

④ 자기주도학습 이론(Self-Directed Learning Theory)

3. 다음 중 Reigeluth의 정교화 이론(Elaboration Theory)에 대한 설명으로 틀린 것은? `2002 중등기출`

① 정교화된 계열은 학습자가 사용해야 할 인지전략의 조직이다.

② 정교화에는 개념적 정교화, 절차적 정교화, 이론적 정교화의 세 유형이 있다.

③ 종합자는 아이디어들을 서로 연결시키고 통합시키기 위하여 사용되는 전략요소다.

④ 요약자는 학습자가 학습한 것을 망각하지 않도록 하기 위해 체계적으로 복습하는 데 사용되는 전략요소다.

4. 다음 〈보기〉에서 수업 설계 시에 반영되어야 할 사항으로 가장 잘 짝 지어진 것은? `1999 중등기출`

> 보기
>
> 가. 선수 학습 요소 확인   나. 학부모의 요구
> 다. 학습자의 매체 활용 능력   라. 전달 매체의 효율성

①가, 나   ②가, 라   ③나, 다   ④나, 라

5. 행동주의가 교수설계에 주는 시사점으로 가장 적절한 것은? `2000 중등기출`

① 피드백의 중요성을 강조한다.

② 사고의 과정과 탐구기능을 강조한다.

③ 학습자의 능동적인 참여를 강조한다.

④ 학습자의 내재적 동기의 중요성을 강조한다.

6. 학습과제 분석의 필요성을 가장 적절하게 기술한 것은? `2000 중등기출`

① 평가기준의 선정

② 교수매체의 선정

③ 학습의 내용과 조건 확인

④ 수업의 시간과 비용설정

7. 인지주의 학습이론에 따른 수업방법과 관계가 깊은 것은?   2001 중등기출

   ① 사고과정의 변화보다 학습의 결과를 중요시한다.

   ② 내재적 동기유발보다 외재적 동기유발을 중요시한다.

   ③ 학습과제를 세분화하고 조형의 원리에 의해 지도한다.

   ④ 통찰이 잘 일어나도록 문제상황을 구조화하여 정리한다.

8. 다음 중 교사가 학습자에게 수업을 통해서 학습한 지식의 의미를 심화 또는 확대해 주는 전략으로 가장 적절한 것은?   2001 중등기출

   ① 중요한 내용에 밑줄 쳐 주기

   ② 학습내용을 요점 정리해 주기

   ③ 설명 내용을 표로 정리해 주기

   ④ 지식 간의 관계를 증대시켜 주기

9. 체제적 수업설계 절차를 따를 때 학습과제를 분석하는 우선적인 목적은?

2001 중등기출

   ① 최적의 수업 매체 선정

   ② 효율적인 수업전략의 구체화

   ③ 적절한 평가문항 유형의 결정

   ④ 가르칠 개념, 원리, 기능 등의 확인

10. 다음 〈보기〉중 행동주의 학습 이론에 기초한 것끼리 바르게 짝 지어진 것은?

1998 중등기출

> **보기**
>
> 가. 초자아   나. 발견 학습
>
> 다. 상벌의 원리   라. 프로그램 학습

   ① 가, 나   ② 가, 다   ③ 나, 라   ④ 다, 라

11. 다음 중 계열화에 대한 설명으로 적합하지 <u>않은</u> 것은?

　① 계열화는 내용의 선정, 학습할 순서의 결정, 배운 내용의 종합 및 요약과 밀접한 관련이 있다.

　② 계열화의 구성 원리는 단순하고 , 구체적이고, 대표성이 높은 내용부터 제시한다.

　③ 계열화는 코스를 구성하는 주제 간의 관련성이 높을수록 중요하게 고려된다.

　④ 계열화는 나선형, 주제별, 절차적 계열화 등으로 엄격히 나뉜다.

12. 다음 중 ISD 모형의 공통점이 <u>아닌</u> 것은?

　① 신뢰성이 있다.

　② 산출물의 보급, 분배, 채택을 촉진시킨다.

　③ 설계과정이 간단하고 단순하여 학습효과를 높일 수 있다.

　④ 교수설계와 개발과정에서 발생할 수 있는 수행상의 오류를 방지하도록 도와준다.

수업과 수업계획

수업은 연극과 같다. 따라서 수업 전에 수업이론과 원리에 따라 적절하게 수업계획을 세워야 한다. 이를 위해 필요한 원리와 절차를 알아보자.

수업목표의 인지 / 학습동기의 유발 / 선수학습능력 / 수업내용의 제시 / 형성평가 / 피드백 / 연습 / 전이와 일반화 / 수업계획 / 수업계획의 필요성 / 수업계획의 일반적 원리 / 수업계획의 수준 / 수업의 도입활동 / 수업의 전개활동 / 수업의 정리활동 / 단원전개계획 / 학습지도안

　　수업상황에서 수업자는 어떤 방법을 활용해서 학생을 가르쳐야 하는가의 문제에 자주 직면하게 된다. 이때 수업자는 확실한 수업이론과 수업원리를 바탕으로 수업을 계획하고 수업을 실행해야 학습자의 학습을 더욱 높일 수 있다. 수업을 더욱 효율적으로 하려면 여러 가지 수업과 관련된 요소를 잘 고려하여 수업에 대한 사전준비와 계획을 철저히 해야 한다.

　　수업계획에 포함되어야 할 주요 내용은 수업목표가 무엇인가, 목표 성취를 위해 어떠한 조건을 제공할 것인지에 대한 활동 계획이다. 이 장의 학습을 끝낸 후에 학습자는 다음과 같은 학습목표를 성취하기를 기대한다.

① 수업목표를 명확하게 제시하면 왜 학습자의 학업성취가 높아지는지를 설명할 수 있다.

② 수업목표를 학생에게 분명하게 인지시키는 기법 중 대표적인 방법 다섯 가지를 지적할 수 있다.

③ 학습동기 유발과 학업성취와의 관계를 설명할 수 있다.

④ 선수학습능력과 보충학습과의 관계를 설명할 수 있다.

⑤ 효율적인 학습내용 제시를 위해 고려해야 할 대표적 원리 네 가지를 지적할 수 있다.

⑥ 연습과 학습자의 학업성취와의 관계를 설명할 수 있다.

⑦ 학습의 전이를 높일 수 있는 원리 두 가지를 지적할 수 있다.

⑧ 수업계획의 일반적 원리를 다섯 가지 이상 지적할 수 있다.

⑨ 도입단계의 주요 활동계획을 지적할 수 있다.

⑩ 전개단계의 주요 활동계획을 지적할 수 있다.

⑪ 정리단계의 주요 활동계획을 지적할 수 있다.

⑫ 단원의 지도계획의 주요 요소를 다섯 가지 이상 지적할 수 있다.

⑬ 단시 교수-학습 지도안을 작성할 수 있다.

1. 수업과 수업계획을 위한 원리

좋은 수업을 하기 위해 필요한 많은 수업설계원리가 있지만 여기서는 교직과목의 특성상 가장 대표적인 것을 위주로 교수-학습의 과정에 따라 알아보도록 한다. 교수-학습의 과정은 대개 수업목표의 제시, 동기유발, 학습결손의 발견과 처치, 학습내용의 제시, 연습 및 응용, 학습과정의 확인과 피드백, 전이 및 일반화 등으로 나뉜다.

1) 명확한 학습목표의 제시

❧ **원리 1: 도입단계에서 학습자에게 학습목표를 명확히 알려 준다.**
학습목표를 제시하는 방법은 수업자의 구두설명으로 학습목표 제시, 칠판에 판서를 통해 제시, 유인물로 된 평가문항의 견본 제시, 완성된 모범작품의 제시, 교사나 조교가 시범행동의 제시, 학습목표를 의문문으로 바꾸어 질문하기 등 다양하게 제시할 수 있다.

❧ **원리 2: 학습자에게 학습목표를 획득하는 절차를 알려 준다.**
절차의 제시 방법으로는 첫째, 각 단계는 학습자가 이해할 수 있는 용어를 사용하여 쉽게 작성한다. 둘째, 복잡한 절차일 경우에는 순서도를 사용하여 제시한다. 셋째, 언어로 설명하기 어려운 절차는 그림과 함께 설명한다. 넷째, 그림으로도 설명하기 어려울 때에는 비디오나 동영상으로 설명한다. 다섯째, 발견학습일 경우에는 학습목표 도달절차를 발견하도록 암시적인 질문을 한다.

❧ **원리 3: 학습목표가 성취되었을 때 만들어지는 작품 또는 우수과제를 학습자에게 보여 주고 장단점을 설명해 준다.**
수업자는 학습자에게 정확한 시범동작이나 작품을 관찰하고 모방할 수 있는 기회를 제공한다. 또 정확한 동작과 부정확한 동작을 변별할 수 있는 기회를 마련하여 준다. 이를 위한 구체적인 방법으로는 첫째, 학생의 모범작품과 잘못된 작품의 제시, 둘째, 조교나 교사에 의한 시범동작의 제시, 셋째, 흔히 오류를 범하기 쉽거나 잘못하기 쉬운 동작의 제시를 들 수 있다.

2) 학습동기의 유발

학습동기에 관해 가장 유명한 이론은 Keller의 ARCS 모형이다(Reigeluth, 1999). ARCS는 Attention(주의), Relevance(관련성), Confidence(자신감), Satisfaction(만족감)의 머리글자를 따서 만든 두문자어(頭文字語)다.

> 🐚 원리 4: 학습자가 학습자극에 주의를 기울이게 한 후 그 주의를 유지하게 한다.

주의(attention)를 기울이게 하는 방법으로는 첫째, 신기한 그림이나 소리, 인상적인 도표, 재미있는 애니메이션, 괴상한 사실, 믿기 어려운 통계 등의 사용과 같은 지각적 전략, 둘째, 학생에게 흔치 않은 비유나 내용과 관련된 연상을 스스로 만들어 보게 하는 것과 같은 탐구적 전략, 셋째, 교수-학습 방법을 수업의 전체 흐름을 깨지 않는 범위 내에서 다양하게 바꾸어 보는 것 등이 있다.

> 🐚 원리 5: 학습자가 학습목표와 자신과의 관련성을 깨닫게 한다.

관련성(relevance)이란 '이 학습목표가 나에게 어떤 의미가 있는지'를 알게 해 주는 것으로 여기에는 다음의 세 가지 방법이 있다. 첫째, 친밀성의 원리로 학습자가 이미 알고 있는 사실, 경험, 가치에 바탕을 두고 설명한다. 둘째, 목적지향성으로 학습목표가 실용적으로 어떤 목적과 관련이 되는지를 알게 해 준다. 셋째, 성취욕구와 소속감의 욕구 충족으로 성취목표를 여러 단계로 제시하고 본인의 능력에 맞는 수준을 선택하도록 한다.

❦ 원리 6: 학습자가 학습목표에 대해 자신감을 갖도록 지도한다.

자신감(confidence)은 다음 세 가지 방법을 통해 증대된다. 첫째, 학습에 필요한 조건을 분명하게 구조화하여 제시한다. 둘째, 학습목표는 학습자가 재미있어 하면서도 적절한 수준의 어려움을 갖도록 구성한다. 셋째, 학습자가 학습을 스스로 조절하고 있다고 느낄 수 있도록 수업을 구성한다.

❦ 원리 7: 학습자가 본인의 노력의 결과에 만족할 경우 학습동기는 유지되며 다음 학습에도 긍정적인 영향을 준다.

만족감(satisfaction)은 확보된 동기를 다음 학습과제로 전이시켜 주는 데 주안점이 있다. 만족감을 높이기 위해서는 첫째, 학습 결과를 사용하면서 만족해할 수 있는 기회를 제공한다. 둘째, 좋은 결과에 대해서 긍정적 보상이나 피드백을 제공한다. 셋째, 수업이 공정할수록 만족감이 증가한다(예: 수업내용과 시험의 일치, 공평한 학습기회의 제공 등).

3) 학습결손의 발견과 처치

❦ 원리 8: 학습자가 선수학습능력에 대한 자신의 결손을 명확히 알 수 있을 때, 보충학습이 효율적으로 이루어진다.

보충학습을 하기 전에 간단하게 학습자의 선수학습능력을 진단할 수 있는 퀴즈를 실시하여 어느 부분에 얼마만큼 결손이 있는지를 스스로 파악하게 한다. 발견된 결손에 대해서는 학습자가 무엇을 얼마나 공부해야 하는지를 알려 주고 이들에 대해 공부하게 한 후 보충학습을 제시한다. 이때 컴퓨터 기반 적응적 평가(computer-based adaptive testing, 이 책 11장 참조)와 개별화 수업 프로그램을 활용하면 효과적이다.

4) 학습활동과 수업내용의 제시

❦ 원리 9: 학습자의 학습능력수준에 알맞게 학습활동을 개별화시켜 주면 학습

목표의 달성은 촉진된다.

학습자의 특성에 맞는 개별화 수업이 가장 좋지만, 현실적으로 가능하지 않은 경우가 많다. 제7차 교육과정이 권하는 수준별 수업으로도 어느 정도의 개별화는 가능하다. 이를 위해서는 첫째, 학습자의 학습능력의 수준을 구분할 수 있는 사전학습 평가 자료를 만들고, 둘째, 개별적으로 학습할 수 있는 학습자료를 준비하여 제공한다.

✇ 원리 10: 학습자가 학습활동에 적극적으로 참여하게 되면 학습자의 학습은 촉진된다.

수업자는 수업의 전 과정에서 학습자가 교사, 다른 학습자 혹은 제공된 학습자료와 좀 더 많은 횟수의 상호작용이 일어나도록 해야 한다. 또 수업자는 학습자의 학습동기를 적정한 수준으로 유지시키며, 학습자의 학습활동에 참여할 수 있는 기회를 균등하게 배분하여야 한다. 구체적으로는 첫째, 수시로 학습자에게 질문을 하고, 둘째, 학습자의 대답이나 발표 등에 칭찬과 격려를 많이 하며, 셋째, 한 시간의 수업활동을 변화 있게 실시하며, 넷째, 학습목표를 고려하여 토의학습을 권장하며, 다섯째, 연습문제지를 마련하여 학습자들이 학습한 것을 연습 내지 응용해 보는 기회를 제공한다.

✇ 원리 11: 학습목표의 하위구성요소를 계열적으로 순서화하여 그 순서대로 가르치면, 학습자는 좀 더 용이하게 학습을 하게 된다.

학습목표를 좀 더 손쉽게 달성하기 위해서는 그것을 달성하는 데 단계적으로 학습해야 할 몇 가지 하위요소를 순서적으로 학습하도록 하는 것이 좋다. 학습자가 쉬운 것에서 어려운 것으로, 단순한 것에서 복잡한 것으로 대표적인 것에서 덜 대표적인 것으로, 구체적인 것에서 추상적인 것으로, 혹은 작업 순서대로 학습을 하도록 하는 것이다. 따라서 수업자는 학습목표의 하위요소를 분석하고 이를 위계화하여 순서에 따라서 수업을 전개하도록 하여야 한다.

　　원리 12: 새로운 개념이나 원리의 학습에서 학습자에게 선행조직자를 형성시켜 주면 더욱 유의미한 학습이 될 수 있다.

　수업자는 학습자에게 새로운 학습과제의 학습을 위한 선행조직자(advanced organizers)를 형성시켜 주어야 한다. 이 선행조직자는 후속되는 학습내용을 포섭하는 기능을 한다. 이를 위한 방법으로는 첫째, 과거에 학습한 지적 체계를 상기하도록 하거나, 둘째, 새로운 학습내용과 학습자의 인지구조를 관계 지어 주거나, 셋째, 교사의 설명으로 학습한 내용의 개념체계를 형성시켜 주는 것 등이 있다. 학습할 내용의 개요를 적은 인쇄 자료나 그림으로 도해화한 자료를 사용하는 것도 좋다.

5) 연습 및 응용

　　원리 13: 연습은 학습을 확고하게 해 주고 망각을 방지시켜 준다.

　연습이란 단순한 반복이 아니라 배운 것을 실제 상황이나 비슷한 상황에 적용해 보는 것이다. 연습을 통해 학습자는 학습한 것을 좀 더 분명하게 이해할 수 있게 되고 망각할 확률을 줄일 수 있다. 이를 위한 구체적인 방법으로서 첫째, 다양한 연습과제의 제시, 둘째, 학습내용과 유사한 연습문제의 제시, 셋째, 새로운 내용을 학습할 수 있는 자료의 제공, 넷째, 연습 및 복습을 위한 학습기회를 마련하는 일 등이 있다.

　　원리 14: 학습자의 개인차를 고려하여 개인의 능력에 알맞은 연습량을 제공하면 연습의 효과는 높아진다.

　수업자는 학습자의 능력 · 적성 · 시간적인 제약조건 등을 고려하여 각 개인에게 알맞은 양의 연습을 시키도록 해야 한다. 그리고 연습 시에 그들이 달성해야 할 목표나 수준을 연습 전에 제시하고 그 학습목표나 수준에 도달했을 경우는 수업자에게 확인을 받도록 하고 다음 단계의 연습으로 나아가도록 한다.

원리 15: 동일과제를 여러 번 반복하여 연습할 수 있는 기회를 제공하면 연습의 효과는 높아진다.

연습 효과는 단 한 번에 많은 시간을 투입하는 것보다 여러 시간으로 나누어 연습을 할 경우 더 높아진다. 즉, 연습에 투입할 시간량을 배분하여 반복 연습할 때가 효과적이다.

6) 형성평가와 피드백

원리 16: 학습결과에 대한 정보가 즉각적으로 학습자에게 주어지고 그에 따른 강화가 있을 때 학습은 효율적으로 이루어진다.

수업자는 학습자가 올바르게 반응했거나 주어진 목표의 수준에 도달했을 때 강화를 준다. 그리고 학습자가 올바르게 반응하지 못했거나 틀린 답을 했을 경우에는 즉각적으로 그 오류를 교정해 주어야 한다. 이를 위해 수업자는 평가준거를 사전에 제시하고 오류의 원인을 학습자가 스스로 찾을 수 있는 기회를 제공하며, 형성평가 답안지를 재검토할 필요가 있다.

원리 17: 학습자 자신이 학습결과를 평가할 수 있는 기회가 많으면 학습효과는 높아진다.

수업자는 학습자가 학습목표의 달성 여부를 확인할 수 있도록 평가계획을 마련해야 한다. 평가의 문항을 목표지향적 평가(혹은 절대평가)에 맞추어 만들고 학생들이 어느 정도 해야 주어진 목표에 도달했다고 판정하는지 그 기준을 제시해야 한다. 이를 위한 방법으로는 명확한 평가기준의 제시, 절대평가방법에 의한 평가도구의 제작과 제공 등이다.

7) 전이와 일반화

원리 18: 단순한 암기나 공식에 의한 학습보다는 이해가 확실하게 되는 학습을 할 때 학습의 파지와 전이는 높아진다.

수업자는 학습자에게 학습과제에 내포된 기본적 요소의 관계를 분명히 이해시켜야 한다. 그리고 학습자가 수업자의 설명을 듣고 알아듣는 수준으로 그 수업을 끝내지 말고, 학습한 것을 비슷한 상황에 적용시켜 보거나 반복적으로 연습하게 하여 확실하게 알도록 해 주어야 한다.

🍃 **원리 19: 학습한 행동을 익숙한 생활 주변의 문제에 적용해 보는 경험이 많을수록 학습의 전이와 일반화는 높아진다.**

수업자는 학습한 경험을 주변생활에 다양하게 적용할 수 있는 기회를 제공한다. 이를 위해서는 시뮬레이션, 역할극, 연습자료 등을 활용할 수 있다.

🍃 **원리 20: 학습 직후에 학습한 내용을 정리하면 학습의 파지 · 전이 및 일반화 수준은 높아진다.**

수업자는 학습이 끝난 후 학습자가 학습한 내용을 회상하게 하거나, 주요 내용을 요약하여 설명하거나 혹은 학습자 스스로가 요약하도록 하는 방법으로 매 수업시간에 학습한 것을 요약하도록 한다. 수업자의 요약 · 판서도 학습내용 정리의 효과적인 방법이다.

2. 수업계획

1) 수업계획의 필요성

수업계획의 필요성은 다음과 같다.

① 수업계획이 없이는 수업의 효과성, 효율성, 매력성, 안전성을 보장하기 매우 힘들다.
② 교직은 전문성을 가지고 있으므로 수업은 교사의 책임이며 교사는 전문인으로서 자신의 활동을 미리 계획하여야 한다.

③ 최근 수업에 대한 교사의 재량권이 증가하고 있는데 이런 재량권을 적절히 활용하기 위해서 교사는 미리 수업을 준비하여야 한다.

④ 최근 수업에 활용되는 매체나 체제 등은 갈수록 복잡해지고 있으며 수업의 목표 역시 질과 양이 변화하고 있다. 또한 학습자의 요구나 개인차도 크게 벌어지고 있는 실정이다. 이런 수업환경에 맞는 수업을 위해서는 반드시 수업계획이 필요하다.

2) 수업계획의 일반원리 및 고려요소

수업계획을 위한 일반적 원리는 다음과 같다.

① 수업계획은 수업과 학습의 효과가 발생할 수 있어야 한다.

② 수업자의 특성이나 수업방법에 따라 변경할 수 있는 융통성이 있어야 한다.

③ 계획은 수행과 평가를 통해 검증될 수 있어야 한다.

④ 단원의 계획과 맞는 일관성이 있어야 한다.

⑤ 실제 적용단계에서 예상치 못한 환경이나 요구에 접하게 되었을 때를 대비한 변경 가능성이 있어야 한다.

⑥ 생활지도나 각종 학교의 교육행사 등도 고려해서 연계될 수 있는 포괄성이 있어야 한다.

또한 좋은 수업계획을 위해서 고려해야 할 요소는 다음과 같다.

① 수업목표나 내용에 적합한 수업방법은 무엇인지 분석하고 선택해야 한다.

② 수업은 여러 가지 학습활동이 포함되기에 학습활동에 대한 계획이 수립되어야 한다. 즉, 동기유발을 위한 활동 등 다양한 형태의 활동을 고

려해야 한다.

③ 수업의 대상, 즉 학습자를 분석하고 이들에 맞는 수업방법을 계획해야
한다.

④ 수업계획은 수업자 자신의 자질, 능력, 선호하는 수업방법 등을 고려하
여 이루어져야 한다.

⑤ 수업에 관련된 현실적인 제 여건이 고려되어야 한다. 여기에는 허용된
수업시간의 양, 학습활동을 할 공간과 장소, 교수-학습자료, 시설, 예
산, 안전, 이동의 문제, 부모의 동참이나 허락 등이 있다.

3) 수업계획의 수준

수업계획은 대체로 장기계획과 단기계획으로 구분할 수 있다. 장기계획
은 학습의 연간계획·월간계획·단원계획이 포함되는 것으로서, 모든 학교
활동·생활지도·행사교육과 일과·평가 및 진도 등에 관한 세부적인 계획
이 배경을 이루고 있는 예정 설계다.

단기계획으로는 주안, 일안, 시안 등을 생각할 수 있는데, 주안은 모든 장
기계획을 바탕으로 1주일을 단위로 구체적인 지도계획을 세우는 것이다. 일

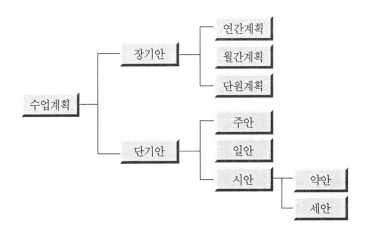

[그림 3-1] 수업계획의 수준별 유형

안은 그날그날의 학습지도계획이고, 시안은 매시간 학습내용에 따라 효과적인 학습지도를 하기 위한 계획인데, 관계를 도표화하면 [그림 3-1]과 같다.

이 외에도 수업계획을 단원전개 계획과 차시별 계획으로 나누기도 한다. 단원전개 계획은 교과목별로 정해져 있는 각 단원을 어떠한 방법으로 가르칠 것인가에 대한 총체적이며 개략적인 계획이다. 그리고 차시별 계획은 단원의 계획에서 세분화된 매 수업시간별로 한 시간 수업을 어떻게 시작해서 어떠한 활동을 시키고 매듭지을 것인가에 대한 좀 더 치밀한 계획이다. 단원전개 계획은 단원의 설계 또는 단원지도 계획이라 부르기도 한다. 그리고 차시별 수업안은 그 계획의 세분화 정도에 따라 아주 자세하고 친절하게 작성하는 경우를 세안이라 부르고, 이와 반대로 아주 간략하게 작성하는 경우를 약안이라고 한다.

3. 수업의 단계와 주요 활동계획

수업활동은 도입, 전개, 정리라는 세 단계로 구분할 수 있다. 한 수업시간에 제공될 주요한 교수–학습활동을 도입, 전개, 정리의 세 단계로 나누어 요약·제시하면 〈표 3-1〉과 같다.

표 3-1 교수–학습과정의 단계별 주요 활동

지도단계	도 입	전 개	정 리
주요활동	동기유발 목표인지 선수학습 관련짓기	학습내용의 제시 학습자료의 제시 학습자의 참여 다양한 수업기법의 활용 시간과 자료의 관리	요약 정리 강화 일반화의 유도 보충 및 예고

1) 도입단계의 성격과 주요 활동계획

도입단계는 본 수업이 시작되는 단계로 비교적 짧은 시간 안에 이루어지는데 대략 5~10분 정도가 적절하다. 이 시간에는 학습자의 주의를 집중시키고, 도달해야 할 학습목표를 제시해야 하며, 본 수업과 관련된 과거의 학습내용을 회상시켜 관련지어 주어야 한다.

(1) 학습자의 동기유발

수업 자체가 재미있고 흥미롭다면 학습자는 관심을 갖고 주의 집중할 것이다. 교사는 수업에 대한 학습자의 동기유발을 위해 다음과 같은 다양한 방법을 사용할 수 있다.

첫째, 학습자에게 주어진 수업목표를 달성했을 때 그들이 할 수 있게 되는 것이 무엇인지 설명한다. 학생은 수업의 도입단계에서 자신이 그 수업을 성공적으로 참여했을 때 무엇을 할 수 있게 되는가를 분명히 알아야만 성취동기가 생긴다.

둘째, 학습과제와 관련이 있는 예화나 경험담을 들려주어 학습자의 관심을 유도하는 방법이다. 최근에 뉴스 보도와 신문을 통해서 알려진 사건이나 일상생활에서 경험한 내용을 언급함으로써 학습자의 관심을 불러일으킨 다음, 이것이 학습과제와 어떻게 관련이 있으며 왜 중요한지에 대해서 설명한다.

셋째, 학습해야 할 문제사태를 담고 있는 사진, 필름, 테이프, 멀티미디어나 인터넷 자료 등을 보여 줌으로써 학습과제에 대한 학습자의 호기심을 자극한다. 예를 들어 수질오염의 심각성에 대해 학습할 경우, 교사가 이를 단순히 설명하는 것보다는 슬라이드나 비디오를 통해 문제 장면을 보여 주는 것이 학습자의 동기유발에 훨씬 더 효과적이다.

(2) 학습목표의 제시

학습목표 제시를 위한 주요 수업활동 계획은 다음과 같다.

첫째, 학습목표는 학습자가 수업활동을 통해서 성취할 수 있는 것으로서,

가능한 한 행동적 수준에서 구체적으로 제시한다. 이러한 학습목표는 수업의 성공여부를 판단하는 평가기준이 되며 학습자의 학습활동을 촉진시키는 요인이 될 수 있다.

둘째, 학습목표를 학습자에게 분명히 인지시킨 다음에 수업에 임해야 한다. 그러면 교사와 학습자가 학습목표를 의식하면서 이에 초점을 맞춘 수업을 전개할 수 있기 때문이다. 이를 위해 학습목표의 중점사항을 강조해서 설명하거나 이에 도달할 수 있는 절차를 학습자에게 이해시키는 것은 효과적인 수업을 위해서 필요하다.

(3) 선수학습과 관련짓기

본시 수업에서 다룰 학습과제와 관련이 있는 과거의 학습경험을 회상시키거나 재생시켜 주는 일도 도입단계에서 이루어져야 한다. 선수학습과 현재 학습해야 할 과제를 연결시켜서 학습자로 하여금 그 관계를 분명히 이해하게 하면 새로운 학습과제의 해결이 매우 쉬워질 수 있다.

2) 전개단계의 성격과 주요 활동계획

전개단계는 수업의 중심활동으로 도입과 정리단계의 활동을 연결한다. 실제 본시 수업의 대부분은 주로 이 단계에 해당된다. 전개에서는 학습과제의 내용을 학생에게 제시하고 다양한 수업방법을 사용하여 수업의 목표달성을 위한 교수-학습활동을 하게 된다.

(1) 학습내용의 제시

학습내용을 학습자에게 제시하기 위해서 교사가 생각해야 할 일은 어떤 순서로 제시할 것인가 하는 문제다. 여기에는 몇 가지 방법이 있다.

첫째, 학습과제의 분석표를 기초로 하여 가장 기본적인 학습과제부터 시작하여 점차 일반적인 학습과제에 이르기까지 순차적으로 제시하는 것이다. 즉, 먼저 단순하고 쉬운 학습과제부터 학습하게 하고, 그다음 이를 토대로 점차 복잡하고 어려운 학습과제를 학습하도록 제시하는 것이다.

둘째, 한 시간에 가르칠 학습내용을 학습자의 수준과 특성, 수업의 조건과 활동상황 등을 고려하여 적당한 크기로 묶는 것이다. 예들 들어, 수준이 낮은 학습자를 위한 한 단위의 학습활동의 묶음은 수준이 높은 학습자의 그것에 비해 비교적 작아야 하며, 수업 상황의 변화도 자주 일어나야 한다. 따라서 학습내용을 적절한 크기로 분할하여 가르칠 때 수업은 효과적으로 이루어질 수 있다.

셋째, 주어진 학습목표를 성취하기 위해 학습해야 할 내용과 예를 선정하여 계획하는 일이다. 학습자가 학습내용을 좀 더 쉽게 이해하도록 하기 위해 가르칠 개념이나 원리에 해당하는 예를 선정하여 적당한 때에 제시해 주어야 한다.

(2) 학습자료의 제시

학습자료는 학습목표를 달성하는 데 도움이 되는 다양한 프로그램이나 매체를 말한다. 여기에는 인쇄된 자료, 멀티미디어 자료, 컴퓨터 보조수업 자료 및 웹 자료 등 여러 가지가 있다. 과거의 학습 자료는 단순히 수업을 보조하는 수단으로 사용되었으나, 최근에는 학습자료 그 자체가 수업을 주도할 수 있도록 개발되고 있다. 학습자료의 계열성을 고려하지 않은 수업전개는 자칫 잘못하면 산만해지기 쉬우며, 때로는 수업의 역효과를 초래할 수도 있다는 점에 주의한다.

학습자료 및 매체를 선정하고 활용할 때에는 학습자의 특성을 고려하여야 한다. 예를 들어, 학습자의 독서능력이 부족한 경우라면 교과서나 책을 읽는 것보다는 설명이나 대화를 듣는 것, 도표나 모형을 통한 학습이 더 효과적이다. 또한 어린 아동이라면 보고, 듣고, 조작하는 실제적이고 직접적인 활동을 함으로써 더 효과적인 학습을 할 수 있으며, 성장한 학생이나 성인은 언어적 방법에 의하여 좀 더 잘 학습할 가능성이 높다.

(3) 학습자의 참여 유도

전개단계에서는 많은 질문과 응답이 오고 가며, 실제 어떤 행동을 보여 주기도 한다. 따라서 학습자의 적극적인 학습활동은 필수적이다. 그러므로 교사가 수업의 전 과정을 주도해서는 안 된다. 집단이나 개인별로 학습자의 참여를 유도해야 하며, 충분한 시간을 할애해 주어야 한다. 학습자를 수업에 좀 더 능동적으로 참여시키는 학습자 참여 방법을 제시하면 다음과 같다(Davies, 1981).

① 학습자가 그들이 학습한 지식, 기술, 경험, 태도 등을 구두로 표현할 수 있도록 질문한다.
② 학습자의 생각과 의견을 교환하는 방식으로 토론의 기회를 마련하다.
③ 학습자에게 학습과제를 부과하는 방식이다. 단순히 지적 영역뿐만 아니라 기술적, 태도적 영역의 과제도 제시할 수 있다. 이러한 과제 제시는 학습자 간에 서로 가르칠 수 있고, 동료학습을 유도한다는 점에서 학습자의 적극적인 참여가 기대되는 것이다.
④ 학습자가 수업시간 동안 노트 필기를 함으로써 핵심적인 학습내용에 주의를 기울이게 되며, 이는 학습을 강화시키는 결과를 가져온다.

(4) 다양한 수업방법의 사용

주어진 학습목표를 달성시키기 위해서는 다양한 수업방법이 요구된다. 가르칠 수업목표, 수업상황, 수업자료의 특성, 학습자의 수준 등에 따라서 토론학습, 협동학습, 문제중심학습, 탐구학습, 강의식 수업 등 다양한 수업방법을 사용하는 것이 좋다.

(5) 시간과 자원의 관리

전개단계는 도입과 정리단계에 비해서 시간 비중이 높은 편으로 한 시간 수업의 60~70%를 차지한다. 따라서 몇 개의 하위단계 또는 활동으로 구분하여 시간과 자원을 관리하는 것이 효율적인 수업전개를 위해서는 유용하다. 이런 하위단계는 학습과제와 학습자 특성 및 수준에 따라서 여러 단계로 나눌 수 있지만 대체로 세 단계로 구분된다(Davies, 1981). 탐색활동단계, 해석활동단계, 응용단계는 수업의 전개단계 내에서 이루어지는 세 가지 주요 활동으로 나눈 것이며, 이 세 가지는 한 시간 수업 중에 한 번으로 끝날 수도 있지만 몇 번씩 반복할 수 있음에 유의해야 한다.

3) 정리단계의 성격과 주요 활동계획

정리단계는 학습지도의 결론 부분이다. 여기서는 학습한 내용을 요약 정리하고 강화시키며 일반화할 수 있도록 지도한다. 사실 이 단계는 수업에서 매우 중요한 단계이므로 사전에 철저한 준비와 함께 반드시 실행되어야 한다.

(1) 학습과제에 대한 요약과 종합

학습내용을 살펴보면서 중요한 사항을 요약하고 종합해 준다. 요약이란 중요한 하나하나의 지식을 정리해 주는 것이며, 종합이란 학습자가 부분적으로 파악하고 있는 학습내용을 전체적인 맥락에서 이해시켜 하나의 완성된 학습과제로서 이해하거나 수행하게 하는 것이다.

(2) 연습과 피드백을 통한 강화

학습지도를 통해 학습한 내용을 학습자가 실제 상황이나 이와 유사한 상황에서 적용시킬 수 있도록 연습의 기회를 제공해야 한다. 중요한 개념이나 일반적인 원리, 그리고 새로 학습한 기술과 운동능력 등은 몇 번의 반복만으로는 숙달되지 않는다. 그러므로 학습한 내용을 새롭고 다양한 상황에 직접 적용시켜 보는 연습을 해야 한다. 연습은 학습한 것을 더욱 분명하게 이해시켜 주며 쉽게 망각하지 않도록 해 준다. 피드백은 정오답에 대한 정보와 칭찬이나 격려가 함께 제시되어야 한다.

(3) 일반화

학습자가 학습한 내용을 주변의 생활문제에 적용해서 그 문제를 해결해 보는 경험은 학습의 일반화 및 전이의 효과를 가져온다. 이것은 연습의 효과와도 밀접한 관련이 있기 때문에 상호 작용하는 가운데서 일반화의 수준을 높일 수 있다. 일반화를 위한 방법을 제시하면 다음과 같다.

① 단순암기나 단편적인 학습보다는 학습요소나 내용의 관계를 이해하고, 이에 관련된 문제사태를 해결할 수 있도록 학습하게 한다.
② 학습한 내용을 실제 생활에 적용해 보는 기회를 반복적으로 제공한다.
③ 학습 직후에 학습한 주요 내용을 요약 정리하게 한다.

(4) 보충자료 제시 및 차시 예고

수업시간 동안 충분히 다루지 못했던 학습내용이나 학습자가 더 알고 싶어 하는 주제에 관한 보충자료나 참고도서를 언급해서 학습자의 지적욕구를 충족시켜 주어야 한다. 또 수업시간에 깊이 있게 다루지 못한 학습부분을 학습자가 스스로 보완하고 심화시키는 것이 필요하다. 한편 다음 시간에 학습할 내용이나 주제를 이번 수업시간에 배운 것과 관련지어 제시한다. 이렇게 함으로써 학습의 계열성을 유지시키고, 차시 수업에 대한 학습자의 준비와 기대효과도 유도할 수 있는 것이다.

4. 교수-학습 계획안의 작성

교수-학습 계획안은 과목의 특성, 학교급별 또는 학습목표나 내용에 따라서 다양하지만 대개의 수업안은 몇 가지 묵시적인 약속 속에서 작성되고 있다.

　　① 단원의 지도계획(계열화)을 먼저 작성하고 그 다음에 매 수업시간별 지
　　　도계획을 작성하게 된다.

　　② 매 수업시간별로 계획을 세운 교수-학습이 제대로 이루어지면 그 결
　　　과는 단원의 수업목표를 달성할 수 있도록 계획되어야 한다.

　　③ 교수-학습 계획안은 세안 또는 약안으로 작성하게 되는데, 초임교사
　　　나 특별한 경우(예: 수업연구나 연구발표)를 제외하고는 약안의 형식으로
　　　작성해도 무방하다. 이때 약안으로 작성하더라도 교재연구는 세안을
　　　작성할 때와 같은 사고와 탐색의 과정을 거쳐야 한다. 다만 문서상으로
　　　작성하지 않을 따름이다.

1) 단원의 지도계획

　　단원지도에 관련된 내용은 교사용 지도서에 상세하게 진술되어 있으나
지역이나 학교의 특성, 그리고 학생의 능력 등에 따라 차이가 있으므로 교사
가 교과서, 교사용 지도서, 기타 관련 전문서적을 토대로 단원지도계획을 재
구성하는 것이 바람직하다. 교과나 단원의 특성에 따라 차이는 있겠지만 모
든 교과의 공통적인 단원지도의 구성요소로 첫째, 단원명, 둘째, 단원의 개관
(단원의 구성 또는 학습문제, 단원의 설정 이유), 셋째, 단원의 목표, 넷째, 지도상
의 유의점, 다섯째, 학습과제분석(학습내용의 구조), 여섯째, 출발점 행동의 진
단과 처치(진단평가, 보충수업, 심화학습), 일곱째, 단원의 전개 등이 있다.

(1) 단원명

　　단원명은 교과서나 교사용 지침서에 있지만 학교나 학생의 특성에 맞게
재구성되어야 한다. 단원명을 정할 때 첫째, 일반적이고 대표적인 주요한 제
목, 둘째, 중요한 원리나 개념 또는 사실을 대표하는 문구, 셋째, 학생의 중요
한 문제를 표시하는 의문문, 넷째, 중요한 사회문제를 표시하는 의문문으로
나타낼 수 있으나, 우리의 경우는 교과서에 제시된 단원명을 그대로 옮겨 쓰

는 것이 좋다.

(2) 단원의 개관

단원의 개관에는 첫째, 단원이 학생의 어떠한 필요나 흥미에 의한 것인지, 둘째, 단원이 사회적으로 어떠한 의의와 가치가 있는지, 셋째, 단원이 교육과정의 내용상의 범위와 계열에서 어떠한 위치에 있는지를 기술하여야 한다. 단원의 개관에는 그 단원을 학생들에게 왜 가르쳐야 하는지의 필요성을 근거로 정당성을 논리적으로 기술하여야 한다. 학습자 측면, 사회적 요구 측면 그리고 교과의 특성 측면에서 정당성을 찾아야 할 것이다. 정당성이 약하면 그 단원을 꼭 가르쳐야 할 필요는 없다.

(3) 단원의 목표

단원목표는 단원지도 후에 학습자가 성취해야 할 행동이어야 하는데, 단원의 주요 내용과 그 내용에 대하여 학생들이 어떤 행동으로 성취되기를 바라는지가 분명하게 진술되어 있어야 한다. 단원목표는 교사용 지도서에 상세히 기술되어 있으나 학교나 학생의 특성에 맞게 조정해야 한다. 즉, 단원목표는 주요한 내용의 영역과 그 내용을 다룸으로써 달성될 것으로 기대되는 행동의 양자를 포함하여 진술되어야 한다. 예를 들면, 영양에 관한 원리의 이해, 지도를 해독하는 기능 등이다. 그리고 지식, 태도, 기능이 골고루 뽑혀서 진술되어야 한다. 단원의 목표는 차시별 수업목표(학습목표)에 비하여 상대적으로 포괄적이고 종합적이다.

(4) 지도상의 유의점

해당 단원 학습을 지도하기 위해서는 교사용 지도서에 기록되어 있는 지도상의 유의점을 살펴보고, 각 학습과제별 지도상의 유의점에 관심을 두어 지도계획을 세우고, 실제 수업에 임해야 한다. 그러나 교사용 지도서에 나타난 내용은 학생의 특성, 학교의 특성을 전부 고려하였다고 볼 수 없기 때문에 교사용 지도서를 참고로 하되 교사 자신이 본 단원 학습내용을 분석하여 지도상의 유의점을 찾아내야 한다. 특히 발견학습, 탐구학습, 토의식 학습이 강조되는 단원에서는 그 단원을 처음부터 어떻게 이끌어 나갈지에 관하여 수업이론이나 모형을 참조하여 지도방법을 탐색하고 구체적 지도방법을 선택해서 진술한다.

(5) 학습과제의 분석

단원목표를 명확하게 제시하여 지도함으로써 학습자의 학습력을 높이며, 가르칠 학습내용을 객관적이고 타당하게 평가하기 위해서 맨 먼저 해야 할 일이 학습과제를 분석(학습내용의 구조도)하는 일이다. 어떤 내용을 가르쳐야 하는가에 대한 학습과제(학습내용)가 구체적으로 분석되어야 그것을 기초로 해서 학습목표가 상세화되고 가르칠 학습요소, 학습요소 간의 관련성, 학습순서 등을 밝혀낼 수가 있다(부록 참조).

학습과제는 해당 단원의 성격에 따라 여러 가지 방법으로 분석할 수 있다. 그러나 대개는 학습위계별 분석, 학습단계별 분석, 시간 · 기능별 분석법을 사용한다(변영계, 1992).

(6) 단원의 전개계획

① 수업계열의 결정

단원목표에 따라 학습과제를 분석하고 그 요소를 추출한 후에는 이를 토대로 단원의 목표를 달성하기 위하여 몇 시간이 필요한지, 어떤 순서로 단원을 전개할 것인가를 결정해야 한다. 수업계열을 결정하기 위해서 먼저 생각해야 할 일은 한 수업목표의 학습이 차시 수업목표의 학습에 최대한의 전이를 줄 수 있도록 배열하는 일이다. 구체적인 원칙을 몇 가지 들면 다음과 같다.

ⓐ 공통요소는 가능하면 초기에 가르친다.
ⓑ 한 수업목표가 다른 수업목표의 선수학습능력이 될 때 선수학습능력

이 되는 것을 먼저 가르친다.

③ 작업의 의존성에 따라 그 선후를 가린다.

위의 세 가지 원칙이 적용되지 않을 경우는 교과의 특성, 자료의 특성에 따라 순서를 결정한다.

② 수업전략의 수립과 수업방법 선정

수업계열의 결정에 따라 한 단원을 몇 시간 동안 가르치도록 할 것인가가 결정되고, 가르치게 될 수업목표(수업내용)가 결정되었다면, 단원의 첫째 시간부터 그 단원의 끝나는 마지막 시간까지 어떠한 전략에 따라 어떤 방법으로 가르쳐야 할 것인가를 결정해야 한다.

그리고 주요 수업방법을 매 수업시간별로 결정하여야 한다. 매 수업시간의 수업목표가 어떠한 학습활동을 제공했을 경우에 가장 잘 달성될 수 있는가를 고려하여 최적의 방법을 선정해야 할 것이다. 수업방법으로는 강의법, 시범수업법, 토의법, 자율학습법, 학생 상호 학습법, 탐구수업, 발견학습 등 다양한 방법이 있다.

③ 수업매체의 선정

수업매체의 선정에서 가장 중요한 원칙은 수업목표 달성의 적합성 여부다. 그다음으로 경제성(경비)이나 현실성, 안정성 수업자의 조작능력 등이 고려되어야 한다.

④ 평가계획의 수립

진단평가, 형성평가, 총괄평가 등을 언제 어떠한 방법으로 실시할 것인가를 결정해야 한다. 진단평가는 단원을 시작하는 첫째 시간에 해야 할 것이다. 형성평가는 대개 3~4시간의 수업을 한 후에 실시하는 것이 좋을 것이다. 총괄평가는 단원의 끝 시간에 배정해야 할 것이다. 가능한 한 평가도구는 단원전개계획을 수립하는 단계에서 제작하는 것이 좋다.

| 표 3-2 | 단원전개계획 양식의 예 |

소단원	시간	차시	주요 학습내용 (수업목표)	주요 수업방법	수업매체	비고

이와 같이 단원전개계획은 한 단원을 기본적으로 어떻게 가르칠 것인가에 관한 개략적인 설계도다. 좀 더 자세한 지도계획은 매 수업시간별 계획에서 나타나게 될 것이다. 단원전개계획은 대개 아래의 형식에 따라 계획하면 활용하기에 편리하다.

2) 교수-학습 계획안 작성

교수-학습 계획안은 단원의 전개계획에 따라 한 시간단위 수업을 어떻게 전개시킬 것인가에 관한 좀 더 구체적이고 상세한 지도계획이다. 따라서 한 시간 50분의 수업을 어떻게 시작하여, 어떠한 교수-학습활동을 통하여 그 수업시간의 수업목표를 달성시킬 수 있을 것인가에 대한 치밀한 계획이 만들어져야 한다. 이 교수-학습 계획안에 반드시 들어가야 할 요소는 수업목표, 주요 수업절차, 학습내용, 교수-학습활동, 수업매체, 시간계획 등이다. 지도안의 양식은 정해진 것이 있을 수 없으며, 수업활동이나 활용의 간편성 등을 감안하여 융통성 있게 만들어 쓸 수 있다.

다음에 제시한 것은 교수-학습 계획안을 세부적으로 작성할 경우 활용될 수 있다.

(1) 단원명

단원명은 교과에 따라 소단원, 중단원, 대단원명을 기입한다. 대단원의 지도 시수가 많지 않을 경우에는 일반적으로 대단원명을 기입하고 있으나, 학습지도시간이 너무 많은 경우에는 중단원이나 소단원을 기입하는 것이 좋다.

(2) 지도대상

지도 학급 또는 학년

(3) 차시

차시는 사선 윗부분에는 본시의 차시를, 그리고 아랫부분에는 단원지도에 소요되는 총 시수를 숫자로 기입한다. 예를 들면, 3/10이란 단원지도 소

표 3-3 단시 학습지도안 양식의 예

단 원 명		대상		차시		지도일시		지도장소	
수업목표									
지도단계	주요 학습내용	교수-학습활동		시간	수업매체	지도상의 유의점			
		교사	학생						
도 입									
전 개									
정 리									
판서내용, 형성평가 문항 및 과제물 제시									

요시간이 10시간인데 본시가 3차시란 뜻이다.

(4) 수업목표

본시의 수업목표는 학습자가 학습 후에 도달해야 할 성취행동으로 진술하되, 명시적 동사를 사용하여 성취결과를 명확하게 알 수 있도록 해야 한다. 즉, 단원의 목표와 달리 단시 수업의 목표는 암시적 동사(예: 이해한다, 감상한다, 인식한다, 깨닫는다)가 아닌 명시적 동사(예: 진술할 수 있다, 구별할 수 있다, 비교 설명할 수 있다, 문제를 풀어 그 정답을 구할 수 있다)를 사용하여 행동적 용어로 진술해야 한다.

(5) 참고

지도단계, 학습내용, 교수–학습활동, 수업매체 등은 앞의 학습지도의 절차를 참고하면 도움이 될 것이다.

요약

1. 수업의 효율화를 위한 요인은 어떠한 변인을 변화시키면 이로 인하여 효과가 나타나는 인과관계를 가져오는 요인을 의미하며 수업상황에서 이러한 인과관계가 있는 명제를 수업원리라고 부르며 여러 개의 서로 관련 있는 수업원리가 통합되어 수업이론을 만든다.

2. 수업원리는 수업목표의 제시, 학습동기의 유발, 학습결손의 진단과 처방, 학습활동과 내용의 제시, 연습과 응용, 학습과정의 확인과 피드백, 전이와 일반화 등과 관련하여 방향이나 지침을 제시해 준다.

3. 수업을 계획하기 위해서는 학습자의 학습과 관계 있는 학습원리와 이론도 알아야 하지만, 이를 바탕으로 어떠한 학습활동을 시킬 것인가에 대한 수업자 중심의 수업이론도 알아야 한다. 이러한 이론을 중심으로 수업계획은 타당성, 융통성, 과학성, 일관성, 유동성, 포괄

성 등이 잘 고려되어 계획되어야 한다.

4. 수업의 계획은 수업을 하게 될 시간량의 정도에 따라 장기계획과 단기계획으로 나눈다. 장기계획은 학년간 진도계획, 학기간의 진도계획, 월간계획 또는 단원의 지도계획 등이 여기에 해당한다. 이와 반대로 주간계획, 일일계획 그리고 매 차시별 계획 등은 단기계획에 포함시킨다.

5. 단원의 계획은 한 단원에 대한 총괄적인 계획이다. 이 계획에서는 단원명, 단원설정 이유, 단원의 목표, 단원의 내용구조, 단원전개계획, 평가활동 등이 고려되어야 한다. 그리고 단원전개계획은 해당 단원을 몇 시간으로 나누고, 각 수업시간별로 수업목표를 배정하고 주요 수업방법의 선택까지 포함시켜야 한다.

6. 단원이 계획된 후에는 매 수업시간별 학습지도계획을 만들게 된다. 학습지도계획은 한 시간 수업을 도입, 전개, 정리의 세 단계로 나누고, 각 단계마다 수업자는 학습자에게 어떠한 학습활동을 시킬 것인가에 대한 좀 더 자세한 계획을 수립해야 한다.

연 습 문 제

1. 학습 동기를 높이기 위한 수업전략으로 적절하지 않은 것은?   2000 중등기출
  ① 다양한 매체를 사용한다.
  ② 친숙한 사례를 사용한다.
  ③ 수업 시작 시 수업목표를 알려 준다.
  ④ 시험에 관한 정보를 제공하지 않는다.

2. 다음 중 학습의 전이를 높이는 데 가장 유리한 방법은? **2001 중등기출**

① 지식을 구획화하여 제공한다.

② 지식을 추상적 개념 수준으로 제공한다.

③ 지식을 다양한 사례에 적용해 보도록 한다.

④ 지식의 조직을 위하여 단일한 스키마를 제공한다.

3. 다음 〈보기〉 중 교수–학습 계획안을 작성할 때 반영해야 할 사항으로 짝 지어진 것은? **1998 중등기출**

> **보기**
>
> 가. 효율적인 발문을 구상한다.
> 나. 평가 방법과 내용을 계획한다.
> 다. 수업 내용에 적합한 수업 과정을 선택한다.
> 라. 교사의 능력과 흥미를 우선적으로 반영한다.
> 마. 교과 주임 교사가 대표로 작성하는 것이 바람직하다.

① 가, 나, 다   ② 가, 나, 라
③ 나, 다, 마   ④ 다, 라, 마

4. 다음 〈보기〉 중 학습자의 기억을 돕기 위한 전략으로 옳은 것은? **1998 중등기출**

> **보기**
>
> 가. 한 가지 학습 방법이나 교수 매체를 계속 활용한다.
> 나. 같은 정보를 다양한 상황이나 예를 통해 여러 번 제시한다.
> 다. 서로 관련된 정보는 시간적·공간적으로 가깝게 제시한다.
> 라. 복잡한 개념이나 문제일수록 즉각적인 피드백 정보를 준다.
> 마. 학습자에게 의미 있는 정보가 더 오래 기억되므로 학습자의 기존 경험이
>   나 흥미에 부합되는 정보를 제시한다.

① 가, 나, 다   ② 가, 나, 라
③ 나, 다, 마   ④ 다, 라, 마

5. Keller의 ARCS 이론의 '만족감(Satisfaction)' 증대를 위한 수업 전략은?

2003 중등기출

① 친밀한 인물이나 사건의 활용

② 비일상적인 내용이나 사건의 제시

③ 쉬운 것에서 어려운 것의 순서로 과제 제시

④ 성공적 학습 결과에 대한 긍정적 피드백 제공

6. 다음 〈보기〉와 같은 교사의 경험을 가장 잘 설명하고 있는 이론은? 2002 초등기출

> **보기**
>
> 지난 해 소집단 토론 수업을 실시한 결과 학생들의 학습 참여도와 학업 성취도가 설명식 수업 방법에 비해 크게 향상되어, 소집단 토론 수업 방법이 설명식 설명 방법보다 효과적이라는 확신을 갖게 되었다. 이런 확신 때문에 새로운 학교로 전근을 와서도 소집단 토론을 중심으로 수업을 진행하였다. 그러나 기대와는 달리 학생들의 학습 참여도와 학업 성취도가 설명식 수업을 실시하고 있는 다른 반 학생보다 오히려 떨어졌다. 그래서 다시 설명식 수업 방법으로 전환하게 되었다.

① 정교화 이론   ② 행동수정 이론

③ 유의미 학습 이론   ④ 적성–처치 상호 작용 이론

7. 다음 〈보기〉의 내용 중 Tyler가 제시한 행동적 수업 목표 진술의 세 가지 특징은?

2001 초등기출

> **보기**
>
> 가. 수업 목표 진술은 학습자의 행동으로 진술하여야 한다.
> 나. 행동과 함께 내용도 진술되어야 한다.
> 다. 기대되는 학습자 행동은 충분히 세분화하여야 한다.
> 라. 학습자의 도착점 행동과 그 상황도 제시하여야 한다.

① 가, 나, 다   ② 가, 나, 라

③ 가, 다, 라   ④ 나, 다, 라

8. 성취 행동의 관점에서 볼 때 가장 적절하게 진술된 수업목표는?   2002 초등기출

    ① 수질 오염 방지 대책에 대해 토론한다.

    ② 비례 대표제의 장점과 단점을 열거할 수 있다.

    ③ '오빠 생각' 노래를 피아노 반주에 맞춰 연습한다.

    ④ 광합성 작용의 절차를 실험을 통해 파악하게 한다.

9. 다음 3개의 적성-처치 상호작용(ATI) 현상에 대한 설명 중 옳은 것은?

                                                             2004 초등기출

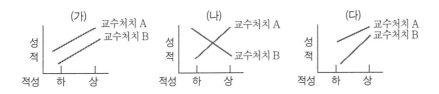

    ① (가)는 적성수준에 따라 교수 처치 효과가 다르게 나타난 것이다.

    ② (나)는 개인차를 고려한 적응적 수업의 효과가 가장 크게 나타난 것이다.

    ③ (다)는 적성-처치 상호작용 효과가 가장 크게 나타난 것이다.

    ④ (가)는 교수처치에 따른 적성수준별 반 편성의 필요성을 가장 크게 시사해 주는 것이다.

10. 수업계획의 일반적 원리가 아닌 것은?

    ① 타당성   ② 융통성   ③ 과학성   ④ 확정성

11. 다음 중 수업의 정리단계에 해당하는 활동은?

    ① 일반화의 유도   ② 시간과 자료의 관리

    ③ 동기유발   ④ 학습자료의 제시

12. 다음 중 교사가 수업계획을 수립할 때 가장 중요하게 고려해야 할 요인은?

                                                               2000 초등기출

    ① 학생의 협동성 수준   ② 학교장의 학교교육방침

    ③ 학생의 선수학습수준   ④ 학생의 지능검사 결과

강의식 수업과 토의식 수업

　　단점을 보완하고 장점을 살려 나가는 방향으로 활용하면 교사중심의 설명식 수업도 효과적인 교수법이 될 수 있다. 성공적인 토의식 수업을 위해서는 학습자와 수업자의 활발한 의사소통과 협조적 분위기가 필수적이다.

강의법의 장단점 / 강의식 수업모형 / 효과적인 설명법 / 성공적인 강사의 비법 / 발문의 목적과 기법 / 판서의 기능과 요령 / 토의의 목적과 성격 / 토의의 장단점 / 토의의 유형 / 토의 절차

강의법은 교사중심의 교수법이기 때문에 학습자의 능동적 학습활동 참여와 주의집중이 어렵다는 비판을 받고 있지만 여러 가지 방법을 병행함으로써 단점을 보완하고, 장점을 살려 나가는 방향으로 활용하면 효과적인 교수법이 될 수 있다.

토의식 수업은 학습자의 참여와 역할을 강조하는 학습자 중심의 수업방식이며 학습자와 수업자 모두의 창의성과 자발성 그리고 대인관계의 태도 및 기능을 키울 수 있다는 점에서 매우 효과적인 수업방법이다.

이 장에서는 먼저 강의식 수업의 개념, 특성, 장단점과 강의식 수업 절차를 살펴보고 효과적인 설명방법과 발문기법 및 판서기능과 요령, 시범, 문답법에 대해 살펴볼 것이다. 그리고 토의식 수업에 관련하여서는 토의식 수업의 특성, 장단점을 살펴보고 토의식 수업의 유형, 일반적인 토의수업의 절차 등을 살펴보고자 한다. 이 장의 학습을 끝낸 후에 학습자는 다음과 같은 학습목표를 성취하기를 기대한다.

① 강의법의 개념과 특징에 대해서 설명할 수 있다.
② 강의법이 효과적으로 활용될 수 있는 경우를 다섯 가지 설명할 수 있다.
③ 강의법의 장단점을 네 가지 이상 열거할 수 있다.
④ 강의식 수업모형을 이해하고 단계별 활동을 설명할 수 있다.
⑤ 효과적인 설명방법과 설명 시 유의점에 대해서 설명할 수 있다.
⑥ 시범수업의 장점과 단점을 설명할 수 있다.
⑦ 학생들의 사고와 이해를 도울 수 있는 발문법에 대해서 설명할 수 있다.
⑧ 발문의 목적을 다섯 가지 이상 열거할 수 있다.
⑨ 토의의 기본 목적과 성격을 설명할 수 있다.
⑩ 토의식 수업의 장단점을 세 가지 이상 열거할 수 있다.
⑪ 토의의 유형을 특징별로 구별할 수 있다.
⑫ 토의의 절차를 순서대로 적용할 수 있다.

1. 강의식 수업

강의의 가치는 한 시간 동안에 얼마나 많은 양의 정보를 학습자에게 주입시켰느냐? 또는 얼마나 중요한 정보를 언급하였느냐? 아니면 그 강의는 얼마나 많은 영역을 완전히 다루었느냐? 등으로는 측정, 판단될 수 없다. 명강의를 했는가는 그 강의를 들은 학습자가 집에 돌아가 저녁 식탁에서 부모님에게 낮에 들었던 강의 내용을 어느 정도나 자기의 말로 다시 들려줄 수 있느냐로 따져 보아야 한다(이성호, 1999).

1) 강의법의 개념과 특성

강의법은 가장 전통적인 교수법으로 지식이나 기능을 교사중심의 설명을 통해서 학습자에게 전달하고 이해시키는 교수법이다. 이 방법은 고대 희랍 시대에는 철학자가 웅변이나 강연에 사용하였고, 중세에는 대학에서 주로 사용하였다. 그러다 17세기에 등장한 경험주의 교육철학과 노작교육이 강조되면서 일방적 강의나 암송에 대한 비판이 나왔다. Comenius(1952~1670)가 『세계도회』를 만들어 언어중심의 학습방법을 타파하려 애썼고, Pestalozzi(1746~1827)가 노작중심 교수방법을 제창하여 교육방법을 개선하려고 노력한 것도 이때다.

그 후 19세기에 Herbart가 체계적이며 과학적인 교수 5단계설(준비, 제시, 결합, 체계화, 적용)을 제시하여 오늘에 이르고 있다. 하지만 예전에는 교사가 주로 말로 설명했지만 요즘에는 강의법에도 각종 매체를 활용하는 것이 보편화되어 있다.

강의법은 교사중심의 교수법이기 때문에 학습자가 능동적으로 학습활동에 참여할 수 없고, 학습자의 주의를 집중시키기 어렵다는 등의 비판을 받고 있다. 하지만 강의법은 아직도 잘만 사용하면 장소와 여건을 불문하고 많은 학습자를 대상으로 교육을 할 수 있는 장점이 있다.

강의법이 가장 잘 활용될 수 있는 경우는 다음과 같다(이성호, 1999).

①강의법은 교육목적상 어떠한 특정한 태도나 가치를 고취하기 위하여 설득력 있는 웅변형의 수업이 필요할 때 효과적이다. 요즘 종교단체에서 강론시간에 파워포인트를 쓰는 곳도 많지만 아직도 대부분의 강론을 강의법 위주로 하는 이유가 바로 이것이다.

②강의법은 논쟁의 여지가 없는 사실적 정보나 개념을 논리적이며 객관적으로 분명하게 짧은 시간에 효율적으로 전달하고자 할 때 좋다.

③강의법은 아직 논리적으로 정리되어 있지 않은 새로운 정보나 지식, 또는 아주 복잡하기 때문에 차근차근 요소를 풀어서 설명해야 할 내용을 체계적으로 정리하여 전달할 때 좋다.

④강의법은 다음과 같은 특성을 가진 학습자에게 적절한 교수법이다. 첫째, 언제나 교수자가 명확하게 설명해 주어야만 심리적으로 편안함을 느끼는 학습자, 둘째, 경직되고 융통성이 없으며 걱정이 많은 학습자, 셋째, 맹종형 또는 순응형 학습자에게 효과적이다.

⑤강의법은 그 특성상 유의미한 학습과 함께 기계적인 학습도 시킬 필요가 있을 때 적절하게 활용될 수 있다.

2) 강의법의 장단점

강의법의 장점은 다음과 같다.

①정해진 시간 내에 다양한 지식을 많은 학습자에게 교육할 수 있다.

②교과서의 내용을 교사재량으로 보충, 첨가, 삭제할 수 있다.

③상황이 적절하고 수업자가 달변일 경우 짧은 시간에 학습자의 동기를 높이기 쉽다.

④ 수업자의 설명력이 뛰어날 경우 다른 보조자료 없이도 사건이나 사실
   을 눈으로 보는 것처럼 설명할 수 있다.

⑤ 학생이 수업자의 설명에 집중할 수 있는 조건이라면 장소에 크게 구애를
   받지 않고 야외나 버스 등과 같은 여러 가지 장소에서 수업할 수 있다.

강의법은 다음과 같은 단점도 갖고 있다.

① 수업의 질이 수업자의 능력과 준비에 따라 많이 달라진다.

② 설명이 지루할 경우 학습자의 주의집중과 동기가 떨어진다.

③ 준비가 덜 되었거나 능력이 낮은 학습자에게는 불리하다.

④ 주의가 산만한 학습자는 요점을 파악하기 힘든 경우가 많다.

⑤ 일방적 전달 때문에 학습결과의 개별화나 사회화가 어렵다.

⑥ 학습자의 학습동기유발이 어렵고 수동적 학습자가 되기 쉽다.

3) 성공적인 강사의 비법

성공하는 강사는 비법을 갖고 있고 그 비법을 매일매일 반복하여 사용하
면서 하루가 다르게 발전시킨다. 잠시 눈을 감고 자신이 알고 있는 뛰어난
강사가 누구인지 생각해 보면 그 사람이 갖고 있는 비법을 몇 가지라도 생각
해 낼 수 있을 것이다. 성공하는 강사는 다음과 같은 비법을 갖고 있다. 강의
를 개선하고 싶다면 자신의 강의를 비디오로 녹화한 후 다음 사항을 유념하
면서 평가하고 개선방안을 찾아보는 것이 좋다(조벽, 2000).

첫째, 강의 목소리의 크기, 말하는 속도는 적절한가? 발음은 똑똑하고 명
확한가? 목소리는 변화 없이 단조롭지는 않은가? 목소리는 크고 작음, 음의
높고 낮음, 속도의 빠르고 느림이 적절하게 변화되어야 교수자가 생동감이
넘치고 열정적으로 보인다. 그리고 그 열정은 쉽게 학생에게 전달된다.

둘째, 몸동작은 의도적이고 적절한가? 서 있는 자리를 적절하게 바꿔 주

는가? 학생들의 눈을 보면서 말하는가? 모든 학생에게 고루 눈길을 주는가? 몸동작의 효과를 극대화하는가? 강사가 발표할 때 의사전달에 영향을 미치는 것은 몸짓이 55%, 목소리가 38% 그리고 말이 7%라고 한다. 따라서 강의를 하면서 호주머니에 손을 넣고 있거나, 다리를 떨거나, 무의미하게 백묵을 만지작거리는 등의 습관은 없애고 강의 내용에 활력을 넣어 줄 수 있는 몸동작을 사용해야 한다. 때로는 학생을 향해서 걸어가거나 일부러 뒤에 있는 학생을 지목하면서 질문을 하여 교실 안을 교수자가 완전히 장악하고 있다는 느낌을 주는 것도 좋다.

셋째, 교수학습매체를 활용할 경우 제시되는 내용을 보완하는 방식으로 사용하는 것이 좋다. 내용을 그대로 읽거나 중복해서 설명하는 것은 피한다. 제시되는 내용은 너무 조밀하거나 많지 않아야 한다. 빔 프로젝터와 같은 매체를 사용할 경우 교수자는 여유가 있지만 상대적으로 진도가 빨라질 위험이 있어 학습자는 초조해할 수 있다.

넷째, 강의는 힘차고 열정적이어야 한다. 이런 강의가 되기 위해서는 철저한 준비, 효과적인 의사전달 기술의 습득 그리고 진지한 태도가 필요하다.

4) 강의식 수업 모형

강의식 수업은 일반적으로 학습문제의 파악, 학습문제의 해결 그리고 일반화의 세 단계로 구성된다. 이를 좀 더 자세히 알아보면 다음과 같다.

〈표 4-1〉에 제시된 강의식 수업모형을 살펴보면, 제1단계는 학습문제 파악단계로서, 강의를 효과적으로 해 나가기 위해서는 처음 약 3~5분 동안은 학습자와 우호적인 관계를 형성하는 것이 중요하다. 우선 수업자 자신을 소개하고, 그날 있었던 시사적인 일을 소재로 삼아 이야기를 풀어 나간다든지 학생의 안부를 묻는다든지 앞으로 강의방식에 대한 언급 등을 통해 이러한 친화관계를 형성할 수 있다. 그다음에는 강의에 들어가면서 강의의 목표를 분명하게 제시해 주는 것이 좋다. 수업목표를 제시함으로써 학습자는 스스

로의 학습계획을 설정하고 그 내용에 대한 동기가 유발되고, 이것은 자연적으로 학습의 효율성과 연결된다. 수업목표 진술은 가급적 명시적으로 하도록 한다(변영계, 1984).

유의미학습(meaningful learning)이란 Ausubel이 제시한 설명학습의 한 원리로 새로운 학습내용이 기존의 학습내용과 유의미하게 연결되면 될수록 학습이 잘 이루어진다는 것이다. 이렇게 유의미하게 학습한 내용은 기계적으로 학습된 내용에 비해 효율적으로 학습되고 또한 오래 기억되며 재생도 쉬운 장점이 있다. 하지만 학습자가 새로운 내용을 받아들일 때 앞서 배운 내용과 연결시키지 않고 무의미하게 받아들이는 경우 단순 암기를 하게 되는 기계적 학습이 발생한다.

이러한 기계적 학습을 막기 위해서는 새로운 학습내용을 제시하기 전에 제시될 정보가 어떤 구조를 갖고 있는지를 간략하게 소개하는 도입자료를 먼저 제시하는 것이 바람직한데, 이러한 기능을 하는 자료를 선행조직자

표 4-1 강의식 수업의 절차

단 계	구체적 활동내용
단계 1 학습문제 파악	• 학습자와 우호적인 관계 형성 • 학습목표의 제시 • 학습동기의 유발 • 선수학습의 확인 및 처치 • 선행조직자의 이용
단계 2 학습문제 해결	• 학습할 개념, 원리, 법칙 등 학습내용의 제시 및 설명 • 필요한 학습자료와 매체의 체계적인 제시 • 학습문제 해결 • 지속적으로 주의 집중시키기
단계 3 일반화	• 문제해결의 연습 및 다양한 예제의 적용 • 통합조정의 원리 이용 • 학습내용의 강조 및 요점 정리 • 심화 및 확충 설명 • 차시 예고 및 과제의 제시

(advanced organizer)라고 한다.

제2단계는 학습문제를 해결해 가는 단계로서, 관련되는 개념·법칙·원리 등을 설명해 나간다. 설명은 논리적으로 조직되어 제시되어야 한다. 강의 내용이 논리적이지 못하거나 체계성이 없으면 학습자의 주의가 산만해지고 강의 초점이 흐려져 극단적으로는 받아적기식 수업이 될 우려가 크다. 또한 학습자의 관심을 지속시키기 위해서 ICT를 적절히 활용하는 것이 좋다. 다양한 ICT의 올바른 활용은 강의식 수업의 지루한 청각적 흐름에서 벗어나 시각적 자극을 가함으로써 강의내용을 생생하게 전달하는 장점을 가지고 있다. 그 밖에도 교사는 고정된 자리에 서 있지만 말고 강의실 내를 왔다 갔다 하며 계속 움직이거나 얼굴표정, 목소리의 크기, 요점의 강조, 질문의 제시 등을 통하여 지속된 학습자의 주의집중을 유도해 낼 수 있다.

제3단계는 일반화 단계로서, 문제해결과정을 통하여 획득된 개념이나 기능을 적용하고 연습하게 된다. 여기에서 교사는 지금까지의 학습내용을 정리해 주고 중요한 내용을 반복해 주면서 예제를 제시해야 한다. 그리고 학습자의 질문에 답하고 필요한 부분은 심화하여 설명해 준다. 마지막으로 다음 차시를 예고해 주고 필요하면 평가방향이나 과제 등에 대해서도 언급해 주는 것이 좋다.

5) 효과적인 설명방법

강의식 수업은 개념이나 지식의 획득에 유용한 방법이며, 그중에서도 체계적인 지식과 정보를 습득하는 데 특히 유효한 방법이다.

효과적인 설명방법에 대해 살펴보면 다음과 같다(김인식, 1995).

① 정의 또는 일반적인 서술을 사용한다.
② 비교형식을 사용하여 설명한다.
③ 실례나 사실을 제시하든가 지적하면서 설명한다.

④ 증명을 사용해서 설명한다.
⑤ 통계를 사용하여 설명한다.
⑥ 시청각에 호소하여 설명한다.
⑦ 반복해서 설명한다.

한편 설명의 방식에는 귀납적 설명법(Egrule; example-rule)과 연역적 설명법(Ruleg; rule-example)이 있다. 먼저 귀납적 설명법은 예제를 먼저 제시하고 그 예제를 해결하는 가운데서 원리나 법칙을 찾아내도록 하는 방법을 말한다. 예를 들어 중력의 법칙을 설명하기 위해서 사과가 떨어진다든지 동전이 떨어진다든지 하는 중력에 관련된 여러 가지 물리학적 실례를 든 다음에 중력의 원리를 설명하거나 찾아내도록 하는 방법이다. 이러한 방법은 반드시 설명식 수업에만 적용되는 것은 아니다. 연역적 설명방법이란 어떤 원리나 법칙에 관해서 먼저 충분한 설명을 거친 다음, 좀 더 올바른 이해를 위해서 그 원리나 법칙에 관한 실례를 드는 것이다. 이것은 설명식 수업에 흔히 이용되는 방법으로 위의 예에서 본다면, 먼저 중력의 법칙을 설명하고 난 다음 중력에 관한 예를 통하여 학습자의 이해를 높여 주는 것이다.

6) 판서의 기능과 요령

요즘 파워포인트와 빔프로젝터 또는 프로젝션 TV가 모든 교실에 일반화되면서 판서를 무시하는 경향이 있지만 사실 판서는 대단히 중요하고 힘 있는 수업방법이다. "여기에 밑줄 좌~~~악!" "돼지꼬리 띠용~~~!" 옛날 개그이지만 아직도 많은 사람이 기억하고 있는 것이 바로 판서다. 따라서 좋은 판서와 강의식 수업의 만남은 교사의 멋진 모노드라마가 될 수 있다. 실제로 TV 강의나 특강에서도 많은 명사가 여전히 칠판을 사용해서 강의를 진행하는 것은 판서의 이러한 특징 때문이다.

강의 속에서 판서는 교수–학습하는 과정에서 강의내용 전체를 구조화시키고 통합시킨 흔적이라고 할 수 있다. 판서를 하는 가운데 강의내용이 정리되고, 학습자는 판서내용을 통해서 자신의 생각을 체계화시키고 새로운 생각과 사고를 하게 된다. 강의시간 중 많은 학습자는 강의하는 사람의 판서내용을 주의 깊게 보고 또 필기한다. 이러한 과정에서 학습자는 강의자가 설명하고 이야기하는 강의의 핵심을 시각활동을 통하여 자신의 머릿속에 정착시키게 된다. 강의자는 또한 판서라는 매개체를 통하여 자신의 강의내용을 분명하게 전달할 수 있을 뿐 아니라 중요한 내용을 반복하여 설명할 수 있다. 이러한 측면에서 판서는 강의식 수업이나 그 이외의 여러 가지 수업방법에서 빠뜨릴 수 없는 중요한 수업기법의 하나라고 할 수 있다.

판서의 일반적인 요령과 기법을 살펴보면 다음과 같다.

① 판서는 사전에 미리 계획을 세워서 시행하여야 한다.
② 판서는 강의의 내용을 쉽게 이해할 수 있도록 간략하게 요약하여 제시하는 것이 좋다.
③ 글자는 학습자가 알아볼 수 있도록 크고 바르게 적는 것이 좋다.
④ 강의내용을 한꺼번에 너무 많이 적지 않는다.
⑤ 판서하는 중에도 가끔 돌아서서 학습자와 한 번씩 눈을 맞추면서 적는다.
⑥ 색분필을 적절하게 사용한다.
⑦ 강의내용 중 어떤 내용을 칠판의 어느 부분에 쓸 것인지 위치를 미리 정해 둔다.
⑧ 판서하면서 학습자에게서 너무 오랫동안 등을 돌린 채로 있지 않는다. 학습자의 주의가 산만해지기 쉽다.
⑨ 판서를 하기에 앞서 학습자에게 노트할 시간을 줄 것임을 미리 이야기하고 강의 종결 5~10분 전에 반드시 필기할 시간을 따로 준다.
⑩ 판서는 가급적 지우지 않고 한 칠판에 강의내용을 다 기록할 수 있도록 하는 것이 좋다.

판서의 생명은 간략성과 명료성에 있다. 따라서 강의자는 한두 시간의 강의내용 중 핵심요체만을 체계화하여 칠판에 제시하여야 한다. 이것은 하나의 수업기술로서 강의자가 강의내용을 충분히 소화하고 정리하여 제시하는 훈련과 연습이 거듭되지 않으면 성공하기 힘들다.

2. 시범

시범(Demonstration)이란 기능에 관련된 학습목표의 도달을 위해 교수자가 바람직한 행동양식이나 절차를 보여 주면서 교수하는 방법이다. 시범의 효과적인 수행을 위해서는 목적하는 기능과 관련된 지식, 수행 절차 그리고 기능에 대한 태도가 함께 수반되어야 한다. 시범은 새로운 과정이나 기구 등을 소개하고 나서 그 사용법을 가르치거나 학습자가 어떤 조작을 쉽게 할 수 있다는 자신감을 심어 주고자 할 때 많이 사용할 수 있다.

1) 시범의 장단점

시범의 장단점은 다음과 같다.

① 말이나 글에 비해 직접 보여 주기 때문에 학습이 효과적이다. 하지만 시범활동을 하기 위한 장소와 설비를 갖추어야 하는 문제가 있다.
② 기능의 수행을 위한 각 단계의 학습이 쉽게 이루어진다. 하지만 추상적인 것을 가르치기가 어려워 실제 보여 줄 수 있는 것만 가르칠 수 있다.
③ 시범이 끝난 후 학습자가 바로 실습을 해 볼 수 있어서 즉각적인 피드백이 가능하다. 하지만 학습자가 혼자서 하고자 할 때에는 시설이 없어서 곤란한 경우가 많다.
④ 학습자가 관찰과 함께 직접 해 보고 느낌의 공유와 성찰을 할 경우 폭

넓은 체험이 가능하다. 단, 교수자가 시범을 할 수 없을 때에는 유능한 조교나 다른 전문가를 구해야 한다.

2) 시범의 사용 시 유의해야 할 사항

시범을 사용할 때에는 다음 사항을 유의해야 한다.

① 교수자는 시범 전에 시범 사실, 활동, 자료에 대해 분명한 이해를 갖고 있어야 한다.
② 교수자는 시범 전에 필요한 기구나 자료가 잘 작동하는지, 안전한지, 학습자의 실습이나 연습에 충분한 질과 양을 갖추고 있는지 확인한다.
③ 시범 시작 전에 학습자에게 시범의 목적과 내용을 명확하게 인식시킨다.
④ 시범은 학습자 모두 정확히 관찰할 수 있는 조건하에서 한다.
⑤ 시범 도중에는 학습자의 반응, 문제점, 개선점 등을 관찰한다.
⑥ 시범 후에는 학습자가 연습하게 하고 피드백을 주어야 한다.
⑦ 학습자가 충분한 피드백을 받은 후에는 스스로 충분히 연습할 수 있는 시간과 여건을 만들어 준다.

3. 문답법

문답법(Questioning)은 여러 가지 형태의 수업에서 사용할 수 있는 방법으로 교수자와 학습자가 상호적인 질의응답을 통해 학습에 주의를 집중시키고 학습자의 탐구능력과 추상적 사고작용, 비판적 태도, 표현력 등을 기를 수 있는 방법이다. 또한 문답법의 적절한 사용은 수업을 생기 있게 하고 학습자가 적극적으로 참여하게 되어 교수자가 학습자의 능력이나 이해의 정도 등에 대해 파악하기 쉽게 해 준다.

1) 발문의 목적

학습자의 능력이나 수준에 따른 수업자의 적절한 발문은 학습자의 적극적 참여를 이끌어 내고 학습에 대한 동기를 불러일으키며 능동적 사고를 유도해 낸다.

발문의 목적에 대해 살펴보면 다음과 같다(Clark & Starr, 1986).

① 학생이 알고 있는 지식과 알지 못한 지식을 파악하기 위해
② 학습자의 사고력을 개발하기 위해
③ 학습의 동기화를 위해
④ 수업내용은 숙달하고 연습의 기회를 제공하기 위해
⑤ 학습자가 학습자료를 조직하고 해석하는 것을 돕기 위해
⑥ 수업내용의 중요한 요점을 강조하기 위해
⑦ 사건의 원인과 결과관계를 알게 하기 위해
⑧ 산만한 학습자의 주의와 관심을 돌리기 위해
⑨ 수업내용의 원만한 이해를 돕기 위해
⑩ 학습내용을 복습하고 점검하기 위해
⑪ 학습자와 함께하는 공감대를 형성하기 위해
⑫ 학습한 내용을 말하고 표현하는 연습을 시키기 위해
⑬ 진단하고 평가하기 위해

수업의 도입 시 선수학습 상기에서부터 수업내용 정리단계에 이르기까지 발문은 그야말로 다양하게 이용할 수 있는 수업기법 중 하나다. 더구나 강의식 수업에서는 발문을 통하여 학습자의 주의를 한곳으로 모은다든지, 강의 내용 중 중요한 부분을 발문을 통하여 강조한다든지 함으로써 강의의 효율을 높일 수 있다.

2) 문답법의 적절한 사용법

그렇다면 발문은 어떻게 하는 것이 바람직한가? 발문의 적절한 사용을 위해서 고려해야 할 방법은 다음과 같다(Cooper, et al., 1994).

첫째, 먼저 학습자가 수업에 참여하는 비율을 높이려면 학습자와 학습의 욕을 불러일으키는 발문이 되어야 한다. 그러기 위해서는 학습자가 겪은 내용을 중심으로 발문을 한다든가, 이전에 학습한 내용 가운데 학습자가 흥미 있어 하는 부분을 조직한다든가, 매스컴을 통해서 익히 알고 있는 뉴스나 화젯거리를 중심으로 발문을 시도해 보는 것도 좋을 것이다. 다시 말하면 학급의 모든 학습자가 공통적으로 경험하고 있는 것이나 생활 속에서 각자 나름대로 보고 들어서 알고 있는 내용을 수용해서 발문으로 제시하는 것이 좋다.

둘째, 너무 추상적이거나 막연한 발문은 피하고 구체적인 발문을 해야 한다. 추상적이거나 막연한 발문은 학습자가 생각하고 사고할 방향을 잡지 못하고 당황하게 만드는 경우가 많다. 예를 들면 '빵을 훔친 장발장을 어떻게 생각합니까?' 라는 발문보다 '장발장은 왜 빵을 훔치게 되었을까요?' 라는 발문이 더 구체적이다.

셋째, 묻는 발문에 대한 답이 바로 '예' 혹은 '아니요' 로 나타나는 식의 단순한 기억 재생적 발문은 피하고, 가능한 한 학습자의 사고를 자극하는 개방적 발문을 하는 것이 좋다. 단순한 지식을 학습하거나 기억한 것을 다시 되묻는 발문은 학습자의 창의적인 사고를 가로막는다. 학습자 스스로 사고하지 않고 수업자가 묻는 말에 단순하게 반응만 하면 되기 때문이다. 따라서 학습자에게서 창의적 결론을 이끌어 내려면 수업자는 가능한 한 학습자의 사고를 자극하고 생각을 밖으로 이끌어 낼 수 있는 발문을 하여야 한다. 예를 들면 학습자의 의견이나 해석을 구하는 발문을 한다든지, 학습자의 가치나 판단을 묻는다든지, 어떤 사건에 대한 원인이나 결과를 묻는 발문은 모두 여기에 해당된다.

넷째, 발문을 한 다음에는 생각할 시간을 주어야 한다. 발문을 한 후 시간을 주지 않고 다른 내용으로 넘어가 버리면 극소수의 학습자에게만 반응의 기회가 돌아가고 응답의 속도가 느린 학습자는 반응할 기회를 전혀 얻지 못한다.

다섯째, 질문은 학습자가 이해하기 쉽고 간결하고 명확하게 제시한다.

여섯째, 질문은 학습목표와 연계된 것으로 어떤 관점을 키울 것인지 목적이 명확해야 한다.

일곱째, 교재내용이나 강의 내용을 반복하는 질문은 삼가고 학습자의 지적사고활동을 자극할 수 있는 것이어야 한다.

여덟째, 질문은 대상의 수준과 흥미에 맞아야 한다.

아홉째, 질문은 난이도와 복잡성이 적절해야 학업성취에 가장 좋은 효과가 나기 때문에 난이도와 복잡성의 수준을 미리 고려하여 준비한다.

열째, 질문에 대한 답이 맞지 않더라도 학습자가 위축되지 않도록 피드백을 하고 답을 찾는 과정에 계속 참여하도록 격려한다.

열한째, 학습자는 종종 자신이 모르는 것이 무엇인지, 또는 자신이 알고 싶은 것이 무엇인지를 명확하게 모르거나 그것을 설명할 능력이 부족하여 질문이 성립하지 않는 경우가 있다. 이럴 경우 교수자는 학습자를 격려하면서 질문의 핵심 키워드를 찾게 도와주어야 한다. 일정 시간 노력해도 질문이 제대로 성립되지 않은 경우에는 수업 후에 충분히 생각해 보고 웹의 토론방이나 이메일을 통해 질문하도록 권해 주는 것이 좋다.

3) 문답법의 장점

문답법의 장점은 다음과 같다.

① 학습 동기를 높여 학습자가 활기차고 적극적으로 학습활동에 참여하게 된다.
② 학습자가 문제에 대한 해결책을 찾는 기회를 제공한다.
③ 학습자 주체적인 학습을 가능하게 한다.

④ 교사와 학습자 간 지적 상호작용의 기회를 증진시킨다.

4) 문답법의 단점

문답법의 단점은 다음과 같다.

① 학습자 수가 많은 대집단일 경우 사용에 제한이 있다.
② 경우에 따라 한 질문에 관련한 질의응답에 시간이 많이 걸릴 수 있으므로 이에 대비하여 시간관리에 신경을 써야 한다.
③ 어려운 질문의 경우 학습자가 충분히 생각할 수 있는 시간을 제공해야 하므로 사전에 준비해야 한다.
④ 수줍음이 많거나 대인공포증, 말더듬이와 같은 학습자가 있는지 사전에 알아봐야 한다.
⑤ 학생의 다양하고 예상치 않은 질문에도 당황하지 않고 대처할 수 있는 능력과 재치가 필요하다.

4. 토의식 수업

1) 토의의 목적

토의의 목적은 학습자의 참여를 유도하고, 학습문제를 비판적으로 분석하며, 창의적인 능력과 협동적인 기술을 개발하는 한편, 특정 문제상황에 대한 해결책을 탐색하거나 태도 변화를 유도하는 것이다. 이런 목적 달성을 위해 토의는 일정한 규칙과 단계에 따라 이루어져야 하며, 개방적인 의사소통과 협조적인 분위기 그리고 민주적인 태도가 필요하다. 이때 학습자의 적극적인 참여와 수업자의 적절한 관여는 토의의 흐름을 촉진시키기도 한다.

토의와 유사한 것으로 토론이 있는데, 이 둘은 복수의 멤버가 문제를 해결하기 위해 함께 노력한다는 점에서는 공통점을 가진다. 차이점을 살펴보면 토의는 모두가 협력하여 주어진 문제에 대해 최선의 해답을 찾는 데 반해 토론은 문제에 대해 찬성과 반대의 입장을 먼저 가진 다음 합의점을 찾기보다는 자신의 주장을 상대에게 설득하여 인정시키려는 점에서 다르다.

2) 토의의 성격

토의는 기본적으로 다음과 같은 성격을 지닌다.

① 토의는 단순한 질의응답이 아니라 상호작용의 형태이기 때문에 질의 응답에 비해 훨씬 더 대화지향적이다.
② 토의에서 수업자의 역할은 상황에 따라 다를 수 있지만 기본적으로 수업자의 임무는 학습자가 비판적으로 사고하고, 다른 관점에 대해서 탐구하며, 그들의 지식이 경험에 어떻게 관련을 맺고 있는지 생각할 수 있도록 이끌어야 한다.
③ 집단 크기와 구성원의 특성에 따라 토의의 성격은 달라질 수 있다.
④ 원활한 토의를 위해 독특한 좌석배치와 운영방식이 요구될 수 있다.

3) 토의의 장단점

(1) 토의식 수업의 장점

① 사회적 기능 및 태도를 형성시킬 수 있다.
② 집단의식과 공유능력을 향상시킨다.
③ 선입견과 편견은 집단구성원의 비판적 탐색에 의해 수정될 수 있다.
④ 학습자의 자율성을 향상시킬 수 있다.

(2) 토의식 수업의 단점

① 시간이 많이 소요된다.

② 철저한 사전준비와 체계적인 관리에도 불구하고 예측하지 못한 상황이 발생할 수 있다.

③ 토의의 허용적 특성은 학습자의 이탈을 자극할 수 있다.

④ 알려지지 않거나 어느 정도 완전하게 이해하지 못한 사실과 개념을 효과적으로 토의하기란 어렵다.

4) 토의의 유형

토의는 집단의 규모와 활동방식에 따라서 다양하게 제시될 수 있다. 다양한 방법 중 대표적인 몇 가지를 뽑아 그 특성과 진행방법을 간략하게 제시하면 다음과 같다.

(1) 원탁토의

토의의 가장 기본적인 형태로, 참가인원은 보통 5~10명 정도로 소규모 집단구성을 이룬다. 참가자 전원이 상호 대등한 관계 속에서 정해진 주제에 대해 자유롭게 서로의 의견을 교환하는 좌담형식이다.

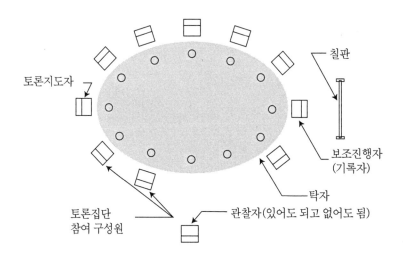

[그림 4-1] 원탁토의의 구성·배치 예시도

원탁토의(round talbe discussion)는 충분한 경험을 지닌 사회자와 기록자, 그리고 전문지식을 가진 청중 또는 관찰자(관찰자는 있어도 되고 없어도 됨)와 함께 대화하는 비형식적 집단의 성격을 띤다.

원탁토의에서 가장 주의해야 할 것은 참가자 모두가 발언할 수 있도록 기회를 적절히 제공해야 한다는 점이다. 원활한 토의를 위해서는 집단구성원 간에 충분한 협조와 개방적인 자세, 그리고 공동체 의식이 형성되어야 하는데, 만약 그렇지 못할 경우 토의를 위한 토의 내지는 심각한 언쟁이나 반목의 상태로 악화될 우려가 있다.

(2) 배심토의

배심토의(panel)는 토의에 참가하는 소수의 선정된 배심원과 다수의 일반 청중으로 구성되어 특정 주제에 대해 상반되는 견해를 대표하는 몇몇 사람이 사회자의 진행에 따라 토의하는 형태다. 청중은 주로 듣기만 하는데, 경우에 따라서는 질문이나 발언권을 주기도 한다. 배심원은 토의될 주제에 대해 관심을 갖고 관련된 내용을 조사해야 하며, 필요한 경우에는 전문적인 연구도 해야 한다.

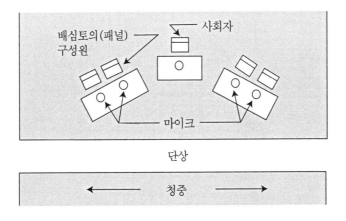

[그림 4-2]　배심토의의 구성·배치 예시도

(3) 공개토의

공개토의(forum)는 1~3인 정도의 전문가나 자원인사가 10~20분간 공개적인 연설을 한 후, 이를 중심으로 하여 청중과 질의 응답하는 방식으로 토의를 진행한다. 공개토의는 청중이 직접 토의에 참가하여 공식적으로 발표한 연설자에게 질의를 하거나 받을 수 있다는 점이 특징이다. 사회자는 연설 및 질의시간이나 발언 횟수를 조절해야 하며, 활발한 토의 진행을 위해 청중에게 질의를 유발시켜야 한다.

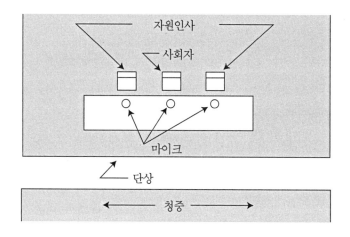

[그림 4-3] 공개토의의 구성 · 배치 예시도

(4) 단상토의

단상토의(sysposium)는 토의 주제에 대해 권위 있는 전문가 몇 명이 각기 다른 의견을 공식 발표한 후, 이를 중심으로 해서 의장이나 사회자가 토의를 진행시킨다. 단상토의에 참가한 전문가와 사회자, 그리고 청중 모두는 특정 주제에 관한 전문적인 지식이나 정보, 경험 등을 지니고 있어야 한다는 점이 특징이다. 따라서 한 주제를 다양한 측면에서 깊이 있게 다룰 수 있다.

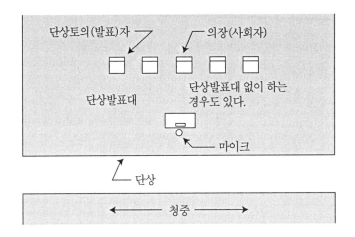

[그림 4-4]　단상토의의 구성·배치 예시도

(5) 대담토의

대담토의에 참가하는 인원은 보통 6~8명 정도로, 이 가운데 3~4명은 청중 대표이고, 나머지 3~4명은 전문가나 자원인사로 구성된다. 대담토의 (colloquy)는 주로 청중 대표와 전문가 집단에 의해서 이루어지나, 사회자의

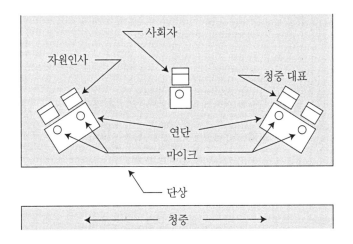

[그림 4-5]　대담토의의 구성·배치 예시도

진행에 의해 일반 청중이 직접 토의과정에 참가할 수도 있다. 토의시간은 청중 대표, 전문가와 일반 청중이 비슷하게 안배되어야 하며, 서로 간에 의사소통이 원활하게 이루어질 수 있도록 배려해야 한다.

(6) 세미나

참가자 모두가 토의 주제 분야에 권위 있는 전문가나 연구가로 구성된 소수집단 형태다. 세미나를 주도해 갈 주제발표자의 공식적인 발표에 대해 참가자가 사전에 준비된 의견을 개진하거나 질의하는 방식으로 토의가 이루어진다.

세미나(seminar)는 참가자에게 특정 주제에 대한 전문적인 연수나 훈련의 기회를 제공해 주는 데 목적이 있다. 따라서 참가자 전원은 보고서 형식의 간단한 자료를 상호 교환할 수 있어야 한다. 이 토의방식은 참가자 전원이 해당 주제에 관련된 지식이나 정보를 체계적이고도 깊이 있게 토의할 수 있게 하는데, 이는 사전에 철저한 연구와 준비를 전제하는 것이다.

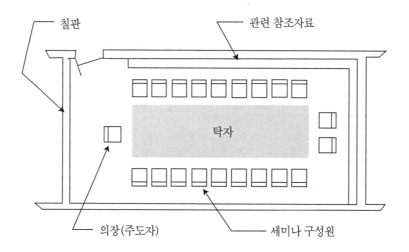

[그림 4-6] 세미나의 구성·배치 예시도

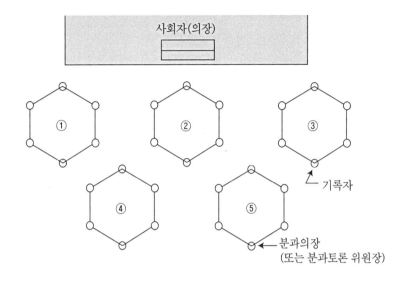

[그림 4-7] 버즈토의의 구성·배치 예시도

(7) 버즈토의

3~6명으로 편성된 집단이 주어진 주제에 대해 6분가량 토의를 하는 6×
6의 형태다. 토의과정이 벌집을 쑤셔 놓은 것처럼 윙윙거린다는 뜻에서 버
즈(buzz)라고 한다. 처음에는 3명씩 짝 지어 토의한 다음, 어느 정도 토의가
진행되면 다른 3명의 집단을 만나 6명씩 토의하고, 또 얼마 지난 다음에는
다른 6명의 집단과 모여 12명의 집단구성원으로 토의한다. 이때 각 집단의
사회자나 기록자는 토론한 내용을 의장에게 보고하며, 전체 사회자는 그 보
고를 순차적으로 정리하여 일반토의로 유도한다. 즉, 소집단으로 분과토의
를 한 후 최종적으로 전체 집단이 다 함께 모여 토의결과를 집결시켜 결론을
맺게 함으로써 대집단의 종합토의의 효과를 얻게 된다.

버즈토의는 소수 인원으로 집단을 구성함으로써 참가자가 서로 친근감을
갖게 하고 각자가 자유롭게 발언하는 기회를 가진다는 점에서 적극적인 토
의를 유도하게 된다.

5) 토의 절차

토의의 일반적인 절차는 다음과 같다.

1. 토의 문제를 확인하고 동기를 유발한다. 토의가 시작될 때 토의 진행자는 토의의 목적과 주제 및 방식을 분명하게 설명해야 하며, 학습자 전원이 이를 이해하고 자신의 역할을 파악하여 적극적으로 반응할 수 있도록 동기유발을 시켜야 한다.

2. 토의 문제를 분석해야 한다. 이를 위해서는 토의 문제의 다양한 측면을 검토하고 평가해야 한다. 이때 진행자는 토의가 목적지향적으로 되도록 유의하되 학습자가 자연스럽게 참여할 수 있도록 유도한다. 또한 원만하고 개방적인 분위기를 조성하여야 한다.

3. 가설을 설정한다. 이 단계는 아이디어 창출과정으로 문제해결의 핵심 부분이다. 이때 잠시 브레인스토밍을 할 수도 있고 제안된 대안에 대한 장단점을 간단히 토의할 수도 있다.

4. 가설을 검증한다. 이를 위해서는 대안 가운데 최적의 가능성을 가진 대안을 찾기 위한 기준이나 준거를 개발해야 한다.

5. 토의 결과가 생활에 응용되거나 행동으로 실천할 수 있도록 일반화한다.

6. 토의식 수업을 마무리하고 평가한다. 수업자는 이제까지 토의한 내용을 요약·정리하고 결론을 도출한다. 토의의 목적을 달성했는지를 확인한 후 학습자에게 피드백을 제공한다. 때로는 토의의 흐름을 플로 차트로 정리해 주는 것도 바람직하다.

요약

1. 강의법은 학습자에게 새로운 교과내용을 소개하거나 교과내용에서 이론과 실제 사이의 상호 관계를 설명해 줄 때, 혹은 교과내용의 요점을 강조해 줄 때 가치 있는 교수법이다. 그러나 강의식 교수법의 효과를 충분히 살리기 위해서는 확산적 발문과 구조적인 판서, 시청각자료의 사용을 병행하는 것이 좋다.

2. 강의법은 제한된 시간에 많은 학습자에게 교육이 가능하고, 보충 및 첨삭이 용이하며 장소에 크게 구애받지 않는다는 장점이 있으나 교수자의 수업능력과 준비에 따라 수업의 질이 좌우되며, 일방적 전달로 지루하거나 동기유발이 어려울 수 있다는 단점이 있다.

3. 강의식 수업은 일반적으로 학습문제 파악, 학습문제 해결, 일반화의 단계로 이루어진다.

4. 강의식 수업은 비교형식, 사례제시, 증명, 통계사용, 시청각에 호소, 반복 설명 등의 방법을 활용하여 좀 더 효과적으로 운영할 수 있다.

5. 강의식 수업에서 판서는 교수-학습과정에서 강의내용 전체를 구조화하고 통합한 요체로서 매우 중요한 기능을 한다. 수업자에게는 판서를 통해 강의내용이 정리되고, 학습자에게는 판서내용을 통해 생각을 체계화하고 새로운 사고를 촉진하는 기능을 한다. 따라서 판서를 위해서 미리 계획하고, 간략하고 명료하게 제시하고, 주요 부분을 강조하면서 판서하는 기법이 필요하다.

6. 시범은 기능과 관련된 학습목표 달성에 바람직한 교수법으로 직접 보여 주기 때문에 효과적이며 기능의 수행을 위한 각 단계의 학습이 용이하며 폭넓은 체험이 가능한 장점이 있다. 반면 시범 수업의 유의사항으로는 시범을 위한 사전 준비와 자료를 충분히 계획하고 시범과정과 후에 적절한 교수자의 피드백이 주어지고 학습자가 스스로 연습할 여건을 마련해 주어야 한다.

7. 문답법은 교수자와 학습자가 상호적인 질의응답을 통해 학습자의 탐구능력과 사고작용, 비판적 태도 및 표현력 등을 기를 수 있는 방법이다. 문답식 교수법에서 발문은 매우 다양한 목적과 용도로 활용될 수 있는 수업기법이며 적절한 발문의 사용으로 강의의 효율을 높일 수 있다.

8. 발문은 학습자의 사고활동을 촉진할 수 있는 것이어야 한다. 그러기 위해서 발문은 추상적인 발문보다 구체적인 발문이 되도록 해야하며, 모호하고 긴 발문보다는 명확하고 간결해야 하며, 사고를 자극하는 개방적 발문과 학습자의 발달 정도나 학습의 특성에 맞는 발문이 되어야 한다.

9. 토의식 수업은 학습자의 참여를 유도하고 비판력을 기르게 하고, 문제해결 능력과 협동적인 기술을 개발시키고 특정 문제 상황에 대한 해결책을 탐색하거나 태도 변화를 목적으로 한다.

10. 토의식 수업은 학습자의 사회적 기능 및 태도를 형성시키고, 집단의식과 공유능력을 길러 주며 선입견과 편견을 수정하게 하고 자율성을 향상시키는 등의 장점이 있다. 반면 많은 시간이 소요되고, 예측하지 못한 상황이 발생하며, 학습자의 이탈을 자극하고 목적한 대로 토의가 이루어지지 않는 등의 단점도 있다.

11. 토의의 유형은 집단의 규모나 활동방식에 따라 원탁토의, 배심토의, 공개토의, 단상토의, 대담, 세미나, 버즈토의 등의 형태로 제시될 수 있다. 효과적인 토의가 이루어지기 위해서는 주의 깊게 계획되고 운영되어야 한다.

12. 토의의 일반적 절차는 토의 문제 확인 및 동기유발, 토의 문제 분석, 가설 설정 및 가설 검증, 토의 결과의 일반화, 토의 수업 정리 및 평가 등의 절차로 이루어진다.

연 습 문 제

1. 다음 중 창의적 사고를 가장 잘 유발할 수 있는 질문은?　2001 중등기출
① 포유동물의 예를 열거하시오.
② 병자호란은 언제 일어났는가?
③ 운전을 하는 절차를 설명해 보시오.
④ 6 · 25전쟁이 일어나지 않았다면 어떻게 되었을까?

2. 〈보기〉의 특징을 가장 잘 나타내는 교수법은?　1998 중등기출

> 보기
>
> 가. 학습자의 흥미를 유발하고 태도를 변화시키고자 할 때 유용하다
> 나. 학습자의 활발한 참여를 위해 일반적으로 소집단으로 나누어 진행한다.
> 다. 다양하고 많은 양의 학습 내용을 다루기에는 부적절하다.

① 문답법　　　② 토의법　　　③ 강의법　　　④ 역할 연기법

3. 〈보기〉에서 제시한 교사의 수업과 관련이 깊은 학습형태는?　2003 초등기출

> 보기
>
> 오늘은 고래에 대해서 학습해 봅시다. 고래는 우선 생물체에 속하고, 생물체 중에도 동물, 그리고 물속에서 살고 있지만 사람과 같은 포유류에 속합니다. 그럼, 이제 오늘 수업 주제인 고래에 대해서 살펴봅시다.

① Bloom의 완전학습
② Bruner의 탐구학습
③ Ausubel의 유의미학습
④ Skinner의 프로그램학습

4. 〈보기〉와 관련된 수업방식은?   2003 초등기출

> 보기
>
> • 헤르바르트에 의해 체계화되었다.
> • 준비, 제시, 결합, 체계화, 적응과 같이 다섯 단계로 진행된다.
> • 짧은 시간에 다양한 지식과 내용을 학습한다.

① 강의법   ② 구안법
③ 토의법   ④ 도제교수법

5. 인터넷을 이용한 〈보기〉와 같은 토론수업의 교육적 기대효과와 가장 거리가 먼 것은?   2003 중등기출

> 보기
>
> 교사는 '대학 기여 입학제'에 관한 토론 수업을 시도하였다. 먼저 학생들로 하여금 각자 찬반 의견을 인터넷 토론방에 올리도록 하였다. 그리고 동료 학생의 의견을 읽고 비평하게 하였다. 마지막으로 자신의 의견을 수정하여 다시 올리도록 하였다.

① 의사소통 능력의 향상
② 다양한 사고활동의 촉진
③ 비판적 사고능력의 함양
④ 교사가 의도한 최종 결론의 도출

6. 다음은 초등학교 사회과와 수학과 수업에서 컴퓨터 보조 수업(CAI)과 토론식 수업을 적용한 결과를 학업 성취도와 학습을 마칠 때까지 소요된 시간의 관계로 나타낸 그림이다. 효과성 측면에서 그림을 가장 적절하게 설명하고 있는 것은?   2002 초등기출

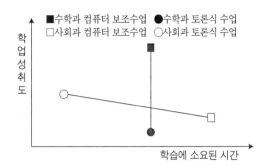

① 사회과와 수학과 모두 토론식 수업의 효과성이 높다.

② 사회과와 수학과 모두 컴퓨터 보조 수업의 효과성이 높다.

③ 사회과에서는 토론식 수업이 효과적이며, 수학과에서는 컴퓨터 보조 수업이 효과적이다.

④ 사회과에서는 컴퓨터 보조 수업이 효과적이며, 수학과에서는 토론식 수업이 효과적이다.

7. 사회 교육 방법으로 단상 토론에 대한 설명으로 맞는 것은?   2001 초등기출

① 전문적 식견을 가진 50명 이하의 참석자 전원이 발표자의 발제 내용에 대하여 공개적 으로 질의 · 토론한다.

② 사회자의 진행에 의해 특정 주제에 관하여 3~6명의 토론자가 청중 앞에서 사회자의 진행으로 특정 주제에 대하여 대담 토론을 한다.

③ 3~4명의 학습자 집단(청중 대표)과 3~4명의 전문가 집단이 청중 앞에서 사회자의 진행으로 특정 주제에 대하여 대담 토론을 한다.

④ 몇몇 주제를 중심으로 청중 앞에서 2~5명의 발표자가 공식적으로 각자의 전문적 지식과 의견을 제시하고 발표자 간 좌담식 토론을 한다.

8. 토의식 수업방법에서 교사의 역할이 바르게 제시된 것은?   2000 초등기출

① 학생의 발표와 참여 태도를 관찰, 평가하지 않는다.

② 학생들이 교사의 허락을 얻어 발언할 수 있도록 한다.

③ 토의과정에서 학생들이 자문을 구하면 도움을 제공한다.

④ 토의의 목적과 주제, 내용은 학생들이 결정하게 해야 한다.

9. 〈보기〉에서 제시하고 있는 토의학습 유형에 해당하는 것은?   2004 중등기출

> **보기**
>
> 김 교사는 토의학습을 위해 7~8명의 학생을 학습집단으로 편성하였다. 토의
> 학습에 참여한 모든 학생이 상호 대등한 관계 속에서 자유롭게 의견을 교환하
> 도록 하였다. 각 집단은 주제에 관련된 사전 지식이 있는 학생을 사회자로 선
> 출하고 기록자도 선정하였다. 김 교사는 구성원 모두가 발언할 수 있는 기회
> 를 가질 수 있도록 안내하였다.

① 공개토의   ② 원탁토의
③ 배심토의   ④ 단상토의

10. 수업활동에서 활용하는 발문 전략과 예시 질문이 바르게 짝 지어지지 <u>않은</u> 것
    은?
    2004 초등기출

    〈발문 전략〉   〈예시 질문〉
    ① 귀납적 전략   '의자가 액체로 되어 있다면 어떻게 될까요?
    ② 비교 대조 전략   '새와 박쥐의 공통점과 차이점은 무엇인가요?
    ③ 원인 설명 전략   '더운물에 풍선을 넣으면, 왜 부풀어 오를까요?
    ④ 예측적 전략   '이 이야기 다음에 무슨 일이 일어날까요?

11. 다음 중 강의식 교수법의 장점이 <u>아닌</u> 것은?
    ① 동시에 많은 사람에게 많은 학습내용을 가르칠 수 있다.
    ② 교수자가 학습시간을 스스로 조절할 수 있다.
    ③ 교과서 이외의 새로운 정보를 제공할 때 특히 편리하다.
    ④ 학습에 대한 동기 유발이 쉽고 학습자 참여가 용이하다.

발견학습과 탐구학습

　발견·탐구학습에서 중요한 것은 지식 자체가 아니라, 지식을 얻는 과정, 방법 혹은 활동이다. 따라서 발견·탐구 학습의 핵심은 학습과정을 학습자 스스로 만들어 가도록 도와주는 것이다.

발견학습 / 탐구학습 / 문제해결 / 반성적 사고 / 문제인식 / 가설설정 /
가설검증 / 집단탐구 / 역할놀이 / 시뮬레이션 게임

학습원리에서 가장 중요한 것 중 하나가 학습자 스스로 자신의 이해력을 개발하도록 하며, 교사는 지식을 전달하기보다 학생들이 발견 경험하도록 돕는 방법이다. 이러한 학습자 중심의 교수방법이 발견학습과 탐구학습의 기본적인 가정이다. 이때 학습은 학습자에게 가르쳐야 할 내용을 최종적인 형태로 제공하는 것이 아니라, 그 학습과정을 학습자 스스로 만들어가도록 하는 것으로 정의될 수 있다.

지식전달 위주의 교육을 변화시키고자 하는 우리나라의 교육현실을 감안할 때, 지식을 얻는 방법을 가르치려는 이러한 학습방법은 다른 어떤 학습방법보다 필요한 것이라 할 수 있다.

이 장에서는 발견·탐구학습의 이론형성과 관련하여 Dewey, Bruner, Massialas를 중심으로 논의하고, 발견·탐구학습의 유형별 예와 집단탐구 수업모형, 역할놀이와 시뮬레이션 게임 등을 살펴보고자 한다. 덧붙여 발견·탐구학습에 대한 평가방법을 살펴본다. 이 장의 학습을 끝낸 후에 학습자는 다음과 같은 학습목표를 성취하기를 기대한다.

① 발견·탐구학습의 정의를 내리고 교육적 의의를 설명할 수 있다.
② 학습지도에 있어 Socrates의 공헌점을 설명할 수 있다.
③ Dewey의 반성적 사고의 개념을 설명할 수 있다.
④ Bruner에 의한 발견학습의 특징을 설명할 수 있다.
⑤ Massialas의 사회탐구모형의 특징을 설명할 수 있다.
⑥ 발견학습과 탐구학습의 차이점과 장단점을 열거할 수 있다.
⑦ 집단탐구 수업모형의 적용절차를 설명할 수 있다.
⑧ 역할놀이의 장점과 단점을 설명할 수 있다.
⑨ 발견·탐구수업을 위해서 필요한 교사의 역할을 열거할 수 있다.

1. 발견 · 탐구학습에 관한 이론

발견 · 탐구학습이란 학습자가 지식획득의 과정에 주체적으로 참가함으로써 학생으로 하여금 자연이나 사회를 조사하는 데 필요한 탐구능력을 몸에 배게 하고, 인식의 기초가 되는 개념의 형성을 꾀하고, 다시 새로운 것을 발견 · 탐구하려는 적극적인 태도를 기르려고 하는 학습활동을 말한다.

탐구라는 말에는 객관적 근거를 바탕으로 하여 논리적으로 문제를 해결한다는 의미가 내포되어 있다. 그러므로 증거를 제시할 수 없거나 문제해결과정에 논리성이 결여되어 있을 때에는 탐구라는 용어를 쓰는 것은 적절하지 않다. 또한 탐구학습방법의 무비판적인 수용은 부작용을 낳을 수도 있다.

탐구학습의 장점은 대체로 다음과 같은 일곱 가지로 정리할 수 있다(한안진, 1987).

① 학생이 스스로 자신들의 학습방향을 찾고, 학습 성과에 대해 좀 더 책임감을 느끼며, 사회적 의사소통능력이 향상된다.

② 학생이 학습에 능동적으로 참여하게 되므로 긍정적인 자아개념을 형성하게 된다.

③ 학생은 자기능력으로 문제를 해결할 수 있음을 믿게 되고, 또 이를 성취할 수 있음을 깨닫게 된다.

④ 창의성과 더불어 계획하고 조직하며 판단하는 것과 같은 상위수준의 지적 능력을 개발할 수 있다.

⑤ 기억과 회상에만 의존하는 것을 피하고 평생 학습하는 방법과 태도를 익히게 된다.

⑥ 합리적 · 비판적인 사고를 할 수 있는 기회를 더 많이 가지게 된다.

⑦ 학습내용을 확실하게 이해하는 데 효과적으로 이용될 수 있다.

한편 탐구학습의 단점으로는 다음과 같은 것이 있다.

① 탐구학습 지도를 하는 데 시간이 많이 소요된다.
② 단순한 개념을 많이 전달하는 데는 비효율적이다.
③ 교사에게 많은 부담을 준다(자료준비, 학습지도, 평가 등).
④ 타당도와 신뢰도가 높은 탐구능력 평가방법의 개발이 어렵다.

위와 같은 성격을 지닌 발견·탐구학습의 선구적인 학자로는 우선 경험중심 교육과정의 이론적 근거를 제시한 Dewey와 지식의 형성과정에 학생들을 참가시켜야 함을 강조한 Bruner, 그리고 사회과 교수를 위한 사회탐구 모형을 설명한 Massialas 등이 있다. 발견·탐구학습에 대한 이들의 이론을 간단히 살펴보면 다음과 같다.

1) Dewey의 탐구이론

Dewey는 "반성적 사고는 탐구를 촉진한다."라고 주장하였다. 이는 탐구의 기초가 사고에 있다는 뜻이고, 사고이론은 결국 탐구로 이어진다는 말이다. 사고는 우리가 어떤 문제에 부딪혔을 때 전개되기 시작하여 그 문제를 해결할 수 있는 해답을 발견함으로써 일단 종결되며, 이러한 사고는 비교적 일정한 사고방법(또는 사고과정)에 따라 진행된다는 특성을 지닌다. 이 사고방법을 Dewey는 암시-지성화-가설-추리-검증의 다섯 단계로 설명하고 있다(변영계, 1999).

① 암시: 우리가 문제에 부딪쳤을 때 즉각적으로 생각하게 되는 '해야 할 일' 또는 '잠정적인 답'의 암시며, 다소 가설적인 성격을 가진 것으로 문제해결을 위한 출발점이다.
② 지성화: '느껴진 곤란'을 '해결해야 할 문제' 또는 '해답이 발견되어

야 할 문제'로 전환하는 활동으로, 막연한 문제사태의 성격을 명료화
하는 일이다.

③ 가설: 지성화의 과정을 통하여 나온 잠정적인 문제의 답이다. 가설은
암시에 비해 지적인 답변이며 잠정적인 것으로, 검증을 위한 관찰이나
자료수집 활동의 지침이 된다.

④ 추리: 가설을 설정한 다음 그 가설을 검증하기에 앞서 검증결과를 예견
하는 일이다.

⑤ 검증: 증거에 의해서 설정된 가설의 확실성을 밝히는 활동으로, 실지
실행이나 관찰 또는 가설이 요구하는 조건을 갖춘 실험에 의해서만 가
능하다.

Dewey는 탐구의 궁극적인 목적은 진리에 도달하는 것으로 보았으며, 탐
구가 비록 문제해결의 과정이지만 그 해결은 해결로서 끝나는 것이 아니고
다시 다음 단계의 탐구과정의 수단이 된다고 하였다. 이러한 반성적 사고(탐
구)방법은 엄격히 고정되어 있는 것이 아니라 경우에 따라서 순서가 바뀌거
나 어떤 단계가 생략될 수도 있으며 한 단계가 몇 단계로 세분화될 수 있다.

Dewey의 탐구이론은 경험 또는 생활중심교육에 크게 활용되었다. 그 이
유는 학습자를 교육의 주체자로 보고 그들의 적극적인 참여와 활동을 강조
한 점, 교사 위주의 지식전달에서 탈피했다는 점, 합리적이고 과학적인 계열
을 지녔다는 점 등으로 해석된다.

2) Bruner의 발견학습

Bruner(1966)는 개념획득과정을 "우리가 획득하고자 하는 개념의 예와
비예(matched non-example; 예처럼 보이지만 사실은 그 개념의 예가 아닌 것)를
구별하는 속성을 발견하는 과정이다."라고 정의하고 이를 문제인식-가설설
정-가설검증-결론짓기의 4단계로 나누었다. 즉, 그는 개념획득과정을 본질

표 5-1	Dewey와 Bruner의 인식방법과 교육방법	
	Dewey	Bruner
인식방법	암시 지성화 가설 추리 검증	문제인식 가설설정 가설검증 결론
교육방법	문제 가설 검증 결론	문제 가설 검증 결론 탐구과정의 분석

적으로 '연속적인 가설검증의 과정'이라고 보았다.

　　Bruner는 "어떤 교과든지 지적으로 올바른 형식으로 표현하면 어떤 발달단계에 있는 아동에게도 효과적으로 가르칠 수 있다."라는 가설을 제시하였으며, 이러한 가설의 이론적 근거를 Piaget의 인지발달론에서 찾고 있다. 즉, 학습자의 발달단계에 맞게 학습내용을 구조화하고 조직함으로써 학습자가 교과내용을 잘 이해할 수 있다는 것이다. 이것이 발견학습의 핵심인 '구조'며 지식의 구조는 어떤 학문분야에 포함되어 있는 기본적인 사실·개념·명제·원리·법칙 등을 통합적으로 체계화한 것이다.

　　Bruner는 지식의 구조를 이해하게 되면 학습자 스스로가 사고를 진행시킬 수 있으며, 머릿속에 최소한의 지식을 소유하면서도 많은 것을 알 수 있게 된다고 하였다. 따라서 교육목표 역시 어떤 사실을 발견하기까지의 사고과정과 탐구기능을 중요시하였다.

　　Dewey와 Bruner의 인식방법과 교육방법을 간단히 비교하면 〈표 5-1〉과 같다. 두 사람의 교육방법의 공통점은 암기나 기억에 의존하는 것이 아니라 학생들의 능동적인 지적 활동인 '탐구'를 강조하고 있다는 점이다.

　　이 두 학자는 모두 탐구를 중요시했으면서도 Dewey의 교육철학은 지나치게 흥미와 실용성 위주로 해석된 나머지 학문의 기본적인 사고와 학문적 원리의 체계에 대한 몰이해를 초래하게 되었다. Dewey의 교수모형은 지식을 아동의 사회적 활동과 관련지으려 했고 Bruner는 지식을 지식 자체와 관련지으려 하였다. Dewey의 교육과정을 경험중심 교육과정, Bruner의 교육과정을 학문중심 교육과정이라 부르는 것도 이와 맥락을 같이하는 것이다.

3) Massialas의 사회탐구

Massialas의 탐구교수이론은 사회탐구에 내용이 집중되었지만 1960년대 미국에서 개발된 가장 큰 영향력을 미친 교수이론 중의 하나다. 그의 교수모형은 실제 학교에서의 사회과 교수를 통하여 효과가 입증되었고 그에 대한 사회과 교수자료는 현재도 미국 초 · 중등학교에서 광범위하게 사용되고 있다. 여기에서는 Massialas 사회탐구모형의 각 단계에서의 활동내용과 실제 적용 예를 살펴보겠다.

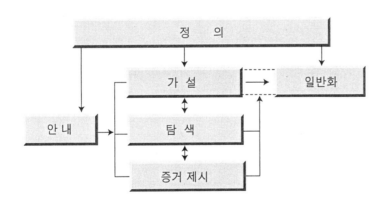

[그림 5-1] Massialas의 사회과 탐구수업모형

(1) Massialas 사회탐구모형의 6단계

Massialas는 탐구를 위한 구체적인 교수과정을 안내 - 가설 - 정의 - 탐색 - 증거제시 - 일반화의 6단계로 나누었다. 각 단계는 다음과 같다.

① 안내: 이 단계에서 학생과 교사는 모두 현안문제에 대해 인식한다. 문제는 교과서 문장에서 나올 수도 있고 교사가 읽기자료 등을 통하여 준비할 수도 있다.

② 가설: 이는 설명이나 해결을 위한 서술적인 진술이다. 이 가설은 일반적인 용어로 요소와 관계를 재기술함으로써 특수한 용어를 쓰는 것을 되도록 피한다. 실험과정 전에 교사와 학생은 모호함을 없애고 토론을 위한 공통관점을 마련하기 위하여 가설에 쓰이는 모든 용어를 명료화하고 정의한다.

③ 정의: 용어의 의미에 대한 견해의 일치는 탐구의 대화과정에서 가장 필요하다. 정의가 안내나 가설의 단계에서 강조되는 동안 모든 탐구 작업은 '~은 무엇을 의미하느냐?'라는 질문에 의하여 특징지어진다. 만약 가설의 단계에서 쓰이는 용어의 뜻이 뚜렷하게 밝혀지지 않으면 그 용어는 교사와 학생에게 다른 의미를 전달함으로써 탐구의 전개를 방해할 수 있다.

④ 탐색: 안내와 가설은 그 성질상 귀납적이기 쉬우며 탐색 단계는 연역적이기 쉽다. 논리적인 연역·암시·가정·전제에 의하여 가설이 더 신중하게 설명된다. 논리적인 암시의 예를 들면 '어떤 국민이 외부와 고립되어 살면 그들의 문명은 비교적 정적인 상태에 남아 있을 것이다.' 등이다. 이러한 암시의 진술은 가설을 입증하기 위한 증거를 찾는 데 직접적인 도움이 된다.

⑤ 증거제시: 암시를 입증하기 위해서는 충분한 자료가 제시되어야 하며, 그 자료는 시간과 공간을 초월해서 타당도를 입증받아야 한다. 어느 경우에나 탐구분석의 최종결과는 입수되는 증거에 의해 입증되는 결론이나 일반화의 도달에 있다.

⑥ 일반화: 탐구과정의 결론은 설명적·인과적·상관적·실용적 일일화의 표현이다. 이 진술은 입수할 수 있는 증거에 입각한 문제에 대한 가장 조리 있는 해결이다. 그러나 일반화는 절대적이지 않고 항상 일시적

이며, 최종적인 진리를 대표하지 않는다.

(2) Massialas 사회탐구모형의 적용

① 교과서의 안내: 문명의 발상지역은 비옥한 하천 유역이다. 그 이유는 이러한 지역에는 많은 식량의 원천이 있기 때문이다. 또한 이 지역에는 관개, 수송 등의 문제를 해결할 수 있는 충분한 물이 있다.

② 주 아이디어(가설): 문명은 음식, 물, 금속 등 기본 자원이 충분한 장소에서만 발생한다.

③ 암시(탐색): 만약 문명이 기본 자원이 풍부한 장소에서만 발달한다면 간신히 먹고 살 수 있을 정도의 자원만 생산하는 지역은 문명을 발달시키기 힘들 것이다. 만약 앞의 아이디어가 사실이라면 문명은 사막에서는 발달할 수 없다. 왜냐하면 그곳에는 기본 필수품이 충분하지 못하기 때문이다.

④ 증거: 에스키모인은 간신히 먹고 살 수 있을 정도의 것만 생산하고 발견한다. 자원의 결핍이 문명의 발달을 억제한다. 사하라나 고비 사막 같은 사막지역에서는 문명이 발달하지 않았다. 현재까지도 사막 지역은 그곳에 살고 있는 사람들을 부양할 만한 충분한 식량을 생산할 수가 없다.

⑤ 일반화: 만약 인간이 물자를 가질 수 있는 강 유역이 있다면 문명은 나타난다.

2. 발견 · 탐구를 위한 교수-학습의 유형

1) 발견학습

Trowbridge는 발견이란 "개념이나 원리를 습득하는 지적인 과정"이라고 정의하고 발견학습에는 주로 과학의 기초과정인 관찰하기, 분류하기, 측정하기, 예상하기, 서술하기, 추리하기 등을 사용한다고 하였다(변영계, 1999).

특히 초등학교 저학년 아동의 경우 지적 활동을 통하여 형성하는 개념이나 원리 또는 법칙을 찾아내는 데에는 이와 같은 기초과정을 많이 사용하기 때문에 주로 발견학습에 관여한다고 할 수 있다. 발견학습의 예를 식물의 성장에서 들어 보기로 한다.

> 햇빛이 미치는 곳에서 자라는 식물과 그늘진 곳에서 자라는 식물을 살펴보자. 강낭콩 싹이 튼 화분 하나는 햇빛을 잘 받을 수 있게 해 두고, 다른 하나는 검은 상자로 씌워 햇빛을 가려 두자.
>
> • 두 화분에서 자란 강낭콩의 잎과 줄기의 색깔은 어떻게 다른가?(관찰)
> • 어느 쪽의 식물이 더 튼튼하게 자라고 있는가?(관찰)
> • 햇빛이 없으면 식물은 어떻게 될까?(예상)
>
> 이번에는 화분에 1~2일간 물을 주지 않고 관찰해 보자.
>
> • 물이 없으면 식물은 어떻게 될까?(예상)

Bruner에 따르면 발견학습활동은 다음과 같은 이점이 있다.

① 학습자 각자가 구체적인 자료를 통한 활동에 참여할 경우에 지적인 잠재력을 키울 수 있다.
② 발견학습활동을 성공적으로 마쳤을 때 아동은 지적인 쾌감을 맛보고 새로운 문제에 도전하려는 강한 의욕을 갖게 되는 내적 동기유발을 일으킬 수 있다.
③ 학습자가 가지고 있는 의문을 스스로 추구할 수 있으므로 흥미 있고 중요한 문제의 특징을 파헤칠 수가 있다. 그리고 발견활동을 통하여 학습자들은 발견하는 방법 그 자체를 배우게 된다.

④ 발견활동을 통하여 알게 된 내용은 기억되는 시간이 길다.

2) 탐구학습

Trowbridge는 탐구학습이란 문제를 제기하고, 가설을 형성하고, 실험을 설계하고, 자료를 수집하고, 가설을 검증하고, 결론을 내리는 과정이라고 정의하였다. 발견과 탐구학습의 정의에서 알 수 있듯이 초등학교의 저학년과 중학년에서는 주로 발견학습이 적용될 수 있으며, 고학년부터는 탐구학습이 적용될 수 있다. 특히 중·고등학교 학생은 Piaget가 말하는 형식적 조작단계에 있으므로 이들은 높은 수준의 사고를 할 기회를 가져야 한다. 진자의 특성을 알아보는 탐구학습의 예는 다음과 같다.

실에 추를 매단 진자를 만들어 아동에게 몇 차례 왕복운동을 시킨다. 그리고 무엇이 진자를 빨리 움직이게 할까와 같은 질문을 한다.

- 진자의 무게가 영향을 미치나요?(가설설정)
- 진자의 길이가 영향을 미치나요?(가설설정)
- 좋아요. 진자의 무게가 영향을 미치는지를 알아보려면 어떻게 하면 될까요?
- 진자의 길이는 고정시키고 무게를 50g, 100g, 150g, 200g…으로 변화시키면 될 거예요(변인통제).

그러면 이제 진자의 무게가 영향을 미치는지 실험해 보기로 해요.

- 이번에는 진자의 길이가 영향을 미치는지를 알아보려면 어떻게 하면 될까요?
- 진자의 무게는 고정시키고 길이를 20㎝, 40㎝, 60㎝…씩 변화시키면 될 거예요(변인통제).

[그림 5-2] 진자의 왕복운동을 통한 탐구학습

그러면 다시 진자의 길이가 영향을 미치는지 실험해 보기로 해요. 여러분이 실험한 결과를 발표해 봅시다.

- 진자의 주기에 영향을 미치는 것은 진자의 길이다(가설검증 및 결론 유도).

3) 집단탐구수업

집단탐구수업의 다섯 단계는 다음과 같다.

(1) 상황의 제시와 탐구문제 설정

집단탐구활동을 자극시키기에 적절한 상황은 다음과 같다.

- 학습자에게 흥미를 자아내면서도 의미 있는 생각을 할 수 있어야 한다.
- 학습자의 지적 능력수준과 부합되어야 한다.
- 학습자가 많은 질문을 제기할 수 있도록 일반적인 것이어야 한다.

탐구활동을 통하여 해답을 찾을 수 있는 문제는 곧 '증거를 수집할 수 있는 문제'를 말하며 그 예는 다음과 같다.

- 헤밍웨이의 작품에 나오는 주인공의 공통점은 무엇인가?
- 지질시대의 동물 중에서 오늘날의 동물과 닮은 것은 어떤 것이 있는가?
- 예술은 역사를 어떻게 반영하는가?
- 인간이 듣는 것은 수리의 어떤 속성이라고 할 수 있는가?
- 살수대첩의 승자는 누구인가?

(2) 탐구활동의 계획수립

탐구활동에 대한 계획을 수립할 때 학생은 다음과 같은 과제에 대해 지도를 바랄 것이다.

- 탐구해야 할 주제에 따라서 탐구집단 조직하기
- 탐구해야 될 질문과 관련된 하위의 토의 주제를 나열하기
- 각 질문에 대한 정보를 수집하는 데 필요한 자원의 출처 논의
- 학습자마다 수행해야 될 과제를 할당하기

(3) 탐구활동의 전개

각 탐구집단이 탐구목표를 제대로 추구하고 있는지를 알아보기 위해서 교사는 다음과 같은 내용을 점검해 보아야 한다.

- 각 집단은 의사결정을 내리고 이를 성공적으로 수행해 나가고 있는가?
- 학습자는 각자가 집단구성원으로서 자신감과 독립심을 가지고 맡은 바 기능을 수행하고 있는가?
- 학습자가 수행하고 있는 일에 동기화가 되어 있으며 또한 열심히 참여하고 있는가?
- 집단구성원 간에 탐구를 추진하는 것은 조화롭게 진행되고 있는가?

(4) 탐구활동 결과의 정리 및 발표

탐구결과를 발표함으로써 정보를 요약하는 기능, 해석하는 기능, 결론을 유도하는 기능 또는 결론에 대한 근거를 제시할 수 있는 기능을 기를 수 있다. 뿐만 아니라 탐구결과를 중심으로 연극, 영화, 신문, 만화, 벽보 등의 제시방법을 생각하게 함으로써 창의성을 길러 줄 수 있고 새로운 흥미 분야를 발견할 수 있게 된다.

(5) 탐구활동에 대한 평가

탐구활동이 끝난 후일지라도 학습자는 탐구경험을 반성해 보는 가운데 여러 가지를 학습하게 된다. 지금까지는 실행에 의한 학습이었다면 이제부터는 반성적 사고에 의한 학습단계다. 학습자는 다음과 같은 점에서 평가를 수행해야 한다.

- 제기된 질문은 중요하고 흥미 있는 것인가?
- 탐구경험을 통해 무엇을 학습했는가?
- 탐구활동에서의 책임을 즐겁게 수행하였나? 장애물은 없었나?

4) 역할놀이와 시뮬레이션 게임

(1) 역할놀이의 개념

역할놀이란 학습자에게 구체적인 문제상황을 실제로 탐구경험을 해 볼 수 있는 기회를 마련해 주고, 학생 스스로가 자신의 가치나 의견을 좀 더 분명히 깨닫게 하고, 사람들이 어떻게 타인의 행동에 영향을 미치는가를 더 잘 이해할 수 있도록 도움을 주는 방법이다. 따라서 사전에 치밀한 준비를 갖추거나 미리 연습하지는 않지만 학습자에게 구체적 상황을 실제로 경험해 볼 수 있는 연극의 기회를 마련해 주고 그들 스스로가 주어진 상황과 관련된 가치나 의사를 결정하게 할 수 있다. 실제로 이와 같은 경험을 통하여 학습자는 관찰력, 의사결정능력, 문제해결능력, 의사소통기술 그리고 분석력, 종합력과 같은 고등정신능력을 기를 수 있다. 그리고 타인의 역할을 경험해 봄으로써 타인을 이해하는 데 도움을 준다.

　교실에서 교사가 역할놀이 학습을 전개하고자 할 때 거쳐야 하는 단계는 다음과 같다.

(2) 역할놀이를 위한 절차와 방법

❀ 1단계: 역할놀이의 상황설정

　역할놀이를 학습자가 처음 진행할 때에는 이 방법에 익숙한 교사가 학습할 내용에 맞추어 적당한 상황을 선택한 주어야 한다. 상황의 설정에는 다음과 같은 몇 가지 요소를 고려해야 한다.

　① 상황은 단순한 것으로 선정하되 하나의 문제를 다루는 것이어야 한다.
　② 상황은 각기 다른 사람의 요구, 욕망 등이 담긴 의미 있는 것이어야 한다. 그리하여 그 학습에 참여하는 모든 사람이 다른 사람의 독특한 생각을 서로 접할 수 있는 기회가 제공되어야 한다.
　③ 역할놀이 학습의 상황은 가능한 한 학습자 주변에서 선택하여 그들에게 친숙한 인상을 줄 수 있는 것이어야 한다.

❀ 2단계: 역할놀이 참가자의 선정

　교사가 학습자의 역할을 임의로 정해 주는 것이 순서일 것이다. 그러나 이 경우에도 교사는 학습자의 특성을 충분히 고려하여 특성에 맞는 역할을 맡기는 것이 중요하다.

❀ 3단계: 역할놀이 장면과 관찰자 준비

　역할놀이 학습의 배역의 성격 및 특성을 잠시 동안 생각해 볼 수 있는 기회를 주고, 그 배역의 특성과 관련해 다른 역할을 맡은 사람과의 관계를 고려하면서 준비하게 한다.

✿ 4단계: 실연

역할놀이자가 역할을 수행할 때 연기력이 아닌 그 역할을 통해 제시한 아이디어가 무엇인가에 초점을 두어야 한다. 부자연스러움과 어색함이 당연한 것이라는 점을 인식시켜야 한다.

✿ 5단계: 토의 및 평가

문제에 대한 참여자와 관찰자의 자율적인 토의, 묘사된 행동결과에 대한 다른 해석, 그 역할이 어떻게 수행되었어야 하는지에 대한 불일치에 초점을 둔 토의가 되어야 한다. 동시에 다음 실연 준비가 이루어져야 한다.

✿ 6단계: 재실연

역할에 대한 새로운 해석을 나누고 다른 사람에게 그 역할을 맡겨 여러 번 재실연하도록 한다.

✿ 7단계: 토의 및 평가(5단계와 동일)

✿ 8단계: 경험교환 및 일반화

해결된 문제 상황을 학생의 경험과 일치시키기 위한 노력과 그들 자신의 일상생활에 일반화하도록 도와준다.

5) 시뮬레이션 게임

(1) 시뮬레이션 게임의 특성

게임이란 규칙에 따라 행동하며 승패가 분명하여 경쟁심리가 높이 작용하는 반면, 시뮬레이션은 실제 현상의 한 단면 또는 모형을 말한다. 이 두 가지의 유사점은 참가자가 서로 상호 관련을 맺으며 자신의 행위의 결과를 즉각적으로 체험하게 되는 점이다. 게임은 특성상 부정적인 자아개념을 심어 주기 쉬우므로 실제 교실에서는 잘 도입되지 않고 이 두 가지의 장점을 살린 시뮬레이션 게임이 활용될 수 있다. 시뮬레이션 게임은 경험학습과 정보처리학습의 방법을 조화시키는 것에 의해 학습이 좀 더 효과적으로 될 수 있다는 근거를 두고 있다. 그 특성을 요약하면 다음과 같다.

① 실제로 행동하고 행동의 결과를 경험함으로써 배운다.
② 자아참여도가 높으므로 학습이 개인적인 경험이 되며 높은 흥미를 유지한다.
③ 적극적인 참여로 자신에 대한 의존도는 높아지고 교사나 교과서에 대한 의존도는 낮아진다.
④ 참여자가 서로 상호 작용함으로써 탐구심이 개발된다.
⑤ 학습내용의 파지도와 전이도가 높고 학습시간을 줄일 수 있다.
⑥ 부정적인 결과가 나오더라도 피해를 주지 않고 잘못의 경험을 최대한 이용하여 바람직한 행동을 강화할 수 있다.

(2) 시뮬레이션 게임의 절차와 방법

1단계: 준비단계
학습목표를 준비하고 참가자가 실제 행해야 할 역할에 대해 여러 가지 행동대안을 생각하도록 한다. 절차를 참가자와 함께 살펴보고 목표를 이해시킨다.

2단계: 실시
한 역할을 두 명 이상의 학생이 실시하도록 한다. 교사는 학생의 의사결정에 참견하지 않는 중재자의 입장을 취한다. 적절한 순간에 게임을 중단시킨다.

3단계: 결과토의
게임 중의 피드백과 게임 후의 피드백 모두 중요하다. 가장 중요한 학습은 결과토의에서 얻어진다.

3. 발견 · 탐구학습을 위한 교사의 역할

(1) 다양한 자료준비

탐구교수를 위한 계획은 지도, 도표, 슬라이드, 사진 슬라이드, 통계표, 예술품 그리고 그 외 많은 자료를 준비해야 한다. 사용되는 자료는 아이디어의 시험 분석을 위한 도약판(스프링보드)의 역할을 한다.

(2) 학습자과 함께 탐구하는 역할

학습자가 발견적 삽화를 통하여 문제에 직면하면 교사는 최종적이고 절대적인 답변을 주지 않으면서 학습자와 함께 탐구를 하는 동료로서 역할을 한다.

(3) 새로운 방법을 안내하는 질문

교사의 주요 임무로서 신중한 질문을 해서 탐구의 과정을 유도하는 것 외에도 문제점을 보는 새로운 방법을 안내하는 질문을 해야 한다. 또한 입수되는 자료가 가설을 시험하는 데 적합하지 않을 때에는 추가적인 자료를 소개할 수 있다.

(4) 내적인 보상을 위한 노력

교실에서의 자유로운 의사표시와 아이디어를 시험하는 데 대한 보상은 높은 수준의 동기유발을 가져온다. 외적인 보상보다는 내적인 보상이 토론에 더 많은 학습자 참가, 학습을 위한 열성, 더 많은 융통성을 유발한다.

(5) 가치문제에서의 공평성

교사는 어떤 가치의 문제를 안내할 때는 뚜렷한 자기의 의견을 밝혀서는 안 된다. 가치를 다루는 교수의 목표는 의견 일치를 본 결론을 형성하는 데 있는 것이 아니라, 오히려 다른 사람의 의견을 듣고, 입증하는 증거를 조사하고, 그 신뢰도를 평가하는 과정을 훈련하는 데 있다.

1. 발견·탐구학습의 기본 취지는 학습자에게 가르쳐야 할 내용을 최종적인 형태로 제공하는 것이 아니라, 그 최종 형태를 학습자가 스스로 조직하도록 하는 것이다. 즉, 탐구나 발견은 지식 자체가 아니라 지식을 얻는 과정, 방법 혹은 활동으로 표현되며, 흔히 문제해결, 반성적 사고의 과정을 포함한다.

2. Dewey가 탐구이론에서 주장한 사고의 과정(암시-지성화-가설-추리-검증)은 문제제기-가설형성-가설검증-결론의 과정으로 일반화되었다.

3. Bruner 역시 지식의 구조를 이해하게 되면 학습자 스스로가 사고를 진행시킬 수 있으며 머릿속에 최소한의 지식을 소유하면서도 많은 것을 알 수 있게 된다고 하였다. 따라서 교육목표 역시 어떤 사실을 발견하기까지의 사고과정과 탐구기능을 중요시하였다.

4. Massialas는 사회탐구모형에서는 안내-가설-정의-탐색-증거제시-일반화의 6단계로 나누어 탐구를 위한 구체적인 교수과정을 설명하였다.

5. 발견·탐구를 위한 교수-학습의 유형에는 발견학습, 탐구학습, 집단탐구수업, 역할놀이와 시뮬레이션 게임 등으로 나누어서 설명되나 학습자가 학습의 주체가 되고 구체적인 활동을 통하여 나름의 결론을 내리도록 하는 점은 동일하다.

6. 발견·탐구수업이 설명식 수업이나 의견발표식 수업이 되지 않고 성공적으로 이루어지기 위해 교사의 역할이 매우 중요하다. 교사는 다양한 자료를 준비하고, 학생과 같이 탐구하는 역할을 해내야 한다.

그리고 신중한 질문을 해서 탐구의 과정을 유도하는 것 외에도 문제점을 보는 새로운 방법을 안내하는 질문을 할 수 있어야 한다.

연 습 문 제

1. 다음 중 발견학습에서 두드러지게 나타나는 특징은?  2001 중등기출

① 집단 활동이 강조된다.

② 학습자의 행동이 통제된다.

③ 학업성취도 향상이 주 관심사다.

④ 학습자가 스스로 지식을 구성한다.

2. 〈보기〉에 제시된 특성을 가장 잘 나타내고 있는 수업 방법은? 2002 초등기출

> **보기**
> • 학습자 간 경쟁 심리 자극
> • 흥미를 유발할 수 있는 실제적 환경의 제공
> • 개별 학습과 소집단 학습에 모두 적용 가능

① 게임   ② 탐구수업

③ 역할 놀이   ④ 시뮬레이션

3. 다음 중 탐구학습의 특징으로 가장 적합한 것은?

① 기억과 회상에 의존한 학습

② 유의미하게 조직된 내용의 학습

③ 강화와 외적 보상에 의한 학습

④ 지식획득 과정에 학습자의 주체적인 참여에 근거를 둔 학습

4. 다음 중 Dewey의 반성적 사고에 대한 설명으로 가장 적합한 것은?

① 행위에 대한 윤리적 반성과 검토

② 행위에 대한 분석과 비판적 검토

③ 문제 해결을 위한 거시적 사고

④ 문제 상황을 가설 설정과 검토를 통해 해결하려는 사고

5. Bruner의 발견학습에 대한 설명으로 적합하지 <u>않은</u> 것은?

① 교육목표로 사고과정과 탐구기능이 강조된다.

② 개념획득과정은 본질적으로 연속적인 가설검증의 과정이다.

③ 학습자의 지적 활동인 탐구를 위해 교사의 설명이 강조된다.

④ 지식의 구조를 이해하면 학습자 스스로 사고를 진행시킬 수 있다.

6. 다음 중 탐구문제의 설정에 대한 설명으로 적합하지 <u>않은</u> 것은?

① 학습자의 지적 수준과 부합되는 문제 상황을 제시한다.

② 학습자의 흥미와 사고력을 촉진하는 상황을 제시한다.

③ 학습자가 많은 질문을 제기할 수 있는 일반적인 문제를 제시한다.

④ 학습자가 증거를 수집하지 않고 바로 해결할 수 있는 문제를 제시한다.

7. 다음 중 시뮬레이션 게임의 특성에 대한 설명으로 옳지 <u>않은</u> 것은?

① 참여자의 상호작용을 통해 탐구심이 개발된다.

② 실제적 행동과 행동의 결과를 경험함으로써 배운다.

③ 학습이 집단적인 경험이 되며 높은 흥미를 유지할 수 있다.

④ 학습자 의존도는 높아지고 교사나 교과서 의존도는 낮아진다.

8. 다음 중 발견·탐구학습을 위한 교사의 역할이 <u>아닌</u> 것은?

① 다양한 자료의 준비

② 외적인 보상을 위한 노력

③ 학생과 함께 탐구하는 역할

④ 새로운 방법을 안내하는 질문

협동학습과 프로젝트 학습

협동학습과 프로젝트학습은 학습자가 팀을 이루어 협동하면서 학습한다는 공통점을 갖고 있다. 하지만 협동학습은 학습의 결과를 함께 성취한다는 것을 중시하고 프로젝트 학습은 문제를 풀어 가는 과정에서 학습이 발생하는 것에 중점을 두는 차이가 있다.

협동학습 / 협동학습의 세 관점 / 협동학습의 원리 / 협동학습의 장단점 / 협동학습의 모형 / 협동학습 촉진 방법 / 협동학습 기술훈련 / 프로젝트학습 / 프로젝트학습의 절차 / 협력프로젝트학습

최근 웹의 활용이 높아지면서 협동적인 교수-학습방법에 관하여 새롭게 관심이 집중되고 있다. 전통적인 소집단 학습의 단점을 해결하고 학습자 간에 협력적인 상호작용을 촉진하기 위해 집단보상과 협동기술을 강조한 협동학습은 교육현장에서 공동체적 삶을 위한 사회성 발달을 도모하는 데 필수적일 것이다.

협동학습 못지않게 요즘 주목을 받고 있는 것이 프로젝트 학습이다. 프로젝트 학습은 협동학습과 유사한 면이 있지만 또 다른 특징을 갖고 있다. 이 장에서는 협동학습을 위주로 하여 협동학습과 프로젝트학습의 기본 개념을 이해하고 이를 현장에서 활용할 수 있는 방법에 대하여 살펴보고자 한다. 이 장의 학습을 끝낸 후에 학습자는 다음과 같은 학습목표를 성취하기를 기대한다.

1 협동학습의 개념을 설명할 수 있다.
2 협동학습의 세 가지 관점을 설명할 수 있다.
3 협동학습의 원리를 장단점과 연계시켜 설명할 수 있다,
4 협동학습의 단점을 극복하기 위한 방안을 설명할 수 있다.
5 협동학습의 모형을 크게 두 가지로 구분할 수 있다.
6 어떤 협동학습 모형의 예가 제시되었을 때 그 예가 어떤 협동학습 모형에 속하는지 변별할 수 있다.
7 과제분담학습 I(Jigsaw I), 과제분담학습 II(Jigsaw II), 자율적협동학습 모형, 성취과제분담모형, 팀보조개별학습 등을 어떻게 실시하는지 간략하게 설명할 수 있다.
8 프로젝트 학습의 개념과 특징을 설명할 수 있다.
9 프로젝트 학습의 절차를 기술할 수 있다.

1. 협동학습

협동학습이란 전통적인 소집단 학습, 또는 개별학습에서 야기되는 단점을 보완하고 학습자 사이의 협력적인 상호작용을 촉진하기 위해 집단보상과 협동기술을 추가한 교수학습방법으로 "주어진 학습과제나 학습목표를 소집단으로 구성된 학습자가 공동으로 노력하여 그 목표에 도달하는 방법"이다. 이 방법의 핵심은 첫째, 학습자의 동기를 중시하는 동기론적 관점, 둘째, 다른 팀원을 존중하는 사회적 관점, 셋째, 발달론 및 인지론적 관점 등의 세 가지 이론으로 설명된다(이성은, 오은순, 성기옥, 2002).

1) 협동학습의 세 가지 관점

(1) 협동학습의 동기론적 관점

동기론적 관점에서는 협동학습의 핵심이 학습자가 개인적인 참여 동기에 있기 때문에 그 동기를 높이는 것이라고 본다(Slavin, 1990). 그 핵심 요소는 다음 세 가지다.

① 집단보상: 보상이 집단별로 같이 주어지는 것으로 개별 점수를 높이기 위해서는 결국 타인의 도움을 받거나 도움을 주어야 하는 협동을 유도하는 방안
② 개별책무성: 구성원이 팀 내에서 자신의 학습은 물론 다른 팀원의 학습을 격려하고 돕는 의무
③ 학습참여의 균등한 기회보장: 누구나 동등하게 집단의 중요한 구성원으로 인정받고 함께 참여하고 싶어 하는 욕구를 보장

이 관점에서 대표적인 학습모형은 STAD(Student Teams-Achievement

Division), TGT(Team-Games-Tournaments) 등이 있다.

(2) 협동학습의 사회응집성 관점

이 관점은 집단 구성원이 서로 돕는 이유를 다른 구성원을 걱정하고 그들이 성공하기를 원하는 사회적 관계를 유지하는 것이라고 보며 그 핵심요소는 다음 네 가지다.

① 긍정적 상호작용: 다른 사람이 성취하지 못하면 자신도 성취하지 못하는 관계
② 대면적 상호작용: 학습을 서로 도와주고 격려하는 관계
③ 개별책무성: 자신의 학습과제를 완성하면서 다른 팀원도 도와주어야하는 책임
④ 집단과정: 각 구성원이 다른 구성원의 학습에 도움을 주는지를 주기적으로 검토

이 유형의 대표적인 학습모형은 과제분담학습(Jigsaw), 집단조사, 함께 학습하기 등이 있다.

(3) Piaget의 발달론적 관점과 Vygotsky의 인지론적 관점

Piaget의 발달론적 관점은 인지수준이 비슷한 사람 사이의 상호작용에 의한 사회적 · 인지적 갈등이 학습자의 내적 · 인지적 재구성을 유발하여 발달이 촉진된다고 본다. 이 관점에 따르면 협동학습은 학업성적이 유사한 동질집단이 바람직하다. 반면에 Vygotsky는 근접발달영역이론을 통해 협동학습은 이질집단 구성을 추천하고 있다. 학업성취도가 다른 학습자로 팀을 구성할 경우 학업성취도가 낮은 학습자가 높은 학습자에게서 도움을 받을 수 있다는 것이다.

2) 협동학습의 원리

많은 연구는 협동학습이 학생의 학업성취도를 높이고 인지적 성장을 촉진하는 데 개별화나 경쟁적 구조보다 효과적이라고 밝히고 있다. 이런 협동학습의 핵심 원리는 다음과 같다.

　　① 협동학습은 참여하는 학생 사이에 목표, 보상, 자원, 역할, 정보 등에 대해 서로 믿고 의지하게 되는 긍정적 상호작용성을 갖는다.

　　② 협동학습은 자신의 학습과제를 성취하면서 다른 사람의 과제도 도와야 하는 개별적 책무성을 갖는다.

　　③ 협동학습은 모든 구성원의 존중과 보호를 위한 리더십 공유성을 갖는다.

　　④ 협동학습은 목표달성을 위해 상호책임성을 갖는다.

　　⑤ 협동학습은 학습성취의 최대화를 위해 구성원 간에 친하게 지내는 우호적 협력관계를 갖는다.

　　⑥ 협동학습을 통해 리더십, 의사소통기술, 신뢰, 갈등의 조정 등 사회적 기능을 배우는 사회적 기능학습성을 갖는다.

　　⑦ 협동학습에서 교사는 집단을 관찰하고 분석하며 조정하면서 피드백을 해야 하기 때문에 교사의 참여가 높아진다.

　　⑧ 협동학습에서 교사는 집단이 과제를 수행하는 데 도움이 되도록 집단과정을 구조화하게 된다.

3) 협동학습의 장단점

(1) 협동학습의 장점

협동학습의 장점을 구체적으로 정리해 보면 다음과 같다(Good et al., 1992a, 1992b; 이성호, 1999).

　　① 학교에서 협동학습으로 행하는 과제가 사회에서 요청되는 과제와 성

격이 흡사하여 협동학습을 많이 한 경우 사회에 적응하거나 문제의 해결에 많은 도움을 받을 수 있다.

② 혼자서 학습하는 경우보다 더 많은 것을 학습할 수 있다.

③ 혼자서는 시도하기 어렵다 싶은 일도 여럿이 해내다 보면 자신감이 생기게 되어 주어진 과제에 대한 도전을 하는 데 필요한 적절한 기질, 성향, 태도 등이 개발된다.

④ 다른 학습자가 가지고 있는 학습방법을 관찰하고 배울 기회가 주어진다.

⑤ 학습자는 동료에게서 도움을 받는 과정에서 다른 사람의 힘을 빌릴 수 있는 능력을 갖추게 된다. 즉, 어떻게 도움을 요청하고 정보를 얻어 내며 활용하기 위해 필요한 어휘력, 친화력, 분석력 등 다양한 하위기술을 배우게 된다.

⑥ 무슨 일이든 서로 나누어 함께 해결하고 그 결과에 대해 보람을 갖는 협력적 태도를 형성할 수 있다.

⑦ 소집단 활동을 통해 자기 자신에 대한 이해를 넓힐 수 있으며 나아가 타인에 대한 이해를 확장하게 된다.

⑧ 소집단 학습활동은 학습자가 각기 자신의 자원(시간, 에너지, 능력, 성질) 등을 스스로 관리하고 통제하는 방법을 배우게 된다.

(2) 협동학습의 단점

협동학습의 단점을 좀 더 구체적으로 정리해 보면 다음과 같다.

① 어떤 일을 수행할 때 과정보다는 결과를 중시하는 버릇이 생길 수 있다.

② 소집단 내에서 특정 학습자나 리더가 어떤 것을 잘못 이해하고 있을 때 다른 사람이 그것을 그대로 따라갈 우려가 있으며 이럴 경우 잘못된 이해가 더욱 강화되는 경향이 있다. 이것은 최근 사회적 구성주의가 가질 수 있는 오류의 한 가지이기도 하다(김영환, 1998a).

③ 학습과정이나 학습목표보다는 그저 집단과정만을 더 소중히 생각하는

경향을 초래할 수 있다. 이럴 경우 놀이집단으로 변질될 우려가 있다.

④ 학습자가 교사에게 의존하는 경향이 감소하는 대신 또래에게 의존하는 경향이 커질 우려가 있다.

⑤ 부익부(富益富) 현상이 발생할 수 있다. 부익부 현상이란 학습능력이 높은 학생이 다른 학생보다 도움을 많이 주고받으며, 긍정적이든 부정적이든 많은 반응을 보임으로써 학업성취가 향상될 뿐만 아니라 소집단을 장악하는 현상을 말한다.

⑥ 부익부 현상과는 반대로 소집단 내에서 또래들에 비해 능력이 다소 떨어지는 학습자의 경우에는 상호작용의 기회를 상실하게 되어 자기는 일할 필요나 가치가 없다는 자아 존중감의 손상을 입을 수 있다. 즉, 내가 없어도 잘 돌아갈 것이고 나 말고도 잘할 사람이 많다고 생각하게 되어 결국 "뒤로 물러서서 굿이나 보고 떡이나 먹지."라고 하는 학습자도 생길 수 있게 된다.

⑦ 위의 사례가 악화된 경우 소외된 학습자는 심리적으로 모멸감이나 수치감을 가지게 되는데, 결국 집단 활동 속에서 그저 자신을 방어하고 보호하는 전략과 기능만을 키울 우려도 있다.

⑧ 아주 유능한 학습자의 경우 모든 것을 다 알면서도 일부러 집단 활동에 동참하지 않거나 기여하지 않는 경우도 있다. 이는 자신이 유능하다는 것을 알리기 싫어서, 과중한 책임이 올 것을 알기 때문에 피하기 위해서, 시험에도 나오지 않고 성적에도 반영되지 않는다는 것을 알기에 적당히 하기 위해서, 또는 다른 사람이 참여할 수 있는 기회를 주려는 배려에서 등 다양하다. 그러나 이런 행동은 집단 활동을 실패로 이끌게 되는 문제점이 있다.

⑨ 협동학습에서 가장 문제가 되는 것은 집단 간 편파(偏跛)로서, 상대집단이나 다른 집단의 구성원에게 적대감을 가지는 반면에 자기가 속한 집단의 구성원에게는 더 호감을 느낀다(Brewer, 1979).

4) 협동학습의 단점을 보완하기 위한 방안

협동학습의 단점을 보완하기 위한 구체적인 내용은 다음과 같다.

① 집단 간 편파의 문제를 해결하기 위해서는 주기적으로 소집단을 재편성하거나 과목별로 소집단을 다르게 편성하는 것이 좋다.

② 자아 존중감의 손상이 우려되는 학습자를 위해서는 협동학습을 시작하기 전이나 중간에라도 협동학습기술을 습득시키는 방안이 따라 주어야 한다. 협동학습기술훈련에 대해서는 다음에서 자세히 다루고 있다. 또한 이런 학습자가 속한 집단은 교사가 계속해서 관찰하여야 하며 집단의 특성이나 학습자의 특성에 따라 이런 학습자가 협동과정에 참여할 수 있는 방안을 구체적으로 만들어 주는 작업도 필요하다.

③ 부익부 현상을 방지하기 위해 각본을 통한 역할분담을 하거나, 집단보상을 강조하거나 또는 협동기술을 증진시키는 방법 등이 있다.

5) 협동학습의 모형

협동학습에는 다양한 모형이 있는데 집단 간 협동을 중시하는가 아니면 집단 간 경쟁을 중시하는지에 따라 협동적 프로젝트 유형과 학습자 팀학습 유형으로 구분할 수 있는데, 〈표 6-1〉은 이 유형에 따라 가장 많이 사용되는

표 6-1 협동학습 모형의 유형과 종류

협동적 프로젝트 유형	학습자 팀학습 유형
1. 과제분담학습 I(Jigsaws I)	1. 과제분담학습 II(Jigsaws II)
2. 자율적 협동학습(Co-op Co-po)	2. 성취-과제분담(Student-teams-achievement division: STAD)
3. 집단조사(Group Investigation)	3. 팀경쟁학습(teams-games-tournamant: TGT)
4. 함께 학습하기(Learning Together)	4. 팀보조 개별학습 (team assisted individualization: TAI)

여덟 개의 협동학습 모형을 구분한 것이다.

(1) 과제분담학습 I (Jigsaw I)

Jigsaw I 모형은 교육내용을 한 영역씩 나누어 맡아 팀별로 학습한 후에 해당 내용에 대해 책임을 지고 다른 팀의 학습을 책임지는 협동학습모형으로 협동이 필연적으로 일어나도록 구조화하는 것이 특징이다. 이 모형의 이름은 그림 짜 맞추기 퍼즐(Jigsaw puzzle)처럼 팀별로 학습한 내용의 전개가 모두 끝나야 학습이 완성된다는 점에서 그런 이름을 갖게 되었다.

Jigsaw I 모형에 의해 단원 학습이 끝난 후 학생은 시험을 보고 개인의 성적대로 점수를 받는다. 그 시험점수는 개인별로 집계되고 집단 점수에는 기여하지 못한다. 이러한 의미에서 Jigsaw I 모형은 과제해결의 상호의존성은 높으나 보상의존성은 낮다. 따라서 집단으로서 보상을 받지 못하기 때문에 형식적인 집단목표가 없다. 그러나 각 집단구성원의 적극적인 행동이 다른 집단구성원에게 보상받도록 도와주기 때문에 협동적 보상구조의 본질적 역동성은 존재한다(Aronson et al., 1978).

Jigsaw I 모형에서 학생의 평가는 팀별로 하지 않고 개별적으로 한다. 따라서 전체 과제를 잘 해결하기 위해서는 팀별 발표가 좋아야 하기 때문에 상호의존성이 높다. 하지만 집단으로 보상을 받지 않기 때문에 보상의존성은 낮다.

(2) 자율적 협동학습 모형

자율적 협동학습 모형(Co-op Co-op)의 특징은 학문적 내용과 기술을 효과적으로 학습하기에 좋아서 교과내용뿐만 아니라 개념, 사고기술의 발달, 의사소통 형성, 집단 공동체의식 형성을 위해서도 활용될 수 있다. 또한 학습자가 서로의 문제해결 과정을 지켜보고 교정해 줄 수 있어서 의사소통능력의 향상은 물론 문제상황에 맞닥뜨렸을 때 생길 수 있는 불안감을 낮추는데도 도움이 된다.

4명이 한 팀이 되고, 다시 2명씩 짝을 이루어 활동하면서 서로서로 돕는 비교적 단순한 모형으로 학습자와 교사 모두에게 활용하기 쉽고 융통성도 비교적 많다.

(3) 집단조사 모형

집단조사모형(Group Investigation) 역시 자율적 협동학습모형과 같이 비교적 단순한 모형으로 인문사회계열의 문제해결에 용이하며 정의적 학습에도 효과적으로 사용된다. 또한 팀경쟁 요인이 없기 때문에 학습과제의 선정에서부터 집단보고에 이르는 학습의 전 과정에서 학생들이 주도하여 진행할 수 있는 개방적인 협동학습모형이다. 하지만 협력적 보상이 구체적으로 드러나지 않은 채 학생에게 집단목표달성을 요구하기 때문에 학습자의 역할배정에 세심한 주의가 요구된다(이성은, 오은순, 성기옥, 2002).

구체적인 학습방법은 다음과 같다. 우선 한 학급에서 학습해야 할 내용을 여러 개의 하위주제로 나눈 후 이들 하위주제를 3~6명으로 구성된 집단이 맡는다. 각 집단은 맡겨진 하위주제를 또다시 세부주제로 나눈 후 각 세부주제를 개인에게 맡긴다. 개개인은 세부주제에 대해 개별적으로 공부한 후 집단별로 모여 하위주제 전체에 대해 함께 공부한다. 이렇게 집단별 공부가 완성되면 집단은 전체 학급을 상대로 그 집단이 공부한 내용을 발표하고 다른 집단에게 학습의 기회를 제공한다. 평가는 교사와 학생이 각 집단의 전체 학급에 대한 기여도를 평가하게 되는데, 최종 학업성취에 대한 평가는 개별적인 평가나 집단평가 모두 가능하다.

(4) 함께 학습하기 모형

함께 학습하기(Learning Together) 모형은 4~6명의 이질적인 구성원으로 팀을 구성하고 팀별로 과제를 해결하고 시험을 개별적으로 보지만 성적은 자기 팀의 평균점수를 받게 된다. 만약 집단의 평균이 일정한 수준 이상이 될 경우에는 집단별로 추가 점수를 주게 하여 팀별 협력이 강화되도록 인센

티브를 주는 것이 특징이다.

이 모형도 포괄적이고 일반적이기 때문에 적용에 있어서 융통성이 좋기는 하지만 팀별로 협력적 기능이 제대로 발휘되게 하기 위해서는 교사가 학습자가 어떻게 잘 협력할 수 있는지를 미리 잘 생각하고 준비해 주는 것이 필요하다. 특히 교사는 학생들이 팀별로 정보를 교환하고, 상호 간에 격려하며, 과제 수행 중에 생길 수 있는 오해를 풀 수 있는 방안을 미리 강구해 두어야 한다. 웹의 블로그를 활용하는 방안 등을 미리 만들어 두는 것은 대단히 바람직하다. 특히나 이 모형은 집단토의 및 집단적 결과를 활용하여 목적뿐만 아니라 수단으로서의 협동도 강조할 수 있다. 하지만 이 모형은 하나의 집단보고서를 기준으로 집단보상을 하기 때문에 무임승객효과, 봉효과와 같은 현상이 나타날 우려가 있으므로 주의가 필요하다(Slavin, 1980).

(5) 과제분담학습 Ⅱ(Jigsaw Ⅱ)

Slavin(1978)은 Jigsaw 모형을 수정하여 Jigsaw Ⅱ 모형을 제시하였다. Jigsaw Ⅱ 모형은 모든 학생이 전체 학습 자료와 과제 전체를 읽되 특별히 관심 있는 주제를 선택한 다음, 그것을 전문가 집단에 가져가서 철저히 공부한 후 다시 자기 소속팀으로 돌아와 가르치는 것이다. Jigsaw Ⅱ 모형의 특징은 Jigsaw의 개별보상에 집단보상이 추가된 것으로, Jigsaw Ⅰ 모형과 달리 인지적 · 정의적 학업성취의 영역에서 전통적 수업보다 효과적이다. 또한 개별 학습자나 팀은 자신이 좋아하거나 원하는 주제를 할당받을 수 있다. 이 모형에서 교사의 주요 역할은 세분화될 수 있는 학습과제를 선정하는 것이다.

(6) 성취-과제분담 모형

성취-과제분담(STAD) 모형은 Slavin(1978)에 의해 1978년에 개발된 협동학습모형으로서 초 · 중 · 고등학교 수학과목에 주로 이용되었다. 학생들은 4~5명으로 구성된 학습 팀으로 조직하게 되는데, 각 팀은 전체 학습의 축소판처럼 학습능력이 높은 학습자, 중간 학습자, 낮은 학습자의 이질적인 학습자로 구성된다.

매주 교사는 강의나 토론으로 새 단원을 소개한다. 각 팀은 연습문제지를 짝을 지어 풀기도 하고, 서로 질문을 하기도 하고 토의도 하면서 그 단원을 학습한다. 연습문제에 대한 해답도 주어지므로, 학생은 단순히 문제지를 채우는 것이 아니라 개념을 이해하는 것이 목적임을 확실하게 알게 된다. 구성원 모두가 학습내용을 완전히 이해할 때까지 팀 학습이 계속되고, 팀 학습이 끝나면 개별적으로 시험을 본다. 개인은 각자 자기 자신의 시험 점수를 받지만 자신의 이전 시험의 평균점수를 초과한 점수만큼은 팀 점수에 기여하게 된다.

이 성취과제분담 학습모형은 집단구성원의 역할이 분담되지 않은 공동학습구조면서 동시에 개인의 성취에 대해 개별적으로 보상되는 개별보상구조다. 다시 말해 개인의 성취에 대해 팀 점수가 가산되고 팀에게 주어지는 집단보상이 추가된 구조다.

이 모형은 팀경쟁 학습모형과 함께 가장 성공적인 실험결과를 낳고 있다. 성취과제분담모형은 모든 교과목에서 전통적 수업보다 효과적이며, 특히 수학과목에서 매우 효과적인 것으로 나타난다.

(7) 팀경쟁학습 모형

팀경쟁학습(TGT) 학습은 STAD 협동학습과 유사하기는 하지만 퀴즈를 토너먼트 형식으로 흥미 있게 진행하는 점에서 다르다. 팀은 이질적인 학생 4~5명으로 구성하고, 팀의 목표는 팀원이 토너먼트 시합에 나가 우수한 성과를 내도록 준비시키는 것이다.

경기방식은 학습자들이 흔히 하는 '왕놀이'와 유사한데 첫 주에 교사가 일정한 학습내용에 대해 팀별로 평가를 한 후 그다음 주부터 팀 성적이 가장 높은 팀부터 낮은 팀까지 일렬로 앉히고 낮은 팀이 높은 팀에게 도전하면서 자신의 등급(자리의 위치)을 높여 가는 방식이다. 이 경기는 상황에 따라 매일 하거나 아니면 매주 할 수 있다. 단, 교수자는 그때그때마다 경기대상이 되는 학습내용을 미리 공지하여야 한다. 그리고 각 팀에서는 되도록 다양한 팀원이 경기를 위한 대표로 선발될 수 있도록 규칙을 만들어 주는 것이 좋다.

(8) 팀보조 개별학습 모형

팀보조 개별학습(TAI)은 수학과목에의 적용을 위한 협동학습과 개별학습의 혼합모형이다. TAI에서는 성취과제분담 학습이나 팀경쟁 학습에서처럼 4~6명 정도의 이질적 구성원이 한 집단을 형성한다. 팀보조 개별학급에서는 프로그램화된 학습 자료를 이용하여 개별적인 진단검사를 실시한 후, 이를 근거로 각자의 수준에 맞는 단원을 개별적으로 학습하게 된다. 개별학습 이후 단원평가 문제지를 풀고, 팀 구성원은 두 명씩 짝을 지어 문제지를 상호교환하여 채점한다. 여기서 80% 이상의 점수를 받으면 그 단원의 최종적인 개별시험을 보게 된다. 개별시험 점수의 합이 각 팀의 점수가 되고 미리 설정해 놓은 팀점수를 초과했을 때 팀이 보상을 받게 된다.

이 모형은 대부분의 협동학습모형이 정해진 학습 진도에 따라 이루어지는 것과는 달리, 학습자 개개인이 각자의 학습속도에 따라 진행해 나가는 개별학습을 이용한다는 점에서 독특하다. 이 모형의 작업구조는 개별 작업과 작업분담구조의 혼합이라고 볼 수 있고, 보상구조 역시 개별 보상구조와 협동보상구조의 혼합구조다.

6) 협동학습을 촉진하는 방법

① 성공에 대한 특별한 기준을 만들고 그 기준을 명확하게 설명하면서 선배나 동료의 좋은 예를 보여 준다. 웹상에 기초 자료를 게시하고 실제 작품이나 자료는 도서실에 비치하여 학습자가 자유롭게 열람하도록 하는 것도 좋다.

② 개별적 책임감을 증가시키기 위해 팀원의 일을 배분해서 모든 사람이 한 가지씩 일을 맡도록 지도한다.

③ 팀 구성원에게 그룹과제와 개별과제를 모두 부여한다.

④ 학생이 서로의 의견에 대해 충분히 관심을 가질 수 있는 활동을 하도록 고안한다. 웹의 토론방을 이용하여 의견을 올리게 한 후 모든 의견에 댓글을 달도록 하는 방법이 있다.

⑤ 팀 활동의 방법 자체를 개선하는 데 필요한 토론을 팀별로 하도록 하여 활동의 생산성을 증진시킨다.

⑥ 팀 활동을 위해 기초적인 규칙을 팀 스스로 만들게 한다. 예를 들어 발언의 순서를 어떻게 정할 것인지, 자신이 맡은 일을 하지 못했을 때 어떻게 보상할 것인지 등등에 관해 모든 사람이 참여하여 규칙을 만들게 한다.

⑦ 어떤 결정을 내리거나 주제에 대한 토론을 하기 전에 팀 모두가 충분히 발언할 기회를 주도록 지도한다.

⑧ 리더십의 공유를 촉진시키기 위해 발표나 리더의 역할을 돌아가면서 하도록 한다.

⑨ 목표를 성취하기 위해 잘된 것과 잘못된 것에 대해 팀 내에서 자체 평가를 하고 그 결과를 협동학습의 결과물에 포함시켜 제출하도록 한다.

⑩ 협동학습을 하면서 개인적으로 느낀 소감을 개별 감상문으로 제출하도록 한다.

⑪ 지도교사는 협동학습상에서 발생하는 문제점에 대해 학습자와 웹이나 전화로 일대일로 안전하게 이야기할 수 있는 방안을 만들어 주어야 한다.

7) 협동학습기술훈련

협동학습을 하기 힘든 구성원이나 분위기가 보일 때에는 협동학습기술을 증진시키기 위한 훈련이 필요하다. 이 기술훈련은 학습능력이 낮은 학습자를 위해 좀 더 효과가 있다(Vedder, 1985).

(1) 청취기술

① 말 바꾸어 진술하기

소집단에서 한 사람이 아이디어를 말하고 나면 다음 사람은 앞사람의 아이디어에 대해 '말 바꾸어 진술하기'를 한 후 자신의 아이디어를 이야기하는 방식이다. 듣고 있던 사람들은 말 바꾸어 진술한 내용이 첫 번째 사람의 아이디어와 얼마나 정확하며 완전한지에 대해 피드백을 한다. 이런 활동을 소집단 구성원이 돌아가면서 하여 처음 사람이 말 바꾸어 진술하기를 할 때까지 계속하게 된다. 말 바꾸어 진술하기의 효과는 모든 구성원이 자기 자신의 이야기만 하고 상대방의 말을 듣지 않는 것을 막을 수 있다는 것이다. 또한 아이디어를 제시한 학습자가 자신의 아이디어를 다른 학습자가 어떻게 이해하는지를 파악할 수 있고 의사소통기술의 단서를 제공한다.

② 3단계 면담

소집단의 구성원 4명을 면담자와 피면담자의 두 쌍으로 나누어 자신이 아는 내용을 말한다. 그다음에는 역할을 바꾸어 실시한다. 그리고 나서 차례로 돌아가면서 면담에서 배운 내용을 말하는 단계를 거친다.

(2) 번갈아 하기

① 라운드 테이블

라운드 테이블(round table)은 예를 들면 전 구성원이 돌아가면서 하나의 연습지에 하나의 볼펜을 사용하여 국가의 이름, 스포츠의 종류 등을 적는 방식이다.

② 발언 막대기

발언 막대기(talking chips) 방법은 소집단 구성원이 각각 3개의 막대기를 가지고 토론을 시작하는데, 말하고자 하는 학습자는 테이블 한가운데에 자신의 막대기를 두고 이야기하여야 한다.

(3) 도움 주기

① 또래끼리 점검하기

4명으로 이루어진 한 팀을 두 쌍으로 나눈다. 각 쌍의 한 사람은 문제지를 풀고 나머지 한 사람은 점검하고 칭찬해 준다. 그리고 역할을 바꾸어 실시한다. 이때 서로의 답에 대한 의견이 일치되지 않을 때 상대방에게 물어본다. 그래도 의견이 일치되지 않을 때 소집단의 팀장이 교사에게 질문한다. 그리고 두 사람이 서로의 답을 비교한 후 일치하면 악수를 한다.

② 플래시 카드

4명으로 이루어진 한 팀을 두 쌍으로 나눈다. 예를 들면 낱말의 뜻을 카드의 뒷면에 적고 그 낱말을 앞면에 적어, 한 명이 상대방에게 낱말의 뜻을 보여 주면서 낱말을 맞추도록 하는데, 모르는 경우에 상대방이 옳은 답을 할 때까지 조금씩 힌트를 주면서 정답을 말할 수 있도록 유도한다. 그것의 역할을 바꾸어 실시하고 또 팀의 다른 구성원의 카드를 바꾸어 실시한다. 이때 보통 낱말의 개수는 3~4개로 한정한다.

③ 함께 생각하기

소집단 4명이 한 팀이 되어 각 구성원에게 번호를 부여한다. 그리고 교사는 질문을 하여 각 팀별로 생각해 보게 한다. 소집단 구성원은 서로서로 질문하고 가르치면서 교사의 질문에 대한 답을 합의한다. 그다음에 교사가 무작위로 번호를 부르면 해당 학생이 대답한다. 이 방법은 전통적 수업에서 빈번히 나타나는 교사와 공부 잘하는 학생과의 집중적 상호작용을 막고 소집단 구성원끼리 서로서로 협동하고 도와주는 장점이 있다.

(4) 칭찬하기: 인정 막대기

소집단 구성원이 각각 세 개의 막대기를 가지고 토론을 하면서 상대방의 의견에 지지할 경우 자신의 막대기를 테이블 가운데에 놓는다. 그 외에도 앞에서 나온 또래끼리 점검하기 기술도 있다.

(5) 정중하게 기다리기

한 팀의 다른 사람이 문제지를 풀고 있을 때 정중하게 기다린 후 점검하고 칭찬해 준다. 역할을 바꾸어 실시할 때도 마찬가지다.

2. 프로젝트 학습

1) 프로젝트 학습의 개념

프로젝트 학습은 학습자의 탐구과정과 성찰, 문제해결, 자발성과 능동성을 강조하는 교수–학습모형이다. 좀 더 구체적으로 말하면 프로젝트 학습이란 학습자가 특정 문제를 해결하거나 주어진 주제하에서 성취 목표를 달성하기 위해 프로젝트를 수행하는 과정에서 학습을 하게 되는 교수–학습모형이다. 따라서 프로젝트학습은 주로 협동학습활동과 문제해결활동, 자료를 수집·분석하여 결과물을 만드는 활동, 학습자 중심의 자율적인 활동, 고차적 사고능력 계발을 위한 학습자 '성찰과정' 등을 강조하고 있다(임정훈 외, 2004).

2) 프로젝트 학습의 절차

프로젝트학습은 시작, 전개, 마무리의 세 단계로 구성되는데, 세부 사항은 〈표 6-2〉와 같다(한국교육공학회, 2005).

3) 프로젝트 학습 시 착안사항

또한 프로젝트 학습은 과제를 함께 수행하는 팀원 간의 의사소통과 협력, 공동체의식 형성을 어떻게 할 것인가가 대단히 중요하기 때문에 교수자는 이런 활동들을 주의 깊게 관찰하면서 적절한 시기에 조언을 해 주어야 한다.

표 6-2	프로젝트 학습의 시행 절차
주요절차	주요 내용
시작	1. 프로젝트를 선택한다. 2. 관련된 내용을 이해한다. 3. 필요한 자료를 탐색한다. 4. 프로젝트팀을 구성한다. 5. 프로젝트팀의 목적을 설정한다
전개	6. 프로젝트에 관련된 아이디어를 공유한다. 7. 프로젝트를 수행하기 위한 해결책을 찾는다. 　이 과정은 지속적 상호작용을 통한 분석, 종합, 정리 등의 학습활동을 포함한다. 8. 산출물을 만든다.
마무리	9. 프로젝트에 대한 결과를 요약 발표한다. 10. 프로젝트 결과를 팀 내 또는 팀 간에 공유한다. 11. 결과를 성찰한다. 12. 결과를 총괄 평가한다.

그리고 결과물도 중요하지만 학습과정에서 배우는 것들을 얼마나 깊이 이해하고 있는지를 확인하기 위해 학습자가 성찰활동을 할 수 있도록 지도해 주어야 한다. 이런 성찰활동 역시 웹을 활용해서 적절하게 모니터링이 가능하기 때문에 교사는 프로젝트 학습을 할 때에는 간단한 홈페이지나 블로그를 사용해서 성찰과 그에 대한 피드백이 활발하게 이루어질 수 있도록 준비해 주어야 한다. 이렇게 프로젝트 학습은 비단 학습내용 이외에도 사고방식과 학습방법에 대한 학습은 물론 지식, 기능, 태도 등이 통합된 학습이 가능하기 때문에 학교뿐만 아니라 기업이나 군대에서도 많이 사용되고 있다.

4) 웹활용 협력 프로젝트 학습

웹활용 협력 프로젝트 학습은 온라인 협동학습의 한 유형으로 웹을 활용하여 온라인상에서 공동으로 프로젝트를 수행하는 학습을 말한다. 전통적인 협동학습은 인터넷이나 웹이라는 강력한 의사소통 도구를 매개로 할 때, 교육적 효과나 영향력이 높게 나타날 수 있다. 즉, 잘 설계되고 준비된 협동학습은 많은 장점을 갖는데, 이런 장점은 인터넷을 기반으로 한 협동학습에도 바로 연결된다. 그 구체적인 장점을 살펴보면 인터넷 활용 협동학습을 통해 학생의 긍정적 태도의 변화와 높은 학습참여 및 동기의 가능성, 인터넷 협동작업을 통한 실제적 과제를 하면서 얻을 수 있는 교육적 이점, 협동기술의 향상, 학습공동체 형성의 가능성 등을 들 수 있다.

웹을 활용한 협력 프로젝트 학습의 예를 살펴보면 다음과 같다.

1 대학의 경우: 계산한 개론 과목에서 자기주도학습, 동료와의 협동과제 수행, 가상실험실에서의 실험 등을 웹기반을 통해 수행하였다. 이 사례에서 주는 시사점은 가르칠 교과내용이나 주제를 상세하게 설계하는 것도 중요하지만, 교실중심인가 또는 온라인중심인가 하는 기본적인 교수모델의 설정이 중요함을 제시한다.

2 초등학교 사례: 서울, 부산, 광주 3개 지역에서 각 한 개의 초등학교가 참여하여 환경교육에 대한 주제를 가지고 웹기반 협동학습을 실시하였다. 이 사례에서 주는 시사점은 웹 활용 프로젝트 학습이 학교 현장에서 적절하게 수행되기 위해서는 학교의 행정적 지원체제가 필요하며, 인터넷을 통해 학습의 양과 질을 개선하려는 시도도 중요하지만 인터넷을 활용해서 타 지역의 학습자와 적극적으로 교류하려는 태도의 형성과 커뮤니케이션 능력을 기르는 것이 중요하다(김영환 외, 2001).

이 사례에 관련한 내용은 12장 '웹활용 학습'에서 좀 더 자세히 다루도록 하겠다.

요약

1. 협동학습은 새로운 개념이나 수업방법은 아니다. 전통적인 소집단 학습에서 야기되는 부익부 현상, 무임승객 효과, 봉 효과 같은 단점을 보완하고 협력적인 상호작용을 촉진하기 위해 집단보상과 협동기술을 추가한 것이다.

2. 협동학습은 다음과 같은 세 가지 관점이 있다. ① 동기론적 관점에서는 협동학습의 핵심은 개인의 참여동기를 높이는 것에 있다고 본다. ② 사회적 관점에서는 협동학습의 핵심은 사회적 관계를 성공적으로 유지시키는 데 있다고 본다. ③ 인지발달적 관점에서는 인지적 재구성의 촉발을 중요하게 보고 있다.

3. 전통적인 소집단 학습과 달리 협동학습은 긍정적 상호의존성, 개별책무성, 구성원의 이질성, 공유하는 지도력, 과제와 구성원과의 관계의 지속성, 사회적 기능, 교사의 관찰과 개입 그리고 집단과정을 중시한다.

4. 협동학습의 모형에 관계없이 학업성취를 향상시키기 위해서는 집단보상이 필수적이다.

5. 효과적인 협동학습을 위해서는 집단보상의 사용, 협동기술훈련, 협동과제의 개발 그리고 소집단 재편성이 주요한 요인이 된다.

6. 프로젝트 학습은 학습자의 탐구과정과 성찰, 문제해결, 자발성과 능동성을 강조하는 교수학습모형으로 일반적으로 시작, 전개, 마무리의 3단계로 구성된다.

연 습 문 제

1. 다음 중 비판력, 분석력, 창의력 등의 고등정신능력 획득에 가장 적합한 방법은?

2001 중등기출

① 연상학습　　　　　　　　② 프로그램학습

③ 기억력 증진 학습　　　　　④ 프로젝트기반학습

2. 협동학습에 해당하는 수업 상황은?　　　　　　2000 초등기출

① 학생에게 연습문제를 제시하고 피드백을 제공한다.

② 현상을 관찰하고 일반적인 원리를 도출하도록 유도한다.

③ 3~4명의 대표가 사회자의 진행에 따라 찬반 토론을 한다.

④ 탐구문제를 제공하고 소그룹으로 나누어 문제를 해결하도록 한다.

3. 다음 〈보기〉에서 설명된 내용의 특징을 갖는 교수법은?　　1999 중등기출

보기

· 구체적인 결과물이 만들어진다.

· 학습 주제가 실제 생활과 연관될 수 있다.

· 교재의 논리적 체계가 무시될 수 있다.

① 강의법　　② 프로젝트법　　③ 문답법　　④ 역할 연기법

4. Slavin은 협동학습 시 집단 구성원 간의 긍정적 상호의존성을 높여 무임승차를 줄일 수 있는 보상방식을 제시하였다. 협동학습을 실시한 수업에서 A조의 성적이 다음과 같을 때, 슬라빈이 제시한 방식에 따라 A조에 대한 보상 여부를 결정한다면 다음 중 어느 방법이 가장 적합한가?　　2003 중등기출

시험시기 학생	4주	5주	6주	7주
갑	45	50	50	55
을	95	95	95	100
병	90	90	90	95
정	30	30	40	45
A조 평균				74
학급 평균				60

① 90점을 넘긴 두 학생에게만 보상한다.

② 학급 평균 이하인 학생이 50%이므로 모두에게 보상하지 않는다.

③ 모든 학습자가 이전 주에 비해 성적이 향상되어 모두에게 보상한다.

④ A조의 평균이 교사가 기대하는 80점을 넘지 못하여 모두에게 보상하지 않는다.

5. 〈보기〉와 같은 상황에서 학생들의 불만을 해소하면서, 김 교사가 추구했던 목적도 달성할 수 있는 교수-학습 방법으로 가장 적합한 것은?   2002 중등기출

> 보기
>
> 경쟁의식이 지나쳐 학생들이 학습에 필요한 정보도 서로 교환하지 않는 교실 문화에서 김 교사는 학생들의 협동심을 길러 주기 위해 소집단 학습을 시도하였다. 그러나 몇몇 성적이 우수한 학생이 자기 분단에서 열심히 참여하지 않은 학생이 있음에도 모두 같은 점수를 받는 것이 공정하지 않다고 불만을 털어놓았다.

① 토론   ② 사례분석

③ 시뮬레이션   ④ 자율적 협동학습(Co-op-Co-op)

6. 〈보기〉와 같은 교수-학습 절차가 적용되는 교수-학습 모형은? `2004 초등기출`

> **보기**
> · 사전 진단검사를 통해 능력수준이 각기 다른 학생들을 4~5명씩으로 하여 팀을 구성한다.
> · 각자의 수준에 맞는 학습과제를 교사의 도움 아래 개별적으로 학습한다.
> · 단원평가 문제를 각자 풀게 한 후, 팀 구성원들을 두 명씩 짝 지어 교환채점을 하게 한다.
> · 일정 성취수준에 도달하면, 그 단원의 최종적인 개별시험을 보게 한다.
> · 개별점수를 합하여 각 팀의 점수를 산출한다.
> · 미리 설정해 놓은 팀 점수를 초과한 팀에게 보상을 한다.

① 과제분담학습(jigsaw) 모형

② 함께 학습하기(LT) 모형

③ 팀보조 개별학습(TAI) 모형

④ 팀경쟁학습(TGT) 모형

7. 다음은 중학교 ○○과 수업지도안의 일부분이 다. 이 수업에 적용된 교수-학습 방법은? `2005 중등기출`

학 년	3학년		
학습목표	인구 증가와 자원 고갈의 관계에 대해 설명할 수 있다.		
학습자료	읽기자료, 학습장, 필기도구		
단 계	교수-학습활동	시 간	자 료
도 입	인구증가와 자원 이용에 관한 글 읽기	5분	읽기자료
전 개	• 읽은 글의 내용을 학생 각자가 요약하기 • 교사와 학생, 학생과 학생이 번갈아 가며 질문을 만들고 대답하기 • 대답에 근거하여 요약을 명료화하기 • 다음에 이어질 내용을 예측하기	30분	읽기자료

① 팀 티칭(team teaching)

② 정황학습(anchored learning)

③ 상보적 교수(reciprocal teaching)

④ 인지적 도제(cognitive apprenticeship)

8. 〈보기〉와 같은 활동은 어떤 협동 학습의 방법인가? `2001 초등기출`

> **보기**
>
> 유 교사는 반 전체 학생을, 6명씩 7개의 모둠으로 구성하였다. 그리고 학습 주제를 6개로 분류하여 각 모둠원이 하나의 주제를 선택하도록 하였다. 각 모둠 내에서 동일 주제를 선택한 학생끼리 새로운 모둠을 구성하여 해당 주제를 협동하면서 학습하였다. 해당 주제를 학습한 후 가장 최초의 자기 모둠으로 다시 모여 자신이 학습한 내용을 서로 돌아가면서 가르쳐 주었다.

① 과제분담학습(jigsaw)

② 집단조사(group investigation)

③ 자율적 협동학습(co-op co-op 모형)

④ 팀경쟁학습(teams-games tournaments model)

9. 〈보기〉에서 협동학습에 대한 설명으로 맞는 것을 모두 고르면? `2004 초등기출`

> **보기**
>
> 가. 학습과정에서 리더십, 의사소통기술과 같은 사회적 기능들을 직접 배운다.
> 나. 협동기술은 청취기술, 번갈아 하기, 도움주기, 칭찬하기 등이 있다.
> 다. 정해진 시간에 다양한 지식을 전달할 수 있으며, 교사의 의사대로 수업시간과 학습량에 대한 조절이 용이하다.

① 가   ② 가, 나

③ 나, 다   ④ 가, 나, 다

10. 과제의 상호의존성은 높고 보상의존성은 낮은 협동학습 모형은? `2005 중등기출`

① 팀경쟁학습(TGT)   ② 팀보조 개별학습(TAI)

③ 성취-과제분담 모형(STAD)   ④ 과제분담학습 I(JIGSAW)

11. 두 명의 학생이 짝을 지어 정해진 순서에 따라 교대로 자료를 요약하고 그 내용을 서로 점검·논평해 주는 교수-학습방법은?　　2006 초등기출

① 성취-과제분담 모형(STAD)

② 팀경쟁학습(TGT)

③ 과제분담학습(JIGSAW)

④ 각본 협동(Scripted Cooperation)

구성주의적 수업방법

구성주의와 객관주의에 대한 정확한 이해를 바탕으로 교사는 이들 철학적 관점을 확립하고 자신이 선택한 관점에 따라 수업목표에 적절한 수업원리를 적용할 수 있는 교사전문성을 향상해 나가야 한다.

구성주의 / 객관주의 / 정착수업 / 인지적 도제학습 / 문제중심학습 / 자원기반학습 / 비계활동 / 근접발달영역 / 성찰 / 협동학습

1990년대 중반 교육에 불어 닥쳤던 몇 개의 큰 바람 또는 유행 중 하나는 아마도 구성주의일 것이다. 그리고 그 영향은 아직도 우리 교육의 곳곳에 많이 남아 있다. 물론 여러 가지 이유가 있었겠지만 구성주의가 그토록 많은 관심의 대상이 되었던 이유를 살펴보면, 사회문화적으로는 당시 지배논리였던 포스트모더니즘이 있었고 기술적으로는 개별화와 협력화를 가능하게 해 주는 인터넷이 있었으며, 교육적으로는 학습자중심교육관의 대두 등이 있었다.

포스트모더니즘이란 표준화와 효율성을 모토로 하는 모더니즘에 대한 반발로 개성화와 개별화 그리고 탈표준화를 모토로 하는 사조며 구성주의는 포스트모더니즘을 인간의 학습과 인지에 관련시킨 철학적 사조 또는 패러다임이라고 볼 수 있다. 다시 말하면 아직까지 구성주의와 관련된 교수-학습이론을 '구성주의 교수-학습이론' 이라고 부르기에는 합의가 이루어지지 않고 있기 때문이다. 따라서 이 책에서는 구성주의 교수방법이라고 하지 않고 구성주의적 수업방법이라고 제한적으로 부르기로 하였다.

그렇다 하더라도 여전히 구성주의는 우리 교육에 많은 영향을 주고 있고 또 그만한 가치가 있음이 분명하다. 하지만 구성주의적 교수방법을 공부하면서 한 가지 주의해야 할 것은 구성주의적 교수방법만이 새롭고 중요한 것이며 다른 방법, 특히 객관주의적 교수방법이라고 일컬어지는 교수-학습방법이 중요하지 않거나 그른 것은 아니라는 점이다. 그리고 구성주의 역시 최근에 생겨난 완전히 새로운 이론이 아니며 이미 객관주의적 사조와 함께 인류문화사에 오랫동안 있어 왔던 이론이기 때문이다. 다만 최근 구성주의적 담론이 다른 담론에 비해 스포트라이트를 받을 수 있는 환경이 만들어졌다고 보는 것이 더 타당하다.

어떻든 구성주의적 수업방법이 무엇인지, 그리고 어떤 것이 있는지 우리는 알아야 한다. 그리고 구성주의적 수업방법이 아닌 것과도 방법론적인 측면에서 현장에서 어떻게 절충하여 좋은 수업을 할 수 있는지를 탐구하는 자세를 키워 나가는 것이 중요하다.

이 장에서는 이러한 구성주의에 대한 올바른 이해를 바탕으로 구성주의적 수업방법을 학습하고 학교현장에서 교사가 올바로 실천할 수 있도록 하는 데 목적을 두고 있다. 이 장의 학습을 끝낸 후에 학습자는 다음과 같은 학습목표를 성취하기를 기대한다.

① 구성주의의 개념을 객관주의 개념과 비교하여 설명할 수 있다.
② 구성주의 수업원리 네 가지를 구체적인 예를 들어 설명할 수 있다.
③ 문제중심학습의 개념을 설명할 수 있다.
④ 문제중심학습의 특성을 설명할 수 있다.
⑤ 문제중심학습의 전개원리를 적용하여 수업을 할 수 있다.
⑥ 정착수업의 개념을 설명할 수 있다.
⑦ 정착수업의 특성을 설명할 수 있다.
⑧ 정착수업의 설계원리에 맞게 수업을 설계할 수 있다.
⑨ 인지적 도제학습의 개념을 설명할 수 있다.
⑩ 인지적 도제학습의 학습원리에 맞게 수업을 할 수 있다.
⑪ 자원기반학습의 개념과 특징을 설명할 수 있다.
⑫ 자원기반학습의 설계원리를 수업에 적용할 수 있다.

1. 구성주의 개념

구성주의는 지식이 무엇이며 어떻게 구성되는지에 대한 인식론적 입장을 의미한다. 객관주의의 경우는 지식을 보편적, 객관적인 것으로 보고 있는 반면에 구성주의는 지식을 상대적이며 주관적이고 사회문화적인 영향을 받아 형성된다고 보고 있다.

학습에 대한 이해에서 객관주의는 학습을 인간 외부의 실재를 수용하는 관점에서 접근하는 반면에 구성주의는 학습이란 개인적 경험을 바탕으로 개인적 의미를 형성해 가는 지식의 구성과정으로 설명하고 있다. 교육내용에

표 7-1   객관주의와 구성주의의 비교

요소	객관주의	구성주의
실재(reality)	인식 주체의 외부에 존재	인식 주체에 의해 결정
학습	외부의 객관적 실재를 수용	개인적 의미의 구성
교육내용	학문적 지식, 체계적인 지식	비판적 사고, 문제해결력, 수행력
교사	지식의 전달자 교육과정의 실행자	학습의 촉진자 교육과정의 재구성자
학습자	수동적 수용자	능동적인 지식 구성자
교육방법	강의식 수업, 일제수업	정착수업, 문제중심학습

서도 객관주의는 정형화된 지식의 구조를 갖춘 학문적 지식이나 체계화된 지식의 전달을 강조하고 있는 반면 구성주의는 비판적 사고와 문제해결력을 강조하는 인간의 수행능력을 강조하고 있다. 따라서 구성주의 관점에서 교사의 역할은 학습자의 의미형성 과정을 도와주는 촉진자 역할을 강조한다. 이러한 구성주의적 관점은 학습자를 수동적인 수용자가 아닌 능동적인 지식의 구성자로 인식하고 학습자 중심의 교육활동을 강조하게 된다.

교육방법 중 구성주의는 실제 문제가 발생하는 상황에서 실제적인 문제를 중심으로 사회적 상호작용을 통해 의미를 협상하고 자신의 지식을 검증해 볼 수 있는 교육방법을 강조하고 있다. 그 대표적인 예가 문제중심학습 정착 수업, 인지적 도제학습, 지원기반학습 등이 있다. 대표적인 구성주의 학자로는 개인적 구성주의 입장에서 Piaget를, 그리고 사회적 구성주의 입장에서 Vygotsky를 꼽고 있다.

2. 구성주의 수업원리

구성주의 관점에서 교육의 목표는 학습자가 스스로 자신의 이해를 구성하

도록 하는 데 있다. 수업차원에서는 교수활동보다는 학습활동을 강조하며,
또한 수업목표 달성을 강조하기보다는 학습환경의 조성과 학습활동 촉진을
강조한다.

　구성주의 관점에서 수업의 원리는 다음과 같은 네 가지로 요약할 수 있다.

① 지식의 맥락성 원리: 구성주의에 따르면, 학습은 학습이 일어나는 상황
　에 의해 영향을 받는 상황 맥락적이다. 따라서 학교교육에서 학습된 내
　용이 일상적인 현장에 용이하게 적용되기 위해서는 그 지식이 활용될
　특정 맥락과 유사한 맥락에서 그 지식에 대한 학습이 이루어져야 한다.
② 협력학습의 강조: 사회적 구성주의에 따르면 협력활동을 통한 학습을
　강조할 뿐만 아니라 지식은 사회적인 의미의 협상을 통해 형성될 수 있
　기 때문에 끊임없이 다른 사람과 자신이 가지고 있는 지식을 공유하고
　검증하는 과정이 필요하게 된다. 따라서 협력활동이나 협동학습은 이
　러한 공유와 검증의 과정을 위한 중요한 방법으로 고려된다.
③ 비계활동(scaffolding)의 강조: 비계활동은 교사가 학습자에게 일방적
　으로 정보를 전달해 주는 것이 아니라 학습자 스스로 문제를 해결하게
　하고, 그 과정에서 학습자가 어려움을 겪게 되면 방향제시, 암시, 단서
　의 제공 그리고 대안적 방법과 같은 전략을 사용해 학습자 스스로 문제
　해결방법을 찾도록 도움을 주는 것을 의미한다. 구성주의에서 교사는
　학습자가 사회적으로 의미의 공유가 이루어진 것에 대해 소개하고 학
　습자가 이를 이해할 수 있도록 도움을 주는 것이 중요한데, 이러한 과
　정이 곧 비계활동을 통해 이루어진다. 교사는 초기 단계에서 많은 도움
　을 주어야 하지만 점차 도움을 줄여 가며 마지막에는 아무런 도움 없이
　학습자 스스로 독립적인 문제 해결자가 되도록 하는 것이 중요하다.
④ 성찰의 원리: 성찰이란 문제를 해결하는 과정에서 자신의 방법과 전략,
　그리고 문제해결의 산출물 등에 대해 깊이 있는 분석과 평가를 해 봄으
　로써 좀 더 나은 문제해결력을 갖게 하는 전략을 의미한다. 성찰과정은

실제 문제 상황과 그에 따른 문제 해결 간의 관계를 분석하고, 창의적 해결책을 강구하며, 이를 실천한 후 끊임없이 개선하는 실험의 과정으로 이해할 수 있다. 따라서 성찰 없이 이루어지는 학습과정을 통해서는 단순한 지식의 습득은 가능하겠지만 자신의 문제해결력을 성장시키지는 못한다.

3. 문제중심학습

1) 문제중심학습의 개념

문제중심학습(problem-based learning: PBL)이란 구성주의에 바탕을 둔 새로운 학습방법으로 해결해야 할 실제적 문제를 중심으로 하는 학습자중심의 학습방법이다. 문제중심학습에서 문제란 단순히 특정 주제나 단원의 내용에 대한 질문형식이 아니라 실제 사회에서 직면할 수 있는 똑같은 복잡성과 비구조화된 특성을 가진 문제를 말한다. 따라서 문제중심학습이란 이와 같은 실제 맥락적인 문제를 중심으로 소집단의 협동학습을 통해 문제해결을 해 나가는 과정에서 관련 내용지식, 협동학습능력, 문제해결능력, 의사소통능력, 자율적 학습능력을 학습해 가는 학습방법을 의미한다.

2) 문제중심학습의 특성

문제중심학습의 특징은 다음과 같은 세 가지로 요약될 수 있다.

① 문제중심학습에서의 문제는 학습자에게 흥미와 관심을 가질 수 있는 것, 그리고 어느 정도 복잡성과 비구조적인 문제로 다양한 결과를 도출할 수 있는 현실적인 것이어야 한다. 또한 문제는 문제해결 그 자체보다는 문제해결과정에서 관련 분야의 지식과 비판적 사고 및 문제해결

능력을 습득할 수 있도록 한다.

② 문제중심학습은 학습자 중심의 자율학습을 강조하고 있다. 학습자 중심의 학습이 의미하는 것은 학습자가 교사에게 의존하지 않고 스스로 학습문제를 설정하고, 학습과정의 계획과 관리 그리고 학습결과까지 책임을 지는 것을 말한다.

③ 문제중심학습은 협동학습을 강조하고 있다. 문제중심학습은 Vygotsky의 근접발달영역 이론(zone of proximal development: ZPD)처럼 개인적인 노력보다는 협동을 통한 문제해결이 더욱 효과적이라는 것을 적극 수용하고 있다. 특히 복잡하고 정답이 없는 문제의 경우는 공동의 협동 활동이 좀 더 쉽게 해결책을 찾게 하며, 다양한 배경을 가진 사람에게서 다양한 아이디어와 문제해결을 위한 자원을 얻을 수 있어서 효과적이라고 말할 수 있다.

3) 문제중심학습의 전개과정

문제중심학습의 전개과정은 다음과 같은 다섯 단계로 나누어 설명할 수 있다(Barrows & Myers, 1993).

① 도입단계는 수업의 특징이나 학습목표를 설명하고 수업분위기를 조성한다. 이때 학습자에게 요구되는 활동과 교사의 역할을 명확히 설명하고 학습자가 책임의식을 가지고 자율적으로 학습을 진행해 나갈 수 있도록 안내한다.

② 문제제시 단계에서는 실제적인 문제를 학습자에게 제시해 주되 문제해결과정에서 학습자가 무엇을 해야 하며, 그 최종 결과물로 무엇을 학습하게 되는지를 설명한다. 이 단계에서는 먼저 학습자가 문제를 내면화하는 것이 중요한데, 이를 위해서 현재 해결하고자 하는 문제가 그들과 어떤 연관이 있고 실제적인 삶에 어떻게 도움이 될 수 있는가를 인

표 7-2 문제중심학습의 과정

단계	활동
1. 도입단계	• 수업소개 • 수업분위기 조성
2. 문제제시	• 문제제시 • 문제의 내면화 • 최종 수업결과물에 대한 설명
3. 문제해결	• 팀 구성 • 문제해결을 위한 하위목표 검토 • 하위목표 해결을 위한 학습과제의 규명과 분담 • 학습자료의 선정, 수집, 검토 • 주어진 문제에 대한 재검토 • 가능한 해결안에 대한 브레인스토밍 및 정교화 • 해결안 결정 및 보고서 작성
4. 발표 및 토의	• 팀별로 결과물 발표 • 팀별 결과에 대한 집단 토의
5. 정리단계	• 결과에 대한 일반화와 정리 • 자기성찰

식하도록 도와주는 것이 필요하다. 또한 학습자에게 의사결정권을 많이 위임하는 것도 문제의 내면화나 주인의식을 갖도록 하는 데 도움이 된다.

③ 문제해결단계는 팀별로 실제 문제를 해결해 가는 과정이다. 이 과정에서 먼저 5~7명 정도의 구성원을 중심으로 학습활동 팀을 구성한다. 팀 구성이 끝나면 문제해결을 위한 하위단계별 목표를 설정하게 하고 팀 구성원 스스로 각 하위목표 성취를 위해 어떤 과제를 누가 어떻게 실시할 것인지 구체적인 실행 계획을 세우게 한다. 계획에 따라 각 팀 구성원은 문제해결을 도출할 때까지 필요한 학습자료를 선정, 수집, 검토 및 재검토하는 과정을 거치도록 한다. 그 과정을 통해 팀원의 합의를

통해 해결안을 결정하고 보고서를 작성하도록 한다.

④ 발표 및 토의 단계에서는 팀별로 만든 결과물을 전체 학급 차원에서 공유하도록 한다. 각 팀별로 결과물을 비교·검토하고 토의과정을 거쳐 장단점을 취사선택할 필요가 있다.

⑤ 정리단계에서는 학습자의 토론결과에 기초하여 교사가 간단하게 요약 정리를 해 주고 학습한 내용을 일반화나 추상화할 수 있도록 도와준다. 그리고 지금까지의 학습과정과 결과에 대해 모든 학습자가 자기성찰을 통해 차후 문제해결과정을 위한 반성의 기회를 가지도록 하는 것이 중요하다.

4. 정착수업

1) 정착수업의 개념

정착수업(anchored instruction)은 거시적 맥락 속에서 교사나 학습자가 상호작용을 통해 공통의 이해를 개발해 나가는 것을 말한다. 즉, 정착(anchor)이란 거시적 맥락(macrocontext)을 의미하는 것으로 상황학습이론에 기초하고 있다. 상황학습이론이란 인간의 학습은 학습이 발생하는 구체적인 맥락에 의해 결정된다고 본다. 즉, 학습은 학습이 발생하는 구체적인 상황과 학습자 간의 상호작용의 결과로 나타난다.

지금까지의 학교교육은 실제 생활과는 단절된 학교라는 공간에서 일반화되어 있는 지식을 가르쳤다. 또한 그러한 지식이 다양한 모든 상황에 적용이 가능하다고 가정하였다. 상황학습이론은 학교교육 내용이 유의미하게 실생활에 전이되기 위해서는 실제 생활환경과 같은 맥락에서 실제적인 문제를 가지고 학습할 수 있는 환경을 제공해 주어야 한다고 주장한다(Brown, Collins, & Duguid, 1989).

2) 정착수업의 특징

정착수업의 특징은 다음과 같이 네 가지로 요약할 수 있다.

① 정착수업은 통합교과적인 접근을 한다. 정착수업에서는 수학이나 과학과 같이 독립적인 학문적 단위를 중심으로 이루어지는 것이 아니라 수학, 과학, 역사, 문학 등과 같은 내용이 하나의 정착과제 속에서 모두 통합되어 학습할 수 있도록 되어 있다.

② 정착수업은 다른 학습자를 도와서 모든 학습자가 단순 지식의 암기나 계산이 아닌 독립적인 사고가 가능하도록 하는 데 목적이 있다. 따라서 학습자끼리의 상호협력과 도움을 학습활동의 최우선 과제로 삼고 있다.

③ 정착수업에서 제공하는 문제는 미리 정해진 정답을 찾는 과정이 아니라 다양한 유형의 문제해결 방법을 허용하는 생성적 학습(generative learning)을 강조한다. 정착수업의 과제 자체가 정답을 요구하는 것이 아니라 다양한 유형의 결과를 허용할 수 있는 문제며, 학습자는 자신의 구체적인 상황에 적절한 해결책을 도출하는 활동이 촉진된다.

④ 정착수업은 수업의 효과를 극대화하기 위해 공학의 기능을 활용하고 있다. 대표적인 정착수업의 예가되는 제스퍼 시리즈(Jasper series)는 정착과제를 상호작용적 비디오디스크를 통해 제시하고 있다. 상호작용적 비디오디스크는 문자중심의 정보제시보다 역동적이고 시각적이며, 공간적인 정보를 제시해 줄 수 있어서 문제에 대한 풍부한 정신적 모형을 구축할 수 있는 데 도움이 되기 때문이다. 또한 학습자는 필요한 자료를 쉽게 검색할 수 있고 이를 통해 문제해결의 과정이 좀 더 용이해진다는 것이다.

3) 정착수업의 설계 원리

정착수업의 설계원리를 구체적으로 살펴보면 다음과 같이 일곱 가지 설계원리로 요약할 수 있다.

① 상호작용적 비디오디스크와 같은 공학에 기초하여 구성한다. 상호작용적 비디오디스크의 장점으로는 학습자에게 강한 동기를 유발시킬 수 있고, 필요한 정보를 쉽게 검색할 수 있으며, 학습자의 복잡한 이해력을 지원하고, 독해력이 부족한 학생을 도와줄 수 있다.

② 비디오를 사용한 강의가 아니라 현실적 문제를 중심으로 이야기식 표현을 사용한다. 이야기식 표현의 장점은 학습자가 기억하기 용이하고, 학습자의 몰입을 촉진하고, 학생에게 매일 일어나는 사건과 수학 및 일반적 사고 간의 관련성을 쉽게 인식하도록 할 수 있다.

③ 생성적인 구성이 이루어지도록 한다. 즉, 이야기를 본 후 학습자는 해결해야 하는 문제가 무엇이고 이를 어떻게 해결할 것인지에 대한 전략을 생성해 내도록 한다.

④ 문제해결을 위한 모든 자료가 비디오 안에 내재되도록 설계한다. 이를 통해 학습자가 문제해결을 위해 어떤 자료가 필요한지 의사결정을 하고 필요한 모든 정보는 비디오디스크와의 상호작용을 통해 습득할 수 있게 설계를 한다.

⑤ 선정된 문제는 복잡성을 가지고 있어야 한다. 즉, 문제해결을 시도하다가 곧 포기하지 않도록 해야 하고, 실제 문제가 가지고 있는 다양한 수준의 복합적 특성을 그대로 제공해 주는 것이 중요하다.

⑥ 문제상황은 쌍으로 제공되어야 한다. 이는 반복적인 학습을 통해 학습한 내용의 전이를 돕기 위해서다. 구체적인 전략으로는 핵심적인 학습내용에 대해서는 별도의 연습활동을 제공해 주고, 어떤 것이 전이가 되고 전이될 수 없는지 명확하게 구분 짓도록 도움을 준다. 또한 비슷한 상황을 통해 유추적 사고를 학습할 수 있도록 한다.

⑦ 통합교육과정의 형태로 설계를 해야 한다. 즉, 역사나 과학과 같은 다른 영역으로 수학적인 사고가 확대되도록 도와주거나, 습득한 지식을 통

합하도록 격려하거나 정보의 발견과 공유를 지원해 주도록 설계한다.

5. 인지적 도제학습

1) 인지적 도제학습의 개념

인지적 도제학습(cognitive apprenticeship)은 학습자가 실제과제를 수행하는 과정에서 전문가의 인지적 도구를 습득, 개발, 활용할 수 있도록 함으로써 학습이 일어나는 것을 의미한다. 인지적 도제학습는 전문가가 이미 습득한 검증된 지식을 학습자가 전문가와 일상적인 생활에서 사회적인 상호작용을 통해 습득하도록 하는 데 목적이 있다. 일반적인 도제제도와의 차이점은 인지적 도제학습은 도제의 내용이 물리적인 것이 아닌 학교교육을 통해 습득되는 인지적인 활동에 초점을 두고 있는 것이다(Collins, 1991). 그리고 일반적인 도제제도는 필요에 따라서는 직접적인 교수활동도 포함하지만 인지적 도제학습은 구성주의에 바탕을 두고 있기 때문에 학습자 중심의 의미구성에 초점이 있으며 교사는 직접적인 교수활동이 아닌 비계활동(scaffolding)을 통한 도움을 주어야 한다.

2) 인지적 도제학습의 특징

인지적 도제학습이 갖는 특징은 다음과 같이 요약할 수 있다.

① 인지적 도제학습은 전문가를 통해 단순한 지식의 습득을 넘어서 사고하는 방법, 문제를 규정하는 방법, 문제를 해결해 가는 노하우 등을 학습하는 과정에서 초보자가 전문가적인 습성을 학습하게 된다.

② 인지적 도제학습은 상황학습이론에 기초하고 있다. 학습과정이 일상생활과 같은 환경에서 실제 과제를 가지고 이루어지며, 학습되는 지식

과 기술이 실생활에 유용한 것이어야 한다. 즉, 일상적인 맥락에서 전문가의 일상적인 문제해결과정을 학습하게 된다.

③ 인지적 도제학습은 내재적 동기를 강조하고 있다. 학습목적이 성적향상이나 교사를 기쁘게 하려는 외재적 동기가 아닌 학습자 스스로 학습을 통해 갖게 되는 도전감과 성취감에 의존하도록 하여야 한다.

④ 인지적 도제학습은 협력과 경쟁을 모두 적절한 전략으로 사용하고 있다. 문제해결의 과정에서 지식과 기술을 공유하도록 함으로써 협력전략을 활용하는 것은 다른 구성주의적 접근과 동일하나 차이점은 같은 과제를 학습자에게 부여하고 이를 수행하는 과정을 비교하는 경쟁적 전략을 사용한다는 점이다. 그러나 여기서 경쟁의 개념은 결과의 경쟁이 아니라 수행의 과정에서의 선의의 비교를 의미한다.

3) 인지적 도제를 위한 학습원리

인지적 도제를 위한 학습원리는 다음과 같이 여섯 가지로 설명될 수 있다 (Brown, Collins, & Duguid, 1989).

① 모델링: 모델링이란 학습할 내용에 대한 개념적 모형을 전문가가 학습자에게 시범을 보이는 활동을 의미한다. 이 과정은 외현적인 과제수행 과정과 내면적인 인지처리과정을 포함한다. 이 과정에서 교사는 자신의 내면적 인지처리과정을 외면화하여 학습자에게 시범으로 보여 주어야 한다.

② 코칭: 코칭은 학습자가 과제를 수행하는 단계에서 전문가가 학습자를 관찰하고, 힌트를 주고 필요할 때에는 도움을 주는 것을 말한다. 전문가의 코칭 활동은 학습자가 기본에서 크게 벗어나지 않도록 관리하고, 학습자에게 수행에 대한 성찰지도를 하고, 다른 사람의 수행과 자신의 수행을 비교해 보도록 하고, 문제해결 연습을 통해 잘못된 개념이나 전

략은 확인하고 이를 수정하도록 도움을 주는 것 등을 포함한다.

③ 비계활동: 비계활동이란 학생들이 학습과정에서 문제에 봉착하게 되면 전문가가 도움을 주는 활동으로 이때 전문가는 직접적인 도움을 주어서는 안 되고 학습자 스스로 문제의 해결책을 찾도록 암시나 단서를 제공해 주어야 한다. 때로는 학습자가 사고의 전환을 갖도록 지도하고 때로는 대안적인 방법을 찾도록 간접적인 도움을 주어야 한다.

④ 명료화: 명료화 활동은 학습자가 학습한 지식, 문제해결과정과 전략 등을 분명히 정리하게 하는 활동을 의미한다. 특히 학습자로 하여금 학습된 암묵적 지식을 좀 더 명백하게 하고 재조직화하도록 하는 과정이 필요하다.

⑤ 성찰: 성찰과정의 목적은 전문가의 과제수행과정과 학습자의 과정을 비교할 수 있는 기회를 줌으로써 자신의 문제점을 찾고 이를 수정할 수 있도록 하는 것이다. 성찰과정은 학습자로 하여금 자신의 수행을 뒤돌아보게 하고 더욱 발전적인 전략을 세울 수 있는 기회를 제공하게 된다.

⑥ 탐색: 탐색은 전문가에게서 어느 정도의 학습을 성취한 후 학습자 스스로 문제해결을 위한 가설설정, 전략선정 그리고 문제해결을 추구하는 과정을 의미한다. 이러한 과정을 통해 학습자는 개인적 목표설정과 목표성취를 위한 문제를 규정하는 방법과 해결방법을 학습함으로써 점차 독립적인 전문가가 되어 가게 된다.

6. 자원기반학습

1) 자원기반학습의 개념

자원기반학습은 교과서 의존적 학습경험 및 지식환경을 지양하고 다양한 자원을 활용하여 과제나 교육내용에 대한 현실적 감각을 좀 더 증대시키는

것을 지향하는 교수-학습방법이다. 이를 위해 학습자는 전통적인 자원뿐만
아니라 첨단정보공학을 통해 획득될 수 있는 자원을 모두 활용하여 정보의
다양성과 자원에 대한 민감성을 신장할 수 있게 된다. 또한 자원기반학습의
과정은 학습자가 '학습하는 방법'을 습득할 수 있도록 교육과정에 다양한
학습자원을 신중하게 통합하여 실행하는 과정을 의미한다. 이 과정에서 학
습자가 주도적으로 참여하여 자원과 적극적인 상호작용을 통하여 문제해결
이나 과제를 수행하게 된다. 자원기반학습은 따라서 학습자의 정보나 자원
에 대한 접근성이 클수록 효과적이며 자원을 활용할 수 있는 능력 또한 향상
될 수 있다는 것을 가정하고 있다(손미, 1999; Hannafin, 1999).

　따라서 성공적인 자원기반학습을 위한 핵심적인 요소는 교사와 학습자
모두가 학습을 위해 자원 활용의 가치를 먼저 인식하는 것이며, 둘째, 학습자
가 필요한 자원을 적절히 활용할 수 있도록 자원을 관리하는 것이고, 셋째,
학습하는 방법이나 기능을 개발할 수 있도록 기회를 제공하는 것이다(손미,
1999; Brown & Smith, 1996).

2) 자원기반학습의 주요 특성

　자원기반학습의 주요 특성은 다음과 같이 네 가지로 요약될 수 있다.

　첫째, 자원기반학습은 학습자의 다양한 학습양식에 교수·학습 환경을 탄
력적으로 구성할 것을 강조하고 있다. 예컨대 학습 양식에 따라 다르게 활용
할 수 있는 다양한 자원(예: 인쇄물이나 전자자료, 시청각적 자료, 심체적 자료 등)
을 선택할 수 있는 기회를 제공하거나, 학습자가 선호하는 학습환경(예: 컴퓨
터 이용, 협력적 활동 등)과 학습 결과물의 발표 방식(예: 리포트, 구두발표, 멀티
미디어/하미퍼미디어 쇼 등) 등을 학습자가 자율적으로 선택하게 할 수 있다.

　둘째, 자원기반학습은 교수전달 방법에서 융통성을 가진다. 교실중심 수
업, 면대면 수업, 온라인 수업 등 기존의 학교 또는 교실이라는 물리적, 제도
적 범위를 확장하여 가능한 교수전달 방법에 적용된다. 예컨대 작업현장에서

의 교육/훈련(작업현장의 요구에 따른 훈련), 실제현장 학습, 기업훈련 등 현장과 연계된 생동감 있고 풍부한 자원을 통하여 학습활동이 전개될 수도 있다.

셋째, 자원기반학습에서는 정보의 처리와 활용 기회를 교과내용과 통합적으로 연계하므로 내용의 이해와 정보활용능력의 신장을 동시에 꾀할 수 있다. 이는 학습과제나 문제 해결을 수행하는 과정에서 정보자원을 적극적으로 활용할 수 있게 되므로 풍부한 정보를 처리하고 주도적으로 학습하는 가운데 문제해결력, 추론, 비판적 평가 등과 같은 고등사고력이 향상될 수 있다는 점에 근거한다.

넷째, 자원기반학습은 자기주도적 학습과정과 정보활용 과정에 대한 지속적인 피드백과 반성적 사고 및 그 결과 미치는 영향의 중요성을 강조하고 있다. 자원기반학습에서 다양한 자원과의 상호작용 과정에서 정보수집과 반성적 사고활동은 필수적으로 수반되는 과정이며, 이를 통해 학습의 심화가 촉진되고 주제에 대한 탐구 능력이 지속적으로 신장된다. 이렇게 신장된 능력은 추후학습을 위한 의미구성에 긍정적으로 작용하여 학습의 전이 및 적용 능력이 향상될 수 있다.

3) 자원기반학습의 필요성

자원기반학습은 다음과 같은 다양한 이유에서 그 필요성이 강조되고 있다(강명희, 한연선, 2000; Brown & Gibbs, 1996).

첫째, 도서관만으로는 더 이상 학습자가 원하는 다양하고 방대한 자료를 충분히 제공해 줄 수 없다.

둘째, 교육 정도와 경력, 구체적 지식과 관심 분야, 문화적 차이 등 학습자의 특성이 점점 다양해지고 있기 때문에 모든 학습자에게 동일한 자료를 동일한 비율로 제공하는 수업은 그들의 요구를 충분히 만족시켜 줄 수 없다.

셋째, 요즘 대부분의 학교는 수업의 대형화 때문에 학습자가 필요한 때에 즉각적으로 교수자의 도움을 받기가 어렵다. 따라서 이를 보완하기 위해서 다양한 자원의 활용 방법, 즉 학습하는 방법의 지도는 교수자의 중요한 역할이 되었다.

넷째, 학습자는 정보사회에서 요구되는 정보수집 능력을 갖출 필요가 있게 되었다. 단지 수업에서 제공하는 내용만을 학습하기보다는 새로운 정보자원을 찾아내고 이를 활용하는 기술을 개발하는 것이 중요해졌다.

다섯째, 오늘날 사회에서는 정보와 지식이 폭발적으로 증가하여 그 내용을 교과서에 전부 수록할 수 없고, 또 하루가 다르게 변화하고 발전하는 학문과 기술을 교사가 다 가르칠 수도 없기 때문에, 전통적인 교과서중심 교육은 컴퓨터학습 프로그램을 비롯한 다양한 교수매체를 활용하여 자원기반 학습 체제로 전환되어야 한다.

4) 자원기반학습을 위한 학습기술

자원기반학습은 자기 주도적 학습능력과 정보활용능력이 학습과제에 통합되어 함께 함양되는 것을 목적으로 하는 학습방법으로 비판적인 사고기술, 정보자원의 탐색 및 활용 기술, 정보자원의 평가기술 등이 매우 중요한 학습기술로 요구된다.

(1) 비판적 사고기술

비판적 사고력은 어떤 지적인 주장이나 논증, 신념, 경험 등의 신뢰성, 타당성, 가치를 판단하기 위한 합리적 사고 작용으로 자원기반학습에서 비판적 사고는 매우 중요한 기술이다(Breivik, 1998). 왜냐하면 자원기반학습은 정보를 탐색하는 것, 즉 어떻게 정보를 찾는가에 그 목적이 있는 것이 아니라 찾은 정보를 가지고 무엇을 어떻게 하느냐를 목적으로 하기 때문이다. 자원기반학습에서 적용되는 비판적 사고기술은 정보의 판단력, 정보의 분석력, 정보의 정리 및 조직력이다. 따라서 자원기반학습의 중요한 전략은 학습자가 비판적 사고모형을 인식하고 이해할 때 발생하는 강력한 잠재적 효과를 고려하여 교육내용과 통합 적용할 수 있도록 충분히 반영하는 것이다.

(2) 정보자원의 탐색 및 활용기술

정보자원의 탐색 및 활용기술은 정보를 효과적으로 사용하기 위해 모든 유형의 정보를 파악하고 탐색하여 필요한 부분을 활용하는 기술을 의미한다. 이런 기술에는 기본적으로 도서관에서 사용이 가능한 각종 정보제공도구 및 서비스를 활용할 수 있는 능력은 물론이며, 인터넷을 활용한 검색 도구와 정보 탐색 서비스를 활용할 수 있는 능력을 모두 포함한다. 특히 디지털 또는 온라인 도서관, 국회도서관, 국립의약도서관, 인터넷공공도서관, 전자도서관, 전자출판(예: 전자잡지, 뉴스, 학술지 등), 학술잡지, 전자잡지(e-zines), 웹상의 신문, 토론클럽, 뉴스그룹, 박물관 자원, 가상실험자원 등 인터넷과 웹을 기반으로 하는 자원이 급격히 증가되어 학교 교육자원으로서 그 활용 가능성이 높아지고 있다. 따라서 디지털 정보리터러시 능력의 함양을 위한 교육의 필요성 또한 높아지고 있다.

(3) 정보자원의 평가기술

자원기반학습의 성패는 과제나 문제 해결을 위해 얼마나 많은 정보를 확보하는가보다는 얼마나 유익한 정보를 획득하는가에 좌우된다. 필요한 정보가 어떤 것이고, 유익한 정보가 어떤 것인가를 판단하기 위해서는 기본적인 판단기준에 대한 절대적인 이해가 필요한데, 이는 교육과 훈련이 없이는 쉽게 획득되기 어려운 기술이다. 따라서 정보자원의 평가기술은 정보자원의 탐색 및 활용 기술과 함께 올바른 정보, 필요한 정보, 문제해결에 필요한 가치 있는 정보를 선정하기 위해 필요한 요소로 이루어지는 학습기술이다. 정보 자원의 평가기술의 구체적 기능은 정보에 대한 신뢰성, 최신성, 정확성, 정보요구의 충족성 그리고 정보출처에 대한 권위, 사실과 의견의 구분, 편견의 여부 등 다양한 요소가 포함된다(Laverty, 1998).

5) 자원기반학습 설계모형

　자원기반학습의 과정은 기본적으로 탐구학습 과정을 그 기반으로 하고 있다. 자세히 들여다보면, 탐구학습의 과정은 문제중심학습의 과정과도 유사한 맥락이다. 이는 문제중심학습의 과정이 학습자중심의 문제해결 활동과정이며 그 해결과정이 기본적으로 탐구과정이기 때문이다. 또한 최근 학교교육에서 인터넷 정보의 활용이 점차 증가하고 있는 상황에서 인터넷 자료를 활용한 수업을 교육과정과 통합 적용하기 위한 인터넷자료 활용 탐구학습 설계모형이 적용될 수 있다(손미, 2002). 여기에서는 자원기반학습 설계모형으로 인터넷 자료 활용을 위한 교수전략을 먼저 살펴보고 인터넷 자원 활용 탐구학습 설계모형을 간략히 살펴볼 것이다.

(1) 인터넷 자료 활용을 위한 교수전략

　인터넷이 학교교육에 미치는 영향력을 고려할 때, 웹이나 인터넷 자료의 제작도 필요하지만 제공되는 자료를 효율적으로 활용할 수 있는 역량을 학습자에게 길러 주는 것도 매우 중요하다. 따라서 인터넷이나 멀티미디어 자료는 풍부한 학습경험을 제공하는 유용한 교수도구이나 학습목표와 수업목적에 적합하게 활용하기 위해서는 계획된 교수준비와 지도 전략이 필요하다. 인터넷 자료의 올바른 활용 지도를 위한 교수 전략을 정리하면 다음과 같다(손미, 2000).

　첫째, 정보의 필요성과 목적을 파악할 수 있도록 지도한다. 이를 위해 탐구과제의 문제를 파악하고 관련 주제를 결정한다. 이는 찾고자 하는 정보의 유형이나 특성을 확인하는 데 매우 중요한 밑그림이 되므로 가능한 한 탐색하거나 조사할 문제를 상세하게 진술하고 관련 주제(topics)를 파악하여 일차적으로 주요 관심 분야의 개요를 작성하도록 한다.

　둘째, 탐색할 문제를 가지고 검색어와 탐색할 적절한 사이트의 목록을 작성하도록 계획한다. 이를 위해 탐구문제를 간단하고 명확하게 다시 기술하고 문제와 관련하여 찾아야 할 주제를 몇 가지 구체적으로 작성한다.

셋째, 실제 인터넷에 접속하여 적절한 정보를 인출하도록 한다. 대체로 학습과제 수행에 관련된 자료나 사이트를 교사가 미리 안내하거나 제공할 수도 있으나 그렇지 않은 경우에는 학습자가 직접 자료를 찾는 방법을 알아야 하고 찾은 자료를 판단하여 적절하게 선정할 수 있도록 지도가 필요하다.

넷째, 검색한 정보를 오프라인 상태에서 정리하여 필요한 정보를 분류, 분석하여 과제를 위해 자료를 재구성하도록 한다. 정보와 자료에 대한 비판적 사고와 필요한 정보를 기록하는 작업이므로 이를 위해 탐색한 자료를 바탕으로 정보를 올바르게 해석할 수 있도록 먼저 정보를 읽거나 경청하도록 한다. 그리고 정보의 관련성과 유용성을 탐구하는 문제와 관련하여 평가하도록 하고 비판적 독서, 시청, 경청 기법을 적용한다. 적절한 정보를 선정하여 기록하도록 하고 자료간의 관련성을 확인하고 추론하도록 한다.

다섯째, 탐구문제 해결에 필요한 정보를 종합하여 결론을 내리도록 한다. 탐색한 자료를 종합하여 미리 정해 둔 최종 과제물의 유형에 맞게 조직하도록 한다. 이때 정보를 목적에 맞게 제시하는가를 교사는 확인해 주고 사용한 모든 자료에 대한 출처를 밝히도록 하여 지적 저작권의 중요성도 인식시킨다.

여섯째, 탐구문제가 적절히 해결되었는지, 혹은 추가로 필요한 정보가 없는가를 확인시킨다. 학습과제와 학습자 능력에 준하여 교사가 미리 정한 일정 기준에 의해 결과물과 과정을 평가하여 수정과 향후 개선을 위해 피드백을 제시하도록 한다.

(2) 인터넷 자원기반 탐구학습 설계 모형

인터넷 자원기반 탐구학습 설계모형은 좀 더 구체적으로는 인터넷을 통해 접근할 수 있는 다양한 정보 자원과 멀티미디어 자원을 중심으로 탐구학습활동을 전개하는 데 적용되는 모형이다. 이 설계모형은 〈표 7-3〉과 같이 크게 수업 준비과정, 수업 실행과정, 평가과정으로 구성되며 각 과정별 하위

절차로 구성되어 있다.

첫째, 수업준비단계는 학습할 내용을 검토하여 탐구학습에 적합한 학습내용과 영역을 결정한 후 교수–학습활동의 중심적인 방향을 제시할 탐구문제를 설정한다. 탐구문제는 정형화되지 않은 서술형으로 진술하고 다양한 해결 방법으로 시도할 수 있는 것을 선정한다. 학습목표설정도 준비단계에서 이루어진 능력을 배양하기 위한 탐구능력 목표, 그리고 제시된 탐구문제 상황을 인터넷 자원 정보와 연관하여 사고하고 정보를 활용할 수 있는 정보활용능력 목표 등을 고려하여 수립한다. 교수전략 설계는 수립된 학습목표를 최적하게 달성하기 위해 필요한 조건을 검토하고 이를 바탕으로 효과적인 교수–학습활동 및 학습경험을 구성하는 활동으로 집단구성, 성찰활동, 교수전달 방법, 시간계획, 평가계획 등을 고려한다.

둘째, 수업실행단계에서는 설정된 탐구문제를 제시하고, 탐색활동을 적

표 7-3　인터넷 자원기반 탐구학습 과정

단계	세부절차
1. 수업준비단계	1-1. 학습내용 선정 및 분석 1-2. 탐구문제의 설정 1-3. 학습목표수립 1-4. 교수전략설계 1-5. 인터넷 학습자료 선정 및 개발
2. 수업실행단계	2-1. 탐구문제 제시 2-2. 문제의 구조화 2-3. 과제에 필요한 정보 확인 2-4. 정보탐색 전략 수립 2-5. 정보수집 및 해결안 제시 2-6. 정보의 분석 및 해결안 검증 2-7. 정보의 사용 및 조직 2-8. 탐구결과 제시
3. 평가단계	3-1. 학습결과 평가 3-2. 총괄평가

절하게 수행할 수 있도록 돕기 위해 문제 상황을 분명하게 질문의 형태로 구체화하도록 한다. 그리고 구조화된 문제 해결에 필요한 정보가 무엇인가를 확인하도록 하고 정보탐색 전략을 수립한다. 그리고 심화된 정보탐색 활동과 탐구문제 해결을 위한 가설이나 방안을 제시하는 과정을 수행하고, 제시된 해결안의 결과를 합리적으로 판단하는 활동 과정을 거치도록 한다. 이때는 분석, 종합, 평가 등과 같은 좀 더 적극적인 정보처리활동 및 사고 작용이 필요한 과정으로서 성급한 결론으로 탐구를 종료하는 것을 방지하도록 해야 한다. 정보의 사용 및 조직은 탐구문제의 해결을 위해 탐색하고 분석한 정보를 어떻게 구성하고 배열하고 조직하여 해결안을 설명할 것인가를 결정하는 과정이다. 따라서 분석된 정보의 종합적 유용성과 가치를 검토하고 이를 조직적으로 구성하는 과정을 경험하도록 한다. 탐구활동의 결과 제시는 탐색 결과를 발표하여 새로운 지식을 서로 공유하는 과정으로 발표를 위한 결과물의 형태는 소프트웨어를 이용한 발표자료 형태, 애니메이션, 포트폴리오, 비디오, 구두발표, 창작, 연구보고서, 다큐멘터리 등 다양한 형태를 취할 수 있으나 가장 현실적이고 수용 가능한 방법을 선택하도록 지도하는 것이 좋다. 이 과정에서 교사는 학습자가 대화와 토론을 통해 자신의 탐구활동에 대한 반성과 성찰을 할 수 있는 기회를 제공하도록 하며 모든 학습자가 결과에 대한 발표, 토론활동에 적극 참여하도록 촉진한다. 또한 발표를 위한 충분한 시간을 고려하여 교사는 미리 시간계획을 세워 두어야 한다.

셋째, 평가단계에서는 학습결과평가와 총괄 평가가 이루어진다. 학습결과평가는 학습목표 측면에서 효과성 평가와 탐구과정 및 정보문제해결과정에 대한 효율성을 동시에 평가한다. 총괄평가는 인터넷 자료 활용 탐구학습 활동이 마무리된 후 최종적으로 수업 운영의 적절성, 교수-학습활동의 효율성 등을 진단할 목적으로 이루어지는 평가활동이다. 따라서 교사는 수업준비단계와 적용과정에서 나타난 문제점이나 좋은 점을 파악하여 수업운영의 적절성, 교수-학습 활동의 효율성을 점검하고 수정보완하게 된다.

요약

1. 구성주의는 지식이 무엇이며, 어떻게 구성되는지에 대한 인식론적 입장을 의미한다. 객관주의의 경우는 지식을 보편적, 객관인 것으로 보고 있는 반면에 구성주의는 지식을 상대적이고 주관적이며, 사회·문화적인 영향을 받아 형성된다고 보고 있다.

2. 구성주의 수업원리는 지식의 맥락성, 협력활동, 비계활동, 성찰활동 등 네 가지로 요약된다.

3. 문제중심학습이란 구성주의에 기반한 학습방법으로 실제 사회에서 직면할 수 있는 똑같은 복잡성과 비구조화된 특성을 가진 문제를 중심으로 협동학습을 통해 문제해결을 해 나가는 과정에서 관련 내용지식, 협동학습능력, 문제해결능력, 의사소통능력, 자율적 학습능력을 학습해 가는 학습자중심의 학습방법이다.

4. 문제중심학습의 전개과정은 도입단계, 문제제시단계, 문제해결단계, 발표 및 토의 단계, 정리단계로 이루어진다.

5. 정착수업은 거시적 맥락 속에서 교사나 학습자가 상호작용을 통해 공통의 이해를 개발해 나가는 것으로서 통합교과적인 접근, 학습자 간의 상호협력, 생성적 학습, 공학의 기능 활용 등을 그 특징으로 한다.

6. 정착수업의 설계원리는 상호작용적 비디오디스크와 같은 테크놀로지 활용, 현실적 문제와 이야기식 표현의 사용, 생성적인 구성, 문제해결을 위한 모든 자료가 비디오 안에 내재되도록 설계, 복잡성을 가진 문제 선정, 한 쌍의 문제상황 제공, 통합교육과정의 접근 등을 포함한다.

7. 인지적 도제학습은 학습자가 실제 과제를 수행하는 과정에서 전문가의 인지적 도구를 습득, 개발, 활용할 수 있도록 함으로써 학습이 일어나는 것을 의미한다.

8. 인지적 도제를 위한 학습원리는 모델링, 코칭, 비계활동, 명료화, 성찰, 탐색 등의 원리가 포함된다.

9. 자원기반학습은 교과서 의존적 학습경험을 지양하고 다양한 자원을 활용하여 과제나 교육내용에 대한 현실적 감각을 증대시키고자 하는 교수–학습 방법이다. 자원기반 학습과정에서 학습자는 주도적 참여를 통하여 자원과 적극적인 상호작용을 통하여 문제해결이나 과제를 수행하게 된다.

10. 자원기반학습의 주요 특징으로는 다양한 학습양식에 대하여 교수–학습 환경의 탄력적 구성, 온라인, 오프라인 수업 등을 포함한 융통성 있는 교수전달 방법, 정보의 활용기술과 교과내용의 통합적 내용의 이해와 정보활용 능력의 신장, 자기주도적 학습과정과 정보활용과정에 대한 지속적인 피드백과 반성적 사고의 강조 등을 들 수 있다.

11. 자원기반학습은 자기주도적 학습능력과 정보활용능력이 학습과제에 통합되어 함께 함양되는 것을 목적으로 하는 학습방법으로 비판적인 사고기술, 정보자원의 탐색 및 활용 기술, 정보자원의 평가기술 등이 요구된다.

12. 인터넷 자원기반 탐구학습 설계모형은 수업준비단계, 수업실행단계, 평가단계로 구분된다. 준비단계에는 학습내용 선정, 탐구문제의 설정, 학습목표 수립, 교수전략단계, 인터넷 학습자료 선정 및 개발을 포함한다. 실행단계에서는 탐구문제 제시, 문제의 구조화, 과제에 필요한 정보 확인, 정보탐색전략 수립, 정보수집 및 해결안 제시, 정보의 분석 및 해결안 검증, 정보의 사용 및 조직, 탐구결과 제시를 포함한다. 평가단계에는 학습결과 평가와 총괄평가가 포함된다.

연 습 문 제

1. 성인을 위한 자기주도적 학습방법을 적용할 때 가장 잘 부합하는 교사의 역할은?

2001 초등기출

① 교육내용을 체계적으로 선정·조직한다.

② 교재를 통해 강의 중심으로 수업을 진행한다.

③ 학습자에게 다양한 학습자료의 자문을 제공한다.

④ 미리 정해진 수업 계획에 따라 지시적 방법으로 가르친다.

2. 구성주의에 입각한 교수-학습 활동과 가장 거리가 먼 것은? 2003 중등기출

① 학생 입장에서 중요하고 의미 있는 과제를 제시한다.

② 학생이 알고 있는 지식을 최대한 활동하도록 장려한다.

③ 학생이 토론을 통해 서로의 학습에 기여할 수 있도록 한다.

④ 학생에게 학습목표에 도달할 수 있는 최적의 방법을 분명하게 제시한다.

3. 다음 〈보기〉와 가장 관련 깊은 이론은?

> 보기
>
> • 대부분의 지식은 복잡하고 다원적인 개념으로 형성되어 있다.
> • 지식을 단순화·구조화하여 제시하는 것은 고차적 지식 습득을 오히려 방해한다.
> • 지식의 전이는 지식을 단순히 기억해 내는 것이 아니라 즉각적으로 재구성하는 것이다.
> • 적용 사례를 제시해 줌으로써 다양한 형태의 지식을 다각도로 체험하게 한다.

① 정교화 이론(Elaboration Theory)

② 신경망 이론(Neural Network Theory)

③ 내용요소 제시 이론(Component Display Theory)

④ 인지적 융통성 이론(Cognitive Flexibility Theory)

4. "고차적 사고 능력은 사회적 상호작용을 통해서 개발된다."라는 주장과 가장 관련이 큰 것은?   2002 초등기출

① 교수 기계   ② 프로그램 학습
③ 비계 설정(scaffolding)   ④ 컴퓨터 보조 수업(CAI)

5. 다음 〈보기〉와 같은 상황에 가장 적절한 교수-학습 방법은?   2002 초등기출

보기

과학을 담당하는 김 교사는 정보화 사회에서 학생들에게 요구되는 종합적 비판력, 협동력을 길러줄 수 있는 교수-학습 방법이 무엇일까 고민하게 되었다. 교수-학습과 관련된 자료를 분석한 결과, 이러한 능력을 키워 주기 위해서는 실제 생활 속에서 발생했던 과학 관련 내용과 상황으로 구성된 학습활동을 사용하는 것이 매우 효과적임을 알게 되었다. 또한 교사는 지식 전달자에서 벗어나 학습 지원자(facilitator) 역할을 하고, 학생은 자기주도적인 성찰을 통해 학습해야 할 필요성을 느꼈다.

① 과제분담학습(Jigsaw)
② 역할놀이(Role Play)
③ 시뮬레이션(Simulation)
④ 문제중심학습(Problem-Based Learning)

6. 상황학습이론(situated learning theory)을 적용한 수업 방법과 가장 거리가 먼 것은?   2002 초등기출

① 교과 간 통합적 과제나 문제를 제시한다.
② 매체를 활용하여 구체적 사례를 다양하게 제시한다.
③ 지식이나 기능이 사용되는 구체적 맥락을 제시한다.
④ 복잡한 지식과 기능은 되도록 단순화하여 명료하게 제시한다.

7. 문제중심학습(problem-based learning)의 특성을 가장 적합하게 설명한 것은?

2001 초등기출

① 준거 지향 평가를 강조한다.
② 단답형 문제 중심으로 학습한다.
③ 실제 상황과 관련된 문제로 학습활동을 수행한다.
④ 행동주의와 인지주의 학습 이론을 중심으로 교육한다.

8. 문제중심학습(problem-based learning)에 대한 설명으로 잘못된 것은?

2005 중등기출

① 문제는 복잡하고 비구조적이며 실제적인 특성을 지닌다.
② 평가는 과정 중심적이라기보다는 결과 중심적이다.
③ 상대주의적 인식론인 구성주의에 이론적 근거를 둔다.
④ 학습방식은 자기 주도적 학습과 협동학습으로 이루어진다.

9. "일반적인 문제해결 전략은 없다."라는 입장과 부합하는 접근으로서, 구체적인 내용과 실제적인 맥락을 중시하는 학습형태는?

2006 초등기출

① 정착학습(anchored learning)
② 완전학습(mastery learning)
③ 원리학습(principle learning)
④ 프로그램학습(programmed learning)

10. 구성주의 수업방법과 거리가 먼 것은?

2006 초등기출

① 학생들에게 예제의 풀이에 따라 문제를 풀게 했다.
② 학생들에게 5와트 전구를 쬘 수 있는 풍차를 설계하도록 했다.
③ 학생들에게 영화를 보게 하고 다양한 관점과 측면에서 토론하도록 했다.
④ 학생들에게 환자의 임상 사례를 읽게 한 후 증상과 치료 방법을 제안하도록 했다.

11. 다음 〈보기〉 중 구성주의적 입장과 관련된 것끼리 묶인 것은?　　2003 초등기출

> **보기**
>
> 가. 지식의 사회적 · 문화적 성격을 강조한다.
> 나. 교육 내용은 성취 기준 식으로 제시되는 것이 바람직하다.
> 다. 학생의 주체적 지식 형성이 강조된다.
> 라. 진정한 의미에서의 학습은 학습자의 일상적 삶과 밀착된 상황에서 이루어진다.
> 마. 교육 내용을 정당화하기 위해서 '지식의 형식' 개념이 필요하다.

① 가, 나, 다　　　　　② 가, 다, 라
③ 나, 라, 마　　　　　④ 다, 라, 마

유능한 교사와 ICT 활용

좋은 수업방법도 중요하지만 좋은 교사가 되는 것이 우선이다. 그렇다면 좋은 교사, 유능한 교사가 되기 위해서는 어떤 소양을 갖추어야 할까? 그리고 ICT를 활용하여 어떻게 좋은 교사가 될 수 있을까?

교사의 자기지각모형 / 유능한 교수의 핵심 능력 / 지피지기면 백전백승 / 수업의 리듬조절 / 카페를 만들자 / 조해리의 창 / 디지털카메라 마니아가 되자 / 차력사가 되자 / 전문적인 차력사가 되자/ 매력 있는 T자형 선생님이 되자 / 자기수업평가 체크리스트

최근 교육공학이 발전하면서 다양한 처방적 이론이 등장하고 있다. 이것은 물론 반가운 현상이다. 그러나 이러한 이론이 대부분의 경우에 극히 미시적인 관점으로만 흐르고 있지는 않은가 하는 걱정이 든다. 다시 말하면 좋은 교수학습의 효과성과 효율성, 그리고 매력성을 높이기 위한 이론은 많지만 의외로 안전성에 대한 논의는 별로 없다. 그리고 어떻게 하면 좋은 교사가 될 것인가에 대한 것도 거의 다루고 있지 않다. 물론 '교사론'이라는 과목에서 이를 다룬다고 미룰 수도 있을 것이다. 그러나 교직과목을 듣는 학생 대부분은 이 과목을 들을 기회가 없을 것이고, 최근 취업을 위해서만 수업을 듣는 학생 역시 교육학과라고 해도 이 과목을 들을 시간이 없을 것이다.

교육공학 관련 이론은 달달 외우면서도 실제로 교수-학습활동에 적용을 못하거나 아니면 적용 자체에 관심이 없거나 어떻게 할 줄 모른다면 이것은 불행이다. 학습자만의 불행이 아니라 우리 교육의 불행이 될 것이다.

여기서는 좋은 교수자의 특성이 무엇인지, 그리고 이러한 특성을 ICT를 통해서 어떻게 활용하여 좋은 교수자가 될 수 있을 것인지에 대해서 짧게나마 논의하는 것이 목표다. 이 장의 학습을 끝낸 후에 학습자는 다음과 같은 학습목표를 성취하기를 기대한다.

① 교사의 자기지각모형의 개념과 네 가지 유형을 설명할 수 있다.
② 유능한 교수의 핵심 능력 여덟 가지를 말할 수 있다.
③ 최고 강의의 다섯 가지 핵심요소를 말할 수 있다.
④ 학습자를 파악하는 방법을 말할 수 있다.
⑤ 수업의 리듬을 ICT로 조절하는 방법을 말할 수 있다.
⑥ 학생을 위한 카페를 어떻게 운영하는지 설명할 수 있다.
⑦ 디지털카메라의 창의적 활용법에 대해 말할 수 있다.
⑧ 학생을 ICT를 활용하여 참여시키는 방법을 말할 수 있다.
⑨ 자기수업평가를 위한 체크리스트를 활용할 수 있다.

1. 조벽의 유능한 교수론

학생들은 수업을 받는 것이 아니고 교사를 받아들인다. 강의 내용이 기억에서 사라져 버린 지 오래더라도, 심지어 강의 제목마저 잊힌 때라도 학생은 여전히 교사를 기억하고 있다(조벽, 2000).

최근 대학사회에서 명교수로 이름을 떨치고 있는 조벽은 교육학전공자가 아니라 기계공학전공자다. 그럼에도 불구하고 그는 교육학을 전공한 그 누구보다도 우리나라는 물론 미국에서도 명강연자로 유명하다. 타산지석(他山之石)! 유능한 교사가 되기 위해서 그의 풍부한 경험과 연구에서 나온 '유능한 교수의 핵심 특성'에 대해서 함께 공부하기로 한다.

그는 교사가 갖는 자기지각모형이 중요하다고 강조한다. 교사가 자기 직업의 본질을 어떻게 지각하고 있느냐가 교사의 기본적인 태도와 역량을 결정하기 때문이다.

1) 교사가 갖는 자기지각 모형

교사가 자기 직업의 본질에 대해서 가지고 있는 자기지각 모형은 크게 다음의 네 가지로 구분된다고 한다(조벽, 2000).

①내가 알고 있는 것을 가르치는 교사: 이 유형은 교사의 주요 기능이 학습내용에 대해 지식과 정보를 제공하는 것으로 본다. 교사의 기능으로 봐서는 큰 문제는 없겠지만 학습자에게는 지루하게 수업만 열심히 하는 교사로 인식되기 쉽다.

②나 자신을 가르치는 교사: 학습내용 전반보다는 핵심적인 주제에 관심을 보이며 자신이 이 주제를 어떻게 다루는지에 대해서 집중적인 관심을 갖는 유형이다. 이 경우 주관적인 해석에 지우치거나 학생에게는

'자기과시형' 이나 '자기도취형' 으로 보일 수 있다. 강의 중에 늘 자신의 경험과 에피소드만 예로 들게 되어 처음에는 학생들이 재미있어 하지만 점차 관심을 잃게 되는 유형이다.

③ 사고력을 단련시키는 교사: 이 유형은 전문가가 학습주제를 어떻게 다루는지, 어떻게 학습하는지를 보여 주기 위해 모범을 보이는 형으로 지적발달을 강조한다. 이런 유형은 대학원생처럼 기초가 되어 있는 학생들을 위해서는 아주 적절하지만 어린 학생이나 기초가 부족한 학생에게는 부담스러운 유형이다.

④ 학생과 인간적으로 함께 공부하는 교사: 이 유형은 전인교육을 목표로 삼기 때문에 두뇌가 성격과 분리되어 있다고 믿지 않는다. 오히려 배우는 것을 인지발달과 비인지발달이 동시에 이루어진다고 믿는다. 따라서 교수활동도 수업내용뿐만 아니라 동기부여, 학생의 자긍심, 교사-학생의 상호 존중 등 여러 가지 요소가 복합된 것으로 본다.

이 네 가지 유형 중에서 학생이 가장 믿고 존경하면서 학습효과도 좋은 유형은 어떤 것일까? 아마도 이는 네 번째 유형일 것이다.

2) 유능한 교수의 핵심 능력

조벽(2000)은 유능한 교수의 핵심 능력을 학생을 위한 배려, 강의 내용에 관한 지식, 흥미유발, 학생에게 충분한 시간을 할애함, 토론을 장려함, 명확하게 설명하는 능력, 열의, 준비의 여덟 가지로 보고 있다. 그는 이 여덟 가지 특성을 교사의 세 가지 역할(예: 전문 지식, 강의 기술, 마음 자세)과 결합시켜 [그림 8-1]과 같이 도표로 나타내었다.

이 도표에서 유능한 교사의 핵심은 결국 '학생을 위한 배려' 에 있는데 이것은 단순히 학생들을 위해 준다는 것만이 아니다. 유능한 교사는 학생에게 무엇을 어떻게 가르칠 것인가를 알고 이를 실천하는 마음자세가 있어야 한

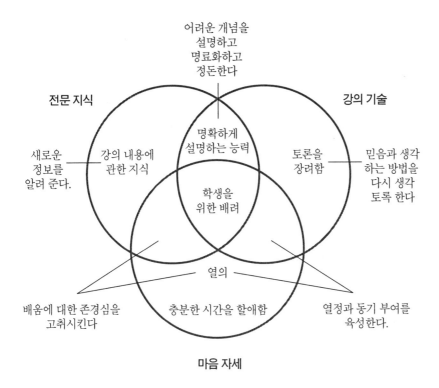

어려운 개념을
설명하고
명료화하고
정돈한다

전문 지식   강의 기술

새로운
정보를
알려 준다.

강의 내용에
관한 지식

명확하게
설명하는 능력

토론을
장려함

믿음과 생각
하는 방법을
다시 생각
토록 한다

학생을
위한 배려

열의

배움에 대한 존경심을
고취시킨다

충분한 시간을 할애함

열정과 동기 부여를
육성한다.

마음 자세

[그림 8-1] 유능한 교사의 핵심 능력(조벽, 2000, p. 61)

다는 것이다.

조벽은 또다시 최고 강의의 핵심요소가 다섯 가지 더 있다고 한다. 그 다섯 가지는 첫째, 새로운 정보를 알려 준다, 둘째, 어려운 개념을 설명하고 명료화하고 정돈한다, 셋째, 배움에 대한 존중심을 고취시킨다, 넷째, 믿음과 생각하는 방법을 다시 생각토록 한다, 다섯 째, 더 깊게 연구하기 위한 열정과 동기부여를 육성한다 등이다. 그는 이 다섯 가지 요소를 [그림 8-1]과 연계시켜 다음 [그림 8-2]를 만들었다.

새로운 정보를 알려 주기 위해서 교사는 강의내용을 충분히 숙지하고 있어야 하며, 이를 위해 독서와 토론을 게을리 하지 말아야 한다. 어려운 개념을 설명하고, 명료화하고, 정돈하기 위해서는 명확하게 설명하는 능력을 키

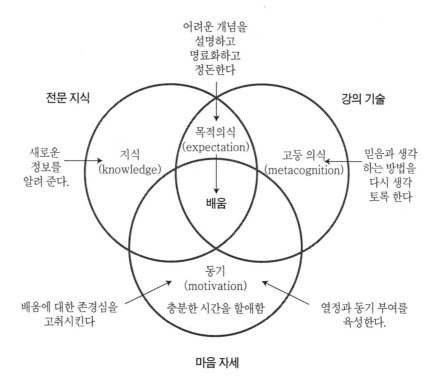

[그림 8-2] 유능한 교사와 최고 강의의 핵심 요소(조벽, 2000, p. 62)

워야 한다. 이를 위해서는 평소에 글을 명확하게 쓰는 연습과 일상생활에서 쓰는 어휘의 숫자와 질을 높여야 할 것이다. 이렇게 준비를 하고 수업하게 되면 학생은 절로 '배움에 대한 존중심이 고취될 것'이며 '믿음과 생각하는 방법을 다시 생각하도록' 하기 위해서는 수업시간에 토론과 성찰을 장려해야 한다.

결국 최고의 강의란 학생이 무엇을 어떻게 배워야 하는지와 그것을 배우고 싶어 하는 태도를 전달하는 것이며 이렇게 되면 유능한 교수의 핵심인 세 영역이 학생에게 제대로 전달되게 된다.

2. ICT를 잘 활용하는 교사 되기

ICT를 현장에서 잘 활용하는 것은 쉬운 일이 아니다. 최근에 ICT 활용을 위한 여러 가지 수업모형이 제시되고는 있지만 이들을 매일의 수업에 제대로 적용시키면서 활용하는 것은 엄청난 노력과 준비가 없이는 거의 불가능하기 때문이다. 또한 이러한 수업모형이 미시적인 수업상황에 적용하기 위한 모형이어서 이들 모형을 모두 공부하고 익숙하게 되는 것 자체가 어렵다. 그렇다면 해답은 무엇일까? 하나하나의 수업사태에 맞는 모형의 학습도 중요하지만 큰 틀, 즉 거시적 관점을 갖고 이를 수업에 적용시키는 것이 더 쉬운 출발일 수 있다. 이를 위해 김영환(2007)이 초보 교사에게 제안하는 ICT 잘 활용하기는 다음과 같다.

1) 지피지기면 백전백승

학생에 대해서 알고, 또 자신을 학생이 알게 해 주어야 한다. 과연 우리는 청소년을 얼마나 알고 있는가? 2007년 7월 초에 서울시 공무원 시험(7, 9급)이 있었는데 그 경쟁률이 80대 1을 넘겼다고 하여 사회적 이슈가 된 적이 있다. 왜 그것이 문제인가? 이런 현상은 우리 청소년과 젊은이가 너무 일찍 늙어 버리고 꿈을 상실한 세대임을 보여 주는 것이다. 이들은 무조건 '안정된 직장'을 위해서 대학 졸업 후에도 몇 년이고 공무원시험이나 교사임용시험에 매달려 있다. 심지어는 중학생마저도 '교사가 되길' 원한다. 교사가 좋아서라면 큰 문제가 없겠지만 그 답이 '안정된 직장이니까……'라고 하는 것이 문제다. 여러분은 어떠한가? 이제는 우리가 청소년을 바로 알아야 하며, 그 후에나 수업이든 학습이든 가능할 것이다.

2007년 일본청소년연구소에서 한·미·중·일 네 나라의 청소년을 대상으로 한 연구결과 역시 우리 청소년과 젊은이가 얼마나 기성세대와 유사한

| 표 8-1 | 청소년 인식 국가 간 비교 |

나라	청소년이 젊었을 때 꼭 하고 싶은 일
한국	• 평생 사귈 친구를 얻고 싶다. • 좋은 결혼상대를 찾고 싶다. • 돈을 벌고 싶다.
중국	• 인생의 방향에 대한 생각을 하고 싶다. • 어떤 일에도 낙담하지 않는 근성을 키우고 싶다. • 많은 책을 읽어 내면생활을 풍요롭게 하고 싶다. • 진지한 연애를 하고 싶다. • 외국에 가서 견문을 넓히고 싶다. • 고생을 해서 나를 단련하고 싶다.
미국	• 장래 도움이 될 기술을 익히고 싶다. • 젊었을 때 가능한 한 많은 모험을 하고 싶다. • 강한 체력을 만들고 싶다. • 남과 다른 일을 하고 싶다. • 사회를 개선하는 일을 하고 싶다. • 지금하고 있는 공부에 전념하고 싶다.
일본	• 인간관계를 풍부하게 하고 싶다. • 많은 일을 경험하고 싶다. • 취미생활을 마음껏 하고 싶다.

출처: 일본청소년연구소(매경, 2007. 4. 26. A2).

목적을 추구하고 있는지를 알 수 있다. 타락한 젊음의 꿈이다.

천천히 읽어 보면 알겠지만, 다른 나라 젊은이에 비해 우리나라 젊은이가 하고 싶은 것은 돈과 결혼할 좋은 배우자 그리고 친구다. 이 세 가지는 흥미롭게도 다른 나라의 젊은이에게서는 나타나지 않는데, 매우 목적지향적이다. 그러나 다른 나라의 젊은이가 하고 싶어 하는 일은 과정지향적이고 도전정신이 더 높고 신선하다. 우리는 우리의 젊은이를 도전적이고 신선하고 젊은이답게 키워 줘야 한다. 그것이 진정한 교육방법이고 교육공학이다.

이를 위해서는 다음과 같은 방법으로 학생에 대해 알아야 한다.

① 학생에게 자기소개 메일을 교사에게 보내는 숙제를 하게 하자. 대부분 반이 많기 때문에 단계적으로 하되 사진을 포함한 소개를 하도록 한다. 양식은 PPT를 포함한 어떤 형태의 ICT라도 허용해야 한다. 그리고 반드시 그 편지를 읽어 본 후 답장을 해 준다.

② 학생과 메일이나 문자 또는 채팅을 통해 이야기한다. 아동이 좋아하는 것(물건, 친구, 자신만의 블로그 등)에 대해, 그리고 교사 자신에 대해 말한다. 10만 원이 있으면 무엇을 살 것인지 물어본다. 학생이 과외에서 무엇을 어떻게 배우는지, 방과 후에는 무엇을 하면서 시간을 보내는지에 대해 물어라.

③ 이제는 선생님에 대해서 청소년에게 이메일로 이야기를 해 주어야 한다. 선생님에 대한 이야기를 메일로 들려주는 것은 다음과 같은 점에서 좋다. 첫째, 신뢰감을 구축한다. 둘째, 정서를 환기시키며 친밀감을 준다. 셋째, 선생님을 탐구하도록 허용한다. 넷째, 학생의 관점에 영향을 준다. 다섯째, 선생님 자신에게 변화의 기회를 준다.

④ 이 시대는 청소년이 이끈다. 청소년이 하는 것을 무시하지 말고 배우자. 그래야 뒤처지지도 않고 청소년과 이야기가 가능하다.

⑤ '무조건~하지 마라.' 보다는 어떻게 해야 극복할 수 있다는 것을 이야기해 준다. 인터넷 중독에 빠진 아동에게 인터넷 중독이 왜 해로운지 구구절절하게 설명하는 것은 대부분 소용이 없다. 이미 아동은 알고 있지만 스스로 조절하지 못할 뿐이다. 마치 담배의 해악을 알면서도 계속 피우는 성인과 마찬가지다. 정답은 인터넷을 하지 않을 때 무엇을 할 수 있는지를 알려 주고 실천을 도와주는 것이다.

⑥ 시험결과에 대해 가능한 한 자세한 정보를 엑셀을 이용해서 제공해 준다. 이렇게 한 후 학습자가 엑셀을 통해 가능한 한 많은 통계적 발견을 해낼 수 있는 시간을 만들어 준다. 이런 활동은 공부를 제3자 입장에서 볼 수 있도록 해 준다.

2) 수업의 리듬을 잘 조절하자

첫째, 모든 활동에는 리듬이 있다. 교육도 마찬가지며 학교에서 하는 수업도 마찬가지다. 교사는 학생의 리듬을 이해하며 이를 조절하고 지휘하는 데 ICT는 도움이 된다.

둘째, 학생의 입장에서 보자. 거의 온종일 학생들은 같은 교실, 같은 책상에 앉아 있다. 그리고 수업은 거의 끝없이 지속된다. 모든 선생님은 자신의 수업 내용이 이 세상에서 가장 중요한 것처럼 밀어 넣고 나무라고 강조하고 역설한다. 따라서 아동의 두뇌는 하루 종일 시끄러운 시장통이고 대부분의 아동이 정보의 과도한 주입에 시달리고 있다는 것을 이해하자.

셋째, 수업 전 끊기와 잇기를 ICT로 하자. 수업 전 끊기란 학생들의 머릿속에 남아 있는 전 시간(다른 과목)의 내용이나 정리되지 않은 머리를 깨끗하게 청소하고 이번 시간의 내용을 받아들일 준비를 하는 것이다. 우선 끊기는 수업을 시작하기 전에 수업내용과 관련 있는 2~3분 정도 재미있는 동영상이나 스캔한 만화 또는 교사가 좋아하는 시나 디지털카메라로 찍은 사진 등을 음악과 함께 보여 주면서 지루한 수업의 행렬을 끊어 준다. 이를 위해서는 학생들이 읽는 만화와 책을 탐독하는 것도 좋다.

수업 후 이어 가기란 선수학습 내용의 요약을 마인드맵이나 콘셉트맵을 활용해서 제시하면서 지난주에 했던 수업내용 또는 2~3일 전에 했던 수업내용과 이어 주는 것이다. 이렇게 수업을 이어 갈 때 흔히 사용하는 전략으로는 요약자와 종합자 두 가지가 있다(Reigeluth, 1999).

① 요약자는 학습한 내용을 다시 체계적으로 정리해서 복습하도록 해 준다. 따라서 요약자는 학습한 사실이나 내용에 대한 규칙(원리)을 다시 간략하게 설명하는 것으로 참고할 만한 예제나 사례를 제시한 후 연습문제 등이 제시된다. 이러한 요약자는 ① 한 시간의 수업을 마친 후 학습내용을 정리하는 내부요약자와 ② 한 단원의 수업을 마친 후 학습내

용을 정리하는 단원요약자 두 가지가 있다.

② 종합자(Synthesizers)란 학습한 내용을 주기적으로 통합하거나 서로 연결하여 개별적인 학습요소를 전체 내용과 유의미하게 통합하고 기존의 쉐마에 동화할 수 있도록 해 주는 것이다. 여기에는 다음 네 가지 종류가 있다.

- 개념 간의 관계를 보여 주는 개념도(Concept Map)
- 순서나 단계를 보여 주는 플로차트
- 의사결정 과정을 보여 주는 표
- 연결선과 화살표로 구성된 인과모델(cause-effect model)

넷째, 주당 시수가 1단위나 2단위 수업인 경우에는 이메일이나 블로그, 카페를 이용한 이어 주기가 더 필요하다. 대부분의 아동은 지난 수업의 내용을 거의 기억하고 있지 않다고 보는 것이 더 타당하기 때문이다. 2주에 1회 정도 자신이 담당하고 있는 반 아동에게 조금씩 다른 메일을 힌트라고 하면서 보내 주는 것도 좋다. 물론 카페나 블로그에는 이런 힌트가 축적되어야 한다. 힌트는 짧을수록 좋다.

3) 학생을 위한 카페를 만들자

첫째, 무료 카페를 만들 수 있는 방법은 매우 다양하고 쉽다. 단지 용기와 결심, 마음의 준비만 있으면 된다. 용기도, 결심도, 마음의 준비도 없다고 하더라도 만들어 보자. 우선 가입 시에 비밀번호를 입력해야 하는 비공개 카페를 만들었다가 나중에 공개카페로 변경해도 된다.

둘째, 카페를 만드는 목적을 분명히 알자. 카페는 그냥 만드는 것이 아니다. 최근 제시되는 교육공학 이론은 ICT 활용의 목적의 대부분을 수업의 효과성과 효율성, 그리고 매력성을 높이기 위해서라고 국한시킨다. 하지만 좋은 교사, 멋진 교사가 되지 않고서 그냥 기술만 좋은 교사는 훌륭한 수업을 할 수 없다. 따라서 교사가 교육활동과 관련하여 카페를 만들 때에는 좀 더 큰 범위의 목표를 설정하여야 한다. 이는 다음 네 가지다.

① 교사로서 나를 알고 이를 토대로 '교사로서 되고 싶은 나'를 알아 가기 위해서다. 이렇게 하면서 '인간적인 매력을 다듬어 가는 교사'가 되기 위해서다. 그런데 이런 목적과 카페는 무슨 관계가 있는 것일까? 카페는 나와 멤버의 상호작용에 의해서 구성되고 운영된다. 많은 사람이 카페를 그저 사람들이 모여서 정보를 교환하는 곳으로 알고 있지만, 사실은 카페의 주인장과 모인 사람들의 성격에 따라 카페의 특성과 유형이 달라지는 것을 볼 수 있다. 카페의 주인장은 카페 운영을 통해 조해리의 창(Johari's window)을 보게 된다. 조해리의 창이란 일명 '마음의 창' 또는 '마음의 네 가지 창'이라고 한다. 이것은 의사소통 구조를 설명하는 이론으로 대인인지 훈련과 인간관계 강화연수에 많이 활용되고 있는데 이 이론을 만든 사람들인 Joseph와 Harry의 이름을 섞어서 만든 이름이다. 이 창은 다음 네 가지 하위요소를 갖는다.

- 열린 창(open): 나도 알고 남도 아는 영역
- 비밀의 창(hidden): 나는 알지만 남은 모르는 영역
- 맹목의 창(blind): 나는 모르지만 남은 아는 영역
- 미지의 창(unknown): 나도 모르고 남도 모르는 영역

	내가 앎	내가 모름
남이 앎	열린 창	맹목의 창
남이 모름	비밀의 창	미지의 창

[그림 8-3] 조해리의 창

대인관계 및 의사소통의 향상을 위해서는 적극적으로 자기를 보여 주어 '열린 창'을 넓혀 가는 것이 중요하다. 이렇게 열린 창이 많아야 상대의 마음을 열게 할 수 있다. 하지만 사람마다 네 가지 창의 크기가 다르다. 모든 사람은 네 가지 마음의 창을 지니고 있지만 이 네 창이 가진 비율은 차이가 많다. 열린 창이 넓은 것이 건강하고 바람직하다. 비밀의 창이 넓은 것은 마음이 음흉하고, 심리적 트라우마가 많거나, 자신감이 결여되어 있다는 것을 말해 주는 것이다. 맹목의 창이 넓다는 것은 자아도취형이거나 자신에 대한 자각능력이 떨어진다는 것이며, 미지의 창이 넓다는 것은 자신의 잠재능력이나 참모습에 대해 제대로 알지 못한 채 살아가는 것이다. 카페를 만들어서 운영하다 보면 자신이 어떤 창을 많이 가지고 있는지를 스스로 깨닫게 된다. 그리고 어떻게 하면 열린 창이 많은 교사가 되는지도 알게 될 것이다. 카페는 정보만 오가는 곳이 아니기 때문이다.

② 학습자의 피드백을 받기 위해서다. 피드백과 '비판(criticism)'은 다르다. 비판은 부정적인 것만 가지고 있지만, 피드백은 긍정적인 것과 부정적인 것을 다 포함하고 있다. 다른 사람의 피드백을 거부하는 사람은 늘 맹목의 창에서 머무를 수밖에 없으며 객관적인 눈을 가지기 어렵다.

③ 교수학습용 자료와 학생 관련 자료를 모으고 관리하기 위해서다. 학습 자료를 모으는 것은 차력(借力)을 통해서 이루어진다. 차력사에 대해서는 곧 설명이 제시될 것이다. 자료를 모으는 것에는 단순히 학습에 관련된 것만 모으는 것이 아니다. 학생에 대한 자료도 모을 수 있고 모아야 한다. 10년 후 제자가 대학생이나 사회인이 되어서 찾아왔을 때, 또는 후배에게 모범이 될 만한 학생의 활동과 이야기를 생생하게 들려주기 위해서는 지금부터 학생에 대한 자료를 모아야 한다. 수업기법만 좋은 사람은 학원 강사이기 때문이다.

④ 은퇴 즈음에 의미 있는 회고록을 준비하기 위해서다. 일본에서는 은퇴 즈음에 책을 쓰는 교사가 적지 않다. 실제로 일본 서점에 가 보면 교수

가 쓴 책보다는 교사가 쓴 책이 더 많다. 제목부터도 '수학을 30년 가르쳐 보니' '초등 평교사 40년' 등등 평생을 교단에 바친 사람의 이야기와 노하우가 드러난다. 그러나 우리나라 서점에 가 보면 책을 쓴 사람은 모두 다 교수거나 연구원이다. 그리고 교사는 자신의 일생을 정리한 책을 쓰기보다는 어떻게든 빨리 많은 연수를 받고 점수를 채워 남보다 먼저 장학사, 장학관, 교감, 교장으로 승진할까에 관심을 쏟는다. 평교사로 은퇴하는 것을 불명예스럽게 여기는 안타까운 현실이다.

셋째, 쉽게 카페를 시작하려거든 중간고사나 기말고사에 관련된 메뉴를 만들자. 초기에는 학생들의 관심을 끄는 것이 필요하다. EBS도 수능시험으로 얼마나 많은 학습자를 끌어들이는가? 이 메뉴 안에는 기출문제에 대한 자세한 풀이와 통계를 올려놓을 수 있다. 물론 여기에는 질문방도 있어야 한다.

넷째, 교사의 간단한 자서전을 준비하자. 여기까지 어떤 모양으로, 어떤 과정을 거쳐서, 누구와 살아왔는지와 지금 학교에서 좋아하는 사람들과 좋아하는 활동은 무엇인지를 고백하자. 물론 모든 사진을 올릴 때에는 '공개설정'에서 '스크랩금지'와 '무단복사금지'를 해 두는 것이 좋다. 한 번에 모두 다 하기보다는 시간이 생길 때마다 조금씩 하는 습관을 들인다.

다섯째, '재미있는 공부방' 같은 코너를 만들어서 학생들이 제출하는 숙제 중에서 유익하거나 재미있는 내용을 올려놓을 수도 있다. 이렇게 올려놓을 경우 학생에게는 포상의 의미도 함께 줄 수 있으므로 학습동기도 올라간다.

여섯째, '학생 소개' 코너도 만들자. 여기에는 학생의 사진과 간단한 자기소개를 올리게 할 수 있다. 단, 힘들더라도 반드시 꼭 올라온 글에는 댓글을 달아 주어야 한다. 그리고 학생이 자신의 블로그나 카페를 소개한 경우에는 꼭 방문하여 방명록에 글을 남겨 주어야 한다.

일곱째, 교사의 라이프타임 프로젝트(Life Time Project)를 학생에게 소개하자. 취미든 여가활동이든 대학원 공부든 스크랩 모으기든 몇 년 후에는 어느 수준까지 성취하겠노라는 교사의 목표를 간단하게 소개하고 이를 달성하기 위해 노력하는 과정을 써 주는 것도 좋다.

여덟째, 이제는 학생에게 카페주소와 회원등록 시의 비밀번호를 알려 줄 차례다. 한 주일에 한 반 씩만 알려 주고 천천히 가입하게 한다.

4) 디지털카메라 마니아가 되자

첫째, 무전취식이 아니라 무전카페공사를 마쳤다. 이제는 뭔가를 계속 올려 주어야 할 단계다. 무턱대고 올릴 수는 없다. 학습자의 흥미를 끌 만한 내용을 올려야 한다. 대학과 달라 초·중등에서는 매주 과제를 내서 강제로 끌어들이는 것도 무리다. 이때 가장 간단한 방법은 디지털카메라 마니아가 되는 것이다.

둘째, 학교, 교정 교실 등에서 무작위로 사진을 찍어 보자. 그리고 이들 사진을 학생의 입장에서 해석하고 생각해 보자. 단, 학생의 수치심을 불러일으킬 수 있는 사진을 찍는 것은 곤란하다. 자연스러운 모습, 광경, 새로운 각도에서 바라본 학생과 학교, 그리고 사회의 풍경을 스케치하면서 자신의 과목과 연계를 시켜 해석해 보자. 자신만의 'VJ 24시'가 될 수 있는 기회다.

셋째, 이제는 디지털카메라를 들고 학교 밖으로 나가야 한다. 체험학습장, 박물관, 전시장 등 어디를 가든지 반드시 디지털카메라를 들고 다니다가 학습자료가 될 만한 것이나 재미있는 이야깃거리가 될 만한 것은 모두 찍고 저장하고 간추려서 활용할 수 있는 준비를 하자.

넷째, 학생의 '우수 노트'와 '엉망 노트'도 찍어서 공개하자. 단, 이름은 비밀로 해 주어야 한다.

다섯째, 수업 중에 학생의 양해를 얻어서 학습내용에 관련된 특정 내용이나 원리 또는 개념 등을 몸으로 표현하게 하고 이를 동영상이나 사진으로 보관하자.

여섯째, 이제는 학생에게 카메라를 넘길 차례다. 수업 중에 아동이 졸려하거나 지루해할 때 카메라를 활용해 보자. 대부분의 아동은 UCC 흉내를 바로 내기 시작할 것이고 이렇게 찍은 동영상을 교실의 프로젝션 TV나 대형 모니터로 재생하며 함께 보는 것도 좋다.

일곱째, 학생이 교실에서 발표하는 것을 촬영한 후 활용할 수 있다. 또는 1분 정도의 발표 숙제를 낸 후 학생이 집에서 자신의 디지털카메라로 동영상을 촬영하고 그 파일을 받아서 교실에서 프로젝션 TV를 활용하여 함께 보면서 평가하는 방법도 있다.

여덟째, 창의적으로 디지털카메라를 활용한다. 그 소재는 무궁무진하다. 만드는 즐거움과 보는 즐거움은 학습에 대한 관심을 높인다.

5) 차력사가 되자

첫째, 차력사는 온몸의 힘을 어느 한곳에 모아서 그 모은 힘을 이용해 묘기를 부리는 사람이다. 학교에서의 차력사는 학생의 힘을 이용해서 수업 분위기를 개선하는 한편 교사가 추가적인 정보나 자료를 모으는 것을 말한다. 차력사가 되기 위해서 교사는 하루에 최소한 한 시간씩은 인터넷을 통해 학생들과 커뮤니케이션 하겠다는 '사명진술'이 있어야 한다.

둘째, 학생에게 어떤 정보나 자료를 찾아서 인터넷으로 제출하는 과제를 낼 때에는 지식을 묻는 단순한 과제보다는 '창의적'인 과제를 주어야 한다. 단순한 지식을 묻는 과제는 검색을 통해서 바로바로 찾아내기 때문이다. 엉뚱한 문제, 많은 생각을 요구하되 교과서 내용과 너무 직접적으로 관련이 없는 문제가 더 좋다. 학습내용보다는 학습활동에 관심을 가질 수 있는 과제가 더 좋다.

셋째, 열심히 교사를 따른 학생에게 좋은 점수만 주기보다는 평생 자랑스러워할 수 있는 '공로배지'를 준다. 공로배지란 공수부대원이 가슴에 달고 다니는 공수마크와 같이 열심히 참여해서 얻은 체험을 나타내는 배지를 말한다. 결국 이러한 공로배지를 가지고 있는 열성 팬클럽을 만들어야 한다. 그리고 이 열성 팬은 수시로 메일을 통해 교사에게 자료와 피드백을 제공하는 학생이어야 한다.

넷째, 공로배지를 가지고 있는 학생과 '사이버발표회'를 주기적으로 가지고 다시 칭찬해 준다. 말로 '참 잘했어요.'라며 직접적으로 칭찬하기보다는 홈페이지나 블로그 등에 인용하거나 작품이나 사례를 소개하면서 좋은 점을 풀어서 객관화하여 칭찬하는 것이 더욱 좋다.

6) 전문적인 차력사가 되자

차력사에도 급수가 있다. 가장 낮은 급수는 학생에게 인터넷이나 참고서, 또는 만화책이나 월간지 등 모든 이용 가능한 자료에서 특정 요건을 만족시키는 사례나 그림, 사진, 동영상 등을 모으게 하는 것이다. 높은 급수는 카페에 올라온 질문에 대해 '공로배지'가 있는 우수학생이 답을 해 주는 것이다. 이 방법의 핵심은 학습할 내용을 직접적으로 먹여 주기보다는 학습 과제를 풀기 위한 활동에 학습자가 참여하게 하는 것이다. 그렇게 하여 학습에 대한 동기를 높이는 것이다. 육체적이든 정신적이든 활동이 없이 그냥 입력된 정보는 바로 잊힌다.

> ① 암기적 학습과제: 외워야 할 것이 많은 시간이나 과목에서 사용할 수 있다. 이때에는 간단한 암기술을 학습자에게 가르친 후 이를 활용하여 특정 학습내용(암기가 필요한 내용)에 대해 스스로 암기술을 만들고 이를 카페에 올리게 한다. 주기적으로 가장 우수한 암기술에 상을 줄 수 있다.
>
> ② 개념적 학습과제: 개념적 학습과제란 개념을 학습하는 것이 주된 학습의 유형으로 어떤 개념의 이름과 그 개념의 공통적 특성을 알고 이를 활용하여 개념이 아닌 비례(非例, matched non-example)와 구별할 수 있는 능력을 갖추는 것이다. 따라서 한 학습내용이 어렵거나 복잡한 개념이 있을 때에는 이를 명확하게 설명한 후 비례를 찾아서 메일로 보내

거나 교사의 카페에 올리게 한다.

③ 절차적 과제: 어떤 일을 수행하는 절차를 익히는 절차적 과제의 경우에는 학생이 갖고 있는 핸드폰(많은 학교에서는 금지하지만)을 사용한 디지털카메라 사진이나 동영상 UCC를 활용한 보고서를 카페에 올리게 할수 있다. 아니면 학생 자신의 카페에 올린 후 교사의 카페에 링크를 달아 주면 더 간단하다. 이렇게 학생이 만든 UCC는 수업의 리듬을 끊거나 이을 때 사용할 수 있다.

⑥ 원리적 과제: 원리란 '언제나 진실인' 것이다. 따라서 주로 과학이나 수학과목에서 원리적 학습과제가 많다. 이 경우에는 어떤 원리를 배운 후 이와 관련된 단순한 예, 복잡한 예 그리고 응용된 예를 찾고 이를 제출하도록 할 수 있다.

7) 매력 있는 T자형 선생님이 되자

첫째, 최근 유행하는 두 가지 단어가 있다. 하나는 'T자형 인재'이고 다른 하나는 '행복 추구의 삶'이다. T자형 인재란 하나의 전문지식을 가지고 있되 다른 영역에 대한 폭넓은 지식을 갖추어서 그 전문지식을 다른 영역에까지 넓게 활용할 줄 아는 사람을 말한다. 행복추구의 삶이란 '풍요로운 불행'보다는 '가난한 행복'을 추구하는 행복의 정치학이 영국과 이탈리아 같은 선진국은 물론 태국 같은 개발도상국에서도 핵심 쟁점이 되고 있다.

둘째, 교사는 학교 안에서는 확실한 전문가다. 그러나 사회에서도 그렇다고 자신하기는 어렵다. 학교가 미래의 사회인을 키운다면 교사는 당연히 사회의 다양한 면을 두루 섭렵할 필요가 있다. 그리고 교사야말로 T자형 인재의 면모를 갖추기에 좋은 환경에 있지 않은가? 인생과 사회의 다양한 면을 통달하고 이런 경험을 바탕으로 자신의 과목을 사랑하고 수업을 사랑하는 선생님이야말로 매력 있고 좋은 수업을 할 수 있는 선생님이다.

3. 자기수업평가를 위한 체크리스트

　모든 것은 연습을 통해 완성되기 때문에 좋은 교사가 되기 위해서는 체계적으로 반성하고 수정하는 것이 필요하다. 시기적으로는 매 학기가 시작될 때 자기평가를 주기적으로 하는 습관을 들여놓는 것이 좋다. 교사는 수업을 하고 난 후, 자신이 수행한 학습지도가 소기의 목표를 달성했는지 평가하고 이를 토대로 개선할 수 있어야 한다. 수업평가에는 많은 방법이 있지만 가장 기본적인 것은 자신의 수업을 스스로 평가해 보는 것이다.

　Levin과 Long(1981)은 교사의 자기수업평가를 위한 체크리스트를 만들었다. 이 체크리스트는 수업 중의 교사행동에 관한 43개의 진술문으로 구성되어 있는데, 12문항은 피드백-수정에 관한 것이고, 19문항은 수업단서에 대한 것이고, 나머지 12문항은 학습집중도를 높이기 위한 것이다.

　대개의 경우 교사는 이 체크리스트에 제시된 방식대로 수업을 실시해 오지 않았다는 것을 알게 된다. 그러나 이 체크리스트에 의거하여 자기평가를 하는 가운데 긍정적(+) 진술문에는 '예'라는 반응을, 부정적(-) 진술문에는 '아니요'라는 반응을 얻게 되기를 바라므로 시간이 흐를수록 교사는 더욱 긍정적이고 바람직한 행동을 많이 하게 될 것이다.

표 8-2　교사의 자기평가 검목표

지시: 다음 문장은 학생들의 학습 향상에 유익하다고 믿어지는 수업에서의 행동과
　　　특징을 기술한 것이다. 읽고서 오늘 수업에서의 당신의 행동이나 느낌을 '예'
　　　또는 '아니요'로 나타내시오.

번호	내 용	예	아니요
+1	학생들에게 그들의 학습진전 상태를 알려 주었다.		
+2	완전한 학습이나 학습오류의 수정을 위해 더 학습해야 할 것이 무엇인지 알려 주었다.		
-3	성취기준을 분명하게 제시하지 못했다.		

표 8-2 (계속)

번호	내용	예	아니요
+4	시험문항에서 틀린 것을 수정하기 위한 보충학습자료를 말해 주었다.		
+5	학생이 배운 것을 숙지시키기 위해 서로 협조할 수 있도록 집단학습 기회를 마련해 주었다.		
−6	학생이 성취한 것을 중시하지 않고 주로 성취하지 못한 것을 강조했다.		
+7	학습 내 학생들의 수준에 맞추어 학습성취기준을 다르게 설정했다.		
+8	완전한 학습기준에 도달하지 못한 학생에게 추가로 숙제를 제공하였다.		
−9	학생의 대답이 맞고 틀린 것만을 말했을 뿐 보충설명을 하지 못했다.		
+10	학생의 정답을 모든 학생이 들을 수 있도록 다시 요약해 주었다.		
+11	시험에서 대부분의 학생이 틀린 문항은 학급 전체를 상대로 다시 설명해 주었다.		
+12	몇몇 학생의 학습오류를 설명해 주기 위해서 그들이 오후 수업에 참여할 것을 권했다.		
+13	수업 초에 수업의 구체적 목표를 진술하였다.		
+14	수업의 개요를 칠판에 써 주었다.		
+15	수업 중에 새로 배운 개념을 앞에서 배운 내용과 관련시켰다.		
−16	수업계열에 맞추어 나가는 것이 대부분의 학생에게 어려운 것 같았다.		
−17	주로 단순한 사고를 요하는 연습문제를 제공했다.		
−18	연습문제는 서로 똑같은 것을 주었다.		
−19	시범을 보일 때, 언어적 설명을 충분히 제공하지 못했다.		
−20	학생 각자의 필요(요구)에 적응하는 여러 가지의 단서를 제대로 사용하지 못했다.		
+21	단서나 설명을 더 제공해 주어야 할 것인지를 알기 위해서 학생들(또는 대표적인 학생)의 얼굴 표정을 주의 깊게 살펴보았다.		
+22	수업단서는 대단히 활성적이었다.		
−23	시청각 보조도구를 사용하는 데 어려움을 느꼈다.		
+24	새로운 주제로 넘어가기 전에 학생들에게 질문할 것을 장려했다.		

1. 교사의 자기지각 모형에는 내가 알고 있는 것을 가르치는 교사, 나 자신을 가르치는 교사, 사고력을 단련시키는 교사 그리고 학생과 인간적으로 함께 공부하는 교사가 있다.

2. 유능한 교수의 핵심 능력은 학생을 위한 배려, 강의 내용에 관한 지식, 흥미 유발, 학생에게 충분한 시간을 할애함, 토론을 장려함, 명확하게 설명함, 열의 그리고 준비의 여덟 가지다.

3. 조벽은 최고 강의의 핵심 요소로 다음의 다섯 가지를 들고 있다.
   ① 새로운 정보를 알려 준다.
   ② 어려운 개념을 설명하고 명료화하고 정돈한다.
   ③ 배움에 대한 존중심을 고취시킨다.
   ④ 믿음과 생각하는 방법을 다시 생각하도록 한다.
   ⑤ 더 깊게 연구하기 위한 열정과 동기를 부여한다

4. 김영환은 ICT를 활용하는 유능한 교사의 핵심 특성을 다음의 일곱 가지를 들고 있다.
   ① 학생들을 잘 알아야 한다.
   ② 수업의 리듬을 잘 조절한다.
   ③ 카페를 잘 활용한다.
   ④ 디지털카메라를 잘 활용한다.
   ⑤ 학생들의 힘을 모으는 차력사가 된다.
   ⑥ 매력 있는 T자형 선생님이 된다.
   ⑦ 자기평가를 규칙적으로 한다.

연 습 문 제

1. 다음 중 수업의 리듬을 조절할 때 사용하면 좋은 전략은 무엇인가?
   ① 예와 비례　　　② UCC　　　③ 요약자와 종합자　　　④ 공로배지

2. 학생의 참여를 유도하는 창의적 과제와 거리가 먼 것은?
   ① 지식을 찾는 과제　　　　　　　② 다소 엉뚱한 문제
   ③ 많은 생각이 필요한 과제　　　　④ 교과서 내용과 관련이 먼 문제

3. 다음 중에서 조해리의 창 중에 맹목의 창을 잘 설명하고 있는 것은 무엇인가?
   ① 나도 알고 남도 아는 영역　　　② 나는 알지만 남은 모르는 영역
   ③ 나도 모르고 남도 모르는 영역　　④ 나는 모르고 남은 아는 영역

4. 다음은 조해리의 창 중에서 어떤 영역에 해당하는 사람을 설명한 것인가?

   > 심리적 트라우마가 많거나 자신감이 결여된 사람

   ① 열린 창　　　② 비밀의 창　　　③ 맹목의 창　　　④ 미지의 창

5. 다음 중 종합자가 아닌 것은?
   ① 개념도　　　② 표　　　③ 예제　　　④ 인과모델

6. 다음은 무엇에 대한 설명인가?

   > 한 시간의 수업을 마친 후 학습내용을 정리하는 것

   ① 종합자　　　② 단원요약자　　　③ 내부요약자　　　④ 인과모델

교수매체와 시각디자인

교수매체의 적절한 활용을 위해서는 수업목표, 수업내용, 수업방법 그리고 매체의 특성을 잘 파악하여 가장 알맞은 교수매체를 선택하도록 해야 한다.

교수매체의 개념 / 커뮤니케이션 모델 / 교수-학습과정에서 교수매체의 기여도 / Dale의 경험의 원추 / 수업과 학습에서의 교수매체의 역할 / 교수매체의 종류 / 교수매체와 자료의 선정기준 / ASSURE 모델 / 시각디자인 / 시각정보의 특성 / 사실성과 학습량 / 시각정보의 설계 / 시각정보의 평가 수업이 교육목적을 지닌 특수한 형태의 커뮤니케이션의 일종이라고 한다면, 교수매체는 이러한 커뮤니케이션을 증진시키면서 수업의 질과 매력을 향상시키는 데 도움을 주는 역할을 한다고 할 수 있다.

수업상황에서 수업자가 고려해야 할 많은 것 중에 교수매체의 선정이 상당한 비중을 차지하는 것도 이러한 점에 근거하고 있다. 또한 최근 각종 공학의 급격한 발달로 수업에 활용할 수 있는 매체가 양적·질적으로 크게 증가하고 있다. 따라서 교수매체를 활용할 수 있는 기회나 활용에 대한 요구는 날로 증가하고 있는 실정이다. 교수매체를 적절히 선정하고 활용하기 위해서는 교수매체의 기본적인 특성에 대한 이해가 우선되어야 하고, 이를 바탕으로 수업을 위한 교수매체를 선정할 수 있어야 할 것이다. 이 장에서는 교수매체의 개념과 발달과정 등을 알아보고 선정에 필요한 기준을 확인하게 될 것이다. 이 장의 학습을 끝낸 후에 학습자는 다음과 같은 학습목표를 성취하기를 기대한다.

1 교수매체의 개념을 말할 수 있다.
2 교수매체의 발달과정을 개괄적으로 설명할 수 있다.
3 Berlo의 커뮤니케이션 모델과 Schannon 및 Schramm의 커뮤니케이션 모델 간의 차이점을 설명할 수 있다.
4 교수-학습을 위한 교수매체의 기여도 여섯 가지를 설명할 수 있다.
5 교수-학습과정에서의 교수매체의 역할 다섯 가지를 설명할 수 있다.
6 Dale의 경험의 원추를 도표로 그리면서 설명할 수 있다.
7 교수매체의 선정기준 세 가지를 설명할 수 있다.
8 교수자료를 선정할 때 고려해야 할 사항을 여섯 가지 이상 제시할 수 있다.
9 교수매체의 개발을 위한 시각디자인의 필요성을 설명할 수 있다.
10 시각정보의 설계를 위한 기본 원칙을 다섯 가지 이상 설명할 수 있다.
11 시각정보의 평가기준에 따라서 주어진 시각정보를 평가하고 그에 대한

수정안을 만들 수 있다.

1. 교수매체의 개념과 발달과정

1) 교수매체의 개념

교수매체란 결국 교육목표가 효과적이고 효율적이며 매력적인 방법으로 안전하게 달성될 수 있도록 하기 위해 교수자와 학습자 사이, 또는 학습자와 학습자 사이에 학습에 필요한 커뮤니케이션이 발생하도록 도와주는 다양한 형태의 매개수단 또는 제반 체제다.

이에 따라 교수매체의 범위는 다양하게 설정될 수 있다. 좁은 의미에서의 교수매체는 특별한 기구 없이도 쓸 수 있는 모형, 사진 등의 자료, 슬라이드, 비디오 등과 같이 교수자의 수업활동을 돕는 보조기구와 이런 기구의 활용을 위해 필요한 비디오테이프 등의 자료, 그리고 학습자가 수업자의 도움이 없이도 독립적으로 활용할 수 있는 컴퓨터와 CAI(Computer Assisted Introduction) 프로그램 등을 예로 들 수 있다. 반면에 넓은 의미에서의 교수매체는 교수자와 학습자 사이의 교육적 커뮤니케이션을 증대할 수 있는 제반 체제, 즉 수업설계전략의 수립에서부터 학교의 교육환경, 교육을 지원하는 모든 정보통신 혁명의 산물까지도 포함한다.

2) 교수매체의 발달과정

(1) 초기의 시도

대부분의 책과 교수 공학자는 교수활동에 매체를 사용하려는 최초의 노력으로 Comenius가 개발한 『그림을 이용한 교과서 세계도회(*Orbus Pictus: The world of pictures*)』를 꼽는다. 1658년에 Nuremburg에서 출판된 후 미국에서 1810년까지 판매된 이 책은 그림과 단어를 질문이나 다른 설명 없이 제시하여 학습자가 스스로 단어를 공부할 수 있도록 한 것이 특징이다. 그림과 단어가 제시된 총 분량은 150쪽으로 하느님, 세계, 공기, 나무, 사람 등 하나의 주제에 관련된 단어와 그에 상응하는 그림이 제시되었다(Sattler, 1990, [그림 9-1] 참조).

그러나 Comenius의 책에 앞서 1549년 우리나라에서 교수-학습에 활용

[그림 9-1] Comenius의 Orbus pictus(Sattler, 1990, p. 32)

하기 위한 목적으로 책에 그림을 사용한, 『부모은중경(父母恩重經)』이 출간되었다. 『부모은중경』은 『목건련경』, 『우란분경』과 더불어 효경(孝經) 중의 하나로, 부모의 은혜를 기리며 효도할 것을 주제로 하고 있다. 『부모은중경』은 모두 10장으로 이루어져 있으며 조선시대에 널리 읽힌 경전으로 조선 초기부터 삽화를 곁들인 판본이 유행했다. 특히 한글이 창제되고 나서는 언해

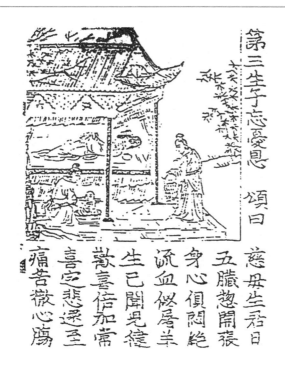

셋째 자식을 낳고 모든 고통을 잊으신 은혜를 노래함.
송왈, 자애로우신 어머님이 그대 낳는 날, 오장이 모두 열려 벌어진 듯
몸과 마음이 함께 까무러쳤고, 흐르는 피는 양을 잡는 듯하네.
낳은 아이가 건강하다는 말을 듣고, 기쁨이 평상시의 배가 되었네.
기쁨이 가라앉으니 슬픔이 다시 이르나니, 고통이 심장을 뚫는 것 같도다.

[그림 9-2] 부모은중경(父母恩重經)

본 출판도 성행했으며, 정조가 출간한 용주사(龍珠寺) 본에는 한글과 한문이 병용되고 그림도 김홍도가 그린 것이어서 당시 사람의 『부모은중경』에 대한 관심을 짐작하게 한다(경전연구모임, 1991). [그림 9-2]는 10장 중의 3장의 셋째 연인 '자식을 낳고 모든 고통을 잊으신 은혜를 노래함'이다. 어머니의 출산의 고통을 그림과 글로 함께 제시하여 보는 이로 하여금 다시 한 번 어머님의 은혜를 깊이 느낄 수 있도록 하고 있다. 물론 이 그림은 Comenius의 그림에 비하면 삽화의 성격이 강하지만 우리의 것을 찾아보기 위한 시도로서 이해하고 참고하길 바란다.

교과서에 그림을 활용하려는 이러한 노력은 1800년대 초기 독일의 Pestalozzi의 사물을 이용한 수업법에 의해 널리 확산되기 시작했다. 그는 단어의 학습이 구체적인 사물과 관계를 가질 때 더욱 잘 이루어진다고 믿었으며, 수업이 구체적인 것에서 추상적인 것으로 진행되어야 함을 제시하였다.

(2) 1900년대 초의 교수매체

1900년대 초기에 학교에 부속된 박물관이 생겨나면서 본격적인 교수매체의 활용이 시작되었다. 이 박물관들은 초기형태의 OHP, 슬라이드, 필름, 그림, 도표, 다른 전시자료 등을 구비하여 본격적인 시청각수업을 위한 지원센터의 구실을 하였으며, 이때부터 매체를 이용한 수업을 시각수업(visual introduction) 또는 시각교육(visual education)이라고 불렀다. 이러한 영향으로 지금도 미국의 박물관은 지역 주민과 학생을 위한 종합 학습관의 역할을 하고 있다.

1902년에는 영국의 Charles Urban이 런던에서 최초의 교육용 영화를 상영하였고, 1911년에는 Thomas Edison이 학교에서 활용할 목적으로 교육용 영화를 제작하였다. 1921년에는 예일 대학이 '미국 영화의 역사(chronicles of america photoplays)'라는 교육용 영화를 제작하였다. 1922년에는 Fox 사가 모든 학교 교실과 교회에 유성영사기를 보급하려는 의도를 가지고 교육용 영화 제작을 시작하였다.

그러나 1920년대에 보급되기 시작한 유성영사기의 출현은 오히려 교육용 영화산업을 위협하였다. 무성영화 옹호론자와 유성영화 옹호론자 사이의 갈등이 그 첫 번째 이유였고, 두 번째 이유는 무성영사기를 사용하던 사람들이 쓰던 기계를 없애고 유성 영사기를 새롭게 구입하기를 싫어했다는 것이다. 이후로 교육용 영화산업은 오히려 사양길에 접어들었다. 이즈음 영화의 교육적 가치에 관한 연구결과가 보고되기 시작했는데, 역설적이게도 그 결과는 영화가 수업에 효과적이라고 나타났으나 대세를 돌릴 수는 없었다.

(3) 제2차 세계대전과 교수매체의 발전

제2차 세계대전은 온통 모든 관심 전쟁으로 집중시켰으며, 이러한 이유 때문에 상대적으로 학교에 대한 관심도 줄어들고, 따라서 학교에서의 매체의 활용에도 부정적인 영향을 주었다. 그러나 매체 제작 산업체와 군대에서의 매체의 활용에는 큰 활력이 되었다. 미 국방성이 많은 병사가 단시간 내에 효과적으로 교육하기 위해서 영화만큼 효율적인 것이 없다는 것을 깨달았던 것이다. 실제 미군은 제2차 세계대전 중에 457개에 달하는 교육용 영화를 주문하였으며, 이 영화를 돌리기 위한 영사기만 해도 5만 5,000개 이상을 구입하였다. 미군이 사용한 것은 영화와 영사기만이 아니었다. 적의 비행기와 선박을 구별하는 훈련을 위해 슬라이드가, 외국어의 훈련을 위해서는 녹음기가, 그리고 비행조종사의 훈련을 위해서는 비행기 조종석과 흡사한 기능과 형태를 갖추어 비행기 조종을 연습할 수 있는 시뮬레이터 등 여러 가지 훈련용 매체가 활발히 제작되고 사용되기 시작했다. 제2차 세계대전 후에 많은 사람은 매체의 교육적 효과에 대해 확신하게 되었고, 이것은 학교에서의 매체 활용에 대한 새로운 관심과 연구로 이어졌다.

(4) 1950~1960년대: TV의 교육적 활용

1950년대는 미국에서 교수매체의 개발과 활용에 중요한 전환기가 되는 시점이다. 1958년에 있었던 소련 인공위성 스푸트니크의 발사에 따른 쇼크로 미국은 이에 대응하기 위한 특별법을 만들게 되었고, 이 법은 교수 매체의 개발과 활용을 위한 연구에 긍정적인 효과를 주었다.

1950년대 미국의 교수매체를 이해하기 위해 빼놓을 수 없는 것 하나는 텔레비전을 수업매체로 활용하려는 움직임이 광범위하게 일기 시작했다는 것이다. 이때의 텔레비전 프로그램은 각 학교에서 자체 제작하여 케이블을 통해 제공되었다. 그러나 1960년대에 이르러 교육용 텔레비전 방송의 효과에 대해 반론이 제기되기 시작하였다. 이 중 몇 가지를 들어 보면 첫째, 교사가 수업시간에 텔레비전을 활용하는 것에 거부감이 있었으며, 둘째, 학교 내에서 방송 시스템을 운영하는 데에 드는 비용이 만만치 않았고, 셋째, 수업현장에서 발생하는 여러 가지 요구를 텔레비전만으로는 해결할 수 없다는 것이었다.

1960년대에 이르러서 교수매체의 개발과 연구를 이끄는 대부분의 사람은 시청각교육이라는 말이 가지는 역할과 폭이 확장되고 있음을 알게 되었고 이러한 움직임은 결국 '시청각교육'을 '교육공학'을 거쳐 '교수공학'으로 변화시키는 데 일익을 담당하였다.

(5) 1970~1980년대 : 체제접근과 컴퓨터 매체

1970년대는 과학 및 문화의 발전 등으로 사회 전반에 공학이 교수과정으로 확장되었다. 이러한 변화의 과정에 행동과학이론과 체제접근이론을 기저로 교수공학이 새로운 패러다임으로 발전하게 되었다. 행동과학이 교수공학에 미친 가장 큰 영향은 교수기계의 개발이다. 교수기계는 일종의 매체면서도 단순한 정보 전달 보조물이 아니라 교수과정을 전체적으로 이끌어 주는 하나의 교수체제다. 교수 전체 과정에서 체제적 접근 관점에서 매체의 활용을 이해하고 분석하고자 하는 노력은 교수개발의 개념으로 발전되는데, 이는 매체의 효과적 활용에 관한 지식과 학습현상 및 교수방식에 관한 과학적 지식을 체계적으로 활용하려는 노력의 결과다. 시청각교육이라는 개념이 확장되면서 1970년 미국의 시청각교육국은 교육공학회(AECT)로 명칭이 바뀐다(조규락, 김선연, 2006).

1980년대 중반 PC의 출현으로 인해 컴퓨터는 모든 교육 분야에서 주요한 교수매체로 빠르게 적용되기 시작하면서 특히 교수학습활동에 중요한 보조 수단으로 활용하게 되었다. 컴퓨터 성능과 기능의 발전과 더불어 교육적 활용을 위한 연구에 긍정적인 영향을 주게 되며, 그 결과 다양한 교육용 소프트웨어가 개발된다. 컴퓨터보조수업(Computer-Assisted Instruction: CAI)은 이 당시 컴퓨터 매체를 활용한 수업형태를 총칭하여 일컫는 말로 사용하게 되었으며, 그 유형은 학습의 보조 도구에서부터 반복연습형, 게임형, 시뮬레이션형, 개인교수형에 이르기까지 다양하게 개발되었다.

1970년대와 1980년대에 우리나라에서도 교육공학과 교수매체의 발전이 크게 이루어졌다. 특히 교육방송 사업을 위하여 한국교육개발원을 중심으로 교육전용 방송국이 1975년 주요 업무로 추진되었으며, 1972년 한국방송통신대학이 개설되면서 방송통신교육이 발전되는 계기를 마련하였다. 1980년대에 이르러 한국교육공학회가 발족되었고(1985년), 컴퓨터의 발전 및 도입으로 컴퓨터의 교육적 활용에 대한 연구가 활성화되면서 컴퓨터 교육이 급속도로 발전하였으며 컴퓨터 매체의 교육적 가치에 대한 연구가 활발하게 이루어졌다.

(6) 1990년대 이후: 멀티미디어와 정보통신기술 매체

1990년대는 정보통신기술의 급속한 발달로 컴퓨터와 여러 가지 시청각교육매체의 기능을 결합시킨 멀티미디어가 출현하였고 그 기능이 계속해서 발전되고 확장되는 추세에 있다. 이러한 매체의 발전에 따라 한국교육정보미디어학회의 전신인 한국교육방송학회가 1995년에 창립되었다. 1995년 이후 국가적 차원에서 교육정보화 정책이 추진되면서 정보통신기술 소양교육과 정보통신기술 활용교육을 위한 연구와 지원이 활발하게 이루어졌으며, 그 결과 대학은 물론 초·중등학교의 교육환경 및 교육방법의 혁신적 발전을 가져오게 되었다.

이 시기에 교육방법 및 교육매체에 있어서의 주요 변화는 컴퓨터 기반의 멀티미디어의 도입과 보급이다. 멀티미디어는 다양한 유형의 매체가 컴퓨터를 기반으로 디지털 방식으로 통합되어 커뮤니케이션과 상호작용이 가능한 복합적인 형태의 매체다. 또한 1990년대 중반부터 급속히 발전된 인터넷, 월드와이드웹 등의 네트워크 기술기반 매체의 교육적 활용에 대한 연구가 활성화되면서 정보통신기술을 교육에 적용하려는 움직임이 확산되어 왔다. 그 결과 전통적인 면대면 교육의 한계를 극복하기 위해 정보통신기술을 활용한 웹기반 교육, 인터넷 활용교육, 온라인 교육, e-러닝 등의 새로운 교수-학습방법과 체제에 대한 연구 및 발전이 가속화되고 있다.

2. 교수매체와 커뮤니케이션 모델

교수-학습활동에서 사용되는 사물에 관심을 두었던 시청각 교육운동에 비해 커뮤니케이션 모델이 도입되면서 등장한 시청각 통신은 송신자와 수신자 사이에서 일어나는 커뮤니케이션의 전체 과정을 대상으로 한다는 점에서 차이를 가지고 있다. 시청각 통신의 대표적인 모델은 Berlo(1960)의 SMCR 모델과 Schannon과 Schramm(1964)의 커뮤니케이션 모델이 있다.

1) Berlo의 SMCR 커뮤니케이션 모델

SMCR(Sender Message Communication Receiver) 모델은 커뮤니케이션 과정에 포함되어 있는 여러 요소의 역동적인 상호관계를 설명하고 있다(호재숙 외, 1989). 송신자(sender)가 가지고 있는 요소는 통신을 얼마나 효과적으로 할 수 있는가의 통신기술, 통신을 하기 위한 태도, 가지고 있는 지식수준, 처해 있는 사회체계 그리고 그 사회체계가 가지고 있는 문화양식 등이다. 이러한 송신자가 보내는 전달내용(message)은 내용, 요소, 처리, 구조, 코

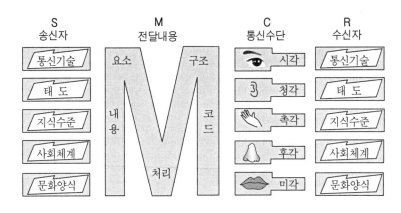

[그림 9-3] Berlo의 SMCR 모델

드 등으로 이루어지게 되며, 이런 전달내용이 전달되기 위한 통신수단에는 시각, 청각, 촉각, 후각, 미각이라는 인간의 다섯 가지 감각이 있다. 이렇게 보내진 전달내용은 송신자와 마찬가지로 수신자(receiver) 쪽에서도 그들이 가진 통신기술, 태도, 지식수준, 사회체계, 문화양식 등에 의해 받아들여지고 해석되게 된다는 것이 Berlo의 모델이다([그림 9-3] 참조).

　이러한 Berlo의 모델은 교수-학습활동에 대한 연구를 종래의 단순한 시각적 · 청각적 경험 위주로 보던 관점에서 종합적으로 분석 · 연구하는 학문으로 발전할 수 있도록 이끌어 주었다는 점에서 의의가 있다.

2) Schannon과 Schramm의 커뮤니케이션 모델

　Schannon과 Schramm(1964)의 커뮤니케이션 모델은 송신자와 수신자 각각이 가진 경험의 장의 차이에 따른 소음의 문제와 송신자에서 수신자로 다시 이어지는 피드백의 요소를 포함하고 있다는 점에서 커뮤니케이션을 구성하는 요소에 중점을 둔 Berlo의 모형과 구별된다. Schannon과 Schramm의 모델은 다음과 같은 기본 요소를 가지고 있다. 첫째, 커뮤니케이션이 발생하기 위해서는 송신자와 수신자의 경험의 장이 서로 공통분모를 가져야

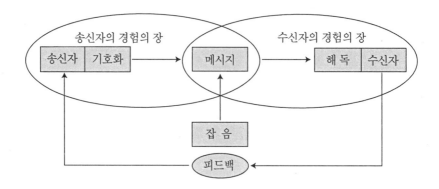

[그림 9-4] Schannon과 Schramm의 커뮤니케이션 모델

하며, 둘째, 이러한 커뮤니케이션의 과정에는 필연적으로 여러 가지 수준과 다양한 형태의 잡음이 개입될 수 있으며, 셋째, 이러한 잡음과 경험 차이에서 오는 문제나 커뮤니케이션 내용에 대한 피드백이 발생한다(그림9-4참조).

이 세 가지 요소를 바탕으로 효과적인 커뮤니케이션이 일어날 수 있는 조건은 다음과 같다. 첫째, 송신자와 수신자 사이에 공통된 경험의 장이 많으면 많을수록 커뮤니케이션이 잘 일어날 수 있다. 둘째, 메시지의 전달과정에 잡음이 적으면 적을수록 커뮤니케이션이 잘 일어날 수 있다. 여기서 잡음은 교실 안팎에서 발생하는 소음, 부적절한 조명, 혼탁한 공기 등을 말한다. 셋째, 피드백이 원활하게 많이 발생할수록 경험의 차이와 잡음에서 발생하는 문제를 풀어 나갈 수 있다.

3. 교수-학습과정에서 교수매체의 기여도

1) 교수매체와 교수설계의 관계

교수-학습과정에서 교수매체의 기여도는 비교적 높게 평가되고 있다. 그런데 구체적으로 어떤 기여가 있는지 알아보기 전에 우선 확인해야 할 것이 있다. 그것은 기여도가 교수매체 그 자체가 가진 고유한 속성에서 나오는 것이라기보다는 오히려 교수매체를 제작하는 과정에서 투입된 노력의 결과라고 보는 것이 타당하다는 것이다. 이는 교수매체를 제작하는 것이 단순히 내용을 매체에 옮기는 것이 아니기 때문이다. 즉, 교수매체의 제작과정에서 중요한 것은 매체 제작을 위해 필요한 기구를 조작하기 위한 기술적인 지식보다도 수업용 분석, 학습자 분석 그리고 주어진 수업목표에 대한 분석과 이를 바탕으로 한 수업설계다. 교수매체는 수업 설계를 바탕으로 하되, 수업내용과 목표의 특성상 교사를 중심으로 한 강의여야 할 것인지, 아니면 TV나 슬라이드 등의 시각매체가 필요한 것인지가 결정되기 때문이다. 다시 말하면 교수매체는 교수설계라는 빙산에서 단지 물 위에 나타난 표현형이다. 따라서 기본적인 교수체제 설계모형(ISD모형) 등에 입각한 교수설계에 바탕을 두지 않고 만들어진 교수매체는 사실상 교수매체로서의 가치를 가지기 힘들다고 해도 과언이 아닐 것이다.

2) 교수매체의 기여도

교수-학습과정에서 교수매체의 기여도는 다음과 같다.

① 교수활동이 표준화될 수 있다. 교육현장에서 비록 같은 교과서를 가지고 같은 내용을 수업하더라도 교사 간의 경험이나 지식의 차이에 따라 교수활동의 양과 질이 영향을 받을 수 있다. 그러나 표준화된 교수 매체를 가지고 수업을 하게 되면 교사 개개인의 차이에 따른 수업의 양과 질의 차이를 다소 줄일 수 있어 교수활동이 표준화되는 장점이 있다.

② 교수-학습과정의 효율성을 높일 수 있다. 매체는 교사중심의 강의나 설명에 비해 다양한 감각기관을 자극할 수 있으며, 좀 더 구체적이고 다양한 형태의 정보를 교사의 설명에 비해 빠른 시간에 제시할 수 있다. 따라서 교수-학습목표에 도달하는 데 필요한 시간이 감소되어 효

[그림 9-5] 교수매체와 교수설계와의 관계

율성을 높일 수 있게 된다.

③ 교수–학습의 효과성을 높일 수 있다. 교수매체를 통해 학습내용이 적절하게 제시되면 학습내용의 파지를 높이고 재생을 돕는 효과가 있다.

④ 교수–학습과정의 매력성을 높일 수 있다. 다양한 형태나 방법의 매체를 통한 교수–학습내용의 제공은 학습자의 동기를 부여하고 주의를 집중시키는 데 긍정적인 효과가 있다. 또한 차시 학습에 대한 기대를 높이게 되는 등 학습에 대한 흥미를 유도한다.

⑤ 교수매체가 가진 보완성은 교수자나 학습자에게 필요한 시간에 필요한 장소에서 교수–학습활동이 가능하도록 도와준다. 교수내용이 비디오나 오디오를 통해 저장되어 있다면 학습자는 언제든지 자신에게 맞는 시간에 학습을 할 수 있게 된다. 교수자도 역시 학습자가 가능한 시간에 교수시간을 맞출 필요가 없으므로 서로 편리해진다.

⑥ 매체의 사용은 교수자가 교수–학습과정에서 더욱 긍정적인 역할을 할 수 있도록 돕는다. 우선 준비가 충실하여 수업에 임하는 부담이 줄게 되고, 자세한 설명에 필요한 노력도 줄게 된다. 따라서 교수자는 이렇게 남는 시간을 좀 더 중요한 수업활동에 많이 사용할 수 있게 되고, 개별처치를 필요로 하거나 부연설명을 필요로 하는 학습자에게 더 많은 시간을 할애할 수 있게 된다.

3) 교수－학습과정에서의 교수매체의 역할

일반적으로 교수매체가 교수－학습을 위해 어떻게 활용되는지 그 유형을 살펴보면 다음과 같은 다섯 가지로 구별될 수 있다.

(1) 교사중심의 수업을 보조하기 위한 보조자료 로서의 교수매체

아직까지 가장 일반적인 수업의 형태는 교사중심의 수업이다. 이는 교사가 강의 등의 방법을 통해 수업을 하면서 필요할 때마다 각종 매체를 보조자료로 사용하는 형태다. 이런 수업에서 교수매체의 효율성과 효과성을 교사의 준비와 경험, 그리고 교사의 수행력에 의해 많이 좌우된다. 교사가 보조자료로 교수매체를 사용할 때 고려해야 할 중요한 요소 중의 하나는 수업내용 및 수업방식이 매체의 특성에 맞는지를 확인하는 것이다. 매체에 관한 연구는 어떤 매체도 절대적으로 완벽하거나 모든 종류의 수업내용이나 과제의 유형에 적절한 것은 아니며, 수업의 방식이나 수업내용의 유형에 따라 적절한 매체가 있다는 것을 제시하고 있다.

(2) 교수매체 중심의 수업

최근의 교수매체는 교사가 없는 상황에서도 교수－학습이 가능하도록 설계되고 개발되고 있다. 컴퓨터를 이용한 학습인 LMS(learning management system)가 그 좋은 예다.

LMS는 그 자체에 학습목표의 제시, 내용의 제시, 학습자의 성취도에 따른 분지 및 개별적 처치 등이 포함되어 있다. 하지만 대부분의 학교교육에서는 교수매체를 중심으로 수업활동이 이루어지고, 교사는 그 활동을 촉진하고 효율적으로 운영하기 위해서 보조적인 역할을 하게 된다. 이러한 교수매체 중심의 수업은 학습자 스스로 매체를 이용해 학습을 하기 때문에 교수자는 강의나 설명 등에 소요되는 시간을 줄일 수 있으며, 이렇게 해서 얻어진 시간을 개별 학습자를 위해 할애할 수 있다는 장점이 있다.

(3) 학습자의 개별화 학습을 위한 도구로서의 교수매체

교수매체에서의 개별화란 교수매체와 학습자 간의 활발한 상호작용을 전제로 하고 있음을 이해해야 한다. 상호작용이 없이는 교수매체가 개별 학습자들에 대한 정보를 얻을 수 없으며, 나아가 개별 학습자를 위한 처지가 불가능하기 때문이다. 이런 상호작용은 컴퓨터에 의해 제시될 수 있으며, 따라서 각종교수매체와 컴퓨터가 결합하는 경향이 점차 늘어가고 있다. 인공지능적 LMS와 멀티미디어가 그 좋은 예다.

4) 특수한 대상이나 목적을 위한 교수매체의 활용

교수매체는 특수한 대상이나 목적을 위한 수업에 잘 활용될 수 있다. 예컨대 지능의 부족으로 인하여 정상적인 학습자보다 교사의 처치가 10배 정도 더 필요한 학습자가 있을 때, CAI 등의 적절한 교수매체를 활용하면 더 효과적인 학습을 할 수 있게 되고, 따라서 교사의 시간부담도 줄일 수 있다. 이런 점에서 특수교육과 유아교육은 적절한 교수매체의 개발과 활용이 가장 많이 요구되는 분야다. 또한 원자로에서의 작업이나 우주선에서의 작업 또는 폭발하기 쉬운 화학실험 등 쉽게 연습할 수 없고, 사용 시에 비용 면에서 부담이 큰 특수한 교과나 훈련의 경우에도 교수매체가 적절히 활용될 수 있다.

[그림 9-6] 중증 뇌성마비 아동을 위한 교수-학습용 로봇 시스템

[그림 9-6]은 미국의 오하이오 주에 위치한 한 특수학교에 설치된 교육용 로봇시스템을 보여 주고 있다. 이 로봇시스템은 컴퓨터와 모니터, 로봇 그리고 심한 중복장애(언어장애와 운동장애)를 가진 뇌성마비 학습자용 입력장치인 패드로 구성되어 있는데, 교사와 학습자 간의 커뮤니케이션을 가능하게 해 학습자가 수업과정에 적극적으로 참여 하도록 동기를 높이고 학습효과를 높이는 효과를 나타내었다(김영환, 최중옥, 1996).

5) 원격수업과 가상수업을 위한 교수매체

원격수업은 보통 원격교육(distance education)이라고 통칭되는 것으로, 요즘 전 세계적으로 급속히 확산되고 있다. 원격교육이란 학습자와 교수자가 멀리 떨어져서 교수-학습이 이루어지는 것을 말하는 것으로, 이전에는 주로 라디오, TV, 녹음기 등을 이용한 교육활동이 주종을 이루었다. 그러나 최근에 와서는 광섬유를 이용한 쌍방향 TV, 멀티미디어, 전자우편(e-mail), 위성방송 등이 대중을 이루고 있다. 이렇게 보면 원격교육에서도 교수매체의 활용은 필수적이다. 원격교육에 대해서는 이 책 13장에서 자세히 공부하기로 한다.

4. 교수매체의 종류

교수매체의 종류는 매우 다양하다. 이를 종류별로 구분하는 것은 교수매체에 대한 이해를 넓히기 위해서도 중요하지만, 종류별 특성을 잘 이해하고 이러한 특성에 맞는 활용을 위해서도 중요하다. 교수매체의 종류를 구체적으로 알아보기 전에 이러한 특성을 구별하는 데 도움이 되는 Hoban과 Dale의 모델을 우선 검토해 보자([그림 9-7] 참조).

Hoban과 동료들(1937)은 교육의 목적이 지적 경험을 일반화시키는 데 있

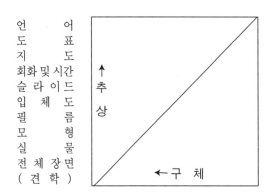

[그림 9-7] Hoban의 시각자료 분류

다고 보았다. 이런 목적을 위해서는 교재의 시각화가 필요한데, 시각화에 필요한 시청각자료는 사실성의 정도에 따라 가치가 결정된다고 보았다. 사실성의 정도란 결국 추상적인 것을 얼마나 구체적으로 전달할 수 있느냐의 정도로서, 학습이 쉽게 이루어지기 위해서는 구체적인 것을 먼저 제시하고 차츰 추상적인 것을 제시하는 구체적-추상적 계열화의 기초를 제공하고 있다

1969년에 Dale은 Hoban의 모델을 더욱 포괄적으로 분류하고 체계화하여 '경험의 원추(Cone of Experience)'라고 부르는 모델을 제시하였다([그림 9-8] 참조). 경험의 원추는 학습자가 가지는 경험을 추상적 단계, 영상적 단계, 행동적 단계로 나누고 있는데, 직접적 경험을 통한 행동적 단계에서 시청각적 자료를 통한 경험이나 관찰을 통한 영상적 단계, 그리고 언어와 시각기호를 통해 이해를 도모하는 상징적-추상적 단계로 진전되면서 개념 형성이 이루어진다는 것을 제시하고 있다. 이러한 Dale의 모형은 후에 구조화된 지식을 인지하기 위한 단계를 행동적·영상적·상징적 표현양식으로 설명한 Bruner에 의해 입증되고 보완되었다.

교수매체는 여러 가지 방법에 의해 분류될 수 있겠지만 주로 제공하는 정보의 형태에 따라 비투사자료, 시각매체, 청각매체, 시청각매체, 상호작용매체 등으로 구분할 수 있다.

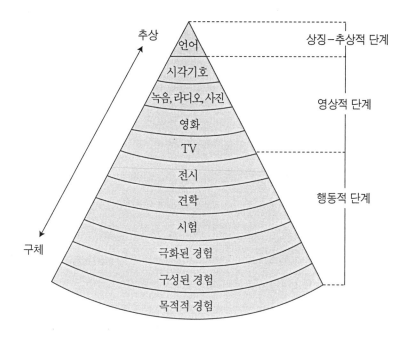

[그림 9-8] Dale의 경험의 원추

　첫째, 비투사자료란 모형, 실물 등 자료를 제시할 때 다른 매체를 이용하지 않고, 제시방법도 광학적이나 전기적인 투사방법을 사용하지 않는다는 특징을 가지고 있다.

　둘째, 시각매체란 주로 광학적이나 전기적인 투사방법을 사용하는 것으로서 자료를 제시하기 위해 매체가 필요하며, 자료의 제시가 주로 시각적인 방법에 의존한다는 특징이 있다. 자료에는 슬라이드, TP 등이 있으며, 이의 활용을 위한 매체로는 슬라이드 프로젝터, OHP 등을 꼽을 수 있다.

　셋째, 청각매체란 주로 청각적인 정보를 전달하는 것으로 라디오, 녹음기 등을 들 수 있다.

　넷째, 시청각매체란 시각과 청각적 정보를 동시에 활용하는 것으로 VTR, 영사기, TV 방송 등이 있으며, 이들을 활용하기 위한 자료인 비디오테이프, 필름 등을 포함한다.

다섯째, 상호작용매체란 주로 컴퓨터에 관련된 것들로서 CAI라고 불리는 컴퓨터 보조수업, 상호작용 비디오, 멀티미디어, 쌍방향 TV 등을 말하며, 학습자와의 상호작용이 가능하다는 것이 다른 매체와 비교되는 큰 특징이다.

이러한 매체는 최근에 와서는 컴퓨터에 관련된 공학의 발달에 힘입어 차츰 컴퓨터를 중심으로 통합되어 가고 있다. 예컨대 멀티미디어의 경우만 해도 그림, 필름 등의 동영상과 만화, 글자 등을 모두 포함하고 있으며 학습자의 반응에 따라 개별화된 피드백을 제시하는 적극적인 상호작용을 가능하게 하고 있다. 또한 개별 학습자의 데이터가 모두 저장되어 언제 어디서라도 필요한 경우에는 찾아볼 수 있게 한다. 각각의 유형에 대해서는 앞으로 좀 더 구체적으로 알아보기로 한다.

5. 교수매체의 선정과 활용을 위한 ASSURE 모델

ASSURE 모델은 수업매체와 자료를 효과적이고 체계적으로 활용하기 위한 지침으로 절차적 모형의 일종이다(Heinich, Molenda, & Russel, 1996). ASSURE라는 이름은 6개로 구성되어 있는 중요 절차의 머릿글자를 모아서 만든 두문자다.

1 학습자 분석(analyze learners): 학습자의 일반적인 특성과 출발점 능력, 학습양식 등을 검사지나 인터뷰를 통해서 분석한다.

2 목표진술(state objectives): 목표를 진술하고 그 목표의 성취에 알맞은 교수매체를 선정하며 그를 위한 환경과 평가기준을 제시한다.

3 교수매체와 자료의 선정(select media and materials): 기존의 자료를 검색하고 목표에 맞게 수정하거나 새롭게 제작한다.

4 수업도구와 자료의 활용(utilize media and materials): 수업에 사용하기 전에 먼저 내용을 확인하고 연습한 후 학습자에게 미리 매체에 대한 정

보를 주어야 한다. 제시 후에는 토론이나 소집단 활동 및 개별 보고서 등의 사후 학습을 계획한다.

⑤ 학습자의 참여 이끌기(require learner participation): 학습자의 참여를 이끌어 낼 수 있는 토의, 퀴즈, 연습문제 등을 준비한다.

⑥ 평가와 수정(evaluation and revise): 학습자의 성취도를 측정하고 매체와 방법에 대해 평가한 후 수정이 필요한 부분을 파악한다.

ASSURE 모델은 실제 교실에서의 수업을 위해 매체와 자료의 활용을 위한 계획의 수립에 초점을 맞추고 있기 때문에 일반적인 ISD 모델과는 그 성격이 다르다. 즉, ISD 모델이 각종 분석에서부터 평가에 이르는 교수의 전 과정을 다룬다면 ASSURE 모델은 일상적인 수업에서 매체와 관련된 교사의 일을 자세히 기술하고 있다(Heinich et al., 1996).

6. 시각디자인과 비주얼 리터러시

교수-학습 자료의 설계와 개발을 위한 시각디자인이란 교수-학습상황에 필요한 시각자료를 설계하고 개발·활용하는 데 관련된 기본적 원리와 실행에 필요한 정보를 말한다. 적절하게 시각화된 정보나 자료는 학습자의 주의를 집중시킬 수 있으며 기억을 쉽게 하는 등의 다양한 장점이 있어서 시각디자인은 교수-학습에 관련된 중요한 영역 중의 하나다.

최근에는 컴퓨터, 복사기, 컬러프린터 등의 각종 교수매체에 관련된 하드웨어와 소프트웨어(각종 저작도구 및 그래픽 도구)의 발달로 교육실무자가 직접 매체를 개발하는 경우가 증가하고 있다. 따라서 차세대 교사는 시각디자인에 대한 기본개념을 알고, 이를 활용할 줄 아는 능력이 갈수록 더 요구되는데, 이런 능력을 비주얼 리터러시(visual literacy)라고 한다.

1) 시각정보의 교육적 특성

적절하게 제시된 시각정보는 다음과 같은 특성을 가진다.

① 시각적 정보는 주어진 공간 안에 언어적 정보보다 많은 양의 정보를 제시할 수 있다.
② 언어적으로 복잡한 내용을 시각적으로 제시를 통해 단순화시킬 수 있다.
③ 언어나 어휘가 가지는 추상성을 명료하게 해 준다.
④ 앞으로 제시될 정보에 대한 선행조직자의 역할을 한다.
⑤ 적절히 제시된 시각적 정보는 강조되어야 할 부분을 명확히 할 수 있다.
⑥ 역동적 시각정보는 학습자의 주의를 쉽게 끌고 흥미를 높여 준다.
⑦ 적절하게 제시된 시각정보는 언어적 제시보다 빨리 이해되고 오래 기억된다.

2) 시각정보의 유형

시각정보의 제시에는 다양한 유형이 있다. 어떤 유형을 사용할 것인가는 제시하려는 과제의 내용이 어떤 것인가, 그리고 강조해야 할 것이 무엇인가에 따라 달라진다. 시각자료의 유형은 크게 사실적 · 유추적 · 조직적인 것의 세 가지로 나뉜다(Dale, 1969).

사실적 시각정보란 제시하고자 하는 내용이 구체적인 사물이나 사실로서 구체적인 시각화가 용이하거나 가능한 경우에 많이 사용하게 되는데, 그 방법으로는 사진과 그림의 픽토리얼(pictorial) 심벌, 도안이나 약화의 그래픽 (graphic) 심벌 그리고 개념의 진술이나 이름 등의 언어적 심벌 등이 있다. [그림 9-9]는 이 세 가지 형태의 예를 보여 주고 있다.

유추적 시각정보란 제시하고자 하는 내용을 사실적으로 제시했을 때 이해하기 어렵거나 흥미를 끌기 힘든 경우 그 내용과 유사한 개념을 사용해 시각적으로 제시하는 것이다. 예를 들면, 양치질이나 프라그를 제거하는 것을

[그림 9-10]처럼 만화적으로 제시하거나, 원자의 구조를 설명하기 위해 이미 학습자가 알고 있는 태양계의 구조를 이용하는 것을 들 수 있다.

조직적 시각정보란 도표 · 지도 · 분류도 · 플로차트(flow chart) 등과 같이

픽토리얼 심벌		그래픽 심벌		언어적 심벌	
사진	그림	개념화된 도안	약화되거나 약속된 도안	개념	명사 또는 이름
				4~5명의 사람을 편안하게 운송하기 위한 목적의 소형자동차	승용차
				여성인 사람	여성

사실적 ◄- ► 추상적

[그림 9-9] 사실적 시각정보의 제시 유형

만화적으로 제시된 예

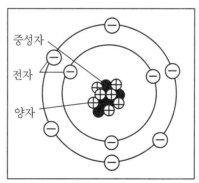

친숙한 개념을 이용한 예

[그림 9-10] 유추적 시각정보의 예

제시하는 내용의 요점이나 중요한 개념 간의 관계를 명확하게 하기 위한 시각정보 제시방법이다.

3) 학습자가 좋아하는 그림과 학습에 효과적인 그림

학습자가 좋아하는 그림이 학습을 위해 항상 효과적인 것은 아니다. 따라서 교사는 학습자의 선호 여부에 치중하지 말고, 학습에 좀 더 효과적인 그림을 선택해야 한다. 참고로 초등학교 학생은 일반적으로 흑백보다는 컬러를 좋아하고, 저학년은 복잡한 그림보다는 단순한 그림을, 고학년은 단순한 그림보다는 복잡한 그림을 더 좋아한다.

4) 시각정보의 사실성 정도와 학습량

관련연구의 결과에 따르면 사실성이 너무 높거나 너무 낮은 것은 학습에 그다지 도움을 주지 못한다고 한다. 중요한 것은 얼마나 사실적인가의 문제가 아니라 얼마나 적절한 수준의 사실성을 지녔는가다. [그림 9-11]은 Pettersson이 사실성 수준과 학습량 및 학습목표와의 관계를 도표화한 것이다.

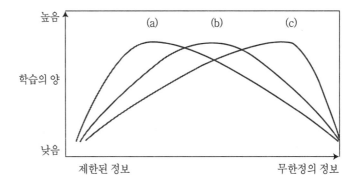

[그림 9-11] 사실성 수준과 학습량 및 학습목표와의 관계(Pettersson, 1989)

5) 시각정보의 해독에 영향을 주는 요인

(1) 나이

시각정보를 받아들이고 이해하는 것은 나이에 따라 차이가 있는데 이것은 경험의 차이와 인지능력 차이에 기인한다. 12세 이하의 학습자는 영화를 볼 때 전체보다는 장면단위로 기억하는 데 비해 성인은 전체적으로 영화를 이해하는 데 이것이 인지적 차이다.

(2) 문화적 차이

문화적 차이를 가지고 있는 집단은 시각정보를 다르게 해독할 수 있다. 왜냐하면 어떤 시각정보는 문화를 바탕으로 하여 학습된 것이기 때문이다. 다음에 제시된 [그림 9-12]를 보고 여러분은 무엇을 떠올리는가? 미국의 학생은 무엇을 떠올리겠는가? 그리고 초등학교 저학년 학습자는 여러분과는 달리 무엇을 생각하겠는가?

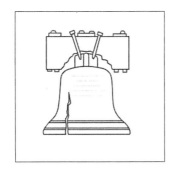

[그림 9-12] 문화적 차이에 따라 달리 해석될 수 있는 그림(Heinich et al., 1986)

6) 시각정보가 적절히 활용될 수 있는 경우

시각정보가 적절히 활용될 수 있는 경우는 다음과 같다(Wileman, 1993).

① 구체적인 사물이나 사실을 사진이나 그림으로 제시하기

② 일의 수행절차나 처리과정

③ 안내 또는 지시

[그림 9-13] 구명복 착용절차

④ 각종 데이터의 제시

■ 지난 한 해 동안 누군가를 때려 봤는가(학교별)

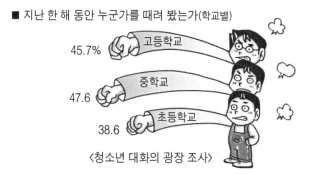

〈청소년 대화의 광장 조사〉

■ 국내 디지털 정보량

[그림 9-14] (상)학교별 학생의 폭력경험(조선일보, 1996),

(하)국내 디지털 정보량(전자신문, 2007. 7. 19.)

⑤ 시간의 흐름에 따른 변화의 제시

[그림 9-15] 배의 발달사

⑥ 이론의 기본 구조나 과정

⑦ 조직이나 사물 또는 개념의 구조

⑧ 태도 및 감정(사랑, 분노, 불안 등)

⑨ 장소나 지도

7) 시각정보의 설계

시각정보를 설계할 때 고려해야 할 요소는 다음과 같다.

(1) 배열

ABC를 잘 사용하면

Arrangement (배열)
Balance (균형감)
Color (색)

DEFGH가 높아지는 좋은
시각정보를 설계할 수 있다.
Dynamism (역동성)
Emphasis (강조)
Fidelity (사실성)
Graphic Harmony (조화)

ABCDEFGH   ⟶   배균색! 역강사조!

[그림 9-16] 시각디자인의 ABCDEFGH

시각정보나 문자정보는 보는 사람의 주의를 끌 수 있어야 하며, 의도하고 자 하는 내용에 바로 주목할 수 있도록 배열되어야 한다. 이를 위해서 다음 과 같은 전략을 고려한다.

❧ **배열전략 1:** 수평선(안정감과 평온감), 수직선(힘을 암시한다, 읽는 패턴에 방해가 된다), 사선(동작, 운동, 역동성), 곡선(부드러움과 움직임)의 특성 을 잘 살려서 사용한다.

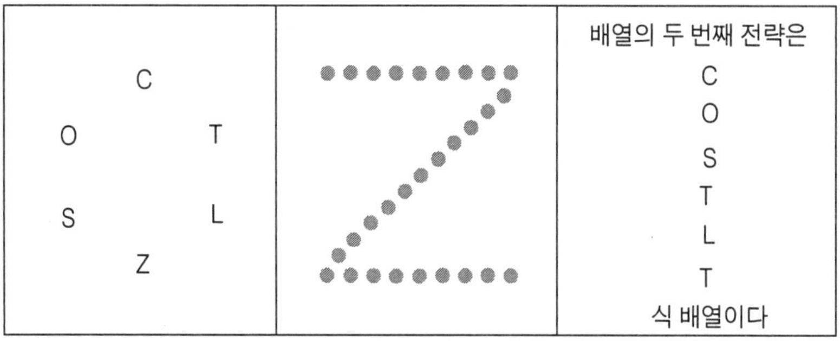

[그림 9-17] O, Z, T 자 배열

❧ **배열전략 2:** 학습자에게 친숙한 모양의 형태로 배열하는 것이 좋다. 좀 더 구체적으로는 C, O, S, Z, L, T 등의 모양을 활용할 수 있는데 원, 사 각형, 삼각형 등의 가하학적 모양은 대부분의 학습자에게 익숙하고 전체를 예측하기 쉬운 장점이 있다. S, Z, L, T 등은 움직임을 표현할 수 있는 배열방법이다.

❧ **배열전략 3:** 연구결과에 따르면 사람들이 가장 먼저 보는 곳이 좌상단 1/3 지점이며, 그다음은 좌하단 1/3 지점 그리고 우상단 1/3 지점 등 으로 나타나고 있다. 따라서 제시영역의 좌상단 1/3 지점에 가장 중 요한 내용을 배열하는 것이 좋다. 중앙은 안정적이기는 하지만 흥미 를 가장 적게 끄는 부분이므로 중요한 내용의 배치에는 부적절하다.

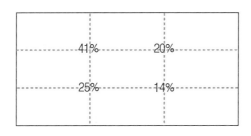

[그림 9-18] 1/3의 배열전략

(2) 균형감

균형감(balance)이란 수평적·수직적 또는 두 가지 모두의 무게감에서 비롯된 것이다. 균형감의 종류에는 좌우대칭형, 비대칭형, 균형이 없는 형 세 가지가 있다. 이 중에서 비대칭형이 가장 다이나믹하고 흥미를 끄는 형태인데 C, S, Z, T 형 등의 배열은 이런 비대칭형에서 파생된 것이다.

(3) 색 상

색상(color)을 잘 활용하는 것은 사실 상당히 어려운 일이다. 옷을 사러간 경우를 떠올려 보면 쉽게 알 수 있을 것이다. 이렇게 색상의 사용을 어려워하는 것은 무슨 까닭일까? 색상은 그 속성상 사용을 어렵게 하는 점이 있으며, 이러한 속성을 Salomon(1992)은 다음과 같이 세 가지로 제시하고 있다.

① 색상은 환경에 상호작용적이며 환경의존적이다. 형태·위치·크기 등에 의해 느낌이 크게 달라진다.

② 변화하는 외부 조선은 색상의 인지에 영향을 준다.

③ 색상은 개인 간의 다음과 같은 생리학적·문화적 차이를 가진다.

• 나이가 든 사람이 대체로 젊은 사람보다 색상에 둔감하고 종종 더 높은 명도를 필요로 한다. 또한 이들은 파란색 계통을 구별하지 못하기도 한다.

• 남자의 8%와 여자의 0.5%가 색맹이다. 가장 흔한 색맹은 빨강과 초록

을 구별하지 못하는 적록색맹이다.
- 문화적 차이는 각 개인이 인지하는 색과 그 색이 가지고 있는 상징성에 영향을 미친다.

이처럼 색의 사용은 시각디자인에 관련된 여러 다른 요소의 사용에 비해 쉽지 않으므로 색을 사용할 때는 특히 신중을 기해야 한다. Salomon(1992)은 좀 더 적절하고 올바른 색의 사용을 다음과 같이 제시하고 있다.

1 사용자의 경험에 맞는 색의 상징성을 이용해서 내용을 이해하는 데 도움이 되도록 한다.
2 암기를 위한 장치를 제공할 때 사용한다.
3 실제 세계의 특성을 묘사하는 데 사용한다.
4 많은 데이터 중에서 강조하거나 의미를 두는 부분을 묘사할 때 사용한다.
5 시각적 힌트가 될 수 있도록 사용한다.
6 분류할 필요가 있을 때 사용한다.
7 어떤 특정한 감성적 반응을 이끌어 내고 싶을 때 사용한다.
8 너무 많은 색을 한꺼번에 쓰는 것은 좋지 않다.
9 유사한 색상을 쓰는 것이 효과적일 때가 많다.

8) 문자정보 디자인

문자정보를 시각정보와 함께 사용할 때 주의해야 할 점은 다음과 같다.

1 시각정보가 주는 느낌을 방해하지 않는 문자체를 사용한다.
2 가능한 한 단순한 형태의 문자체가 좋다.
3 문자의 색을 지정할 때에는 배경색과의 조화를 고려해야 한다.
4 행간이 너무 붙거나 떨어지지 않도록 하고, 한 번에 읽을 수 있는 적당한 양을 사용한다.

9) 시각디자인의 평가기준

〈표 9-1〉은 시각디자인을 마치고 나서 평가를 위해 사용할 수 있는 준거로 시각디자인을 위한 체크리스트로도 활용할 수 있다.

표 9-1 시각디자인의 평가기준

구 분	평 가 항 목	평가점수				
		5	4	3	2	1
명확성	1. 제시된 글자나 그림의 크기는 적절한가? 2. 제시된 글자나 그림은 명확하게 인쇄되었는가? 3. 제시된 글자나 그림은 배경과 명확하게 구분되는가? 4. 제시된 그림은 학습자나 기타 목표로 하는 대상에 적합한가? 5. 주의집중전략은 적절히 활용되었는가? 6. 제시된 그림이나 도형이 정말 중요한 것으로만 구성되어 간결한가? 7. 시각적 계열화가 필요한 경우, 그 계열화는 적합한가?					
효과성	1. 제시된 요소는 균형적으로 배열되어 있는가? 2. 제시된 시각정보의 테두리는 적절한가? 3. 제시된 시각정보는 화면을 효율적으로 활용하고 있는가? 4. 복수의 단어와 그림이 제시되었을 때, 어느 단어가 어느 그림에 속하는지 명확하게 구분되는가? 5. 그림이나 사진이 제공되었을 때 이들은 목적이 잘 나타날 수 있는 각도에서 잡은 것인가? 6. 제시하는 내용과 방법이 서로 일치하며 논리적인가?					
매력성	1. 제시된 시각정보는 학습자가 가지고 있는 경험이나 흥미에 부합하는가? 2. 제공된 시각정보가 학습자가 다음 내용에 대한 심적 준비도나 안정감을 가질 수 있도록 도와주는 일관된 스타일이 있는가? 3. 제시된 시각정보는 주의를 끄는가? 4. 제시된 시각정보는 흥미를 지속시키는가? 5. 제시된 시각정보는 기억을 도울 수 있는 방법을 제시하거나 포함하고 있는가?					

요약

1. 교수매체는 교육목표를 달성할 수 있도록 교수자와 학습자, 학습자와 학습자 사이에서 학습에 필요한 커뮤니케이션이 발생하도록 도와주는 다양한 형태의 매개수단과 시스템을 말한다.

2. 좁은 의미의 교수매체로는 슬라이드 · 비디오 · 사진 · CAI 등이 있으며, 교수자의 수업활동을 도와주는 것이 해당된다.

3. 넓은 의미의 교수매체로는 수업설계전략에서부터 학교의 교육환경을 비롯하여 교육을 지원하는 정보통신의 산물 등이 포함된다.

4. Berlo의 SMCR 모델은 커뮤니케이션 과정에 포함되어 있는 여러 요소의 역동적인 관계를 설명하는 것으로 송신자, 전달내용, 통신수단 그리고 수신자 등으로 구성되어 있다.

5. Schannon과 Schramm의 커뮤니케이션 모델은 송신자와 수신자 사이의 경험의 장의 차이와 소음 그리고 피드백을 고려하는 것이 특징이다.

6. 교수매체는 교수-학습과정에서 교수활동을 표준화시켜 주고, 효율성과 효과성, 매력성을 높여 주며, 필요한 시간, 필요한 장소에서 교수-학습활동이 가능하도록 도와준다. 뿐만 아니라 매체의 사용에서 교수자가 긍정적인 역할을 하도록 도와준다.

7. 교수-학습과정에서 교수매체는 교사중심의 수업을 보조하기 위한 보조자료, 교수매체 중심의 수업, 개별화 학습을 위한 수업, 원격수업, 특수한 대상이나 목적을 위한 수업의 다섯 가지 유형으로 활용된다.

8. 교수-학습자료의 설계와 개발을 위한 시각디자인이란 교수-학습 상황에 필요한 시각자료를 설계하고 개발하며 활용하는 데 필요한 기본적 원리와 실행에 필요한 정보를 적용하는 것을 말한다.

9. 비주얼 리터러시(Visual literacy)란 시각디자인을 만들어 내고 해독할 수 있는 능력이다.

10. 시각정보에는 사실적·유추적·조직적인 세 가지 유형의 시각정보가 있다.

11. 학습량은 얼마나 더 사실적인가보다 얼마나 적절한 수준의 사실성인가에 의해 좌우된다.

12. 학습자가 좋아하는 그림과 학습에 효과적인 그림이 항상 일치하는 것은 아니므로, 이 둘을 적절히 구별하고, 학습을 위해서는 되도록 효과적인 그림을 사용하도록 한다.

13. 시각정보의 해독에 영향을 주는 요인에는 나이, 문화적 차이 등이 있다.

14. 시각정보의 설계에는 시각디자인의 ABCDEFGH가 있다. A(arrangement), B(balance), C(color), D(dynamism), E(emphasis), F(fidelity), G(graphic harmony)가 높아지는 좋은 시각정보를 설계할 수 있다.
① 배열: 화면에 제시되는 시각정보나 문자정보는 보는 사람의 주의를 끌 수 있도록 하며, 곧바로 의도하고자 하는 내용에 주목할 수 있도록 배열되어야 한다.
② 균형감: 균형감의 종류에는 좌우대칭형, 비대칭형, 균형이 없는 현의 세 가지가 있는데, 비대칭형이 가장 흥미를 끈다.
③ 색상: 색상은 상호작용적이며, 색의 인식은 변화하는 외부조건에 영향을 받는다. 또한 생리학적·문화적 개인차를 가지므로 사용이 쉽지 않아서 신중한 사용을 요한다.

연 습 문 제

1. 다음 중 교수매체를 활용하고자 할 때, 가장 먼저 해야 할 활동은? 2001 중등기출
   ① 최적의 교수매체와 자료를 선정한다.
   ② 교수매체와 자료를 수업에서 활용한다.
   ③ 교수매체와 자료의 활용 결과를 평가한다.
   ④ 교수매체를 적용할 학습자의 제반 특성을 분석한다.

2. Dale의 경험의 원추에 따라 매체를 나열할 경우, 그림에서의 위치와 매체가 적절하게 묶인 것은? 2003 초등기출

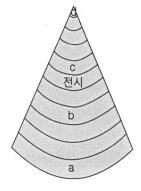

   ① a-TV
   ② b-시범
   ③ c-인쇄물
   ④ d-직접적 경험

3. 교육공학 발전에 기초가 된 이론들에 대한 설명 중 바르게 된 것은? 2003 중등기출

   ① Hoban의 시각자료 분류에 의하면, 슬라이드는 모형보다 더 구체적이다.
   ② Finn의 '검은상자' 모형은 개별적인 시청각 매체의 효과를 해독하는 것을 목적으로 한다.
   ③ Ely의 시청각 커뮤니케이션 모형에서의 '방법'은 메시지 전달 수단으로서의 교재나 교구를 말한다.
   ④ Dale의 경험의 원추 모형에 의하면, 극화된 경험은 TV나 영화를 보는 것보다 더 구체적인 학습경험을 제공한다.

4. 다음 〈보기〉에서 두 교사는 매체의 어떤 속성을 가장 잘 활용하고 있는가?

2002 초등기출

> **보기**
>
> • 김 교사는 물고기가 움직이는 모습을 담은 비디오를 느린 동작으로 학생들에게 보여 주었다.
> • 최 교사는 개구리 해부도를 컴퓨터에 담고 중요한 부분을 붉은 색으로 칠한 후 빔 프로젝터로 확대하여 학생들에게 보여 주었다.

① 고정성   ② 조작성
③ 구체성   ④ 반복성

5. 다음 그래프는 Dwyer가 제시한 시각자료의 사실성 정도와 학습량의 관계를 나타낸 것이다. 이것이 의미하는 것은?

2002 중등기출

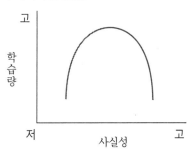

① 사실성이 높을수록 학습성취가 높아진다.
② 사실성이 높을수록 학습성취가 낮아진다.
③ 학습성취는 사실성의 정도와 관계가 없다.
④ 사실성이 지나치게 높거나 낮으면 학습성취가 낮아진다.

6. Berlo의 SMCR모형에 관한 설명으로 옳은 것은?

2004 중등기출

① 메시지는 내용, 요소, 처리, 해독으로 구성된다.
② 잡음(noise)을 메시지 전달 과정의 중요한 변인으로 고려한다.
③ 송신자의 메시지는 수신자의 시각과 청각에 의해서만 전달된다.
④ 송신자는 통신기술, 지식수준, 사회체제, 문화양식에 의해 영향을 받는다.

7. ASSURE모형을 활용하여 교수매체를 활용하고자 할 때, 〈보기〉에 제시된 교사
의 활동 단계는?   2004 중등기출

> **보기**
>
> • 수업자료가 학습자와 학습목표에 적절한가를 사전에 검토한다.
> • 교수매체를 이용할 교실의 주변 환경을 점검한다.
> • 학습자에게 학습 준비를 위해 학습내용과 교수매체에 관한 정보를 제공한다.

① 목표 진술   ② 학습자 분석
③ 평가와 수정   ④ 매체와 자료의 활용

8. 양질의 수업용 소프트웨어를 선정하는 교육적 기준으로 적절치 않은 것은?
                                                              2001 중등기출

① 내용의 정확성 및 구조화 정도
② 적용하고 있는 수업 전략의 적합성
③ 학습자 통제 및 상호작용의 적절성
④ 소프트웨어 개발에 이용된 프로그래밍 언어

9. 다음 중 수업에 필요한 매체의 선정기준이 아닌 것은?
① 수업목표의 성격   ② 수업내용의 특성
③ 교수자의 선호도   ④ 학습자 집단의 크기

10. 다음 중 매체가 교사의 보조물로 활용될 때 매체의 효과성에 가장 큰 영향을 미
치는 요인은?
① 매체의 기술적 질
② 학생의 흥미와 관심
③ 교사가 매체를 활용하는 방법
④ 학습자의 주의를 끄는 시청각적 효과

11. 식물의 한살이에 관한 수업을 할 때 Dale의 경험의 원추에서 설명하는 가장 구체적인 경험은?　　　　　　　　　　　　　　2006 초등영양기출

　　① 식물원 견학을 간다.

　　② 채송화를 기르면서 관찰한다.

　　③ 책을 찾아 조사한다.

　　④ 식물의 한 살이에 대한 비디오를 시청한다.

12. 다음 중 시각자료의 제작 원리로 옳게 기술된 것은?　　　　　2000 중등기출

　　① 시각자료는 정교할수록 좋다.

　　② 중요한 내용은 화면의 오른쪽 하단에 배치하는 것이 좋다.

　　③ 연령이 낮을수록 차분하고 어두운 색상을 사용하는 것이 좋다.

　　④ 내용과 관련 없는 시각자료는 주의를 분산시킬 수 있으므로 피한다.

전통적 교수매체

비투사자료와 투사매체는 교실에서 가장 흔하게 볼 수 있는 교수매체다. 이들은 다른 첨단매체가 가지지 못한 독특한 장점을 가지고 있으며, 이들을 적절히 활용하는 것은 중요하다.

실물 / 모형 / 도표 / 그래프 / 포스터 / 만화 / OHP와 TP / TP의 제작방법 / TP 디자인의 기초 / 실물화상 / 교육방송 / 방송수업 / 시청각매체의 특징 시청각매체의 장단점 / 시청각교재개발 / 청각정보 디자인 전통적 교수매체란 최근 새롭게 개발되고 있는 각종 디지털 매체인 컴퓨터, 인터넷, ICT, e-러닝 그리고 원격교육 등을 제외한 매체를 말한다. 이들에는 실물, 모형, 그림 등 별도의 기구나 기계 등의 매개물이 없이도 교수-학습을 위해 적절히 활용될 수 있는 것이 있는데, 이들을 비투사자료라고 한다. 그리고 OHP나 슬라이드와 같이 투사해서 사용하는 매체를 투사매체라고 하고 비디오처럼 시각정보와 청각정보가 동시에 제시되지만 디지털방식이 아닌 아날로그 방식으로 제작되고 활용되는 것을 시청각매체라고 한다.

이 장에서는 전통적 교수매체인 비투사자료, 투사매체 그리고 시청각매체에 대해서 공부할 것이며 마지막으로 시청각매체의 제작과정도 함께 공부하게 될 것이다. 이 장의 학습을 끝낸 후에 학습자는 다음과 같은 학습목표를 성취하기를 기대한다.

1. 비투사자료와 투사매체의 개념을 구별하여 설명할 수 있다.
2. 비투사자료의 종류와 특성을 설명할 수 있다.
3. 투사매체의 종류에 따른 특성을 구별할 수 있다.
4. TP 디자인을 위한 기본 원리를 일곱 가지 이상 설명할 수 있다.
5. 시청각매체의 개념을 예를 들면서 설명할 수 있다.
6. 시청각매체의 종류에 따른 특징과 장단점을 도표로 그리면서 비교 설명할 수 있다.
7. 교육방송과 방송수업의 개념을 구별하여 설명할 수 있다.
8. TV 방송의 장단점을 비교하며 설명할 수 있다.
9. 시청각매체의 특성과 교육적 의의를 다섯 가지 이상 제시할 수 있다.
10. 시청각매체의 활용을 위한 기본적인 절차와 원리를 이해하고 적용할 수 있다.
11. 시청각매체 사용 전에 준비할 사항을 아홉 가지 이상 제시할 수 있다.
12. 시청각매체의 설계원리를 설명할 수 있다.

1. 비투사자료

비투사자료는 실물과 모형, 각종 도표와 그래프, 그리고 포스터 등과 같은 매체로 영화나 슬라이드 등의 광학적 방법이나 TV나 컴퓨터 등의 전자적 매체와는 달리 투사되지 않기 때문에 비투사자료라는 이름이 붙었다. 또한 매체와 자료는 개념상 구별이 필요하다. 여기서 매체는 주로 기계장치를 말하며 자료는 이런 장치에서 사용되는 소프트웨어를 말한다. 예컨대, 슬라이드 기계와 VTR은 매체이고 슬라이드용 필름이나 비디오테이프는 자료가 된다.

1) 실물과 모형

실제 사물을 수업목적으로 활용할 때 그 사물을 실물이라고 하며, 모형은 실물이 가진 특성을 나타내도록 만들어진 물건을 말한다.

(1) 실 물

실물은 학습자에게 가장 사실적이고 생생한 경험을 제공하여 학습동기를 높이고 자세한 관찰과 조작을 통해 이해를 확실히 하는 장점을 가진다. 반면에 다음과 같은 단점도 있다.

① 사물의 겉모습은 쉽게 관찰할 수 있으나 각 부분의 보이지 않는 특성이나 내면의 상태는 관찰이 어려워서 쉽게 이해시키기 어렵다.
② 너무 큰 실물은 교실에서 사용이 불가능하고, 너무 작은 실물은 비디오 카메라와 TV 또는 현미경 등 확대해서 보여 줄 수 있는 매체와 함께 사용되어야 한다.
③ 비용, 계절적 영향, 안전성 등에 따라 선정과 활용에 제한을 받는다.
④ 교실에 들이기 어려운 실물의 경우에는 학생이 실물이 있는 쪽으로 가는

견학을 이용할 수 있으나, 견학의 경우에는 시간과 경비가 많이 든다.

(2) 모 형

모형은 실물을 나타내기 위해 인위적으로 만든 입체자료를 말하며, 모형의 종류는 기능과 형태, 목적에 따라 매우 다양한데, 종류와 특성을 정리하면 다음과 같다.

① 모형의 종류
모형의 종류는 다음과 같다.

1 정밀모형: 실물의 크기를 정확한 비율로 축소하거나 확대해서 만든 것으로 DNA 구조 모형, 거북선의 모형 등이 있다.

2 단순모형: 실물을 단순화시킨 것으로, 정밀모형처럼 정확한 비율로 축소하거나 확대하지는 않았지만 실물의 중요한 특징이나 구조 등을 알 수 있도록 중요하지 않는 부분을 삭제하거나 강조하여 만든 모형이다. 원자로나 발전기의 모형 등이 있다.

3 작동모형: 움직임을 제시할 필요가 있을 때 만드는 것으로, 움직임의 과정이나 원리 등의 제시를 위해 사용된다. 자동차 실린더의 배기 밸브와 피스톤의 움직임을 보여 주기 위한 것이 있다.

4 단면모형: 사물의 내부구조를 보여 줄 필요가 있을 때 사용하는 것으로, 외장재의 일부를 제거하거나, 사물의 한 면을 자르거나, 또는 외장재를 투명한 유리나 플라스틱으로 만들어서 단면이나 내부구조가 드러나게 한 것이다. 나무의 나이테가 보이도록 절단한 것, 외장재의 일부를 제거한 컴퓨터 모니터 등이 이에 속한다.

② 모형의 특성
모형의 특성은 다음과 같다.

① 입체적이다.
② 실제 사물의 특징이나 중요한 점을 부각시킨다.
③ 확대나 축소를 통해 쉽게 지각하고 다룰 수 있게 한다.
④ 실물을 통해서는 할 수 없는 활동을 가능하게 한다.

2) 도표와 그래프

도표(圖標)란 조직적 시각정보의 일종으로 '그림으로 만든 표'라는 뜻이다. 종류의 분류를 위해서 사용되는 분류도, 조직을 나타내는 조직도, 시간의 흐름에 따른 변화를 나타내는 시간도, 그리고 절차나 과정을 나타내는 흐름도(플로차트) 등으로 구분된다. 그래프는 숫자정보를 시각화시켜서 제시하여 이해를 쉽게 할 때 사용하는 것으로 막대그래프, 원그래프, 꺾은선그래프, 그림그래프 등이 있다.

도표나 그래프는 내용을 파악하기 쉽게 해 주는 장점이 있지만, 시각디자인의 원칙에 위배되는 경우 주의를 분산시키거나 수업내용의 초점을 흐리게 하므로 제작과 선정에 주의가 필요하다.

3) 포스터와 만화

포스터는 정보를 빠른 시간에 효과적으로 전달하기 위해 만드는 시각자료로, 학습자의 흥미를 자극하거나 동기를 유발시키고 각종 안전수칙을 준수하게 하려는 목적으로 많이 쓰인다.

만화는 아마 연령과 성별을 떠나 학습자에게 가장 인기가 있는 자료일 것이다. 이러한 인기는 만화의 특징인 간결성과 해학성, 그리고 속도감을 바탕으로 하고 있다. 그러나 만화는 그 속성상 그림과 대화만으로 이루어지기 때문에 보는 사람에 따라 다르게 해석할 수도 있어서 대상의 시각적 경험과 언어에 대한 이해와 배려가 없이 제작된 경우에는 수업의 안전성 면에서 문제점을 초래할 수 있다.

2. 투사매체

투사매체란 주로 빛을 이용해서 투명한 필름을 투사하여 시각적으로 자료를 제시하는 매체를 말하며, 이렇게 빛을 만들어서 자료를 투사하기 위한 OHP, 실물환등기, 슬라이드 등의 기계장치는 매체를 필요로 한다는 점에서 아무런 기계장치를 필요로 하지 않는 비투사자료와 구별된다. 여기에서는 OHP와 실물환등기에 대하여 살펴보고자 한다.

1) OHP와 TP

OHP란 영어의 'Over Head Projector'에서 딴 두문자어(頭文字語)로서 교사의 머리 위로 투사되는 OHP의 특징에서 비롯되었으며, TP란 'TransParency'의 약자로서 OHP 위에 얹혀 투사되는 내용이 실리는 필름을 말한다. OHP와 TP는 여러 가지 장점으로 인해 수업에서 가장 많이 사용되어 왔다.

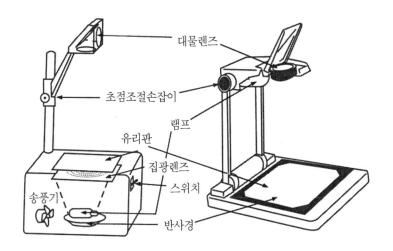

[그림 10-1] 투사식 OHP(좌)와 반사식 OHP(우)의 구조

(1) OHP의 종류

OHP는 투사식과 반사식의 두 가지 종류가 있는데, 이들 모두 강한 빛을 내는 램프를 이용해서 투명한 TP에 제시된 정보를 투사한다는 점에서는 같다. 다만 투사식은 직접 투사를 통해, 반사식은 반사를 통해 제시한다는 점과 반사식이 좀 더 단순하고 가벼워서 투사식에 비해 이동과 보관이 편리하다는 차이가 있다.

(2) OHP와 TP의 장점

장점의 자세한 내용은 다음과 같다.

① OHP의 조작이 간단하고 쉽다.
② 비교적 밝은 조명 아래에서도 사용이 가능하기 때문에 빛을 차단하기 위한 암막장치나 차광커튼 등이 필요 없다.
③ 학습자를 마주보면서 사용할 수 있어서 학습자의 관찰과 통제가 용이하다.
④ TP의 제작이 다른 매체에 비해 싸고, 쉽고 빠르게 제작 가능하다.
⑤ 유성 컬러 사인펜이나 투명 유색 접착지 등을 사용해서 수작업으로도 쉽게 컬러 TP를 만들 수 있다. 요즘에는 컬러 잉크젯을 많이 사용해서 컬러 TP를 쉽게 제작한다.
⑥ 상업목적으로 생산하지 않고 교사가 직접 수업에 쓰는 한, 기존에 나와 있는 도안집이나 책, 광고지의 일부 등 필요한 그림이나 사진을 복사해서 TP를 제작할 수 있다.

(3) OHP와 TP의 단점

단점의 자세한 내용은 다음과 같다.

① 휴대용이 아닌 일반 OHP는 너무 무겁고 커서 이동이 필요한 경우에는 불편하다.

② 전구가 터질 염려가 많기 때문에 항상 여분의 전구를 준비해야 한다.

③ 복수의 TP를 사용해서 수업을 여러 번 반복할 경우 TP의 순서가 뒤바뀔 우려가 있으므로 다음 수업시간 전에 순서를 확인하고 분실되거나 파손된 것이 없는지 확인해야 한다.

④ TP에 강의 개요가 함께 들어가 있지 않은 경우 재강의 시 설명이 동일하게 되지 않을 확률이 높기 때문에 교사의 철저한 준비가 필요하다.

(4) TP의 제작방법

TP를 제작하는 방법은 일반적으로 다음과 같다.

① 손으로 그리기: 빠르고 저렴하게 만드는 방법으로 유성 사인펜을 사용해서 TP 용지나 일반 투명 비닐에 쓰거나 그리는 방법이다.

② 잉크젯 프린터의 사용: 잉크젯 프린터와 TP의 한 면에 잉크가 점착될 수 있도록 특수 처리된 TP를 이용해서 종이에 프린트하듯이 잉크젯 프린터로 인쇄하는 방법이다.

③ 복사기 사용: 일반 복사기나 컬러복사기를 이용해 TP를 제작하는 것으로 제작방법은 복사방법과 동일하다. 다만 복사지 대신에 TP를 사용하는 것이 다를 뿐이다.

(5) TP 디자인의 기초

표 10-1 TP 디자인 기초

		세로형보다 가로형을 사용하는 것이 좋다.
	주택마련 전략	TP는 문자정보보다는 도표, 그래프 또는 차트 등의 시각정보를 제시하기 위해 쓰는 것이 좋다.

표 10-1　(계속)

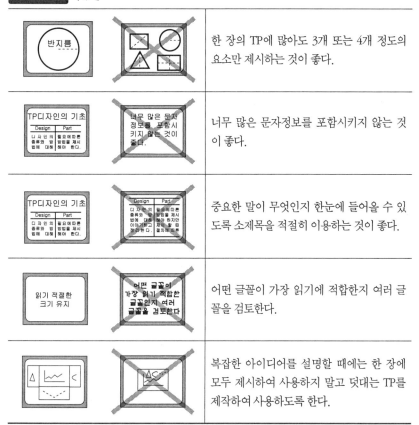

		한 장의 TP에 많아도 3개 또는 4개 정도의 요소만 제시하는 것이 좋다.
		너무 많은 문자정보를 포함시키지 않는 것이 좋다.
		중요한 말이 무엇인지 한눈에 들어올 수 있도록 소제목을 적절히 이용하는 것이 좋다.
		어떤 글꼴이 가장 읽기에 적합한지 여러 글꼴을 검토한다.
		복잡한 아이디어를 설명할 때에는 한 장에 모두 제시하여 사용하지 말고 덧대는 TP를 제작하여 사용하도록 한다.

(6) OHP와 TP의 사용 기법

OHP와 TP는 비교적 손쉽게 다양한 방법으로 사용할 수 있다.

① 판서적 방법: 수업 중에 교사가 TP에 직접 써 가며 활용하는 방법인데, 쓰거나 그리는 과정을 보여 주어야 할 경우를 빼고는 미리 만들어서 제시하는 것이 바람직하다.

② 부분제시법(masking): TP의 전체를 다 보여 주지 않고 일부분만 단계적으로 보여 주는 방법으로, 호기심을 자극하여 동기를 유발하고 주의

를 집중시켜 주는 효과가 있다.

③ 합성분해법(overlay): 하나의 같은 그림을 바탕으로 각각 다른 여러 개의 자료를 보여 주어야 할 경우에 여러 장의 TP를 겹쳐 가면서 사용할 수 있으며, 이런 투영방법은 이들 여러 요소 간의 상대적인 관련성이나 관계를 강조하고자 할 때 유용하게 쓸 수 있다.

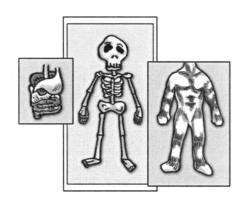

[그림 10-2] 합성분해법

④ 모형공작법: 움직임을 설명하기 위해서 사용되는 방법으로, 투명한 유리판이나 플라스틱 등에 모형을 부착시켜서 제작한다. 모형의 재료는 투명한 것이 좋고 각 부분별로 다른 색채의 투명재료를 사용하는 것이 좋다. 다음의 예는 직선운동과 원운동 간의 관계를 보여 주기 위한 것이다.

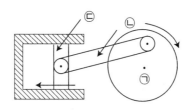

[그림 10-3] 모형공작법을 이용한 TP

⑤ 기입소거법: TP에 지워질 수 있는 사인펜을 사용해서 바로 쓰거나 지워 나가면서 활용하는 방법으로, 즉흥적인 활용보다는 사전계획에 의한 활용이 필요하다.

⑥ 실물투영법: 투명한 자료나 불투명한 자료 등을 이용하여 크기, 각도 등을 비교하거나 관련성을 보여 줄 때 사용할 수 있다.

[그림 10-4]　실물투영법

(7) 키스토닝 효과와 수정

　키스토닝(keystoning) 효과란 투사매체를 사용할 때 영사막에 제시되는 영상의 양끝이나 좌우가 왜곡되어 사다리꼴이나 평행사변형으로 제시되는 것을 말하는데, 이러한 현상은 투사매체와 영사막이 적절히 배치되지 않았을 때 발생한다.

　키스토닝 효과에는 수평적인 것과 수직적인 것의 두 가지가 있다. 수평적인 것은 투사되는 면의 좌우 길이가 다르게 나타나는 것으로 OHP 등의 투사매체가 스크린에 평행되지 않고 좌측이나 우측으로 기울어지게 놓였을 때 발생한다. 이 경우에는 OHP 등 투사기를 스크린과 평행하게 놓으면 교정이 된다. 수직적 키스토닝 효과란 화면이 상하 면의 길이가 다르게 나타나는 것으로, 투사기의 높이를 올리거나 스크린을 앞으로 기울여서 스크린과 투사기가 수직이 되도록 조정하여 수정할 수 있다.

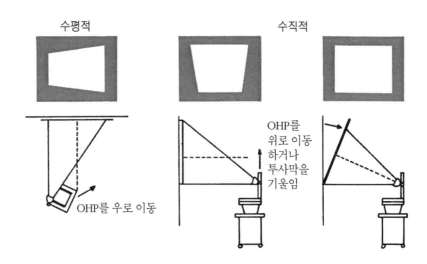

[그림 10-5] 키스토닝 효과와 수정

2) 비디오카메라와 TV를 이용한 실물화상기

최근 들어 비디오카메라와 TV의 보급이 늘면서 이것을 실물화상기로 이용하는 사례가 늘고 있다. 이 방법은 비디오카메라와 TV 이외에 삼각대와 케이블 정도만 있으면 손쉽게 활용할 수 있으며, 비디오카메라와 TV는 다른 목적으로도 활용할 수 있어서 좋다. 또한 빔프로젝터(Beam Projector)에 연결하여 대집단 강의용으로도 쉽게 활용되고 있다. 그러나 인쇄물, 그래픽 등

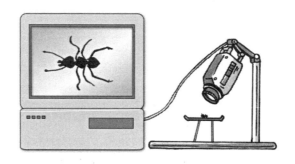

[그림 10-6] 비디오카메라와 TV를 이용한 실물화상기

의 시각자료를 확대, 축소하더라도 OHP만큼 충분히 조절되기 어렵고, 초점 조절의 한계가 있어 실제 사용상의 어려운 점이 많이 나타나고 있다.

3. 시청각매체

시청각매체란 정보를 전달하기 위해 시각과 청각이 함께 사용되는 매체 중에서 아날로그 매체를 말한다. 시청각 매체로는 비디오, 영화, 방송 등이 있는데 예전 아날로그 시대에는 이들 세 개의 개념 구분이 명확했으나 최근에 와서는 모두 디지털로 통합되면서 개념구분이 모호해지고 있다. 이렇게 디지털화한 시청각매체를 멀티미디어로 구분하고 멀티미디어 장에서 다루기로 한다.

1) 교육방송

(1) 교육방송의 역사

세계 최초의 TV 방송은 1936년 영국의 BBC(British Broadcasting Corporation)에서 한 것이고, 세계 최초의 비영리 TV 교육방송은 1953년 미국의 휴스턴 대학의 KUHT-TV였으며, 일본도 같은 해 TV 교육방송을 시작했다는 것은 주목할 만하다. 영국에서는 1957년에 상업방송국인 ITV가 TV교육방송을 시작하였다.

우리나라의 교육방송은 부산에서 1951년 6월 18일부터 시작한 '라디오 학교'에서 비롯되었다. 이 방송은 전쟁과 피난이라는 특수상황에서 문교부(지금의 교육인적자원부)가 교육이 중단되지 않도록 하기 위해 시작한 것으로, 시간이 흐르면서 차츰 기틀이 잡히는 것 같았으나 각급 학교의 낮은 라디오 보급률(60%)과 성능, 그리고 라디오 방송교육을 활용하기 위한 제반 환경의 열악성 등에 의해 1962년 중단되었다.

우리나라 최초의 TV 교육방송은 1966년에 매일 30분씩 방송된 TV 여름학교였으며, 1969년부터는 주 5일간 매일 1시간씩으로 확대되었다. 그러나 실제 적용에 관한 실태조사에 따르면 진도의 불일치, 수신시설의 미비, 프로그램의 질의 문제 등으로 1973년에 다시 TV 학교방송은 중단을 맞는다. 그후 몇 번의 우여곡절 끝에 1981년 2월부터 UHF-TV 채널을 교육방송(EBS) 전용으로 확보하여 현재의 교육방송 시스템의 초석을 마련하여 오늘에 이르고 있다(한국교육개발원, 1993).

(2) TV방송의 장점

① 속보성: 방송의 가장 중요한 특성은 정보를 빨리 전달하는 속보성이다. 언제 어디서나 방송기자가 취재할 수만 있으면 바로 정보 전달이 가능하다.

② 방송은 전국적으로 동시에 전달될 수 있다는 장점이 있다. 따라서 같은 방송을 본 사람은 유사한 경험을 동시에 하게 되고 토론과 연구에 필요한 커뮤니케이션이 활발하게 된다.

③ 경제성: TV 방송을 만들고 송출하는 데는 많은 비용이 드는 것이 사실이나 전국적인 시청자의 수를 고려하면 오히려 경제적이다.

④ 비문자성: TV방송은 문자보다는 시각정보와 음성정보로 전달되기 때문에 문자가 가지는 추상성도 없고, 문자의 해독력에 영향을 적게 받는 장점이 있다.

(3) TV 방송의 제한점

① 일방적인 정보전달: TV방송을 비롯한 각종 매체의 가장 큰 단점은 일방적 정보전달이라는 것이다. 이런 정보전달의 일방성을 극복하기 위해서는 쌍방형 유선 TV 등이 개발되고 있으나 아직 비용 면에서 보급에 문제가 있다. 하지만 각 대기업의 연수기관, 방송통신대학교의 본교와 전국에 퍼져 있는 학습관에서는 이미 쌍방형 TV 시스템이 활용되고

있다.

②제한성과 즉시성: TV 프로그램은 방송국에서 정해진 프로그램만 시청할 수 있기 때문에 시청자의 요구가 반영되기 어렵고, 정해진 시간에만 방송되기 때문에 녹화해 두지 않으면 다시 보기가 어렵다. 하지만 최근에는 VOD(video on demand)시스템을 통해서 다시 보는 것이 가능하다.

(4) TV 교육방송의 종류

크게 보아 TV교육방송은 방송수업(Instructional TeleVision: ITV)과 교육방송(Educational TeleVision: ETV)의 두 가지로 대별된다. 방송수업은 교육과정을 바탕으로 명확한 수업목표를 가지고 특정한 대상을 전제로 하여 정규수업을 위해 제작되고 방송되는 것이다. 반면에 교육방송은 교육적인 내용을 담고는 있으나 특별한 교육과정을 바탕으로 하고 있지 않으며, 뚜렷한 수업목표나 대상을 두고 개발되어 방송되는 것이 아니다.

예컨대 우리나라의 교육방송국(Educational Broadcasting System: EBS)에서 매일 저녁에 초·중·고등학생을 대상으로 각 교과목을 방송하는 것이 전형적인 방송수업이다. 또한 방송통신대학교에서 방송통신대 학생을 대상으로 라디오와 TV를 통해 하는 수업도 방송수업이다. 그러나 우리에게 익숙한 장학퀴즈나 각종 교양프로그램 등은 교육적인 목적은 있으나 대상과 목표가 정확하지 않은 교육방송의 좋은 예가 된다. 또한 흔히 교육방송은 교육적인 목적 이외에도 오락의 기능을 함께하는 경우가 많다. 예를 들면, 각종 동물을 소개하는 프로그램이나 여러 나라의 신기한 문화를 소개하는 각종 탐험이나 탐방프로그램 등을 들 수 있다.

(5) ITV와 관련된 연구

방송의 역사와 그 교육적 비중에 비해 ITV에 대한 연구는 그리 많지 않다. 아직도 ITV에 관한 연구로서 자주 인용되는 것이 Chu과 Schramm(1979)의 연구다. 다음은 그들의 연구에서 의미가 있다고 보이는 결과를 몇 가지 제시하였다.

① TV는 대상의 연령이 낮을수록 더 효과적인 것 같으며 주로 초등학교나 중등학교가 바람직하다.

② ITV를 통해 기술을 가르칠 때에는 단순한 시청보다는 시청자가 참여할 수 있는 방법이 효과적이다.

③ ITV의 유머나 만화기법은 학습에 도움이 되는 것 같지는 않다.

④ 똑같은 프로그램을 반복해서 보여 주는 것보다는 교사가 보충설명을 하는 것이 바람직하다.

⑤ 시청집단의 규모가 ITV 학습의 효과성에 영향을 미치는 것 같지 않다.

⑥ ITV의 효과를 높이기 위해서는 동기유발이 필요하다.

⑦ 초등 어린이가 고등학교나 대학교 학생보다 ITV를 선호한다. 또한 교사보다는 행정가가 ITV를 더 선호하는 경향이 있다.

⑧ ITV의 적절한 활용을 통해 지역 간의 격차에 따른 교육기회의 불균형의 문제를 해결할 수 있다. 실제로 인도네시아에서는 수백 개의 섬에 흩어져 있는 학습자의 교육기회의 불균형 문제를 해결하기 위해 ITV를 적극적으로 활용하고 있다.

2) 시청각매체의 교육적 특성과 장단점

(1) 시청각매체의 교육적 특성

시청각매체는 시각매체에 청각이 첨가되어 있다는 점 이외에 그다지 큰 차이가 없는 것 같지만 영화나 비디오 등의 시청각매체는 청각적 기능 이외에도 사진이나 슬라이드 등의 시각매체가 가지지 못한 여러 가지 특성이 있다. 이러한 특성은 시청각매체가 시각매체에 비해 상대적으로 높은 수준의 기술을 바탕으로 하고 있다는 점에 기인할 수 있다. 다음은 시청각매체의 교육적 특성을 제시하고 있다.

① 녹화와 시청의 즉시성: 시청각매체를 사용할 수 있는 준비만 되어 있으면 언제라도 제작할 수 있으며, 제작된 내용을 바로 사용할 수 있다는 장점이 있다. 반면 사진이나 슬라이드는 현상을 위한 시간이 걸린다는 점에서 이러한 장점을 가지지 못한다.

② 내용 표현방식의 다양성: 비디오나 TV 등의 시청각매체는 처리할 수 있는 정보의 폭이 사진, 동영상, 소리, 만화 등 인간이 평상시에 활용할 수 있는 정보의 전달방법이나 시각자료만의 방법에 비해 훨씬 더 다양한 형태의 정보를 처리할 수 있다.

③ 반복사용: 비디오테이프 등에 녹화된 자료를 적절히 보관하고 운용한다면 거의 반영구적으로 사용될 수 있어서 필요한 경우에는 언제나 반복해서 활용할 수 있다.

④ 사실성: 시청각매체에 의해 녹화된 자료는 시각자료에 비해 높은 사실성을 갖는다. 이것은 시각매체가 가지지 못한 동화상의 제공과 청각적 정보의 제공에 기인하는 것으로, 이러한 현실적이고 사실과 관련성이 높은 정보의 제공은 학습자의 학습동기를 높일 수 있으며, 학습의 전이가 쉬울 뿐 아니라, 학습된 내용을 실제 상황에 쉽게 적용 할 수 있다는 장점이 있다.

⑤ 교수-학습내용의 표준화: 시청각매체는 정보를 아주 구체적으로 제시할 수 있어서 교수자에 따른 개인차를 줄일 수 있는 장점이 있다. 예컨대 잘 제작된 학습용 비디오의 사용을 통해 교수기술이 좋은 교수자와 그렇지 않은 교수자 사이에 발생할 수 있는 문제를 최소화하여 교수-학습내용과 수준에 있어 교수자에 따른 집단 간 차이를 줄일 수 있다.

⑥ 개별적-학습을 위한 활용: 교수-학습내용의 표준화와 더불어 구체적으로 제작되는 시청각매체는 교수자 없이 실시되는 개별적 학습을 위해서도 사용될 수 있다. 개별적 학습은 개인의 능력과 진도에 맞추어

주는 개별화 학습과는 달리 교사의 설명이 없이 각종 매체나 자료를 활
용하여 혼자서 학습하되 교사의 지도를 받는 것처럼 진도와 목표 등이
통제되는 것을 말한다.

(2) 시청각매체의 장점

① 연속동작의 구체적 제시를 통한 운동기능 학습

동화상, 즉 연속적인 시각적 제시가 수업에서 중요한 경우에 적절하게 활
용할 수 있다. 예컨대 발레나 한국무용은 춤의 전체 과정을 여러 장의 슬라
이드나 사진 등으로 제시할 수도 있으나, 이런 경우에는 비디오나 필름 등에
서 보여 줄 수 있는 동작의 속도와 리듬감 그리고 부분 동작의 연결 등을 제
시할 수는 없다.

② 과정의 제시

계열성이 중요시되는 과정의 제시가 필요한 경우에 적절하게 사용할 수
있다. 이것은 다른 어떤 매체보다도 현상의 진행과정이나 변화과정을 잘 보
여 줄 수 있다는 말이다. 예컨대 세포의 분열현상이나 균의 배양과정 또는
건물이 폭파되는 과정 등을 크기와 시간의 조정방법을 통해서 쉽게 지각할
수 있으며 생동감이 있게 보여 줄 수 있다.

③ 안전한 관찰

제시되는 내용이 용광로에서 작업하는 과정이나 제철소에서의 철의 제련
과정 또는 화약이 폭발하는 것 등 직접 관찰하기 위험하거나 어려운 내용도
필름이나 비디오를 사용해서 안전하게 관찰할 수 있다.

④ 극적 재연출

역사적 흐름이나 개인의 변화 또는 생태계의 변화 등 오랜 시간이 소요되
는 내용을 극적인 요소를 섞어 가며 적절하게 주어진 시간에 맞는 길이로 재
연출해서 제시할 수 있다.

⑤ 문제해결학습

시청각매체를 이용하면 아주 생생한 현장의 모습을 그대로 보여 줄 수 있다는 장점이 있다. 이를 이용하여 문제해결능력을 키우기 위해 문제가 되는 상황이나 과제를 실감나게 보여 줄 수 있으며, 이러한 현장감을 통해 문제해결능력을 키우는 것은 나중에 실제 상황에서의 전이와 적용을 빠르게 해 준다.

⑥ 정의적 영역의 학습

정의적 영역이란 담배를 끊는다든지, 아니면 교통질서를 준수하는 등 태도의 변화를 일으키는 영역의 학습을 말한다. 이러한 정의적 영역의 변화를 위해서는 지적으로 암기하고 이해하는 것만으로는 부족하고 실제로 보여 주면서 느낄 수 있도록 하는 것이 중요하다. 이때 동적인 자료의 제시는 중요한 장점이 된다.

⑦ 학습자의 동질성의 확보

서로 다른 경험을 가진 사람이라도 일정 시간 동안 같은 영화나 비디오를 보게 되면 함께 공유할 수 있는 경험이 생겨 동질성을 가질 수 있게 되며, 이러한 경험의 동질성은 주제에 대하 토론을 더욱 효율적으로 이끄는 데 기여하는 장점이 있다.

⑧ 문화적 이해

영화나 비디오는 사실 그대로를 보여 주는 장점이 있어서 특히 다른 문화권을 이해하는 데 필요한 기본적 이해를 도모할 수 있다.

(3) 시청각매체의 단점

① 비디오나 영화는 일관된 순서에 의해 제시되고 인덱싱 기능이 없어서 원하는 부분을 정확하게 찾아보기가 복잡하다.

② 비디오나 영화는 필름형태일 경우 반복해서 사용할수록 화질이 나빠

[그림 10-7] 자체 뉴스를 제작 중인 서울 경북초등학교 학생들

지고 많은 영상을 저장하기가 곤란하다.

③ 영화의 경우 비디오에 비해 필름이나 카메라가 고가장비라서 활용이
어렵다.

④ 오개념의 형성 가능성: 물리와 화학 등과 같은 과학 교과에서 사용할
때 특히 주의해야 할 것으로, 어떤 현상을 보여 주면서 그 근본적인 원
리를 잘 설명하여 이해시키지 않으면 학습자는 이미 자기가 가지고 있
는 다른 상황에 대한 이해나 화면에서 주어진 다른 상황적 변인에 의해
이해해 버리는 오개념(誤槪念)이 형성될 수가 있다(김영환, 1999). 이런
오개념은 다양한 원인과 종류가 있으나 주로 잘못된 관찰에서 생성되
며 한번 생성되면 고치기가 어렵기 때문에 주의해야 한다.

4. 시청각 교재의 개발

시청각매체를 자주 사용하다 보면 직접 개발할 필요가 생긴다. 이때 다양
한 형태의 시청각 교재 중에서 전문가의 도움을 받지 않고 교육실무자가 직

접 제작할 수 있는 것은 아마도 비디오가 가장 적합할 것이다. 여기서는 비디오를 중심으로 한 개발과정을 살펴본다.

　매체와 교재의 형태가 어떻든 교수목적을 위한 교재의 개발에서 가장 기본적인 것은 수업목표와 학습자에 대한 분석으로 시작하는 교수설계다. 비디오를 개발하는 것도 결코 예외가 될 수 없다. 따라서 비디오카메라에 대한 지식이 있거나 경험이 있다고 해서 곧바로 비디오 교재의 개발을 시작하는 것은 마치 면허증도 없이 자동차 열쇠만 가지고 운전하러 뛰어드는 것과 같다고 할 수 있겠다. 그러면 비디오카메라를 메고 나서기 전에 우선 알아야 할 절차와 원리에 대해서 알아보자.

　어떤 교재의 개발도 쉽지는 않지만 비디오의 개발은 의외로 많은 노력과 경비와 시간이 든다. 따라서 개발에 착수하기 전에 정말 직접 개발해야 할 필요성이 있는지를 확인하는 것은 불필요한 개발을 막는 효과도 있을 뿐만 아니라 개발의 목표와 과정을 확실히 하는 데 도움을 준다. 여기서 다음과 같은 단계를 확인할 필요가 있다.

1) 개발의 필요성 재확인

① 비디오 교재를 개발해야 한다는 필요성이 교수설계나 학습지도안을 바탕으로 한 것인가? 그렇지 않다면 학습지도안을 작성하고 수업 중의 어디서 어떻게 활용할 것인지를 결정한 후 다음 단계로 간다.

② 비디오 교재의 학습목표가 명확하게 파악되어 있는가? 그렇지 않다면 학습목표를 명확하게 파악한 후 다음 단계로 간다.

③ 비디오 교재를 개발하는 데 필요한 최소한의 시간과 경비, 장비 그리고 도와줄 사람을 확보하고 있는가? 다음의 기준을 보고 확인한다.

• 장비: 비디오카메라 최소한 1대, VTR 1대, TV 1대, 스탠드를 갖춘 조명, 간단한 녹음장비, 녹음기와 VTR 등을 연결할 수 있는 케이블 2조 이상, 고화질용 고급 비디오테이프 최소 3개

- 도와줄 사람: 등장인물(필요한 경우) 다수, 비디오를 활용할 사람(기사) 1명, 각종 장비의 운반 및 설치를 해 줄 사람(보조) 2~3명, 전체 과정과 내용을 검토하고 관리할 사람(감독) 1명

2) 사항의 구체화

학습지도안이나 교수설계 내용을 바탕으로 다음 사항을 구체화한다.

1 프로그램에 들어가야 할 내용은 무엇인가?(내용의 선정)
2 프로그램의 유형과 형식을 결정한다.
3 선정된 내용들을 독서카드나 큰 포스트잇에 써서 칠판에 붙여 가며 대상의 순서를 결정한다(계열화).
4 계열화를 마치고 나서 전체의 줄거리와 내용이 선정된 학습목표와 프로

표 10-2   시청각자료의 유형과 프로그램의 형식

프로그램의 유형		특 징	사용할 수 있는 프로그램의 형식					
			수업식	해설식	극화	놀이	인터뷰	중계방송
자습용 (설명형)		학습자 혼자서 프로그램을 보면서 공부할 수 있도록 함	◉	◉	△	△	○	△
교사 보조형	문제 제시형	수업 중에 문제를 제시하고 학습자가 풀 기회를 준 후 답을 제시함	○	×	◉	○	◉	○
	자료 제시형	수업내용을 보충할 수 있는 자료를 제시함	×	◉	○	○	○	◉
	토론 유도형	학습자가 시청 후 토론할 수 있는 자료를 제시함	×	×	◉	○	◉	△

주: 1) ◉ 아주 적합함, ○ 좋음, △ 사용 가능, × 되도록 사용하지 않는 것이 좋음
2) 토론유도형은 정답을 맞추기 위해 문제를 제시하는 문제 제시형과는 달리 정답의 확인 여부보다는 토론의 과정과 태도, 공개토론 등의 결과가 열려 있는 토론을 이끌기 위해 사용한다.

그램의 유형 및 형식에 맞는지 확인한다. 만일 이상이 있으면 수정한다.
5 내용이 정리된 독서카드 중에서 꼭 직접 찍어야 할 부분은 어느 것이고 다른 비디오 프로그램이나 사진, 그림 등에서 따오거나 복사할 수 있는 부분은 어느 것인지 확인한다. 상업용으로 만들어서 판매할 목적이 아니고 순수하게 수업에만 활용할 경우에는 저작권에 대한 염려는 대부분의 경우에 할 필요가 없다. 그러나 만일 무단복사 및 사용을 불허한다는 경고가 있을 때에는 저작권자에게 사전에 반드시 사용목적과 범위를 밝히고 동의를 구해야 한다.

3) 스토리보드 작성

1 스토리보드는 계열화된 내용을 바탕으로 하되, 좀 더 구체적으로 내용의 순서, 각 화면과 음성 및 음향을 나타내는 청사진이라고 할 수 있다. 스토리보드는 [그림 10-8]의 양식을 참조하기 바란다.
2 스토리보드를 작성할 때 주의해야 할 점은 다음과 같다.
• 가능하면 언어적 표현은 줄이고 시각적 표현이 우선하도록 한다.
• 동원 가능한 출연진, 세트, 장비(가용한 녹음장비 및 편집장비), 기간, 계절 등을 고려하면서 작성한다. 너무 욕심이 지나쳐 무리를 하지 않도록

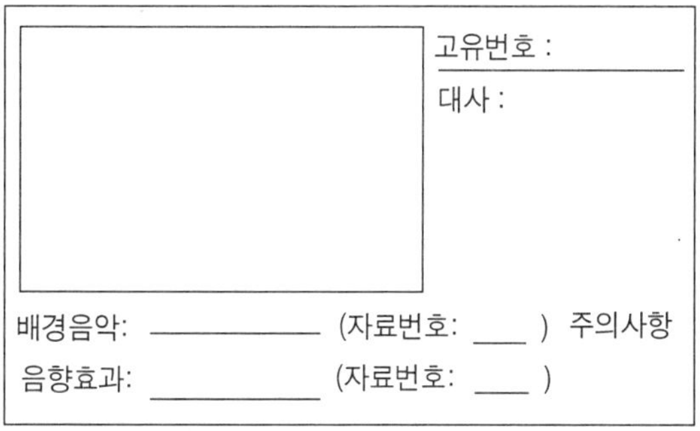

고유번호 :
대사 :

배경음악: ＿＿＿＿ (자료번호: ＿) 주의사항
음향효과: ＿＿＿＿ (자료번호: ＿)

[그림 10-8] 스토리보드의 양식

한다. 중요한 것은 교육적 효과이지 화려한 화면이 아니다.

- 연속성(continuity)을 고려하면서 스토리보드를 만든다. 연속성이란 화
  면의 논리적 연속성을 말하는 것으로, 시청자의 입장에서 사건의 전개
  를 이해할 수 있도록 화면의 전환이나 전개가 이루어져야 한다는 원칙
  이다.

4) 녹화준비

① 준비한 비디오테이프 3개를 모두 트랙킹한다. 트랙킹이란 비디오테이
프의 컨트롤 트랙을 정리해 주는 것으로, 트랙킹이 안 된 비디오테이프
를 그냥 사용하면 나중에 에디팅을 할 때 연결 부위가 매끄럽게 되지 않
아 중간 중간이 끊어지거나 튀는 문제가 발생한다. 트랙킹은 한 번도 사
용하지 않은 테이프에 TV의 화면조정용 화면이나 삼색바를 녹화함으
로써 할 수 있다.

② 실외에서 촬영할 부분이 많은 경우에는 배터리를 충분히 충전하도록
한다. 보통 30분 정도를 쓰기 위해서는 2~3시간은 충전해야 하므로
미리 서둘러서 준비한다. 또한 배터리는 오랜 시간 전혀 쓰지 않고 방
치해 두면 다시 충전이 안 되므로 쓰지 않더라도 최소한 한 달에 한 번

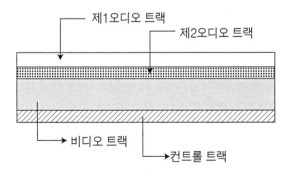

제1오디오 트랙
제2오디오 트랙
비디오 트랙
컨트롤 트랙

[그림 10-9] 일반용 비디오테이프의 트랙

은 주기적으로 충전을 해 주도록 한다.

③ 비디오카메라의 조작법을 충분히 숙지하고 있는지 확인한다.

5) 녹 화

녹화는 혼자서는 하기 어려운 경우가 많다. 스토리보드를 확인해야 하고, 녹화해야 하며 각종 준비물들을 세팅하는 등 해야 할 일이 많기 때문이다. 따라서 녹화 시에는 최소한 다음과 같은 팀을 이루어 하는 것이 바람직하다.

[그림 10-10]은 최소한의 비디오 녹화팀의 구성과 분담된 작업을 보여 주고 있다. 우선 배우가 있어야 하며, 촬영기사 1명, 감독 1명 등 최소한 3명은 있어야 한다. 여기에 각종 기자재의 운반과 배치 그리고 내용의 검토 등을 맡아 줄 보조가 한 명 더 있으면 아주 좋을 것이다. 감독은 이미 만들어진 스토리보드에 기준하여 촬영하고 있는 내용과 장면이 정확한지를 검토하여야 하고, 촬영담당은 화면의 구성과 음성의 녹음 그리고 연속성에 신경을 써야 한다.

매 장면을 녹화하기 전에 배우와 감독 그리고 촬영담당자 간에 각 장면에

[그림 10-10] 비디오 녹화팀의 작업장면

대한 충분한 이해와 협의가 있어야 한다. 또한 전체 구성원은 팀의 긴밀한 협동이 전체 프로젝트를 성공으로 이끌 수 있는 가장 중요한 요소 중의 하나라는 것을 깨달아야 한다.

배경을 바꾸거나 세트를 완전히 바꾸어야 할 경우에는 지금까지 촬영한 것을 한번 다시 보고 확인을 하는 것이 좋다. 일단 세트를 바꾸고 나서 부족한 장면이 발견되어 다시 그 세트로 조립을 해야 할 경우에는 많은 복잡한 문제가 발생하기 때문이다.

5. 청각디자인의 원리

청각디자인이란 언제 어떻게 청각적 정보를 제시할 것인가를 결정하는 것이다. 시각디자인에 비해 청각디자인은 상대적으로 명확하고 단순한 것이 특징이지만 시각정보처럼 청각정보도 개인의 경험과 문화에 따라 다르게 해석될 수 있다는 점을 유의해야 한다. 청각디자인이 필요한 경우는 녹음기와 테이프의 사용처럼 시각적 정보의 제시가 없이 사용되는 경우와 비디오테이프와 멀티미디어처럼 시청각적 정보가 동시에 사용되는 경우의 두 가지로 대별된다.

청각적 자료, 즉 오디오의 활용은 각종 감상(예: 음악, 시 등의 문예 낭독), 어학훈련, 각종 해설, 듣기와 쓰기 훈련 등을 위해 활용될 수 있는데, 시각자료에 비해제작이나 활용이 쉬워서 교사의 창의성에 따라 폭넓게 활용될 수 있는 특징이 있다. 이런 특징은 청각적 정보가 시각적 정보에 비해 구체성이 부족하다는 단점이 있으나 이런 단점을 거꾸로 잘 활용한다면 상상력을 키울 수 있는 장점으로 변화시킬 수 있기 때문이다. 이런 점에서 멀티미디어가 너무 구체적이고 상호작용적인 제시로 인해 상상력의 여지를 없앤다는 지적은 옳은 것이며, 상대적으로 청각적 정보가 가지는 장점을 잘 설명하고 있다.

청각디자인 시 주의해야 할 점은 다음과 같다.

① 학습자의 수준에 맞는 어휘를 사용해야 한다.
② 배경음악이나 음향효과 등은 남용되지 않도록 한다.
③ 어떤 경우에도 배경음악이 너무 커서 내용을 듣는 데 방해가 되지 않도록 한다.
④ 언어적 제시뿐만 아니라 음악이나 음향효과, 목소리의 고저, 톤과 피치 등을 적절히 활용하면 좋은 효과를 낼 수 있다.

비디오 등의 시청각자료에서 문자정보를 제시할 때나 문자의 내용을 음성으로 함께 제시할 때는 개인에 따라 읽는 속도가 다르기 때문에 읽는 속도에 주의하여야 한다. 따라서 반드시 음성과 문자정보가 함께 제시되어야 할 때는 되도록 천천히 제시하는 것이 좋다.

멀티미디어처럼 사용자의 상호작용이 가능한 매체에서 오디오의 낭독은 옵션으로 처리하여 사용자가 원하는 경우 사용할 수 있도록 하는 것이 바람직하다. 문자정보를 제시하면서 낭독을 함께 제시하는 것은 주의가 분산되기 때문에 좋은 방법이 아니며, 오히려 한 가지 방법으로만 제시하는 것이 좋고, 일반적으로 오디오를 옵션으로 처리한다. 오디오의 사용이 권장되는 경우는 다음과 같다.

① 빠르고 짧은 긍정적 피드백(예: 와! 잘했군요!)
② 장면의 전환이나 분위기를 바꿀 때(화면전환과 같이 사용)
③ 강한 주의집중이 필요할 때
④ 변화의 과정을 강조할 때
⑤ 감정이나 태도를 표현할 필요가 있을 때(화면과 함께 사용)

이러한 오디오의 사용은 반드시 비디오, 즉 화면의 구성과 함께 사용되는 것이 바람직하다.

요약

1. 비투사자료란 광학적이나 전기적이지 않은 방법으로 교수−학습에 필요한 자료를 제시하는 것으로 실물과 모형, 도표와 그래프, 포스터와 만화 등이 있다.

2. 투사매체란 강한 빛을 이용해 투명한 필름을 투사하여 시각정보를 제시하는 매체를 말하며, 여기에는 OHP, 실물화상기, 슬라이드 등이 있다.

3. 시청각매체란 시청각적 방법으로 정보를 전달하는 매체를 말하는 것으로, 상호작용매체나 시각매체와는 구별되는 것이다.

4. TV 방송은 속보성, 동시성, 경제성 그리고 비문자성의 장점을 지닌 반면, 일방성, 제한성 그리고 즉시성의 단점을 지닌다.

5. 교육용 방송은 방송수업과 교육방송으로 나뉘는데, 방송수업(ITV)이란 교육과정 등에 입각하여 뚜렷한 대상과 목적을 가지고 행해지는 방송이며, 교육방송(ETV)이란 내용은 교육적이나 대상과 목적이 불분명한 것을 말한다.

6. 시청각매체는 다른 시각매체가 가지지 못한 독특한 특성이 있으며, 이는 녹화와 시청의 즉시성, 내용 표현형식의 다양성, 반복사용 가능, 사실성, 교수−학습 내용의 표준화, 개별화 수업과 학습을 위한 활용의 가능성 등이다.

7. 시청각매체의 장점은 연속적인 동작의 구체적 제시를 통한 운동기능학습, 과정의 제시, 안전한 관찰, 극적 재연출, 문제해결 학습, 정의적 영역의 학습, 학습자의 동질성 확보, 문화적 이해 등을 위해 유용하게 활용될 수 있다는 것이다.

8. 시청각매체의 단점은 고정된 순서, 오개념의 형성 가능성, 비싼 소프트웨어와 하드웨어, 제한된 개발과 보급 등이다.

9. 시청각매체의 활용은 다음과 같은 단계로 이루어진다.

> 사전점검 → 사용계획 수립 → 시청 전 준비 → 시청 전 유의
> 사항 확인 → 프로그램 시청 → 시청 후 활동평가

10. 시청각 교재의 개발과정은 다음과 같은 단계로 이루어진다.

> 개발의 필요성 재확인 → 내용과 형식의 구체화–스토리보드
> 작성 → 녹화준비 → 녹화-편집 → 보조자료 개발 및 정리

11. 청각디자인은 청각적 정보를 언제, 어떻게 효과적으로 제시할 것인
가를 결정하는 것으로 빠르고 짧은 피드백, 화면전환, 주의집중, 변
화과정 강조, 감정 및 태도의 표현 등을 위해 권장된다.

연 습 문 제

1. 대규모 집단을 상대로 문자나 도표 등의 정지화상 정보를 일방향적으로 제시하
는 용도로 활용하는 교수 자료는?　　

　① 오버헤드 TP　　　　　　② 오디오 음향
　③ WBI 코스웨어　　　　　　④ 비디오 동영상

2. 다음 〈보기〉의 경우 어떤 매체를 활용하는 것이 가장 효율적인가?

1998 중등기출

> **보기**
>
> 가. 교실에 암막이 없다.
> 나. 교수-학습 자료를 만들 시간이 부족하다.
> 다. 교수 매체를 간단히 이동시킬 수 있어야 한다.
> 라. 매체를 활용하기 위해 복잡한 기술을 익힐 시간이 없다.
> 마. 한 반의 모든 학생에게 꽃의 단면을 확대한 그림을 컬러로 보여 주어야
>   한다.

① 컴퓨터   ② OHP   ③ 슬라이드   ④ 영사기

3. 다음 〈보기〉는 사고력을 함양시키기 위한 학습자료 구성의 원리에 대한 기술이
   다. 적절한 것을 모두 고른 것은?

1997 중등기출

> **보기**
>
> 가. 개념이나 원리를 이해시키기 위해서는 학습자의 경험세계와 밀착된 소재
>   로 자료를 구성하는 것이 바람직하다.
> 나. 질문을 유발하는 자료보다 정서적 안정감을 주는 자료가 사교를 촉진하는
>   데 효과적이다.
> 다. 여러 교과의 개념이나 원리를 복합하여 자료를 구성하는 것은 학생들에게
>   혼란을 줄 수 있으므로 교과별로 자료를 구성하는 것이 좋다.
> 라. 학습 자료는 퀴즈, 퍼즐, 수행과제 등 형식을 다양하게 하는 것이 바람직
>   하다.
> 마. 실제로 접할 수 있는 데이터를 활용하는 것이 좋다.

① 가, 나, 다   ② 가, 라, 마   ③ 가, 나, 다, 라   ④ 나, 다, 라, 마

4. 키스토닝(Keystioning) 효과를 염려할 필요가 없는 매체는?   2003 초등기출
   ① TV   ② OHP
   ③ 슬라이드   ④ 실물화상기

5. 교수-학습 상황에서 시청각매체를 효과적으로 활용하기 어려운 경우는?

2003 초등기출

　① 내용의 사실성을 증가시키고자 할 때
　② 현상의 진행과정을 제시하고자 할 때
　③ 교사에 따른 개인차를 줄이고자 할 때
　④ 교사와 학생이 양방향으로 상호 작용하고자 할 때

6. 교육매체의 특성에 대한 설명 중 틀린 것은?　　2003 중등기출
　① 실물 화상기: 실물을 스크린에 확대하여 제시할 수 있다.
　② 그래픽 태블릿: 정지화상 자료들을 혼합하여 동화상 자료를 만들 수 있다.
　③ 화상 강의 시스템: 원거리의 여러 장소에 음성과 영상을 전송할 수 있다.
　④ 빔 프로젝트: PC, VCR 등과 연결하여 애니메이션, 동영상과 같은 멀티미디
　　어 자료를 보여 줄 수 있다.

7. 다음 〈보기〉의 지침을 적용하여 제작할 수 있는 가장 적합한 자료는?

2004 초등기출

보기
- 문자보다 시각자료를 싣는 것이 좋다.
- 하나의 주제에 관한 정보만 싣는 것이 좋다.
- 세로형보다는 가로형으로 정보를 싣는 것이 좋다.
- 문자는 중요한 정보만 선별해서 간결하게 싣는 것이 좋다.
- 문자만 실을 경우, 6×6규칙을 준수하는 것이 바람직하다.

　① 사진 자료　　　　　　　　② OHP용 TP 자료
　③ 홈페이지 화면 자료　　　　④ 보충설명 문서 자료

8. 다음 〈보기〉에서 실물화상기의 장점을 모두 고른 것은?   2004 중등기출

> **보기**
>
> 가. 다양한 각도에서 자료를 제시할 수 있다.
> 나. 원자료의 손상 없이 자료를 제시할 수 있다.
> 다. 원자료를 자유롭게 가공하여 제시할 수 있다.

① 가, 나   ② 가, 다
③ 나, 다   ④ 가, 나, 다

9. TV와 연결해서 사용할 수 없는 교수매체는?   2001 초등기출

① 컴퓨터   ② 실물화상기
③ 빔 프로젝터   ④ 슬라이드 프로젝트

10. 수업매체의 특성에 대한 설명 중 가장 적절한 것은?   2004 초등추가

① 실물환등기는 실물자료를 그대로 사용할 수 없다.
② 시뮬레이션은 투시적 매체로서 실제상황의 복사다
③ OHP는 TP 자료를 사용하며 학생과 대면수업은 곤란하다
④ 디오라마는 그림이나 동화의 무대 등을 입체화한 매체다.

11. 다음 〈보기〉와 같은 자료를 즉석에서 확대 제시할 때 가장 유용한 매체는?

2000 초등기출

> **보기**
>
> • 백과사전의 자세한 그림
> • 신문의 기사 내용 일부분
> • 과일의 씨와 같은 작은 물체

① 실물화상기   ② 슬라이드   ③ VTR   ④ OHP

컴퓨터, 멀티미디어, ICT

　　컴퓨터의 교육적 활용은 CAI에서 멀티미디어로 그리고 웹과 ICT로 최근에는 e-러닝과 u-러닝으로 발전하고 있다. 이러한 과정에서 기본이 되는 것은 컴퓨터의 교육적 활용과 멀티미디어 그리고 ICT에 대한 것이다.

컴퓨터의 교육적 활용 / 컴퓨터 활용 수업의 장점 / 컴퓨터 활용 수업의 제한점 / CAI 활용 수업의 평가 / 컴퓨터와 저작권 / 멀티미디어의 특성 / 멀티미디어의 교육적 특성 / ICT / ICT활용 교수-학습활동 유형

최근 날로 발전하고 있는 컴퓨터와 각종 정보공학은 교육의 모습과 방법뿐만 아니라 인류의 모습과 사고까지도 변화시키고 있다. 특히 이러한 변화의 중심에 있는 것은 컴퓨터와 멀티미디어 그리고 정보통신공학(Information and Communication Technology: ICT)이다.

이 장에서는 컴퓨터의 특성을 활용한 컴퓨터의 교육적 활용방안, 컴퓨터를 이용한 학습의 특성과 제한점, 컴퓨터 보조수업용 프로그램의 선정과 평가의 기준, 그리고 멀티미디어와 ICT에 관하여 공부하기로 한다. 이 장의 학습을 끝낸 후에 학습자는 다음과 같은 학습목표를 성취하기를 기대한다.

1 교육에 관련된 연구를 위한 컴퓨터의 활용방안을 설명하고 예를 제시할 수 있다.

2 컴퓨터 리터러시의 개념을 설명하고 구체적인 예를 두 가지 이상 제시할 수 있다.

3 컴퓨터 보조수업(CAI)의 개념을 설명하고 그 일곱 가지 유형을 제시할 수 있다.

4 어떤 CAI 프로그램을 사용한 후 그것이 주로 어떤 유형에 속하는지 구별할 수 있다.

5 CMI의 개념을 설명하고 예를 제시할 수 있다.

6 컴퓨터를 이용한 학습의 장점을 다섯 가지 이상 제시할 수 있다.

7 컴퓨터를 이용한 학습의 제한점을 세 가지 이상 제시할 수 있다.

8 컴퓨터 보조수업 평가를 위한 기준을 제시할 수 있다.

9 멀티미디어가 교육에 미치는 영향을 3행 이내로 설명할 수 있다.

10 인터넷의 개념을 설명할 수 있다.

11 인터넷이 교육에 미치는 영향을 3행 이내로 설명할 수 있다.

12 인터넷의 교육적 활용방안 다섯 가지를 설명할 수 있다.

1. 컴퓨터 산업의 발전과 교육의 변화

현대사회에서 컴퓨터가 차지하는 비중은 인류문명 이래 그 어떤 문화나 발명품이 끼친 영향보다도 크다고 할 수 있다. 컴퓨터가 최초로 만들어진 것은 1820년대로 그 당시 성능이 오늘날의 계산기 수준이었음을 생각해 보면 겨우 1980년이 지난 요즘의 컴퓨터의 발전속도와 그 영향력의 확산에 놀라지 않을 수 없다.

이러한 컴퓨터와 그에 관련된 기술의 발전 속도를 미국 MIT 대학의 멀티미디어 연구센터의 소장인 Negroponte(1995)는 지수적(指數的) 변화라는 말로써 설명하고 있다. 지수적 변화란 오늘의 변화량이 내일은 두 배가 되고 모레는 그것의 다시 두 배가 되는 변화를 말한다. 예를 들어, 오늘의 변화량이 2라고 가정하면 내일의 변화량은 그것의 두 배인 4, 모레는 다시 4의 두 배인 8이 된다. 이러한 변화를 계속하는 경우에, 20일째의 변화는 2의 20제곱인 1,048,576이고, 21일째의 변화량은 2의 21제곱인 2,097,152이며, 바로 다음 날인 22일째는 2의 22제곱인 4,194,304가 된다. 실로 엄청난 속도의 변화다. 컴퓨터와 그에 관련된 기술의 발전 속도가 이와 같다는 것이다.

이와 비교하여 교육은 어떠한가? 교육은 인류의 역사와 그 시작을 함께했다고 해도 지나치지 않을 만큼 오랜 역사를 가진다. 그것에 기인한 탓인지 교육은 상당히 보수적인 성격을 가지고 있다. 아마도 그 본질에 있어서 오늘날의 교육은 190년 전이나, 다소 비약해서 1,600년 전과 비교해 보아도 거의 큰 변화가 없었다고 해도 과언이 아닐 것이다. 그런데 최근 떠오르고 있는 컴퓨터와 그 주변기기, 그리고 운영체제의 발달과 교육용 소프트웨어의 발달은 교육현장의 모습을 바꾸려 하고 있으며, 심지어는 그 교육의 근간이 되어 왔던 보수적인 그 어떤 본질에까지 영향을 미치려고 하고 있다.

따라서 앞으로 교육실무자가 되어 교육현장에서 일해야 할 우리에게 컴퓨터에 대한 기초지식과 교육적 활용에 대한 이해는 무엇보다도 중요한 일이 아닐 수 없을 것이다.

2. 컴퓨터의 교육적 활용

컴퓨터는 우리 사회의 매우 다양한 분야에서 활용되고 있으며, 이런 추세로 인해 학교나 기업연수원 등의 교육현장에서 컴퓨터를 사용하는 것이 이제는 일반화되었다. 이러한 교육현장에서의 컴퓨터 활용은 [그림 11-1]과 같이 크게 연구, 수업과 학습, 행정을 위한 영역 등의 세 가지로 나뉜다.

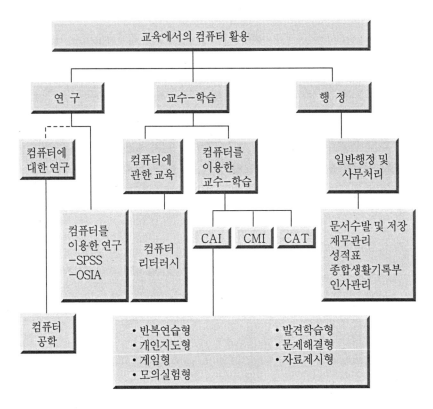

[그림 11-1] 교육에서의 컴퓨터의 활용

1) 교육관련 연구를 위한 활용

교육관련 연구를 위한 컴퓨터의 활용은 크게 '컴퓨터에 대한 연구'와 '컴퓨터를 이용한 연구'로 나뉜다. 컴퓨터에 대한 연구는 교육과 관련이 아주 없지는 않지만 주로 컴퓨터 공학과에서 하드웨어나 시스템에 대한 연구이므로 교육실무자에 시사하는 바는 다소 적다.

이에 비하여 컴퓨터를 이용한 연구는 오래 전부터 교육과 관련된 문제에 대한 답을 구하기 위해서 활발히 있어 왔다. 대표적인 것으로서 통계 패키지인 SPSS(Statistical Package for Social Science)를 들 수 있다. 이 밖에 중요한 어휘나 저자 또는 제목 등만 가지고도 필요한 논문을 누구나 쉽게 찾아볼 수 있도록 700여 종 이상의 교육관련 학술지와 또한 학위논문 등의 다양한 미간행 교육 관련 논문의 요약이나 전문을 수록하여 제작한 ERIC(Educational Research Information Center) 등이 있다.

컴퓨터를 이용한 연구는 이처럼 상업용으로 제작된 각종 패키지에 국한되는 것은 아니다. 다양한 심리검사도구, 예컨대 MMPI 등도 컴퓨터 프로그램으로 만들어 대규모 피험자를 대상으로 실시할 경우 채점에 필요한 시간을 단축시킬 수 있다. 또한 수업관찰 연구 등을 위해서도 컴퓨터는 적절하게 사용될 수 있다. 예컨대 미국 오하이오 주립대학교의 교육공학과에서 제작된 OSIA(Observational Statistical Instructional Analysis: 김영환, 1990)가 있다.

OSIA는 교사와 학생의 언어적 · 비언어적 상호작용을 관찰하여 상호작용의 유형을 분석하고 그에 따른 문제점을 발견하여 이것의 개선을 위한 조언을 해 주는 시스템으로, Flanders가 제작한 수업관찰법과 유사한 목적과 방법을 사용한 것이다. 그런데 수작업을 통한 데이터의 수집에서부터 분석까지가 너무 복잡하고 시간이 오래 걸려서 분석의 결과가 나왔을 때는 이미 수업자는 그 수업시간에 한 말이나 행위를 거의 잊어버리기 일쑤였기 때문에 피드백을 주고 추가정보를 수집하는 것에 있어서 많은 어려움을 겪었다. 이러한 문제를 해결하기 위해 휴대용 랩탑 등의 PC를 이용한 결과, 수업현장에서 관찰하면서 결과를 즉시 입력할 수 있었고, 수업을 마치자마자 바로 분석이 나오기 때문에 수업에 대한 피드백을 교수자에게 즉시 줄 수 있다는 장점이 있다. 이와 같은 컴퓨터의 활용은 이 연구에 새로운 활력을 불어넣었다.

최근 인터넷과 전자우편을 이용한 정보의 탐색과 수집, 그리고 교환은 비단 교육 분야뿐만 아니라, 거의 모든 영역을 위한 연구에서 새로운 장으로 부각되고 있다.

2) 교수-학습을 위한 활용

교수-학습을 위한 컴퓨터의 활용은 컴퓨터 리터러시(computer literacy)와 관련된 '컴퓨터에 대한 교육' 분야 그리고 교육담당자와 가장 밀접한 관련을 가지는 분야인 '컴퓨터를 이용한 교육'의 분야로 나뉜다.

(1) 컴퓨터 리터러시

컴퓨터 리터러시란 컴맹을 면하게 하는 것에서부터 컴퓨터를 활용해서 할 수 있는 기본적인 일을 마스터하게 하는 것까지를 통틀어 말하는 것으로서, 더 구체적으로는 정보산업사회에서 생활을 영위하고 업무를 수행하기 위해서 필요한 지식과 기술로서의 컴퓨터에 관한 이해와 활동능력을 갖추는 것을 말한다. 컴퓨터 리터러시의 교육내용은 주로 윈도우즈를 포함한 기본 운영체제, 워드프로세서, 기초적인 그래픽 도구, 엑셀 등의 데이터베이스 운영, 그리고 파워포인트 등의 발표용 도구와 전자우편 및 인터넷 등이다.

(2) 컴퓨터를 이용한 수업(CAI)

컴퓨터를 이용한 수업은 보통 컴퓨터 보조수업(Computer Assisted Instruction: CAI)이라고 부르며, 그 유형에는 개별교수형, 반복연습형, 게임형, 모의실험형, 발견학습형, 문제해결형, 자료제시형 등이 있다. 각 유형별 자세한 활용 기준과 특징은 〈표 11-1〉을 참조하기 바란다.

표 11-1 CAI의 유형과 특성

유형	활용	교사의 역할	교사의 역할	학습자의 역할
반복연습형	• 이미 배운 내용의 반복연습 • 기본적 사실이나 정보 복습 • 수업목표가 달성될 때까지 계속 반복연습 가능	• 관련된 내용의 수업 먼저 제시 • CAI 문제의 수준 확인 • 학습자 진도의 확인과 조언	• 질문 제시 • 즉각적 피드백 제시 • 학습자의 진도를 디스크에 저장	• 질문에 대답 • 답의 정/오답 여부의 확인 및 피드백을 통한 반복학습
개인지도형	• 새로운 학습내용의 제시 • 개별지도가 많이 필요한 내용의 학습	• 개별 학습자의 진도 확인 및 관찰	• 학습내용 제시 • 학습내용에 대한 질문, 정답확인, 도움, 피드백 및 요약 제시, 학습경로 및 성취도 저장	• 프로그램의 지시에 따라 학습 • 질문에 대답 • 필요시 질문이나 도움 사용 • 피드백을 통한 학습
게임형	• 복습용 • 동기를 높일 필요가 있을 때 • 개별적 또는 소집단 간의 경쟁을 통해 동기를 높일 때	• 학습시간의 제한 • 닌도의 관찰	• 경쟁자, 심판 또는 점수 기록자 역할	• 사실 · 전략 · 기능의 학습 • 자신의 선택에 대한 평가 • 컴퓨터나 동료와의 경쟁
모의실험형	• 실제 상황과 유사한 상황의 제시가 필요할 때 • 학습활동이 위험하거나 수행에 따른 비용이 비쌀 때	• 주제 제시 • 배경과 규칙의 설명	• 역할분담 • 상황의 규칙, 데이터, 학습자의 결정에 따른 결과의 제시	• 의사결정 연습 • 선택 • 자신의 선택에 대한 결과분석 및 평가
발견학습형	• 가설 검증 • 시행착오를 통한 학습 • 데이터 탐색 • 귀납적 접근	• 기본문제의 제시 • 학습지도 관찰 및 조언	• 정보 및 자료의 탐색기능 제시 • 학습자의 탐색활동 기록	• 가설의 설정 및 확인을 통한 원리나 규칙을 발견
문제해결형	• 문제 설정 • 가설 진술 • 데이터 검증 • 해결책 제시	• 문제 설정 • 학습자 배경 • 해결책의 방안	• 문제 제시 • 데이터 조작 • 데이터 관리 • 피드백 제공	• 문제 규명 • 해결책 제시 • 독립변인의 조작

표 11-1 (계속)

유형	활용	교사의 역할	컴퓨터의 역할	학습자의 역할
자료제시형	• 자료 검색 • 자율학습	• 검색방법 제시 • 특정자료 제시	• 자료 제공 　(문서, 비디오, 　오디오, 사진 등) • 필요에 따라 사 　용자용 노트와 　프린트 기능 제 　공	• 자료의 탐색, 수집, 　비교, 분석, 정리

['디지털 교과서' 시대 열린다]

책 · 공책 NO!···
노트북 컴퓨터 하나면 OK!

서울 도봉구 방학3동 신학초등학교 5학년 1반 조영주(11) 양은 7일 오전 9시부터 시작되는 수학시간 전에 교과서와 공책, 연필을 교실 뒤편에 따로 마련된 사물함에 넣었다. 30여 명의 반 친구들도 그렇게 했다. 대신 태블릿 PC(전자 펜으로 화면을 직접 클릭하면 작동되는 노트북)와 전자 펜만 책상 위에 올려놨다. 영주는 담임 이준규 교사가 말하는 대로 화면의 '전자 교과서' 그림을 전자 펜으로 클릭해 교과서 화면을 열고, '18과 27의 공약수를 구하라'는 문제의 답을 화면에 쓰고 저장했다. 영주는 "공책에 쓰는 것보다 훨씬 재미있다."고 말했다. (중략)

교육인적자원부는 이날 컴퓨터에 교과서 내용을 넣는 디지털 교과서의 상용화 계획을 발표하면서 2011년까지 5년 동안 660억 원의 예산을 투입하겠다고 밝혔다. 교육부는 디지털 교과서를 쓰는 학교를 올해 14곳, 2011년 100곳으로 늘릴 계획이고, 2013년에는 모든 초중고교에서 실시하는 것을 검토하고 있다. 교육부는 "디지털 교과서는 평면의 그림 자료뿐 아니라 동영상 등 다양한 멀티미디어 자료를 담을 수 있는 등 장점이 많다."며 "학생들이 수업에 더 집중하는 것으로 나타났다."고 말했다. 교육부는 "인터넷 이용비를 초등학교는 무료로 하고, 중·고교에 대해서는 얼마나 지원할지 아직 결정하지 못했다."고 말했다.

〈조선일보 2007. 3. 8.〉

위의 기사에서 보는 것과 같이 2007년 3월 7일 교육인적자원부는 2011년까지 초중고교의 25개 교과를 디지털 교과서로 개발, 적용하겠다는 계획을 공고하였다. 디지털 교과서란 기존의 서적용 교과서 내용뿐 아니라 참고서, 문제집, 학습사전 등 방대한 학습내용을 전자 자료화하여 매체에 수록한 뒤 유무선 정보통신망을 이용하여 내용을 읽고 보고 들을 수 있도록 한 교과서다. 디지털 교과서는 교실을 넘어 격차 없는 학습 서비스를 제공할 수 있고 학습자원에의 접근성을 개선하며, 첨단교육의 평등화를 실현할 수 있는 도구가 될 수 있다(고범석, 2007). 이처럼 정보통신기술의 발달과 함께 컴퓨터를 이용한 교육의 분야도 다양해지고 있다.

(3) 컴퓨터 관리수업

컴퓨터 관리수업(Computer Managed Instruction: CMI)이란 컴퓨터를 통해 개별학습자의 학습내용, 진도 그리고 성취도 등 학습에 관한 정보를 저장하고 평가하면서 개별적인 지침을 두어 학습을 관리하고 도움을 주는 시스템이다. CMI의 기본적인 기능은 첫째, 개별 학습자에 대한 각종 데이터의 저장과 관리, 둘째, 이러한 데이터를 바탕으로 한 개별 학습자를 위한 학습내용 및 자료의 선정, 셋째, 평가로 구성된다.

최근 미국에서는 이러한 세 가지 기능을 모두 포괄하는 교과서, CAI 프로그램, 비디오 그리고 참고서 등의 모든 학습보조자료를 포함한 시스템이 개발되고 있다. 이것은 통합학습 시스템(Integrated Learning System: ILS)이라고 부르는 것으로, 그 특징은 첫째, 교수목표에 따라 구체적으로 독립된 수업으로 구성되어 있고, 둘째, 각 수업이 표준교육과정 안에 통합되어 있으며, 셋째, 프로그램이 포괄적으로 여러 학년에 걸쳐 있고, 넷째, 전체 시스템이 LAN으로 연결되어 운영되는 것이다. 이 ILS는 개별화 수업을 위해서 적절하게 사용될 수 있다는 장점이 있는 반면에, 학습이 끝없는 반복훈련에 의존할 수도 있다는 우려와 엄청난 비용이 들고 학교의 교육과정이 교사나 학부모에 의해 조정될 기회를 상대적으로 상실하게 된다는 단점도 있다. 이러한 단점 때문에 ILS는 아직 급속한 보급이 이루어지지는 않고 있다(변영계, 김영환, 1995).

(4) 컴퓨터 적응평가

컴퓨터 적응평가(Computerized Adaptive Testing: CAT)란 빠른 시간 내에 적은 수의 문제를 가지고 학습자의 능력을 정확하게 측정하기 위해서 개발된 평가용 프로그램의 일종이다. 이 CAT는 이미 오래 전부터 연구되어 왔었으나 잘 활용되지 않다가 PC가 보급됨에 따라 그 이용이 증가하고 있다. 최근에 와서는 미국간호사협회의 간호사 자격시험과 TOEFL과 GRE를 주관하는 ETS(Educational Testing Service)에서도 일부 활용하는 등 그 활용이 늘고 있으며, 그 효율성에 힘입어 미국 대기업에서도 사원의 교육 및 평가용으로 활용을 추진하고 있다.

김영환, 손미(1997)는 교사가 현장에서 손쉽게 컴퓨터를 활용한 적응적 평가 프로그램을 만들 수 있는 저작도구인 K-SPRT(Kim's-Sequential Probability Test)를 개발하였다. 이 프로그램의 특징은 평가문항을 워드프로세서로 작성하고 나서 K-SPRT와 연결만 시켜 주면 곧바로 CAT 프로그램으로 만들어 주는 것이다. 따라서 교사는 전혀 프로그래밍을 할 필요가 없이 손쉽게 CAT 프로그램을 만들어 활용할 수 있다.

(5) 컴퓨터매개통신

컴퓨터매개통신(Computer Mediated Communication: CMC)이란 컴퓨터를 전화선과 모뎀 또는 정보통신망과 연결하여 사용자 간의 정보 공유와 교환, 의사소통이 가능하도록 하는 시스템이다. 컴퓨터매개통신은 다른 시간과 다른 공간에 있는 사람이 의사소통을 하는 것으로 단순한 의사소통은 물론 컴퓨터의 고유 기능인 다양한 정보처리, 편지, 저장 및 정보전달 기능 등을 활용한 다양한 의사소통도 포함한다. CMC 이론은 인터넷이 요즘처럼 일반화되기 전 전화모뎀을 활용하던 시기(1990년대 초반)에 만들어졌고 최근 널리 사용되는 월드와이드웹, 이메일, 텔레컨퍼런스 및 화상회의 등을 통한 다양하고 새로운 통신의 이론적 바탕이 되고 있다.

컴퓨터매개통신의 교육적 활용 특성은 다음과 같다.

1 많은 양의 최신정보를 신속하게 활용할 수 있어 여러 방식으로 정보나 의견교환이 가능하며 개별학습은 물론 토론을 통한 협동학습도 가능하다.

2 학교교육의 보조적인 매체로 유용하게 활용될 수 있을 뿐만 아니라 원격교육의 핵심 매체로 적용될 수 있다.

3 인터넷 등 네트워크의 발전으로 활발한 상호작용을 촉진할 수 있는 효율적이고 효과적인 매체로 적용될 수 있다.

3) 교육행정을 위한 컴퓨터의 활용

컴퓨터는 일반 사무실에서 사무관리를 위해서도 많이 사용되어 왔다. 반면 교육현장에서는 극히 최근까지도 교육에 관련된 행정의 처리나 사무관리 등의 일을 문서로 처리하기 위해 많은 시간을 보내 왔다. 그러나 최근에 와서 활발히 추진된 학교행정 전산화에 힘입어 손쉽고 빠르게 이런 일을 컴퓨터로 처리할 수 있게 되어 교사가 좀 더 많은 시간을 수업연구나 학생지도에 할애할 수 있게 되었다. 전에는 문서로 주고받던 공문을 이제는 전자우편으로 처리하고 있는 것이라든지, 학생의 성적처리, 시간표의 작성, 종합생활기록부의 작성과 유지 및 보관 등의 전산화는 좋은 예다.

3. 컴퓨터를 이용한 학습의 장단점

적절하게 설계되고 개발된 CAI 및 CMI는 컴퓨터가 가진 장점과 잘 짜인 교수설계에서 나오는 장점이 더해져서 독특한 특성을 가지게 된다.

컴퓨터 자체가 가지는 장점으로는 대량의 정보를 저장하고 관리할 수 있고, 아무리 복잡하고 많은 수식을 사용한 정보도 신속하게 계산하고 탐색해 낼 수 있으며, 다양한 입력 장치와 출력장치를 이용하므로 다양한 작업이 가능하고, 주어진 일을 프로그램에 따라 끝없이 반복해서 처리할 수 있으며, 모뎀 등의 각종 통신 시스템을 이용하므로 정보와 데이터의 송수신이 자유롭다는 점 등을 꼽을 수 있다.

1) 컴퓨터를 이용한 학습의 장점

① 프로그램에 활용된 동화상, 그림, 음향효과 등은 학습자의 주의를 집중시키고 학습동기를 높인다.

② 개별 학습자의 요구나 반응에 따라 적절한 피드백을 제공할 수 있어서 학습의 개별화 효과를 높여 준다.

③ 연습문제를 풀 때, 오답에 대한 즉각적인 교정적 피드백이나 정답에 대한 즉각적인 강화적 피드백은 학습효과와 동기를 높여 준다.

④ CD-ROM이나 인터넷 등을 통해 빠른 시간 내에 많은 양의 데이터를 효과적으로 탐색할 수 있어서 정보의 수집과 분류, 정리를 통한 문제해결력을 키울 수 있다.

⑤ 개별 학습자에 대한 모든 형태의 정보를 저장하고 분류하며, 또 빠른 시간 동안에 분석이 가능하여 개별적 처치를 용이하게 해 준다. 이런 기록은 학습자에 대한 연구, 평가 그리고 추후지도와 복습 등을 위해서도 유용하게 사용된다.

2) 컴퓨터를 이용한 학습의 문제점

① 수업목적에 맞는 좋은 소프트웨어를 구하는 것이 쉽지 않다.

② 컴퓨터와 주변기기를 구입하는 데 비용이 많이 든다.

③ 인터넷을 이용한 수업을 할 때 음란물이나 폭력물 등의 비교육적인 내

용의 프로그램으로부터 아동을 보호할 방법이 아직 미흡하다.

④ 프로그램의 제작과정과 품질을 관리할 수 있는 제도적 장치가 없기 때문에 비효율적이고 비효과적인 프로그램을 접할 수 있는 문제가 있다. 많은 프로그램은 자칫 답만을 외우거나 기계적으로 답만을 찾는 연습을 시키는 것이 있을 수 있으며, 이들을 교사가 적절히 선정하지 않거나 잘 활용하지 않으면 아동의 창의성 개발이나 문제해결력을 키우는데 방해가 될 수도 있다.

4. 컴퓨터 보조수업의 선정과 평가

어떤 매체의 경우든 중요한 것은 '매체를 사용하느냐 안 하느냐.' 가 아니라 '얼마나 매체와 자료를 적절히 활용하느냐.' 다. 특히 컴퓨터 보조수업용 프로그램은 다른 자료에 비해 가격 면에서도 싸지 않기 때문에 올바른 선정과 활용을 위한 평가는 대단히 중요하다.

CAI를 선정할 때 반드시 확인해야 할 것은 활용환경에 대한 분석이다. 예컨대 학교에 있는 컴퓨터가 아직 윈도우즈와 CD-ROM 드라이브를 갖추지 못했다면 윈도우즈용 CD는 구입할 수 없을 것이다. 따라서 선정에 들어가기 전에 활용 환경이 가지고 있는 메모리의 크기, 하드 드라이브의 크기, 모니터의 규격 그리고 입출력장치의 종류를 확인한 후, CAI 프로그램의 포장이나 설명서에 반드시 제시되게 되어 있는 하드웨어 필요사항과 대조하여야 한다.

CAI 프로그램의 평가는 다른 매체를 위한 자료의 평가기준은 물론 컴퓨터가 가지는 상호 작용성을 고려한 평가기준이 설정되어야 한다. 흔히 경험이 부족한 교사나 학습자가 CAI의 선정을 위한 평가 시에 빠지기 쉬운 오류는 멋진 그림과 색 그리고 감각적인 음향효과에 끌려 상호작용성이나 내용에는 소홀하게 되는 경우가 많다. 그러나 CAI의 본질은 상호작용성에 있음

표 11-2 교육용 CAI 프로그램 평가양식의 예

교육용 소프트웨어 평가표				
제목			분류번호	
대상	학교	학년 상 중 하	관련 교과목	
교과서 관련 단원			교과서 관련 페이지	
예상되는 사용시간		분	구매가격	원
출판사			출판일자	20 년 월 일
프로그램의 유형	반복연습형	게임형	평가형	
	개별지도형	발견학습형	적응평가형	
	모의실험용	문제해결형	총정리형	
필요한 하드웨어	컴퓨터	모니터	기타 장비	
	386, 486 이상 Mac			
학습목표				
학습자에게 필요한 선수학습 내용	어휘력 상 중 하	연산력 상 중 하	문제해결력 상 중 하	CAI 경험 상 중 하

평가문항	평가	특이사항
① 교육과정과의 일치도	상 중 하	
② 내용의 정확성 및 최신성	상 중 하	
③ 내용의 명확성 및 표현의 간결성	상 중 하	
④ 내용 및 제시방법의 안정성	상 중 하	
⑤ 매력성	상 중 하	
⑥ 학습자의 참여 유인성	상 중 하	
⑦ 화면구성의 명확성	상 중 하	
⑧ 학습의 효과성	상 중 하	
⑨ 사용의 용이성	상 중 하	
⑩ 교수자를 위한 안내서의 명확성	상 중 하	
총 평 가		

전체적인 장점	
전체적인 단점	
다음 교수자가 고려해야 할 사항	

평가자	이름		연락처		전화	

을 생각하며 질문에 대한 대답, 추가적인 정보의 확보, 자료의 검색 등의 상호 작용을 원활하게 할 수 있도록 설계되어 있는지를 확인하는 것이 중요하다.

또한 평가를 위해서는 되도록이면 많은 프로그램을 한 양식에 준해 평가 하고 이를 바탕으로 활용하는 것이 도움이 될 것이다. 제시된 평가양식을 참 고하여 여러 번 평가를 해 보면서 자신의 과목과 교수법에 맞는 평가문항을 추가하여 활용하는 것이 좋을 것이다(〈표 11-2〉 참조).

5. 컴퓨터와 저작권

1) 컴퓨터 소프트웨어와 저작권

최근 지적 재산권 및 저작권의 중요성에 대한 인식이 높아짐에 따라서 지 적 재산권에 대한 이해가 필요하다. 그동안 컴퓨터 프로그램 저작권의 공정 한 사용에 대한 많은 논란이 있어 왔는데, 미국에서 개정 발표된 저작권법 (Copyright Act)에 따르면 저작권이 있는 컴퓨터 소프트웨어에 대하여 저작 권자의 허가 없이는 다음의 행위를 금하고 있다(Smaldino et al., 2005).

① 저작권이 있는 하나의 프로그램을 다수 복제한다.
② 예비 복사본으로부터 추가 복사본을 만든다.
③ 저작권이 있는 프로그램을 판매·임대·대여·배포 또는 양도하기 위 해 복사본을 만든다.
④ 저작권이 있는 프로그램을 임의로 변경하여 제작한 프로그램을 판매 한다.
⑤ 학내나 여러 학교 내에서 사용 가능한 저작권이 있는 프로그램을 필요 에 맞게 수정하여 다수의 복사본을 만든다.
⑥ 허가나 특별 학내 자유 이용의 권리 없이 네트워크에 한 프로그램을 설

치한다.

7 허가 없이 저작권이 있는 프로그램의 인쇄문서를 복사한다.

2) 멀티미디어 자료와 저작권

인터넷, 월드와이드웹, CD-ROM, 비디오디스크와 같은 새로운 기술의 발전으로 멀티미디어 자료에 대한 저작권법의 재검토 필요성이 대두되고 있다. 1996년 미국에서 발표된 저작권법에 의하면 교육에서 멀티미디어의 정당한 제작 및 이용에 관한 허용 기준을 다음과 같이 제시하고 있다(Smaldino et al., 2005).

1 멀티미디어 프로그램을 개발할 때 교사와 학생은 다음과 같은 저작물은 합법적으로 사용할 수 있다.
- 글은 전체의 10% 또는 1,000개 단어까지만 허용(둘 중에 작은 것이 적용)
- 청각 자료는 10%까지만 허용(그러나 30초 이하)
- 동영상은 10% 또는 3분까지만 허용(둘 중에 작은 것이 적용)
- 수치 자료(numerical data)는 10% 또는 2,500개의 개별 입력 자료(둘 중에 작은 것이 적용)

2 교육자는 멀티미디어 프로그램이나 자료를 처음으로 수업에 사용한 날로부터 2년까지만 교육적 목적으로 사용할 수 있다. 이후 사용하고자 할 때는 각 저작물에 대한 저작권자의 허가를 받아야 한다.

3 교육자와 학생은 멀티미디어 프로그램을 사후 학습평가용 개인 포트폴리오 또는 취업 인터뷰용으로 보관할 수 있다.

4 교육자와 학생은 자신들의 멀티미디어 프로젝트를 시작하는 경우 그리고 다른 인쇄물을 추가하는 경우에 모든 자료는 저작권법에서 정하는 정당한 사용이 허용된다는 주의사항을 공지해야 한다. 그리고 사용하는 모든 자료에 대해 자료 출처를 명확히 밝혀야 한다.

6. 멀티미디어

1) 멀티미디어의 개념

멀티미디어는 텍스트, 이미지, 소리, 그래픽, 애니메이션, 동영상 등 정보의 형태가 다른 둘 이상의 매체가 컴퓨터를 중심으로 디지털 방식으로 통합되어 있는 것을 말한다. 따라서 멀티미디어는 커뮤니케이션과 상호작용을 가능하게 만든 복합 다중매체로 컴퓨터에 의해 실행과 통제를 받는다(조규락, 김선연, 2006). 이러한 멀티미디어에 대한 정의는 하드웨어와 소프트웨어가 어떻게 구성되어 있으며 그 특징은 어떠한가에 준거를 두고 다양한 매체의 복합성과 상호작용성을 그 주요 개념원으로 보고 있다.

2) 멀티미디어의 특성

컴퓨터를 기본으로 하여 다양한 형태의 정보를 저장하고 재생하는 상호작용적인 환경을 제공하는 멀티미디어는 다음과 같은 특징을 가지고 있다(박숙희, 염명숙, 2001; 조규락, 김선연, 2006).

①많은 양의 정보를 다양한 형대로 저장할 수 있고 검색과 탐색이 용이하다. 특히 CD-ROM을 사용할 경우 저장 능력이 뛰어나 그래픽이나 사운드, 동영상 등 많은 정보를 수록할 수 있으며 검색이 용이하다.

②다양한 형태의 정보가 통합되어 한 화면에 제시할 수 있다. 텍스트, 그래픽, 음성정보, 애니메이션, 동영상 등을 한 화면에 통합하여 나타낼 수 있다.

③상호작용이 가능하여 학습경험을 확장시켜 준다. 사용자의 반응에 따라서 내용의 전개 순서와 정보의 양에서 차이가 있으며, 양방향 커뮤니케이션으로 다양한 학습경험을 제공하거나 선택할 수 있다.

④ 비선형적인 정보의 사용이 가능하다. 기존의 매체는 정보의 전달이 일
방향성이며 직선적인 것이 대부분으로 사용자의 정보 선택이 불가능
하였지만, 멀티미디어는 하이퍼미디어 특성의 링크와 노드의 기능으로
사용자가 원하는 정보를 선택하여 사용할 수 있어 비선형적인 것이 특
징이다.

⑤ 정보의 확장이 가능하다. 멀티미디어는 현재 컴퓨터뿐만 아니라 방송
과 인터넷에 결합되어 새로운 형태의 매체로 확장이 가능하다.

3) 멀티미디어가 교육에 미치는 영향

(1) 지식의 생산자와 소비자 그리고 부가가치 생산자

지금까지 제공된 교육매체는 교사나 사회가 생산한 지식을 학습자라는 소
비자에게 전달하는 기능을 주로 하였다. 따라서 학습자는 대부분 이미 만들
어진 생산품을 일방적으로 받아들이는 소비자의 입장에 있었으며 이러한 방
식에 따른 문제점은 이미 구성주의에 의해 많은 비판을 받고 있다. 그러나 멀
티미디어는 학습자가 단순한 소비자, 즉 수동적인 학습자가 아닌 자신의 필
요와 창의력에 의해 주어진 정보와 지식을 재구성하여 정보의 부가가치를 창
출할 수 있는 학습상황에 적극적으로 참여하는 부가가치 생산자의 역할을 할
수 있게 하고 있다.

(2) 조직인과 정보인

과거의 대량생산을 바탕으로 하는 산업사회에서는 전체 조직의 일부분으
로서 맡은 일을 충실히 해낼 수 있는 조직인의 양성이 중요한 여러 가지 교
육목표 중의 하나였다. 그러나 미래사회에서는 테크놀러지를 활용함으로써
인간이 맡아야 할 조직인으로서의 역할이 감소되고, 정보의 중요성이 대두
되면서 이제는 정보를 수집, 정리, 분석해야 하는 정보인으로서의 역할이 더
중요시되고 있다. 또한 정보의 종류도 비디오, 음향, CD, 그림, 컴퓨터 파일,

노트, 신문, 무선통신 그리고 극단적으로는 로봇 시스템을 통한 정보 등 과거
와는 비교가 안 될 정도로 종류와 매체가 다양하고 복잡하다. 이러한 종합정
보를 분석하고 정리하는 일은 치밀한 사고력을 필요로 하는 것이며, 이것은
바로 멀티미디어가 요구하는 것이고, 또한 멀티미디어에 의해서 양성될 수
있을 것이다(김영환, 1996).

4) 멀티미디어의 교육적 효과

멀티미디어의 교육적 가치에 있어서 가장 기본적인 원리가 되는 것은 "여
러 매체의 적절한 복합은 하나의 매체보다 교육적 효과가 좋을 것이다."라는
가정이다. 이들을 좀 더 자세히 알아보면 다음과 같다.

① 시각정보와 청각정보의 적절한 결합은 학습효과를 높인다. 시각정보
와 청각정보의 동조성에 대한 연구는 이들이 적절히 동조되었을 때 학
습효과를 높인다고 보고하고 있다(Barnard, 1992; Mayer & Anderson,
1992).

② 정보가 단편적으로 제시될 때보다 상황과 관련되어 제시되었을 때보
다 효율적으로 기억된다. 학교교육에서 배우는 것이 실생활과의 관련
성이 부족할 때 그것을 학교 밖의 활동과 연결시키는 것이 어렵게 된
다. 이런 관점에서 어떻게 학교에서의 학습을 재구성하는 것이 실제 상
황과 아주 유사한 학습환경을 제공하여 학습내용이 실생활에 유용하
게 활용될 수 있을 것인가에 대한 많은 연구가 진행되고 있다(Linn,
1992). 멀티미디어는 다양한 매체의 활용과 컴퓨터를 이용한 구체적인
상황 제시력에 힘입어 학교교육이 가지고 있는 한계점에 대한 한 가지
방안이 될 수 있다.

③ 주어진 학습 환경과 상호작용이 높을수록 학습효과는 향상된다. 멀티
미디어에서 가장 중요시되는 것 중의 하나가 상호작용성이다. 이것은

사실 기존의 CAI 시스템에서도 중요시되어 왔지만 멀티미디어로 오면서 한층 더 강조되고 있다. 상호작용성이란 학습 활동이 학습자에 의해서 통제되는 것으로(Tucker, 1990), 상호작용성의 유무는 전통적인 수업과 새로운 테크놀러지에 의해 제공되는 수업을 구별하는 기준이 되기도 한다 (Schwier & Misanchuk, 1993).

④ 학습의 개별화를 촉진한다. 멀티미디어 교육환경에서는 학습자가 자신의 필요와 학습속도에 맞추어서 원하는 정보를 선택적으로 볼 수 있다. 멀티미디어의 이러한 선택성은 학습자의 서로 다른 흥미와 수준에 따라 상이한 학습방식과 내용을 제공할 수 있다.

⑤ 비용의 절감, 안전성의 증대, 훈련시간을 단축시킨다. 비행기 조종이나 과학 실험은 처음부터 실제로 조종하거나 실험하게 되면 사고의 위험이 매우 높고 비용도 많이 든다. 그러나 멀티미디어를 활용하여 제작된 시뮬레이션 프로그램은 실제 현장 경험이 아니라 모의경험이므로 안전하고 여러 번 반복적으로 사용할 수 있어 비용 효용성이 높다.

7. ICT

1) ICT 개념

ICT(Information & Communication Technology)란 정보기술과 통신기술의 합성어로 기존의 정보기술(IT) 개념에 정보의 공유나 의사소통 과정을 강조하는 통신(Communication) 개념이 포함된 의미로 사용된다. 협의의 개념으로는 정보를 검색, 수집, 전달하기 위한 하드웨어와 소프트웨어를 의미하나, 광의의 개념으로는 하드웨어와 소프트웨어를 활용하여 정보를 수집하고, 생산, 가공, 보존, 전달, 활용하는 등의 모든 방법을 의미한다.

2) ICT 교육

ICT 교육은 2000년 초·중등학교 ICT 교육 운영지침을 발표한 이후, 제7차 교육과정에서 체계적으로 시행되고 있으며, 최근 교육인적자원부는 ICT 교육에 대한 운영을 개정하였다(교육인적자원부, 2006). 이 개정에 따르면 ICT 교육은 소양교육과 교과활용교육으로 나누어져 있다(조규락, 김선연 2006).

(1) ICT 소양교육

ICT 소양교육은 ICT 자체에 대한 교육으로 정보의 생성, 처리, 분석, 검색 등 기본적인 정보활용능력, 혹은 ICT 리터리시를 기르는 교육으로 컴퓨터과학과 정보통신윤리의 내용도 포함하고 있다. 이는 타인과 자신의 정보생활에 대한 윤리의식의 고취와 단순한 기능 위주의 응용소프트웨어 조작 기술에 대한 내용보다는 정보의 전달 및 교류의 측면에서 정보의 생성 및 교환의 능력을 향상시키기 위한 것이다.

우리나라의 ICT 리터리시(소양) 개념에서 나타나는 ICT 리터러시의 구성요소로는 매체활용, 정보이해, 정보탐색 및 선택, 정보평가, 조직 및 종합, 정보활용(문제해결, 지식획득, 지식전달), 정보화 사회 이해, 정보윤리의식 등의 요소가 포함된다. 미국 ETS에서 제시한 ICT 리터러시 평가 내용은 미국에서의 ICT 리터러시 개념을 이해하는 데 중요한 기초가 된다. 미국 ETS의 ICT 리터러시 평가의 능력요소로는 정의, 접근, 관리, 평가, 통합, 창조, 의사소통이 포함되고 있다. 이에 따르면 ICT 리터러시란 ICT 도구를 활용하여 필요한 정보를 확인하고 적절히 표현하는 능력이다. 접근은 정보를 분류체계에 맞게 조직화하는 능력이고, 관리는 정보를 수집하고 도출하는 방법을 아는 능력이다. 평가는 정보의 질, 관련성, 유용성, 효율성에 대한 판단을 위한 반성적 사고능력을 의미하며, 통합은 여러 다양한 형태로 표현된 정보를 요약, 비교, 대조 등 통합하는 능력이다. 창조는 현재의 정보를 적용하고 설계하여

새로운 지식을 생성하는 능력이며, 의사소통은 다양한 집단이나 개인에게
지식과 정보를 전달하는 능력이다(김혜숙, 진성희, 2006).

(2) ICT 교과활용교육

ICT 교과활용교육은 기본적인 정보소양능력을 바탕으로 학습 및 일상생
활의 문제해결에 ICT를 적극적으로 활용할 수 있도록 하는 교육으로 ICT와
교과교육을 통합하여 교과의 목표를 효과적으로 달성하려는 것이다.

ICT 교과활용교육의 기본 방향은 다음과 같이 요약될 수 있다(백영균 외,
2003).

① 정보통신기술은 교수학습활동의 목표가 아니라 효과적 교수학습목표
달성을 위해 도구로서 활용되어야 한다. 수업 계획과 전개, 평가 등 각
학습단계에서 해당 학습목표의 달성이 우선되어야 하며 이를 효과적
으로 추진하기 위해 ICT를 적절히 활용해야 한다.

② 단순히 학습할 내용의 전달이나 설명, 예시를 위한 ICT 활용 이외에도
학습자의 자기주도적 학습능력을 신장하기 위해 활용하도록 해야 할
것이다. 즉, 학습자가 학습하고 문제를 해결하는 과정에서 정보를 탐
색, 수집하며, 분류하고 정리 및 조사한 결과를 전달, 토론하는 활동을
촉진할 수 있도록 활용되어야 한다.

③ 교과의 특성 및 목표를 최대한 효과적으로 달성할 수 있도록 활용되어
야 하며, 또한 학습자의 정보통신기술 활용능력에 비추어 적합하게 쓰
일 수 있는 것인지를 판단하여 활용해야 한다.

④ 정보통신윤리는 지식정보사회에서 매우 중요한 윤리로 대두되고 있으
므로, 각 교과의 정보통신활용 교육에 통합하여 교육이 이루어지도록
해야 한다. 즉, 건전 정보활용 및 네티켓, 저작권 등 정보윤리의 기본적
인 개념을 익히고 실천할 수 있는 방향으로 교육이 이루어져야 한다.

3) ICT 활용 교수-학습활동 유형

각 교과수업 중에서 ICT를 활용할 수 있는 교수-학습활동 유형은 대략
다음의 여덟 가지로 정리될 수 있다(백영균 외, 2003; 조규락, 김선연, 2006).

(1) 정보 탐색하기

정보 탐색하기는 인터넷 자료, 웹 사이트, CD-ROM 타이틀, 인쇄자료 등
을 활용하여 자료를 탐색하거나 정보를 갖고 있는 사람과의 정보교환 등을
통해 다양한 정보를 찾아보는 유형이다. 이를 위한 교수-학습과정은 탐색과
제 선정 준비하기, 과제 안내하기, 학습계획 수립 및 정보수집, 탐색결과 발
표 및 공유하기의 절차로 이루어진다. 이 유형은 기초적인 정보검색 및 정리
활동을 위해서, 그리고 문제해결능력을 배양하고 탐구활동을 통한 적극적인
태도를 기르기 위하여 활용할 수 있다.

(2) 정보 분석하기

정보 분석하기는 다양한 방법으로 수집한 원자료를 문서편집기나 데이터
베이스, 스프레드시트 등을 이용하여 비교, 분류, 조합하는 활동을 통해 결론
을 예측하고 추론해 보는 유형이다. 이를 위한 교수-학습과정은 원자료 확
보계획 수립 및 수업 준비하기, 학습 안내하기, 원자료 확보 및 도구 선택하
기, 정보비교 분류 및 분석하기, 결과 보고 및 공유하기의 절차로 이루어진
다. 이 유형은 특히 학습자의 탐구능력을 향상시키기 위한 목적으로 활용할
수 있다.

(3) 정보 안내하기

정보 안내하기는 교사가 대부분의 학습활동을 주도하는 유형으로 교사가
미리 수업을 계획하여 필요한 단계에서 교육용 CD-ROM 타이틀을 제공하
거나, 미리 개발한 프레젠테이션 자료나 홈페이지를 통해 학습자에게 수업
내용을 안내하는 유형이다. 이를 위한 교수-학습과정은 수업 계획 및 수업

준비하기, 학습 안내하기, 학습 전개, 학습내용 정리 및 평가의 절차로 이루어진다. 이 유형은 사전에 교사가 적절한 CD-ROM 타이틀을 선택하는 능력과 프레젠테이션, 홈페이지를 구축할 수 있는 기술 및 시간을 충분히 고려하여 효율적으로 수업에 활용하여야 한다.

(4) 웹 토론하기

웹 토론하기는 게시판이나 채팅, 전자우편 등을 활용하여 어떤 특정한 주제에 대해 허락된 참여자와 혹은 불특정 다수 누구나가 자신의 의견을 제시할 수 있는 유형이다. 이를 위한 교수-학습활동 과정은 토론 주제의 선정 및 수업 준비, 학습안내, 토론활동, 토론결과 발표 및 공유의 과정으로 이루어진다. 이 유형은 타인의 의견 존중 및 합리적 사고력을 함양하거나 면대면 토론에 부담감을 갖는 소극적인 학습자의 의사표현능력을 신장시키고자 하는 목적으로 활용할 수 있다.

(5) 협력 연구하기

협력 연구하기는 교실의 제한된 공간적 제약을 넘어 다른 지역, 다른 나라의 학습자와 함께 공동 관심 사항에 대해 각기 자료를 검색하고 취합하여 결과물을 공유하는 유형이다. 이를 위한 교수-학습활동 과정은 연구과제 선정 및 수업 준비하기, 학습 안내하기, 연구계획 수립 및 정보 수집하기, 연구결과 발표 및 공유하기의 절차로 이루어진다. 이 유형은 통합교육과정 및 다양한 문화 경험의 기회를 제공하기 위한 목적으로 활용할 수 있다.

(6) 전문가 교류하기

전문가 교류하기는 학생들이 탐구 및 학습활동을 할 때, 특정 분야의 전문가, 학부모, 선후배, 다른 교사 등과 인터넷을 통해 의사소통을 하면서 학습자가 관련 분야의 전문지식을 활용하도록 지원하기 위한 유형이다. 이를 위한 교수-학습활동 과정으로는 수업계획 수립 및 수업 준비하기, 학습 안내하기, 전문가 교류활동 수행하기, 결과정리 및 발표하기의 절차로 이루어진다. 이 유형은 전자우편을 통한 질의응답이나 원격 화상회의 시스템을 활용한 실시간 화상대화 등을 통해 전문가와의 실시간 대화 및 교류를 통하여 심도 있는 정보조사를 목적으로 할 때 유용하게 활용할 수 있다.

(7) 웹 펜팔하기

웹 펜팔하기는 인터넷의 전자우편을 이용하여 여러 지역의 다른 사람과 개인적인 교류를 하거나 언어학습 또는 문화에 대한 이해를 목적으로 교류하는 유형이다. 이를 위한 교수-학습활동 과정은 수업계획 수립 및 수업 준비하기, 학습 안내하기, 웹 펜팔 활동 수행, 결과 정리 및 발표의 절차로 이루어진다. 이 유형은 개인적인 교류뿐만 아니라 다른 지역, 다른 국가의 언어, 문화, 역사, 지리 등을 이해하기 위한 목적으로 활용할 수 있다.

(8) 정보 만들기

정보 만들기는 학습과정이나 문제해결과정에서 산출된 각종 결과물을 다른 사람이 볼 수 있도록 보고서나 프레젠테이션 자료, 홈페이지로 만드는 유형이다. 이를 위한 교수-학습활동 과정은 수업계획 수립 및 수업 준비하기, 학습 안내하기, 저작 활동 수행, 결과정리 및 발표하기의 절차로 이루어진다. 이 유형은 웹 문서 작성 및 파일 관리에 대한 기능 습득을 비롯하여 인터넷 신문 만들기, 그림엽서 만들기 등의 창의적인 표현 능력을 증진하고 협동심과 사회적 기술 함양을 위하여 유용하게 활용할 수 있다.

요약

1. 컴퓨터 하드웨어나 시스템을 대상으로 하는 '컴퓨터에 대한 연구'와 달리 '컴퓨터를 활용한 교육연구'는 교육과 관련된 문제에 답을 구하기 위해 컴퓨터의 기능을 활용하는 형태로 자료의 수집, 입력, 분석을 용이하게 함으로써 연구에 새로운 활력을 제공하고 있다.

2. 컴퓨터 리터러시란 정보산업사회에서 생활을 영위하고 업무를 수행하기 위해 필요한 지식과 기술로서 컴퓨터에 대한 이해와 활동능력을 갖추는 것을 말한다.

3. 컴퓨터를 이용한 수업의 형태에는 컴퓨터 보조수업(CAI)과 컴퓨터 관리수업(CMI)이 있다. CAI는 컴퓨터를 이용하여 개별 학습자가 직접 학습하도록 하는 시스템이고, CMI는 컴퓨터를 통해 개별 학습자의 학습정보를 저장, 평가하면서 개별적인 지침을 주는 등 학습과정을 관리하는 시스템이다.

4. 컴퓨터를 이용한 학습의 장점은 학습자 주의집중, 학습동기를 증진시키며, 즉각적 피드백의 제공으로 개별화의 효과를 높이고, 학습의 과정에서 나타나는 학습자에 대한 모든 정보를 저장, 분류, 분석하여 평가, 추후지도에 유용하게 활용할 수 있다.

5. 멀티미디어는 정보의 형태가 다른 둘 이상의 매체가 컴퓨터를 중심으로 디지털 방식으로 통합되어 있는 것으로, 여러 매체의 적절한 복합은 하나의 매체보다 교육적 효과가 좋다는 가정에서 출발한다.

6. 정보통신기술(ICT)은 협의의 개념으로는 정보를 검색, 수집, 전달하기 위한 하드웨어와 소프트웨어를 의미하며, 광의의 개념으로는 하드웨어나 소프트웨어를 활용하여 정보를 수집, 생산, 가공, 보존, 전달, 활용하는 등의 모든 방법을 의미한다.

7. ICT 소양교육은 ICT 도구를 활용하여 필요한 정보를 확인하고 적절

히 표현하는 기본적인 정보활용능력을 위한 ICT 자체에 대한 교육이
며, ICT 교과활용교육은 기본적인 정보소양능력을 바탕으로 학습 및
일상생활의 문제에 ICT를 적극적으로 활용할 수 있도록 하는 교육
형태다.

연 습 문 제

1. 컴퓨터보조수업(CAI) 중에서 아래의 그림과 관련이 깊은 유형은? 2003 초등기출

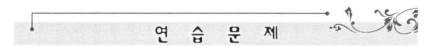

① 게임형   ② 개인교수형
③ 반복연습형   ④ 시뮬레이션형

2. 컴퓨터 매개 통신(computer-mediated communication)을 활용한 수업의 장점이
라고 할 수 없는 것은? 2002 초등기출
① 협동적 문제 해결의 기회를 제공한다.
② 고차적 사고 기술을 습득할 수 있는 기회를 제공한다.
③ 공간적 제약을 초월한 사회적 상호 작용의 기회를 제공한다.
④ 습득한 지식과 기능을 반복적으로 연습할 수 있는 기회를 제공한다.

3. 다음 〈보기〉와 같은 상황에 가장 적절한 컴퓨터보조학습(CAI)의 유형은?

2002 중등기출

보기
- 학습자가 독자적으로 학습할 수 있도록 해 주어야 한다.
- Gagné의 아홉 가지 수업사태를 적용하면 효과적이다.
- 새로운 정보를 가르치고, 확인하고, 강화해 줄 필요가 있다.

① 게임형　　　　　　　② 반복연습형
③ 개인교수형　　　　　④ 발견학습형

4. 멀티미디어의 특성에 관한 설명으로 틀린 것은?　　2006 초등기출
① 많은 양의 정보를 다양한 형태로 수록할 수 있다.
② 정보가 선형적으로 제공되므로 모든 사용자가 동일한 정보를 얻는다.
③ 실제 상황과 유사한 현상을 체험할 수 있는 다감각적 학습 환경을 제공한다.
④ 상호작용이 가능하여 사용자의 반응에 따라 프로그램 진행이 달라질 수 있다.

5. 학생들이 자기주도적으로 상호작용을 하며 다양한 최신정보에 접근하기에 가장 적절한 교수-학습 유형은?　　2002 중등기출
① 시뮬레이션　　　　　② 프로그램학습
③ 컴퓨터보조학습(CAI)　　④ 컴퓨터매개통신(CMC)

6. 장의존적(field-dependent) 학생에게 가장 적합한 학습환경은?　2002 중등기출
① 선형적인 CAI 프로그램, 구조화된 과제 제공
② 선형적인 CAI 프로그램, 비구조화된 과제 제공
③ 하이퍼텍스트적인 CAI 프로그램, 구조화된 과제 제공
④ 하이퍼텍스트적인 CAI 프로그램, 비구조화된 과제 제공

7. 교육정보화는 교사가 학생에게 좀 더 나은 학습경험을 제시하는 데 도움을 줄 것이라는 견해도 있지만, 수업과 관련된 교사의 활동기회를 줄여 '탈숙련화' 현상을 초래할 수 있다는 우려도 있다. 다음 〈보기〉에서 이런 주장과 관련이 있는 것은?

2003 초등기출

> **보기**
>
> 가. 사이버공간에 개설된 대화방에서 '왕따 예방'에 대해 토론한다.
> 나. '삼투압의 원리'에 관한 판서내용이 순서대로 조직된 웹문서로 수업한다.
> 다. 웹자료실에서 다른 교사가 제작한 중간고사 시험문제를 내려 받아 사용한다.
> 라. '월드컵 출전국 소개' 자료를 작성하여 웹 게시판에 제출하도록 과제를 낸다.
> 마. CD-ROM을 사용하여 영어로 인사하는 장면을 보여 주고, 화면의 '따라 하기' 버튼을 누른다.

① 가, 나, 다   ② 가, 다, 라
③ 나, 다, 마   ④ 나, 라, 마

8. 다음 〈보기〉의 컴퓨터 활용 수업에 관한 설명 중 바른 것끼리 짝 지은 것은?

2006 중등기출

> **보기**
>
> 가. 학습자의 개인차를 고려하는 적응적 수업에는 지능적 개인교수(intelligent tutorial)보다 반복 연습형 컴퓨터보조수업이 효과적이다.
> 나. 실제 학습과제 수행이 위험하거나 비용 소요가 클 때 모의 실험형 컴퓨터보조수업을 사용할 수 있다.
> 다. 전문가체제(expert system)에서 학습자는 관련된 의사결정 과정에 관한 조언을 구할 수 있다.
> 라. 구성주의자들은 컴퓨터를 인지적 도구로 활용하는 것보다는 지식전달도구로 활용하는 것이 고차적 육성에 효과가 있다고 주장한다.

① 가, 다   ② 가, 라   ③ 나, 다   ④ 나, 라

9. 다음 〈보기〉와 같은 상황에 가장 적절한 컴퓨터보조학습(CAI)의 유형은?

2002 중등기출

보기

- 도전감과 흥미를 준다.
- 집단 간의 경쟁을 통해 동기를 높인다.
- 정해진 규칙과 달성해야 할 목적이 있다.
- 사실, 원리, 사회적 기능, 태도 등의 학습에 사용된다.

① 자료제시형　　　　　　② 반복연습형
③ 개인교수형　　　　　　④ 게임형

10. 다음 〈보기〉와 같은 기능을 수행하는 데 가장 적합한 컴퓨터 시스템은?

2005 초등기출

보기

- 학급경영에 필요한 정보를 신속하게 제공한다.
- 수업에 필요한 많은 지식을 효과적으로 활용할 수 있다.
- 적시훈련(just-in-time-training) 상황에서 매우 유용하다.
- 수업에서 발생하는 문제를 전문가 차원에서 도와주는 역할을 수행한다.

① 교육자료 검색 시스템(ERIC)　　② 전자 수행 지원 시스템(EPSS)
③ 상호작용 비디오 시스템(IVS)　　④ 전자 정보 교환 시스템(EIES)

11. 하이퍼미디어(hypermedia) 활용 수업에 관한 설명으로 옳지 <u>않은</u> 것은?

2006 중등기출

① 학습자가 비선형적(nonlinear)으로 정보를 탐색할 수 있다.
② 학습자가 멀티미디어 요소를 활용하여 지식을 구성할 수 있다.
③ 학습자의 방향감 상실이나 인지 과부하(cognitive overload)를 야기할 수 있다.
④ 비구조화된 내용을 학습할 때 활용하면 학습자의 인지적 유연성을 기르기 어렵다.

12. 우리나라의 ICT 교육에 대한 설명으로 옳은 것은?   2005 중등기출

　① 교육정보화의 물적 기반 구축을 목적으로 한다.

　② 제7차 교육과정에서는 초등학교에만 적용되고 있다.

　③ ICT 소양교육은 정보통신 분야의 전문가 양성을 주된 목표로 한다.

　④ ICT 활용교육의 목적은 정보통신기술을 이용하여 교수–학습 목표를 효과적
　　으로 달성하는 데 있다.

13. 다음의 멀티미디어 학습자료 설계–개발 모형에서 참여 인력과 기간, 비용을 고
　　려하는 단계는?   2004 초등기출

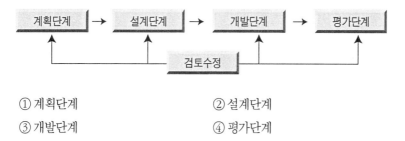

　① 계획단계　　　　　　　　　② 설계단계

　③ 개발단계　　　　　　　　　④ 평가단계

14. 다음 〈보기〉의 활동과 관련된 교육용 소프트웨어 개발 단계는?   2005 초등기출

> **보기**
> • 가르치거나 배울 내용을 상세하게 설명한다.
> • 화면에 제시될 그래픽을 스케치하고 설명을 추가한다.
> • 학습자의 반응에 대한 피드백의 유형과 내용을 기술한다.
> • 소프트웨어를 개발할 때 제작자가 유의할 사항을 기술한다.

　① 프로그래밍　　　　　　　　② 흐름도 작성

　③ 스토리보드 작성　　　　　　④ 목표와 내용 분석

15. 다음은 첨단교육매체의 교육적 활용에 대한 설명이다. 옳지 <u>않은</u> 것은?

　　　　　　　　　　　　　　　　　　　　　　　　　2000 초등기출

　① 케이블 TV: 비교적 적은 비용으로 먼 거리의 많은 학습자들에게 동화상으로
　　교육내용을 전달할 수 있다.

② 화상강의 시스템: 원격지의 학습자에게 실시간 동화상 자료를 보여 주고 일 방향 커뮤니케이션만을 할 수 있다.

③ 멀티미디어: 다양한 형태의 정보를 통합하여 풍부한 학습 환경을 제공할 수 있다.

④ 인터넷: 전자우편, 파일전송, 채팅을 통하여 다양한 자료와 자원을 활용할 수 있다.

16. 전통적 지필검사와 비교해 볼 때, 컴퓨터를 이용한 개별적응검사(Computerized Adaptive Testing: CAT)가 가지는 가장 큰 장점은?　2000 초등기출

① 적은 수의 문항으로 학습자의 능력을 측정할 수 있다.

② 교육목표 달성 여부를 체계적으로 파악하기에 적합하다.

③ 교수-학습의 수준을 높이기에 적절하다.

④ 컴퓨터를 사용하여 검사를 제작할 수 있다.

웹 활용 수업

　웹 활용 수업의 핵심은 학습자들이 웹을 바탕으로 하여 서로 돕고, 정보를 공유하며, 함께 생각하고 실천하는 학습공동체를 만들어 가면서 수업이 진행되는 것에 있다. 학습공동체를 성공적으로 구성하고 실천하기 위해서는 웹 활용 도구, 웹 활용 수업모형, 웹 활용 수업 특징에 대해 철저한 이해가 필요하다.

하이퍼텍스트 / 인터넷 / 월드와이드웹 / 웹 활용 수업의 장단점 / 블로그 / 위키 / 학습공동체 / 가상토론 / 웹 활용 협동학습 / 웹 활용 발견학습 · 탐구학습 / 블렌디드 러닝 / 웹 활용 수업모형

우리는 제11장에서 컴퓨터, 멀티미디어, ICT의 활용 등에 대한 기초를 학습하였다. 이들을 모두 하나로 묶는 것은 월드와이드웹이며 그 근간에 있는 것은 인터넷과 하이퍼텍스트다. 웹은 이제 우리 교육은 물론 생활에 없어서는 곤란한 현 시대를 대표하는 인류의 새로운 도구가 되었으며, 혹자는 이를 제2의 구텐베르크의 혁명이라고도 한다.

이 장에서는 웹을 교수-학습활동에 적절하게 활용하여 좋은 수업을 하기 위해 필요한 원리와 절차에 대해서 알아보도록 한다. 이를 위해서는 우선 도대체 웹은 무엇이며 교육을 위해서는 어떤 가치가 있는 것인지를 알아보도록 하겠다. 이 장의 학습을 끝낸 후 학습자는 다음과 같은 학습목표를 성취하기를 기대한다.

1 하이퍼텍스트, 인터넷 그리고 월드와이드웹의 개념을 구별해서 설명할 수 있다.

2 웹의 교수-학습상의 장점과 단점에 대해서 설명할 수 있다.

3 웹 활용 수업을 하기 위해서 도움이 되는 개념을 나열하고 그 특징을 설명할 수 있다.

4 가상토론의 개념을 진술하고 두 가지 유형의 공통점과 차이점을 설명할 수 있다.

5 웹을 활용한 협동학습의 핵심 개념을 설명할 수 있다.

6 웹을 활용한 발견 · 탐구학습을 할 때의 주의사항에 대해 진술할 수 있다.

7 블렌디드 러닝의 개념과 특징을 설명할 수 있다.

8 웹 활용 수업 모형의 원리와 절차를 이해한다.

1. 웹의 이해

1) 하이퍼텍스트, 인터넷 그리고 월드와이드웹

우리는 많은 경우에 하이퍼텍스트와 인터넷 그리고 월드와이드웹을 유사한 개념쯤으로 치부하고 혼용해서 사용하는 경우를 볼 수 있다. 하지만 이들은 모두 다 다른 개념이다.

하이퍼텍스트의 시조는 제2차 세계대전 당시 원자폭탄을 만드는 맨해튼 프로젝트를 지휘했던 Vannevar Bush가 1945년에 아이디어를 냈고 이를 1965년에 하이퍼텍스트라고 이름을 붙인 사람은 Theodore Nelson이다. 하이퍼텍스트는 비순차적인 글쓰기와 읽기를 허용하는 비계열적이고 역동적인 텍스트로 문자정보와 그래픽정보를 사용자가 임의의 순서대로 접근할 수 있도록 해 준다. 이러한 임의적 접근성은 각 정보가 하나의 노드(node)를 이루고 이런 노드 간의 연결(link)을 사용자가 할 수 있도록 허용한 데서 생긴다.

인터넷의 기원은 1969년 초에 미 국방성에서 태어난 알파넷(Advanced Rese-aerch Projects Agency Network: ARPANET) 프로젝트다. 이 프로젝트의 목적은 넓은 지역에 흩어져 있던 컴퓨터를 연결하려는 것이었다. 미 국방성은 한 컴퓨터에 모든 정보를 저장하는 것이 군사적으로 위험하다고 생각하여 정보를 여러 곳의 컴퓨터에 분산시키되 쉽게 정보를 찾아내고 관리할 수 있는 시스템을 원했던 것이다. 이 시스템이 1972년에 최초로 일반에 공개되었을 때는 50개의 대학과 연구기관이 하나로 연결되었다.

인터넷은 다음 세 가지 특징을 가진 전 지구적 정보체계다.

① 인터넷 프로토콜(IP)에 기반한 지구상에 하나뿐인 주소에 의해 하나로 연결되어 있다.
② TCP/IP와 호환 가능한 다른 프로토콜을 사용하는 통신을 지원한다.

③ 이와 관련된 기술을 사용하여 다양한 형태의 서비스를 이용하거나 할 수 있다.

월드와이드웹은 다른 집안에서 다르게 성장해 온 하이퍼텍스트와 인터넷이 결혼해서 얻은 뜻밖의 천재자식이다(미국연방네트워킹 자문위원회, 1996). 대학교나 컴퓨터 관련 종사자만이 사용하던 인터넷을 모든 사람이 사용하는 보편적인 도구로 바꾼 것이 Tim Berners Lee가 1989년에 만든 월드와이드웹이기 때문이다.

월드와이드웹은 다음 세 가지 속성을 갖고 있다.

① 다른 문서로 연결되는 닻(anchor)이 본문 속에 들어 있다.
② 그래픽, 오디오, 비디오 등 어떤 것도 안에 포함할 수 있다.
③ 지구 어디든 갈 수 있다.

이 웹을 지탱하는 핵심요소는 문서를 작성하는 언어인 HTML, 문서를 연결시키는 HTTP 그리고 문서의 주소를 알려 주는 URL(Universal Resource Locator)이다(배식한, 2003).

2) 웹의 교수-학습적 장점

웹은 교수-학습을 위해 활용하기에 많은 장점과 특성을 갖고 있다. 그 구체적인 이유에 대해서 살펴보자.

① 웹의 가장 큰 특징은 정보가 끊임없이 갱신되기 때문에 언제나 시기적절한 정보를 얻을 수 있다는 것이다. 따라서 학습자가 관심을 갖고 있는 시사성이 있는 사건과 관련된 학습활동을 하면서 사용하기에 적절하다.

② 웹은 교사와 학생에게 학습자료가 풍부한 창고의 구실을 한다. 아직도 내용이 검증되지 않은 사이트가 더러 있지만, 공공기관이나 교사의 커뮤니티 등에서 제공하는 학습자료만 해도 초보 교사가 수업준비를 하기에는 충분할 정도로 많은 자료가 있다.

③ 웹은 전 세계의 학생을 연결한다. 웹은 과거의 국제 펜팔을 '더 좋게, 더 빨리, 더 싸게' 할 수 있는 웹-팔로 바꾸고 있다. 또한 웹을 활용한 많은 국제협력프로젝트가 학교와 학교 간에 운영되고 있다.

④ 웹은 인종적/문화적으로 중립적인 매체다. 웹은 학생이 상호작용 과정에서 방해가 될 수 있는 인종적 편견의 가능성을 낮추어 준다.

⑤ 웹은 학교 개혁을 촉진한다. 오랫동안 많은 사람이 학교를 변화시키려고 노력해 왔으나 아마도 웹이 짧은 시간에 변화시킨 것을 보면 놀라지 않을 수 없을 것이다. 웹은 학생과 교사 그리고 학부모가 모두 참여하고 그들의 생각을 나눌 수 있게 하기 때문에 이것이 가능했다.

⑥ 웹은 재미있는 학습을 만들어 준다. 웹은 그 속성상 다양한 형태의 매체와 자료 그리고 여러 가지 유형의 학습활동을 가능하게 한다. 따라서 웹을 적절하게 활용할 경우 학습활동이 재미있게 된다.

⑦ 웹은 수업보다는 학습 위주의 교수학습 환경을 제공하여 학습자 중심의 학습활동이 가능하도록 해 준다.

⑧ 웹은 글쓰기와 커뮤니케이션 능력을 배양할 기회를 준다. 웹을 통해서 많은 사람을 만나고 이들과 이메일이나 채팅을 통해 글쓰기 연습의 기회가 증가하기 때문이다.

3) 웹의 교수-학습적 단점

① 웹은 시간을 낭비하게 하는 경우가 많다. 그것은 찾고자 하는 내용 대신에 많은 다른 내용을 검토해야 하기 때문이다. 따라서 교수자는 수업시간에 써야 할 사이트라면 미리 검색해 두는 것이 필요하다.

② 웹은 의외로 기술적으로 신뢰하기 힘든 경우가 많다. 컴퓨터계의 머피의 법칙이 '꼭 중요한 순간에 컴퓨터가 고장 나거나 웹이 다운되는 경우' 인 것은 이미 잘 알려진 이야기다.

③ 웹은 학습자를 '문구멍으로 보기' 와 '복사해서 붙이기' 의 명수로 만들어 피상적학습을 부추길 수 있다. '문구멍으로 보기' 란 문구멍으로 방안을 들여다볼 경우 방 전체를 보지 못하고 제한적으로만 보는 것처럼 웹을 통해 검색하여 어떤 지식을 학습할 경우 자신이 알고 싶은 것만 확인하고 관련된 다른 중요한 지식을 놓치는 경우를 말한다. '복사해서 붙이기' 는 자신이 제대로 알지도 못하면서 무턱대고 관련 사이트를 찾아 복사해서 자기의 보고서에 붙여 놓는 것을 말한다.

④ 웹이 학습자 위주의 환경을 만들어 주기는 하지만 학습자가 자기주도적 학습능력을 갖고 있지 않은 경우에는 학습의 효율성과 효과성이 떨어지게 된다.

⑤ 웹이 글쓰기 연습의 기회를 많이 주어서 일반적으로는 웹을 많이 활용할 경우 글쓰는 능력이 증진된다고 보고 있기는 하다. 하지만 최근 이와는 반대로 웹을 통해 은어나 약어 또는 신조어를 많이 쓰는 신세대가 증가하고 있기 때문에 올바른 글쓰기 교육이 병행되어야 한다.

⑥ 웹의 활용이 증가하면 할수록 폭력, 자살, 마약, 음란물 등 비교육적인 사이트에 방문할 확률이 증가하게 된다. 따라서 교사와 학부모는 학습자와 자녀의 웹 활용 경향에 대해 주의 깊게 관찰하고 지도하여야 한다.

4) 꼭 방문해야 할 웹사이트

요즈음에는 각 시·도교육청 산하에 있는 교육정보원이나 학교 홈페이지, 선생님이 만들고 운영하는 교사커뮤니티 그리고 에듀넷 등을 통해서도 많은 교수-학습자료를 다운받거나 웹상에서 바로 볼 수 있다. 다음 사이트는 꼭 들어가 보길 권한다.

① 교컴은 1997년 서울 소재 한 중학교의 수학교사였던 함영기 선생님이 쓴 여러 가지 글을 공유하고 토론할 수 있는 '교실 밖 선생님' 이라는 개인 홈페이지에서 출발하여 2006년 말 현재 약 3만 명의 회원을 가진 자생적인 교육공동체다.

② 인디스쿨은 2000년 12월 24일 경기도 소재 초등학교 박병건 교사와 전산담당 교사 서너 명이 소프트웨어를 공유하기 위해 만들었던 자발적 개인 홈페이지가 2006년 말 현재 가입자가 약 9만 명에 이르는 거대 커뮤니티가 되었다. 교컴이 한 명의 운영자가 모든 역할을 수행하는 교회형 공동체인 데 반해 인디스쿨은 공통의 관심 분야를 중심으로 회원 간에 수평적인 상호성이 존중되는 카페형 공동체다. 인디스쿨에는 인디페인이라는 말이 유행할 정도로 열성 참여자가 많고 하루 1만~1만 5,000명이 방문하고 있다.

③ 우리나라의 14개 시도교육청에서는 모두 교육정보원을 운영하면서 교사들이 활용할 수 있는 거의 모든 자료를 무료로 탑재하여 서비스를 제공하고 있다. 이 중에서도 부산교육정보원은 각종 VOD와 인터넷방송을 가장 먼저 시작한 특징이 있다.

④ 교육인적자원부가 후원하고 있는 에듀넷 사이트는 반드시 방문하고 둘러봐야 할 것 중의 하나다. 다양한 교수학습자료와 커뮤니티가 만들어져 있다.

⑤ 우리나라에서 국제적인 정보격차를 해소하기 위해서 2002년부터 운영하고 있는 ALCoB(APEC Learning Community Builders) 프로젝트와 APEC ICT Model School Network(APEC MSN) 프로젝트는 웹을 활용한 국제연계활동의 좋은 예다. ALCoB(http://alcob.com)은 APEC 역내에 학습공동체를 만들어 가는 우수교사의 모임으로 우리나라가 의장국이며 현재 15개 국가 약 1,500명의 교사가 모여서 정보를 공유하고 공동 프로젝트를 수행해 왔다.

⑥ APEC 미래교육포럼(http://alcob.com/ictmsn/ictmsn_index.php)은

2004년부터 우리나라가 역시 의장국이 되어 수행하고 있는 국제협력 프로젝트로 APEC 역내 98개 초중등 학교가 자매학교가 되어 국제협력 학습, 공동프로젝트, 상호방문을 통한 문화체험 등을 지속적으로 하고 있다. 이 두 프로젝트는 모두 (사)APEC국제교육협력원(http://goiace. com)에서 교육인적자원부의 지원을 받아 수행하고 있다.

표 12-1 웹의 교육적 활용을 위한 추천 사이트

이 름	URL	특 징
교컴	http://eduict.org/	중등교사 커뮤니티
국제알콥교사단	http://alcob.com	APEC국제교육협력원 제공
꿀맛닷컴	http://www.kkulmat.com/index.jsp	서울시 교육청 제공 사이버 가정학습 사이트
대구교육정보원	http://www.deii.or.kr/	대구시 교육청 제공
부산교육정보원	http://www.busanedu.net/	부산시 교육청 제공
인디스쿨	http://indischool.com/	초등교사 커뮤니티
중앙교수학습센터	http://www.edunet4u.net/	교육학술정보원 제공

2. 웹 활용 수업을 위한 개념

1) 블로그

블로그(blog)란 홈페이지와는 달리 개인의 탐색경로를 공개적으로 접속할 수 있도록 하는 새로운 형식의 웹사이트다. 블로그는 'web'과 'log'의 합성 어로 1999년 Barger에 의해 만들어진 신조어로서 개인이 정규적으로 덧글을 달거나 관련된 링크에 접속할 수 있도록 하는 서비스다. 대부분의 블로그는 한 사람이 운영하나 어떤 것은 다수의 운영자를 허용하여 다양한 수준의 접 속 권한의 부여를 통해 협동적 온라인 글쓰기 공간을 형성할 수도 있다.

블로그의 교육적 활용의 예로는, 교사는 학생들이 블로그를 잡지같이 만들고 사용함으로써 언어교육 과정으로 블로그를 통합할 수도 있다. 과학 수업에서는 진행하는 과학 실험의 장으로 블로그를 활용할 수 있다. 사회 교과에서는 어떤 주제에 대해 공부하며 학생들의 태도가 어떻게 변화되는지 알수 있는 수단이 될 수 있다. 또한 학생들은 집단 활동을 하며 서로의 블로그를 읽고 댓글을 달면서 블로그를 학습공동체의 부분으로 활용할 수도 있다.

2) 위키

위키(Wikis)는 여러 사람이 특정한 콘텐츠를 손쉽게 추가하거나 제거하고 또 편집할 수 있도록 한 웹사이트나 프로그램을 뜻한다. 위키는 원래 '빨리 빨리'를 뜻하는 하와이 어 위키위키(wikiwiki)에서 나온 용어로 블로그가 독자와 일방적 의사소통을 하는 반면 위키는 어떤 자료든지 사용자에 의해 재편집될 수 있다는 것이 핵심 개념이다. 최초의 위키는 1995년 워드 커닝엄이 만든 위키위키웹(wikiwikiweb)으로, 이미 잘 알려진 개방형 온라인 백과사전 서비스 위키피디아(wikipedia)도 위키를 활용한 비즈니스 모델의 하나다. 위키는 웹사용자가 공개적으로 접속하여 글의 내용에 일정 부분 기여할 수 있게 하고, 그 같은 일을 좀 더 쉽게 할 수 있도록 서버를 구축함으로써 가능하다.

위키의 교육적 활용의 예는 다음과 같다. 위키는 같은 학습 내의 또는 학급 간의 학생 사이에 상호작용적 의사소통이 활성화되도록 하기 위해 활용될 수 있다. 예를 들어, 특정 주제에 대하여 학생들이 협동하여 발표 준비를 할 수도 있다. 또한 위키는 공동체의 경험을 축적하는 지식경영 기술로 활용될 수도 있는데, 예를 들면 교사 공동체 간에 교육과정 계획과 학습자료를 개발하여 위키를 통해 공유함으로써 교육적 지식과 전문성을 상호 교류하는 중요한 기능으로 활용할 수 있다.

3) 학습공동체

학습공동체는 학습활동을 중심으로 공동체 구성원이 상호 학습 증진을 위해 지속적으로 학습 경험을 공유하는 모든 공동체를 의미한다. 즉, 학습공동체는 학습을 유발하는 공동의 탐색거리를 공유하고 그 학습 요구를 해결하기 위해 학습자원, 지식 및 경험을 공유하는 상호적인 학습활동이 일어나고 이러한 학습활동을 매개로 구성원 간 지속적인 상호 관계와 학습문화가 형성되며, 그 공동체 활동의 결과로서 개인은 물론 공동체 차원의 지식 성장이 이루어지는 사람들의 집단이라 할 수 있다. 따라서 공동의 학습목표, 서로의 학습을 지원하고 협력적인 학습을 수행하는 상호적 학습활동, 학습문화, 학습자원 공유, 학습결과 공유와 축적 등은 학습공동체의 주요 특징적 요소다. 이 장의 앞 부분에서 소개했던 〈표 12-1〉의 '웹의 교육적 활용을 위한 추천 사이트'의 대부분이 학습공동체다.

4) 가상토론

가상토론이란 특정 주제에 대하여 웹을 활용한 온라인상에서 토론 활동이 이루어지는 학습방식을 말한다. 가상 토론에는 가상 어항 토의(Virtual Fishbowl), e-스토밍(e-storming) 등의 유형이 있다.

(1) 가상 어항 토의

가상 어항 토의는 학습자를 두개의 그룹으로 나누고 한 그룹은 실시간 채팅을 하고 나머지 절반은 관찰, 기록하는 방식이다. 그룹의 첫 번 토의가 끝나면, 교사는 관찰한 팀에게 관찰후기와 피드백을 질문한다. 관찰되는 토론 그룹을 어항에 비유하여 가상 어항 토의라 일컫는다. 규모가 큰 수업의 경우, 하나 이상의 가상 어항이 필요할 수 있으며, 하나의 어항 그룹에는 보통 8~10명 정도의 규모가 적당하다. 가상 어항 토의는 포럼의 방식에서는 비동시적으로 진행할 수 있다. 토론그룹이 비동시적으로 토론을 진행하고 그

후에 관찰그룹이 그 과정을 검토하여 토론과정을 요약하고 피드백한다.

(2) e-스토밍

e-스토밍은 브레인라이팅(brainwriting) 기법과 유사한 기법으로 교실 외부의 다양한 집단까지 포함하면서, 모든 아이디어를 대규모로 분류하는 것을 목표로 최소 5명의 학습자에게 질문을 던지거나 주제를 제시하여 토론을 진행하는 방식이다. e-스토밍에 적용되는 학습과제는 토론에 참여하는 동료 학습자의 의견이 실질적으로 반영되어 문제가 해결되는 것이어야 하며 따라서 토론과정에서 학습자의 의견과 해결책은 학습활동의 핵심적인 요소가 된다. 토론과정은 특정 문제나 주제에 대하여 동료학습자의 의견과 아이디어를 종합하여 교사에게 전자메일을 보내고, 교사는 모든 학습자가 이를 공유할 수 있도록 게시판에 올려 둔다. 최종단계에서, 학습자는 투표를 통해 가장 좋은 생각을 선정하도록 한다. 이 방법을 적용하기 위해서 교사가 미리 준비할 사전자료는 없지만 전자메일과 비동시적 토론게시판을 주로 활용하게 되므로 점검이 필요하다.

e-스토밍의 특징은 교실 안의 학습자에게만 적용되는 토론방식이 아니라 학습자의 교실 밖 친구와 직장동료, 그 외 다양한 집단에서 의견과 생각을 수합하는 과정이다. 따라서 학습자가 동료가 아닌 전문가를 통해 아이디어를 수집할 수도 있으며, 교수가 가능한 한 다양한 분야의 다양한 아이디어를 모을 수 있도록 학습자를 격려해 주는 것이 매우 중요하다.

3. 웹 활용 수업유형의 분류

1) 언어 및 의사소통 학습을 위한 웹의 활용

많은 실험 결과는 웹의 활용이 자국어 및 외국어에 대한 언어 및 의사소통 기능을 향상시키는 데 큰 효과가 있다고 보고하고 있다.

(1) 웹 활용 자국어 학습

① 컴퓨터 펜팔을 통한 의사소통 학습: 영어권에서 이루어진 한 연구에서
는 학생들의 성별, 학년, 나이, 취미, 관심사 등을 기초로 다른 학교학
생과 컴퓨터 펜팔을 주선하고 서로 자신의 소개, 소식, 관광안내, 사회
문제에 대한 토론 그리고 민속신앙과 전설 등을 소재로 토론하게 하였
다. 이 결과 문자에 의한 의사소통 능력이 향상되고 의사소통에 대한
태도가 적극적으로 변하게 되었다고 한다(Beazley, 1989).

② 학급소식지 개발을 통한 의사소통 학습: 웹을 활용하여 학급 소식지를
개발하는 방법을 통해 학생의 기능적 쓰기 능력을 향상시킬 수 있다.
학생들은 소식지를 만들면서 메일을 통해 동료들의 다양한 의견의 수
집 및 정보의 교환과 최종작품의 공유를 통한 협동작업을 수행하고 전
체 과정과 결과는 담당교사가 피드백을 하게 된다.

③ 외국의 학생과 의견을 교환한 방법: 한 연구는 중학생을 두 집단으로
나눈 다음 한 집단은 외국의 학생들에게 자신의 글을 보낸 후 의견을
교환하게 하였고 다른 집단은 글을 교사에게만 제출하고 피드백을 받
게 하였는데, 학생끼리 피드백을 받은 집단이 더 기능적 쓰기 능력이
향상된 것으로 나타났으며, 부차적으로 학교 밖의 더 넓은 세계에 통합
시켜 주는 효과를 얻었다고 한다(Cohen & Riel, 1989).

(2) 웹 활용 외국어 학습

일본의 Miyake와 Sugimoto(1985)는 일본, 미국, 멕시코 그리고 이스라엘
대학생이 국제문화 학습 네트워크(Inter-Cultural Learning Network)를 통해
메일을 통한 의사소통을 한 결과 실험집단이 비교집단에 비해 우수한 것으
로 보고하였는데, 특히 이들은 실제적인 의사소통 기능이 많이 향상되었다
고 한다. 핀란드의 중등학생을 대상으로 한 Tella(1992)의 연구도 유사한 결
과를 보고하고 있다. 뿐만 아니라 Spanos(1992)의 연구는 다양한 언어능력
의 향상과 더불어 고차적인 사고능력의 향상에도 효과적임을 밝히고 있다.

2) 협동학습을 위한 웹의 활용

잘 설계되고 준비된 협동학습은 많은 장점을 갖는데, 이런 장점은 웹을 기반으로 한 협동학습에도 바로 연결된다. Twiddle과 그의 동료들은(1995) 웹을 활용한 협동학습에 대한 연구를 통해 다음과 같이 보고하고 있다. 학생은 정보를 검색하면서 협동을 하게 되는데 그 과정에서 학생이 전통적 방식에 비해 더 즐거워하고 동기를 더 많이 받았다. 또한 실제적 과제를 하면서 얻는 교육적 이점이 많았으며 비용 면에서도 크게 절감되었다.

Harasim(1993)은 웹을 통한 협동학습의 장점으로 역동적이며 적극적인 참여를 유도한다고 한다. 특히 웹을 통한 협동학습은 시간제한이 없으며 일반 수업의 경우와 같이 소수에 의해 토론내용이 지배되지 않기에 모두에게 열려 있다는 점이 적극적이고 공평한 참여를 보장하기 때문에 이 속에서 학생은 강한 우정이 있는 또 하나의 공동체를 갖게 된다. 결국 이런 성격은 웹 활용에 대한 동기를 높이게 되어 웹 환경에서의 학습은 능동적이며 적극적인 학습이 가능하다. 특히 여러 사람과의 상호작용을 통한 협동학습은 학습자에게 즐거움을 통해 동기를 부여하기에 더욱 그렇다.

3) 발견학습 · 탐구학습을 위한 웹의 활용

발견학습과 탐구학습은 아동이 학습의 주체가 되고 구체적인 활동을 통하여 나름대로의 결론을 내리도록 유도한다는 점에서는 공통성을 갖지만, 교수-학습 과정에서 강조되는 활동과 과정에 차이가 있다. 이 차이점에 대해 Trowbridge는 발견학습은 주로 과학의 기초과정인 관찰하기, 분류하기, 측정하기, 예상하기, 서술하기, 추리하기 등으로 구성되며 탐구학습은 문제의 제기, 가설의 형성, 실험 설계, 데이터 수집, 가설의 검증 그리고 결론의 형성의 과정이라고 한다.

이러한 발견학습이나 탐구학습을 웹을 활용하여 시행하기 위해서는 무엇보다도 구체적인 준비가 필요하다. 일례로 Newmann(1991)은 웹을 이용한 탐구수업을 실시하였는데, 이를 위해 그는 학생들이 자신의 탐구활동을 관리하고 스스로 조정할 수 있도록 도와주는 도구의 개발이 필요하다고 보고하고 있다. 실제로 주도면밀한 준비가 없는 상태에서의 발견·탐구학습은 문제를 낳을 수 있기 때문이다. 웹을 기반한 탐구학습이 성공적이기 위해서는 다음과 같은 것을 유의해야 한다(백영균, 설양환, 1998).

①탐구적 수업에 활용되는 웹은 독립된 CAI와는 달라야 한다. 즉, 데이터베이스 및 전자사서함 등 웹상의 모든 사이트를 기반한 탐구활동을 위한 툴을 제공해야 하며 이들의 역할이 강조될 수 있도록 설계되어야 한다.

②탐구적 수업은 덜 구조화되어 있으므로 교사통제 유형이 더 바람직할 수 있다.

하지만 이러한 준비는 미시적인 관점보다는 전체적인 관점(holistic)에서 과제를 보면서 이루어져야 한다. 탐구학습을 하더라도 그 결과가 발견이나 나름대로의 결론에 도달하지 못할 가능성이 있으며, 또한 발견은 반드시 위에서 제시한 여러 과정을 거치지 않더라도 직관이나 경험에 의해 이루어질 수 있기 때문이다(김영환, 1998b).

4) 블렌디드 러닝

블렌디드 러닝은 학습의 효과성을 향상시키고 학습경험을 극대화하기 위하여 온라인과 오프라인 학습환경뿐만 아니라 다양한 학습방법과 매체를 결합하여 활용하는 교수-학습 방법이다. 블렌디드 러닝은 e-러닝의 한계에서 벗어나기 위해서 더욱 거시적인 차원에서 종합적으로 문제를 분석하고 대안을 구축하는 방안으로 자리를 잡고 있다. 블렌디드 러닝은 온라인 러닝 혹은 e-러닝의 단점을 보완하기 위해 2000년 이후 학계와 교육현장의 관심 속에서 급속히 발전되었다. 온라인 러닝이나 e-러닝은 시설 및 집합교육 차원에서 높은 비용효과성, 시공간적 융통성으로 인해 높은 접근성과 편리성, 풍부한 학습자원의 제공 등으로 인해 학습효과가 높을 것이라는 기대를 가졌으나 최근 그 효과성에 대한 확신이 어렵다는 연구결과가 많다. 뿐만 아니라 e-러닝에서는 체험학습이 어렵고, 명시적인 지식 전달은 가능하지만 암묵적인 지식의 전달과 비언어적 의사소통에는 한계가 있다. 이러한 이유에서 온라인과 오프라인 학습방법의 장점을 결합한 블렌디드 러닝이 교육현장에 자연스럽게 확산되고 있다.

두 가지 방법의 장점을 취하는 블렌디드 러닝의 결합요소와 특징은 크게 네 가지로 정리된다.

① 교육목적을 달성하기 위해 웹 관련 기술의 혼합 또는 결합이 그 특징이다. 이를 통해 실시간 가상강의, 자기주도적 학습, 비실시간 협동학습, 비디오, 오디오, 텍스트 기반 학습 등을 적절하게 혼합할 수 있다.

② 다양한 이론의 혼합이 특징이다. 첨단 기술과 무관하게 최적의 학습효과를 내기 위한 다양한 접근(구성주의, 행동주의, 인지주의의 결합)이 이루어질 수 있다.

③ 인간과 기술의 혼합으로 면대면 강사 중심의 훈련과 교수-학습 관련 첨단기술의 결합이 특징이다.

④ 학습과 업무의 혼합으로 학습과 업무의 조화로운 효과를 창출하기 위한 학습활동과 실제직무의 결합을 적절히 조화한다.

블렌디드 러닝에서 온라인과 오프라인을 통합하는 일반적인 혼합 방식은 다음과 같이 제시되고 있다(주영주, 2005).

① 학습공간의 통합으로 오프라인 학습과 온라인 학습을 서로 결합하는 것이다.

② 학습형태의 통합으로 자기조절학습과 협동학습을 적절히 결합하는 것
이다.

③ 학습유형의 통합으로 구조화된 학습과 비구조화된 학습을 적절히 결
합하는 것이다.

④ 학습내용의 통합으로 기성형 콘텐츠와 주문형 콘텐츠를 결합하는 것
이다.

5) 교실유형에 따른 웹의 활용 방안

〈표 12-2〉는 컴퓨터의 대수를 중심으로 한 교실 환경에 따라 수업방법을
분류한 것이다. 이 표는 현장 교사로서의 경험을 살려 상당히 잘 조직화한 것
으로 보완을 좀 더 한다면 좋은 모형이 될 수 있을 것이다. 조배원(1998)은 이

표 12-2 교실환경별 멀티미디어 교육정보 활용 유형(조배원, 1998, p. 65)

장소	일반교실	열린정보실 (일반교실포함)	컴퓨터실
컴퓨터	1대+정보망	4~8대+정보망	30~50대 + 정보망
통제 중심	교사, 학생	교사, 학생	학생중심
수업형태	대집단	소집단	개별
정보활용유형	정보안내제시	정보탐색해결	정보생성공유
수업목표	지식, 원리, 개념, 절차		문제해결, 탐구, 조사
수업방법	제시, 시범, 질문제기, 강의, 토론 학습, 보고서 작성	토론, 그룹과제, 협동학습, 문제해결, 그룹별 웹 페이지 작성	개별과제, 개별 · 협동학습, 문제해결, 개인별 웹 페이지 작성
투입자료	제시용 프로그램		웹 사이트/웹 프로그램/저작도구
투입방법	문제제기 및 탐구방법 등을 프로그램, DB, 웹 페이지로 대형 TV에 제시	문제제기 및 탐구방법 등을 프로그램, DB, 웹 페이지로 제시	

들 모형을 정보 활용 유형에 따라 다음 세 가지로 나누고 전략을 제시하였다.

1️⃣ 정보안내제시 유형: 교사가 미리 준비한 자료를 제시하면서 안내, 제시, 설명해 가는 강의형 모형으로 학습자가 수동적이 되거나 교사중심 수업의 위험성이 있다. 이의 보완을 위해 철저한 사전 계획의 수립과 주의집중, 상호작용을 높일 수 있는 방안의 강구가 필요하다.

2️⃣ 정보탐색해결 유형: 6~7명 정도의 소집단으로 구성된 학습자가 자료를 직접 탐색하거나 문제를 해결하는 유형으로 모둠별 활동이 기본이다. 또한 소집단 사이의 상호작용을 극대화하면서도 개별활동이 가능하다.

3️⃣ 정보생성공유 유형: 학습자 개개인이 자신의 학습속도와 능력, 흥미에 따라 주어진 과제에 관련된 내용을 탐색하고 창조적인 정보를 낼 수 있도록 한다. 또한 친구나 교사에게 자신이 발견한 것을 보내고 답을 받으면서 창의성과 논리성을 키울 수 있다.

4. 웹 활용 수업 모형

다음 전략은 절차적으로 진술되었지만 실제 적용할 때는 현장의 특성과 활용자의 경험에 따라 순서를 일부 바꾸어 적용해도 무방하다.

1) 준비단계

(1) 웹 활용에 대한 요구분석

누가, 왜, 어떻게 웹을 수업에 활용하려는 요구를 발생시켰는지/되었는지 파악한다. 이 중에는 학습자의 요청, 교사 자신의 판단, 멀티미디어실 활용에 대한 무언의 부담감이나 압력, 장학진의 권유 또는 명령 등으로 나뉠 수 있는데 어떤 것에 바탕을 두고 있느냐에 따라 작업의 범위와 깊이가 달라지는 것은 아니지만 다음 단계를 수행하는 데는 큰 차이를 줄 수 있다. 만약 각종 압력이나 권유 또는 명령에 의한 것이라면 학습자와 신뢰 구축과 동참을 끌어내기 위한 전략이 강화되어야 한다.

(2) 과제의 선정과 분석

초기부터 웹을 이용해서 모든 학습상의 문제를 해결할 수는 없다. 해결하고자 하는 과제는 되도록 단순하고 구체적인 것이 좋다. 예컨대 '웹을 이용한 토론을 통해 학생의 문제해결력과 의사소통력을 기르는 한편 왕따현상을 해결한다.'는 너무 복합적이고 교사 위주의 진술이라 초기 목표로는 좋지 않다. 반면에 '무엇이든 물어보세요'와 같은 토론방을 만든다든지, 아니면 '국어문제사전' 등으로 폭을 제한하는 것이 좋다. 또한 협동학습 모형이나 문제해결학습용 등으로 구체적인 모형이나 이론을 초기에 도입하는 것도 좋지 않다. 너무 많은 사전 준비를 요구하기 때문이다.

(3) 자원과 환경의 분석

환경은 교실 또는 멀티미디어실의 하드웨어 및 소프트웨어 그리고 통신망 등이며, 자원은 인적자원과 행·재정 시스템, 그리고 각종 지원체제 등이 있다. 인적자원은 도와줄 수 있는 전문가, 동료교사 그리고 학생과 학부모 등까지 포함된다. 초등의 상급반이나 중등의 경우에 가장 많은 실제적인 도움을 받을 수 있는 사람은 학생들이다(손미, 1996). 학부모는 실제적이고 구체적인 자원은 되기 힘들지만 간접적으로 지원하고 통제할 수 있는 자원이 되기에 이들과의 협력 방안도 조심스레 포함되어야 한다. 타 학교의 교사나 학생의 참여는 아주 좋은 자원이 된다.

(4) 교사의 사명 진술

이제 교사는 웹을 수업에 활용하기 위해 필요한 시간과 노력을 기꺼이 투자하겠다는 자기 선언이 필요한 단계다. 이 시간과 노력은 하루에 최소한 1시간씩은 웹에 접속하여 검색하고 분류하고 학생의 질문에 응답하기 위해 자신의 시간을 기꺼이 투자하고, 이런 활동을 위한 지식을 갖추거나 필요시 추가 지식을 갖추기 위한 노력을 아끼지 않겠다는 것이어야 한다. 이런 사전 의지 없이 시작했다가 그쳐 버리는 것은 교사와 학생에게 자칫 '학습된 좌절감'이나 '무기력감'으로 이어지게 되는 문제를 일으키게 되어 다른 어떤 새로운 방법이나 매체의 도입을 어렵게 한다.

2) 도입단계

(1) 학습자와 교사 간 예비 활동을 통한 신뢰의 구축과 분위기의 조성

웹의 장점은 다양한 학습자료의 검색과 공유, 그리고 활동을 통한 활발한 의견교환에 있다. 이를 끌어내기 위해서는 우선 그 교실이나 수업의 분위기가 먼저 바뀌어야 한다. 이런 분위기의 조성을 위해서 사용될 수 있는 전략은 다음과 같다.

① 앗! 나의 실수: 컴퓨터 통신을 하면서 경험했던 실수나 재미있었던 이야기를 자유롭게 발표하고 토론할 수 있는 시간을 제공한다.

② 스티커 설문조사: 학생들이 흥미 있어 하는 객관식 문항을 3개에서 4개 정도 8절지에 하나씩 쓴 다음 이 설문지에 모든 학생이 돌아가면서 문항에 답을 한 후 바로 그 결과를 알 수 있도록 구성한다.

③ 주제를 주고 창의적이며 다양한 해결책이나 입장을 찾게 한다. 이렇게 찾은 내용은 간단히 정리하여 교실에 자유롭게 게시하고 비평할 수 있도록 해 준다.

④ 이 외에도 다양한 집단상담 및 활동들을 참조하되 창의적이며 개방적으로 접근한다.

(2) 다양한 긍정적 모형의 제시를 통한 주의 집중과 동기 부여

창의력과 문제해결력의 증진, 그리고 다양한 정보의 접근 가능성이 웹과 컴퓨터를 활용함으로써 증폭된다는 것을 알릴 수 있는 다양한 사례를 제시한다. 주제를 정해서 팀이나 개인별로 할당한 후 신문, 잡지의 관련 부분을 스크랩하게 하는 것도 좋은 시작점이 된다. 이러다가 서서히 웹을 통해 받은 자료를 제시하면서 주의를 집중시킨 후 그 효율성과 효과성을 강조해 준다. 한편으로 최근 웹을 통한 각종 아이디어 사업이나 벤처기업의 성공사례를 제시해 주며 누구나 아이디어와 끈기, 그리고 웹에 대한 지식이 있으면 가능하다는 것을 설득한다. 많은 연구도 통신 이전에 잘 구성되어 있는 면대면 활동의 중요성을 입증하고 있다(McCreary & Van Duren, 1987; Harasim, 1986).

(3) 기본적인 기능에 대한 보충

학습자가 웹에 흥미를 갖게 될 즈음 컴퓨터 활용을 위한 기본적인 기능에 대한 보충 시간을 마련해 준다. 이때 컴퓨터를 잘하는 학생들을 도우미 팀으로 구성하여 이들과 함께 수업을 진행할 수 있도록 한다.

3) 전개단계

이 단계는 주로 웹검색을 통해 수업에 활용하는 단계로서 다음과 같은 원리를 응용하여 수업과 학습을 진행한다.

(1) 개념의 파악과 강화를 위한 탐색

어떤 개념 학습을 한 후 그 개념의 예, 예와 비슷하지만 예가 될 수 없는 것(비례) 등을 찾게 한다. 이 방법은 Merrill의 요소제시이론에 근거를 두고 있는 것으로 개념을 명확하게 하는 데 효과적이다.

(2) 절차적 지식의 강화를 위한 탐색

절차적 지식이란 어떤 일의 수행을 위해서 필요한 하위 단계를 모아놓은 지식으로 공통점과 다양성을 갖게 된다. 따라서 학습내용에서 나타나는 절차가 실제 현장에서 어떻게 달라질 수 있는지, 그 조건은 무엇이며 실생활에서 어떻게 적용되고 있는지를 중점적으로 파악하게 한다.

(3) 원리적 지식의 강화를 위한 탐색

원리적 지식이란 언제든지 일반화가 가능한 참인 지식을 말한다. 여기에는 원인과 결과로 구성된 인과적 지식과 원인과 결과로 정확히 분류할 수는 없지만 공통적 설명 변인을 갖고 있는 상관관계적 지식, 그리고 자연발생적 과정원리가 있다. 인과적 지식인 경우에는 원인과 결과 사이의 구조를 밝히는 쪽으로 안내와 강화를 주어야 하고, 상관관계적 지식은 그 공통변인을 찾아내는 쪽으로, 그리고 자연과정적 지식은 그 유형과 체계를 파악하는 쪽으로 안내가 필요하다(김영환, 1999). 또한 일단 기본적 원리가 파악된 후에는 다양한 예와 비례를 찾도록 안내하는 것도 좋다.

(4) 마인드맵 모형의 활용

웹에서 검색을 하다 보면 종종 많은 분지를 경험하게 된다. 이때 생기는 혼란은 적절한 수준의 경우 인지발달에 도움을 주지만 과도한 경우에는 포기나 흥미의 반감으로 이어지게 된다. 이를 방지하기 위해 마인드맵을 기반으로 한 검색 지도를 그리게 하는 것이 좋다. 이는 단순한 검색의 결과를 조직화하고 체계화하는 데도 도움을 준다.

4) 발전단계

이 단계는 자신의 아이디어나 검색한 내용을 요약·정리하여 게시판이나 토론방에 올리고 피드백을 받아 고쳐 나가는 단계며, 나아가서는 협동활동이나 각종 다양한 형태의 학습활동으로 발전해 나가는 단계다. 다음은 이 단계에서 적절히 사용할 수 있는 전략이다.

(1) 자기주도성과 창의성을 강조한다

토론방은 이미 존재하고 있는 지식이나 정보를 나열하는 곳은 아니다. 학습자의 수준이 낮을수록 이런 정보의 반복 게시는 불가피할 경우도 있으나 대부분 유사한 내용이 반복되거나 이미 알고 있는 내용이 게시될 때 게시판의 매력은 떨어진다. 실수하더라도 창의적인 아이디어와 자기주도적인 해석을 유도하고 이들을 게시판에 실을 수 있도록 안내하는 것이 필요하다.

(2) 협동성과 타인에 대한 배려를 강조한다

모든 게시물에 대한 토론을 올릴 때는 기본적인 예절을 갖추도록 한다. 예컨대 칭찬을 반드시 먼저 하고 나서 자신의 의견을 말해야 하는데 혹시 반박할 경우에는 나름대로의 근거를 대도록 한다. 또한 개인적으로 감정을 건드릴 수 있는 말이나 표현은 사용하지 않도록 지도한다.

(3) 규칙적으로 수업 중에 게시물에 대한 정리를 한다

이때 정리란 불필요한 내용을 지우는 것에서부터 그동안의 토론내용을 알리고 방향을 검토하기 위해 간단한 회의를 하는 것을 포함한다. 이를 위해 교사는 주기적으로 토론방에 들어가 학생의 토의내용에 대해 피드백을 해 주어야 하며 지속적으로 토론방에 자기 의견이나 정보를 게제하지 않은 학생에 대해 조언을 해 주는 것이 좋다.

(4) 최종 산출물에 대한 책임과 함께 동기를 강조한다

교사는 토론방의 모습을 지켜보다가 적절한 순간에 어떤 산출물을 만들면 좋겠다는 제안을 할 수 있도록 준비하여야 한다. 예컨대 과학시간이라면 자주 올라오는 질문을 모아서 FAQ(Frequently answered questions)나 Q&A(Questions and Answers)를 만들어 후배에게 사용하는 것이 있다. 이 경우 후배나 다른 사람이 사용하게 될지도 모른다는 것은 참가자에게 책임의식과 함께 동기를 불러일으키게 된다. 어떤 경우든 토의 내용이 그대로 잊히지는 않으며 무언가 실제적인 방법으로 활용될 수 있다는 것을 강조하는 것이 필요하다.

(5) 유명인이나 권위 있는 사람을 가끔 토론방에 끌어들인다

학습자가 계속 웹에 흥미를 갖게 하기 위해서는 가끔 교사가 학생이 관심 있어 하는 사람이나 그 분야의 저명인사 또는 전문인에게 이메일을 보내서 토론방에 메모를 남기게 하는 것도 좋은 전략이다. 이들을 찾지 못한 경우에는 동료교사(예: 주임교사, 타과목 교사, 교장이나 교감 등)나 타지방의 학생 또는 학부모의 참여도 바람직하다.

5) 체계적 발전 단계

이 단계는 개별 학습자가 홈페이지를 운영할 수 있을 때 적용할 수 있으며 본격적인 협력학습이나 탐구학습, 그리고 실제적인 프로젝트 학습 등으로 확장·응용된다.

(1) 실제적인 프로젝트의 개발을 유도한다

미국에서 웹을 활용한 수업방법 중 가장 많이 활용되는 전략이 이 방법이다. 예컨대 미국 인디애나의 그린우드(Greenwood) 중학교에서는 인디애나 폴리스(Indianapolis)에 위치한 IUPUI의 대학생을 위해 역사와 동물을 가르치는 프로그램을 만든 바 있다. 이를 위해 학생들은 광범위한 수준의 역사와 동물에 대한 지식을 갖게 되었고, 이런 지식을 찾기 위해 대학의 도서관, 박물관, 동물원 및 각종 홈페이지와 CD-ROM을 포함한 자료를 검색하고 재구성하였던 것이다(손미, 1996). 이 프로젝트는 1년 동안 지속되었는데 IUPUI의 대학생과 교수는 형성평가요원 및 클라이언트로서 동참해 주었다. 다른 방안으로는 학년 단위의 분할 프로젝트를 반별이나 조별로 수행하되 교사용 및 학생용 자료집을 만드는 방안이 있다.

(2) 타 지역의 학생과 협동 프로젝트 수행

이 방법은 일본 동경의 한 중학교와 싱가포르의 중학교의 학생이 함께 주제를 정하고 홈페이지를 만드는 것이었는데 홈페이지의 내용을 50 대 50으로 구성하였다. 좀 더 세부적으로는 필요한 그림을 정한 후 절반은 먼저 일본에서 그리고 나머지 절반은 싱가포르에서 그린 후 채팅을 통해 계속 의견을 교환하면서 이와 같은 방법으로 구성한 것이다.

또 다른 예는 부산, 서울, 광주의 3개 초등학교 학생들이 협동하여 환경 관련 홈페이지를 만드는 것이었다(김영환 외, 2001). 여기서 가장 중요한 원칙은 상대방의 의견을 최우선으로 존중한다는 것과 창의적인 아이디어와 전통적인 내용을 존중하는 것이었다. 이런 방식은 국내 학생 간에도 적용될 수 있다.

(3) 여러 지방의 학생과 교사가 연계된 모자이크형 프로젝트

이런 프로젝트의 가장 대표적인 것은 오리건 트레일 프로젝트(Oregon Trail Project)다. 이 프로젝트는 미국 교육부에서 지원하는 것으로 미국의 서부의 역사, 지리, 문화 등을 통합적으로 공부할 수 있는 환경을 제공하는 것으로 여러 지방의 도서관, 박물관, 대학, 초·중등학교 등이 연계되어 마치 웹상에서 거대한 모자이크를 만드는 것처럼 자기 지역과 자신의 영역을 커버하도록 되어있다. 원래 오리건 트레일은 CD-ROM으로 제작된 프로그램이었는데 이 프로그램의 성공에 고무되어 관련된 지역의 단체와 학교가 자발적으로 홈페이지를 연계하다가 지금은 연방정부의 지원을 받아 운영되고 있다. 여러 단체와 지역의 전문가가 동시에 참여하는 만큼 다양하고 정확한 정보가 신속히 게재되며 실제 학습에도 많은 도움이 되고 있어서 향후 웹 사용의 좋은 방안이 되고 있다.

(4) 릴레이 프로젝트

이것은 한 학교나 한 학급에서 반별이나 조별로 할 수 있는 프로젝트로 큰 주제를 잡은 후 순서를 정해 돌아가며 홈페이지를 관리하고 확장해 나가는 형태다. 예컨대 3월에는 1반이 4월에는 2반이 하는 식으로 책임이 넘어가게 되어 참가자는 책임감과 경쟁심을 갖게 되어 동기 면에서 적절한 수준의 자극을 받게 된다. 또한 매월 반별 구성원의 특성이 들어가게 되는 장점이 있다.

요약

1. 하이퍼텍스트는 비순차적 글쓰기와 읽기가 가능한 비계열적이고 역동적인 텍스트로 각 정보를 임의적으로 접근하도록 해 주는데, 그 바탕에는 사용자가 하나의 정보를 노드로 삼고 이런 노드들을 링크할 수 있도록 해 주는 기능이 있다.

2. 웹의 교수-학습적 장점은 정보의 즉시적 갱신성, 풍부한 학습자료, 더빠르고 싼 연결, 인종적 중립성, 교육 개혁성, 재미있는 학습성, 학습자 중심의 활동촉진, 글쓰기와 의사소통의 배양 등이다.

3. 웹의 교수-학습적 단점은 시간낭비, 기술적 문제들, 피상적 학습의 가능성, 학습자의 자기주도성에 종속, 은어나 약어의 남발, 비교육적 사이트의 접속문제 등이다.

4. 웹 활용 수업 시에 활용할 수 있는 도구에는 블로그, 위키, 학습공동체, 가상토론방법 등이 있다.

5. 웹을 활용한 수업은 다양한 형태가 가능한데 외국어학습, 협동학습, 발견학습 및 탐구학습 등이 있고 최근 블렌디드 러닝, 체험학습과 문제해결학습 등 더더욱 다양해지고 있다.

6. 블렌디드 러닝이란 학습의 효과성과 학습경험을 높이기 위해 온라인 학습활동과 오프라인 학습활동을 다양한 방법과 매체를 이용해 함께 활용하는 교수-학습방법이다.

7. 교실유형에 따른 웹의 활용방안으로는 정보안내제시유형, 정보탐

색해결유형, 정보생성공유유형 등이 있다.

8. 웹 활용 수업모형의 준비단계는 웹 활용에 대한 요구분석, 학습과제의 선정과 분석, 자원과 환경의 분석, 그리고 교사의 사명진술로 구성된다.

9. 웹 활용 수업모형의 도입단계는 학습자와 교사 간 예비 활동을 통한 신뢰의 구축과 분위기의 조성, 다양한 긍정적 모형의 제시를 통한 주의 집중과 동기부여, 기본적인 기능에 대한 보충 등으로 구성된다.

10. 웹 활용 수업모형의 전개단계는 개념의 파악과 강화를 위한 탐색, 절차적 지식의 강화를 위한 탐색, 원리적 지식의 강화를 위한 탐색 그리고 마인드맵 모형의 활용으로 구성된다.

11. 웹 활용 수업모형의 발전단계는 자기주도성과 창의성을 강조, 협동성과 타인에 대한 배려를 강조, 규칙적으로 수업 중에 게시물에 대한 정리, 최종 산출물에 대한 책임과 함께 동기를 강조, 유명인이나 권위 있는 사람을 가끔 토론방에 초대하기 등으로 구성된다.

12. 웹 활용 수업모형의 체계적 발전단계의 예로는 실제적인 프로젝트의 개발, 타 지역의 학생과 협동 프로젝트 수행, 여러 지방의 학생과 교사가 연계된 모자이크형 프로젝트 수행 그리고 릴레이 프로젝트 수행 등이 있다.

연 습 문 제

1. 인터넷 활용 수업과 관련된 설명으로 가장 적절한 것은? `2004 중등기출`

　① 학습과정이 아니라 학습 결과만을 평가한다.

　② 최신 지식과 정보를 활용한 교수–학습 활동이 가능하다.

　③ 학습자는 능동적인 정보처리자가 아니라 수동적인 정보수용자다.

　④ 오프라인 수업에 비해 학습자가 전문가와 접촉할 수 있는 기회가 줄어든다.

2. 인터넷 서비스에 대한 설명이 바르게 된 것은? `2003 중등기출`

　① 원격 접속(Telnet): 원격지의 컴퓨터에 접속하여 원하는 정보를 찾아주는 검색 시스템이다.

　② 파일 전송(FTP): 원격지의 컴퓨터에서 파일을 내려 받거나 자신의 파일을 원격지의 컴퓨터에 올릴 수 있다.

　③ 고퍼(Gopher): 가상환경에서 객체지향 언어를 사용하여 참여자들이 실시간으로 의사 교환을 할 수 있게 한다.

　④ 유즈넷(Usenet): 동일한 정보를 다수의 사람이 공유할 수 있도록 주제별로 전자 우편 주소 목록을 만들어 준다.

3. 다음 〈보기〉에서 인터넷 활용에 대한 설명으로 바른 것만을 골라 묶은 것은?

`2005 초등기출`

> **보기**
>
> 가. 지식 전달자로서 교사의 역할이 강조된다.
> 나. 정보의 생산자와 소비자가 엄격히 구분된다.
> 다. 문자, 소리, 동영상 등 다양한 매체를 활용할 수 있다.
> 라. 여러 장소에 있는 학습자끼리 협동학습을 수행하기가 용이하다.

　① 가, 나　　　　　　　　　② 가, 다

　③ 나, 라　　　　　　　　　④ 다, 라

4. 다음 〈보기〉에서 웹 기반 원격교육에 대한 설명으로 바른 것만을 골라 묶은 것은?

2005 초등기출

> **보기**
>
> 가. 쌍방향 통신을 활용한다.
> 나. 면대면 수업을 위주로 한다.
> 다. 강좌를 선택할 수 있는 폭이 넓다.
> 라. 평생학습 사회를 구현하는 데 기여한다.
> 마. 공간을 초월하기는 쉽지만, 시간을 초월하기는 어렵다.

① 가, 나, 라   ② 가, 다, 라
③ 나, 다, 마   ④ 다, 라, 마

5. 효과적인 웹 기반수업을 위한 설계원리로 가장 올바른 것은? 2001 초등기출

① 학습자가 지루함을 느끼지 않도록, 각 아이콘의 모양과 위치를 화면에서 다양하게 변화시킨다.

② 학습내용과 관련이 없더라도 학습자의 주의집중을 위해 애니메이션을 여러 화면에서 사용한다.

③ 가능하면 한 화면의 정보를 학습자가 위아래로 스크롤링(scrolling)해서 보지 않도록 제시한다.

④ 풍부한 정보를 학습자에게 제공하기 위해 한 문장에 가능하면 다수의 정보와 하이퍼링크(hyperlink)를 걸어 준다.

원격교육과 e-러닝

    원격교육과 e-러닝은 지식정보화 사회의 새로운 교육 패러다임으로 정보통신공학에 기반한 대안적 교육이다. 학교교육을 위한 원격교육과 e-러닝의 활용 방안을 모색하는 것은 중요하다.

원격교육의 개념 / 원격교육의 발전배경 / ACTIONS 모델 / 원격교육의 조직 / 국가별 원격교육 현황 / 원격교육의 전망 / e-러닝의 개념 / e-러닝의 유형 / 학교교육과 e-러닝

"새 술은 새 부대에!(New wine in a new wine skin!)"라는 말이 있듯이 새
로운 사회 패러다임에는 새로운 교육 패러다임으로 대응해야 한다. 즉, 지식
정보화 시대라는 현재의 사회 패러다임에 맞게 전통적인 교육 패러다임이
아닌 원격교육이라는 새로운 교육 패러다임을 적용해야 한다.

원격교육은 테크놀로지의 발전에 따른 정보통신에 기반한 제3세대의 원
격교육의 형태가 아니라 새로운 교육 패러다임을 가진 대안적 교육이다. 원
격교육은 초기 우편통신을 기반으로 출발하여 이제는 흔히 e-러닝을 통칭
하고 있다. 원격교육도 일반교육과 마찬가지로 학습자에게 미래의 인생을
값지게 하는 데 필수적인 유용한 핵심역량을 배우는 형식이다.

이 장에서는 원격교육의 개념, 발전배경, 원격교육매체와 공학 선정을 위
한 ACTIONS 모델, 원격교육의 장단점을 알아보고 e-러닝의 개념, e-러닝
의 유형, 학교교육을 위한 e-러닝의 활용방향을 살펴보고자 한다. 이 장의
학습을 끝낸 후에 학습자는 다음과 같은 학습목표를 성취하기를 기대한다.

① 원격교육의 개념을 설명할 수 있다.
② 원격교육의 발전배경을 설명할 수 있다.
③ 원격교육매체 선정을 위한 ACTIONS 모델을 설명할 수 있다.
④ 원격교육의 장단점을 설명할 수 있다.
⑤ e-러닝의 개념을 설명할 수 있다.
⑥ e-러닝 유형의 차이점을 설명할 수 있다.
⑦ 학교교육을 위한 e-러닝 활용방안을 설명할 수 있다.

1. 원격교육의 이해

1) 원격교육의 개념

원격교육이란 교수자와 학습자가 공간적 · 시간적 분리를 다양한 매체에

의존하여 극복하면서 교수학습목표를 성취하는 교육활동으로 원격교육의 개념을 구성하는 핵심 요소는 다음 다섯 가지다(김영환 외, 2003).

① 원격교육의 주요 교수–학습활동 과정에서 교수자와 학습자가 공간 적·시간적으로 분리되어 있다. 교사가 광주에 있고 학습자가 낙도에 있는 것처럼 교사와 학습자집단이 분리된 경우도 있지만 개별 학습자 모두 다 다른 공간과 시간에 있는 경우도 있다.

② 원격교육은 분리되어 있는 교수자와 학생의 교수–학습활동에 필요한 상호작용을 위해 교수–학습매체를 활용한다. 아주 초기에는 편지를 이용하기도 했으나 최근에 와서는 원격화상회의시스템이나 인터넷 통신 그리고 전화를 이용한 텔레컨퍼런스 등 다양한 첨단매체가 활용되고 있다.

③ 원격교육의 질은 교수자와 학습자 간의 상호작용을 지원하는 지원체제의 질에 의해 좌우된다. 물론 일반교육에서도 지원체제의 영향을 받기는 하지만 원격교육의 경우는 그 영향이 더 커진다.

④ 원격교육은 전통적인 일반 교육에 비해 훨씬 더 많이 학습자 중심의 교육이 이루어진다. 따라서 학습통제권이 학습자에게 주어지기 때문에 성공적인 원격교육을 위해서는 학습자의 자기주도적 학습능력이 일반교육에 비해 더 많이 요구된다.

⑤ 원격교육은 면대면 교수–학습 활동과는 다른 형태의 인프라, 교수설계, 활동, 실행, 평가의 전략을 필요로 한다. 예를 들면 강의중심이 아닌 성찰과 협력학습 중심, 시험을 통한 평가만이 아닌 수행 중심의 평가 등과 같이 전반적인 변화가 필요하다.

2) 원격교육의 역사

(1) 1세대 원격교육: 우편통신 기반

1세대는 1800년대 중반 대학에서 실시된 우편제도에 기초한 통신교육이다. 통신교육의 특징은 우편제도와 인쇄교재를 이용하여 교육이 실시되었으며, 교육내용으로는 실용적인 기술교육이나 어학 등을 중심으로 실시되었다. 또한 이 시대의 원격교육은 성인 중심의 보완교육 형태로 시작되었다가 공교육 기관을 통해 정상적인 교육의 기회를 가질 수 없는 학습자(예: 도서, 산간벽지의 학습자)를 대상으로 한 학교교육의 대안으로 조직적인 교육을 제공하는 형태로 발전하였다.

표 13-1   1세대 원격교육의 장단점

장 점	단 점
• 사용이 간편 • 특정 기술이 필요 없음 • 친숙한 매체 • 사용자 통제권 • 비교적 경제적 • 제작이 간편	• 정적인 표현 • 지루한 자료일 가능성 • 상호작용이 없는 일방성 • 언어능력, 읽기 능력에 따른 　학습의 차이

(2) 2세대 원격교육: 대중매체 기반

1930년대 초에 라디오 방송으로 시작된 대중 전파매체를 통해 근대적 의미의 원격교육인 제2세대 원격교육이 시작되었다. 이러한 발전은 좀 더 많은 사람을 대상으로 하는 본격적인 원격교육이 성장하는 계기가 되었다(Bates, 1993). 특히 1969년 영국개방대학(The British Open University)의 설

표 13-2   2세대 원격교육의 장단점

장 점	단 점
• 대량성 • 속보성 • 동시성 • 시청각적 전달 • 현실성	• 시간적 제약 • 상호작용성의 제약 • 대중지향성 • 개별화의 제약

립은 대중전파매체를 이용한 원격교육의 발전의 계기를 마련하였고 세계 각 나라가 방송학교, 개방학습센터, 방송대학, 개방대학 등의 이름으로 원격교육기관을 설립하게 되었다.

(3) 3세대 원격교육: 컴퓨터 통신망 기반

원격교육은 과거 4반세기 동안 서서히 진보해 오다가 최근 급속히 발전하는 공학의 발전에 힘입어 정보통신기술에 기반한 제3세대로 들어서면서 그 속도는 가속화하고 있다. 3세대 원격교육의 장점은 멀티미디어에 기반한 풍부한 정보제공, 양방향적 의사소통, 협력학습 등을 포함한 다양한 학습환경의 제공이다. 단점은 학습환경의 설계 제작이 쉽지 않으며 교수자, 학생 모두 공학 활용에 관한 능력을 요구한다는 점 등이다.

이러한 3세대 원격교육은 어떤 시스템을 활용하느냐에 따라 강의 방식과 상호작용 방식이 달라지는데, Smaldino와 그의 동료들(2005)은 이러한 차이를 다음과 같이 표로 제시한 바 있다.

최근 무선통신망과 위성망을 기반으로 하여 PDA(personal digital assistant)나 DMB(digital multimedia broadcasting)가 장착된 핸드폰과 같은 개인 통신망을 이용한 유비쿼터스 시스템이 차세대 원격교육시스템으로 자리를 잡고 있다.

표 13-3 3세대 원격교육의 장단점

장 점	단 점
• 사용이 간편	• 정적인 표현
• 편리한 의사소통	• 기술적 제한점
• 다양한 협력학습 지원	• 교수자, 학습자 모두 테크놀로지 사용 능력 요구
• 멀티미디어	• 잘못된 정보의 범람에 의한 오개념 형성 가능성
• 풍부한 정보의 제공	• 멀티미디어 콘텐츠 제작의 어려움
• 디지털화	
• 다양한 상호작용이 가능	

| 표 13-4 | 원격교육시스템에 따른 강의와 상호작용 방법(Smaldino et al., 2005) |

원격교육시스템의 구성	강의 요소	상호작용의 방법
라디오, 방송	음성, 음악	과제, 우편시험
오디오 원격회의	음성, 생음악	음성으로 직접 질문과 답, 과제, 우편시험
오디오 그래픽 원격회의	음성, 음악, 정지그림, 그래픽	음성으로 직접 질문과 답, 정지그림, 그래픽, 과제, 우편이나 팩스시험
컴퓨터 원격회의	전자글자, 데이터, 그래프	교사와 학생이 컴퓨터로 상호작용
TV, 일방향 비디오, 일방향 오디오	음성, 음악, 정지그림, 그래픽, 동영상	과제, 우편시험
TV, 일방향 비디오, 쌍방향 오디오(비디오 원격회의)	음성, 생음악, 정지그림, 그래픽, 동영상	음성으로 직접 질문과 답, 과제, 우편시험
TV, 쌍방향 비디오, 쌍방향 오디오 (쌍방향 비디오 원격회의)	음성, 생음악, 정지그림, 그래픽, 동영상	음성과 시각으로 직접 질문과 답, 과제, 우편시험

DMB는 이동형 디지털 멀티미디어 방송의 약자로 기존의 아날로그 방송의 문제점을 개선하여 디지털 방식으로 방송이 가능하며 이동 중에도 수신이 가능하다. DMB가 이동통신과 결합한 양방향 데이터 방송신호(BIFS)를 사용할 경우 공동시청에서 개별시청으로, 고정시청에서 이동시청으로, 브로드캐스팅에서 퍼스널캐스팅으로 발전하게 된다. DMB는 아직은 원격교육을 위해서 많이 활용되고 있지는 않고 주로 상업적 활용이 시작되고 있지만 곧 DMB를 활용한 원격교육도 활성화될 전망이다.

3) 원격교육매체 선정을 위한 ACTIONS 모델

원격교육의 기틀을 만드는 데 공헌한 Bates(1993)는 원격교육매체와 관련 시스템 선정을 위해 지침이 되는 모델을 만들고 이를 두문자어를 따서

ACTIONS 모델이라고 이름 지었는데, 세부 내용은 다음과 같다.

Access: 접근성
- 학습자가 얼마나 접근하기 쉬운가?
- 학습자에게 얼마나 융통성이 있는가?

Costs: 경제성
- 각 시스템의 비용은 어떠한가?
- 시스템의 학습자당 단위 비용은 얼마인가?

Teaching & Learning: 교수-학습 지원성
- 어떤 유형의 교수-학습이 필요한가?
- 어떤 교수접근이 이 필요를 만족시키는가?
- 이런 교수-학습을 지원해 주는 최적의 시스템은 무엇인가?

Interactivity & User-friendliness: 상호작용성 및 학습자 친화성
- 이 시스템은 어떤 유형의 상호작용을 허용하나?
- 사용하기는 얼마나 쉬운가?

Organizational issue: 조직변화성
- 이 시스템을 위해서 없애야 할 조직은 무엇인가?
- 새로 만들어야 할 조직은 무엇인가?
- 조직 내에 어떤 변화가 일어나야 하는가?

Novelty: 참신성
- 얼마나 새로운 시스템인가?

Speed: 신속성
- 이 시스템을 이용해 얼마나 빨리 교과에 활용할 수 있는가?
- 얼마나 빨리 자료가 작동되는가?

4) 원격교육의 장단점

(1) 원격교육의 장점

① 학습자가 원하는 시간, 원하는 장소에서 가능한 방법으로 학습할 수 있다.

② 학습자가 자신이 원하는 장소에서 학습이 가능하기 때문에 이동에 들어가는 비용과 시간이 절약되어 학습자에게 경제적이다.

③ 학습자가 최신정보와 교재를 쉽고 빠르게 구할 수 있어서 학습자료 확보에 효율적이다.

④ 학습자가 원거리에 있는 교수자나 전문가와 직접 대화할 수 있는 기회를 갖는다.

⑤ 다른 지역에 있는 학습자와 협력학습이 가능하다.

⑥ 다른 지역의 학습자를 통해서 그 지역의 학습자원이나 학습경험을 공유할 수 있게 된다.

(2) 원격교육의 단점

① 원격교육시스템을 구축하고 콘텐츠를 개발하기 위한 초기비용이 많이 들어간다.

② 원격교육시스템의 운영을 위한 지원체제를 구축하고 이를 유지하기 위한 지속적인 투자가 필요하다.

③ 학습의 질을 유지하기 위해 콘텐츠의 개발과 업그레이드, 다양한 서비스의 제공 등 많은 노력이 필요하다.

④ 원격교육시스템만의 평가가 어려워서 면대면 평가를 병행해야 한다.

⑤ 원격교육이 철저히 준비되지 않으면 학습자가 자신의 학습에 대해서 확신을 하지 못하게 되어 피상적인 학습만을 하게 될 가능성이 있다.

⑥ 원격교육시스템이 제대로 작동하지 않을 경우 학습자는 심리적인 소외감이나 고립감을 가질 수 있고 이 문제는 상호작용과 피드백을 감소시킨다.

▶ 피상적인 학습이란 심도 있는 학습의 반대말로서 ① 눈에 보이는 문자 같은 사인에만 관심을 보이고, ② 통합적이 아닌 분리된 요소에만 관심을 가지며, ③ 정보와 절차를 시험을 위해서만 암기하고, ④ 개념과 사실을 깊은 사고 없이 받아들이고, ⑤ 새로운 정보와 오래된 정보, 원리와 증거를 구별하지 않고, ⑥ 숙제를 교수자에 의해 부과된 의무로 여기고, ⑦ 시험을 준비하기 위해서만 학습하는 것을 말한다.

▶ 반대로 심도 있는 학습이란 ① 표상이 말하는 의미에 관심을 갖고, ② 새로운 지식과 기존의 지식 간의 구별이 생겨나며, ③ 학습된 개념을 일상생활과 연계시키고, ④ 수업내용을 나름대로 조직화하고 구조화하려고 애쓰며, ⑤ 학습된 내용이 일상생활에 적용될 수 있는지, 어떻게 적용이 가능한지를 생각하는 학습이다.

원격교육과 저작권 문제

▶ 비영리적인 목적으로 원격교육 프로그램을 녹화한 경우 45일간만 보유할 수 있다.

▶ 원격교육프로그램은 수정하여 사용할 수 없다. 특히 교육적인 목적으로 물리적이든 전자적이든 편집할 수 없다.

▶ 저작권이 있는 자료의 방송은 다음 조건을 충족시켰을 때에만 가능하다.
　– 방송이 원격교육 교육과정과 관련된 한 부분이어야 한다.
　– 방송이 수업내용과 직접 관련되어 수업자료로 사용된다.
　– 방송내용이 교실 등 교육과 관련된 장소에서만 수신된다.
　– 방송내용은 정식으로 인가된 교육기관에 정식으로 등록한 학생에게만 사용할 수 있다.

(서울교수학습지원센터 http://www.ssem.or.kr/)

2. e-러닝의 이해

1) e-러닝의 개념

e-러닝은 컴퓨터와 각종 정보통신매체가 지원하는 상호작용성에 기반한 온라인 학습을 주로 교수학습과정에 적용하면서 시간과 장소에 대한 제약을 받지 않는 새로운 형태의 교육방법을 의미한다. e-러닝에 대한 대표적인 개념을 정리하면 다음과 같다.

① 인터넷, 인트라넷, 위성방송, 오디오, 비디오테이프, CD-ROM 등 전자적인 매체를 활용하여 학습내용을 전달하는 방법이다.

② 지식과 성과를 향상시킬 수 있는 다양한 해결책을 전달하는 인터넷 테크놀러지를 활용함으로써 단순한 온라인, 컴퓨터기반학습(computer based learning) 이상을 의미하는 것으로, 지식 경영(knowledge management)이나 전자적 수행지원 시스템(electronic performance support system)을 포함한다.

③ e-러닝이란 전자적 수단, 정보통신 및 전파, 방송기술을 활용하여 이루어지는 학습으로 그 구성요소로서는 전자적 방식으로 처리된 부호, 문자, 도형, 색채, 음성, 이미지, 영상 등이 있다(산업자원부, 2003; 신나민, 2007)

컴퓨터기반학습이란 우리 교재의 제11장에서 다루었던 CAI와 같은 프로그램을 보조학습으로 활용하는 것을 말한다. CAI는 웹이나 다른 네트워크로 연결되어 있지 않은 독립된 컴퓨터와 다양한 CAI 프로그램을 활용한 학습이다. 웹활용학습 또는 인터넷 기반학습이란 제12장에서 다루었던 것처럼 주로 웹의 특성을 활용하여 학습자가 다양한 활동을 통해 학습하는 것이다. 이두 가지 방법은 PC와 웹을 활용하기는 하지만 여전히 면대면 상황과 어떤 형태로든 혼합되어 있다. 하지만 가상수업이나 사이버수업이란 학습자와 교수자가 100% 분리되어 웹이나 기타 정보통신매체를 활용해 교수-학습이 발생하는 것을 말한다.

2) e-러닝 유형

(1) 보조학습형

　면대면 형태의 수업이 정규적으로 진행되는 상황에서 전자메일, 관련 사이트 자원 등 사이버공간의 교육적인 기능을 보충, 심화 학습용으로 제공하는 e-러닝 유형이다. 이를 통해 교실 수업 시간외에도 상호작용을 증진시킬 수 있는 효과를 기대한다. 기술동향을 중심으로 볼 때 보조학습형은 전자메일이나 교육용 컴퓨터컨퍼런싱 도구의 확산과 그 맥을 같이해 왔다. 이 유형은 사이버공간의 장점을 활용하여 면대면 교육의 한계점을 최대한 극복하는 데 목적이 있으므로 특히 면대면 교육의 시간과 공간적 제약, 상호작용의 한계 등을 보완해 줄 수 있는 사이버공간의 활용방법을 고안해 낼 필요가 있다. 어떤 면에서는 면대면형과 사이버형을 동시에 운영하였다는 점에서 요즘 부각되고 있는 블렌디드형의 원형이라고도 할 수 있다.

(2) 사이버형

　주로 사이버교육기관에서 찾아볼 수 있는 e-러닝 유형이며, 교수자와 학습자 사이의 의사소통의 전 과정이 인터넷을 기반으로 하는 사이버공간에서 이루어지는 것을 전제로 한다. 이러한 사이버형을 효과적으로 지원하기 위해서는 학습콘텐츠 관리시스템(learning contents management system: LCMS)이 있어야 한다.

　LCMS는 학습콘텐츠를 효율적으로 관리하고 운영하기 위해 필요한 기능을 모두 모아놓은 시스템이다. LCMS는 기능상 학습과정을 모니터링하고 그 결과에 따라 적절한 피드백을 하는 데 도움을 주는 LMS(learning managment system)와 학습콘텐츠를 만들고 수정·보완하기 위한 CMS(content management system)로 구성된다.

아직까지 완벽하게 작동하는 LCMS는 많지 않지만, 대부분의 LCMS는 다음과 같은 특성을 갖기 위해서 노력 중이다.

1 학습자의 요구에 반응하여, 학습자가 필요로 하는 학습과정을 생성하고 제공한다.
2 학습자가 원하는 시간에 원하는 학습내용을 선택할 수 있다.
3 학습경험을 자기의 요구에 맞추어 개별화할 수 있다.

(3) 블렌디드형

블렌디드형(blended)은 면대면 기반의 오프라인 교육과 인터넷 기반의 온라인 교육을 결합한 형태의 총체적인 교수-학습활동이라고 할 수 있다. 우선 집합형태의 교실수업이나 현장학습을 실시한 후 사이버공간에서 e-러닝이 연결되어 진행되거나, 반대로 사이버공간에서 먼저 시작한 후 교실수업이나 현장학습에 연계하여 진행하는 경우가 가장 일반적인 블렌디드형의 e-러닝이다.

현재 국내 대학이나 초중등학교에서 지금까지 일반적으로 찾아볼 수 있는 e-러닝은 거의 대부분 블렌디드형으로 이러한 노력은 기존의 집합수업에 온라인활동을 통합하여 운영하려는 노력이며 앞으로도 꾸준히 확산될 것으로 전망된다. 사이버형에 비해서 블렌디드형의 e-러닝은 하드웨어, 소프트웨어, 운영 인력 등에의 의존도가 상대적으로 적기 때문에 교수자 입장에서 기존의 교수 통제력을 상당 부분 그대로 유지할 수 있어 심리적으로 선호한다. 그러나 블렌디드형 e-러닝은 집합수업과 사이버수업을 시간, 내용, 학습활동 등 모든 수업변수와 관련하여 사전에 철저히 분석, 설계, 배정해야 하므로 더 많은 노력과 역량이 요구된다.

3) 학교교육을 위한 e-러닝의 활용 방향

e-러닝은 궁극적으로 인터넷을 활용한 개별화 활동과 협력적 활동을 지원하는 학습체제다. 다시 말하면 개개인의 학습자가 유무선 인터넷을 이용해서 프로그램에 접하면서 생성하는 각종 학습 데이터를 분석하여 철저하게 개별화된 학습활동을 가능하게 해 주는 개별화 활동을 인터넷은 가능하게 해 준다. 두 번째 속성인 협력적 활동은 이토록 서로 다른 특성을 갖고 있는 개별 학습자를 공통의 관심사, 공통의 특성을 가지는 집단으로 귀속시키고 이들 집단 역학을 이용해서 학습을 더욱 재미있고 진지하게 만들어 줄 수 있는 속성을 말한다. 이렇게 본다면 학교 교육에서 e-러닝의 활용 방향은 비단 학습효과를 높이는 것에 국한되어서는 곤란하다.

사실 ICT의 활용이나 인터넷의 활용을 학습효과의 증진과 묶어서 제공하기 시작한 사람은 다름 아닌 교육공학자였다고 해도 과언이 아니다. 초기에 교육공학적 아이디어를 빠르고 손쉽게 보급하기 위해 CAI를 활용하여 학습효과를 쉽게 높일 수 있다는 실험결과를 확대해석하고 부풀려서 홍보하는 것이 유행이 되었던 시기가 있었다. 하지만 요즘에 와서 e-러닝이나 인터넷의 활용을 비단 학습효과를 높이는 것으로만 사용하는 것은 닭 잡는 데 소 잡는 칼을 쓰는 격이 되기 쉽다.

따라서 인터넷이나 e-러닝의 활용의 방향은 학습효과만을 높이는 것이 아닌 첫째, 학습자와 교사 간의 대화를 촉진하고, 둘째, 학습자와 학습자 간의 동료학습을 촉진하고, 셋째, 개별 학습자의 학습상태는 물론 진로지도나 상담과 같은 전인적인 개별화 지도를 가능하게 하고, 넷째, 학부모와 교사, 학생 간의 대화가 이루어지는 학습커뮤니티를 구축하는 한편, 다섯째, e-러닝을 통해 세계의 학습 커뮤니티 및 그 구성원과 대화하면서 우리 교육의 장점을 살리는 쪽으로 가야 한다.

🌿 **첫째, 학교는 우선 건강한 e-러닝의 활용 기반을 구축해야 한다.**

인터넷 중독하면 크게 게임중독, 음란물 중독, 채팅중독을 말한다. 어느 하나 심각하지 않은 것이 없다. 그러나 가장 문제가 되는 것은 게임이다. 청소년이 인터넷에 접속할 때 가장 많이 하는 것이 게임이며, 인터넷이 제공하는 서비스 중 게임을 많이 하는 청소년일수록 인터넷 중독에 빠질 위험성이 크기 때문이다.

청소년의 인터넷 중독(게임 중독)은 매년 악화되어 가고 있다. 거기에 중고생은 거의 하루 종일 학교와 과외에 묶여 있다가 늦은 밤이 되어서야 비로소 집에 올 수 있어서 평소 정상적인 놀이활동이나 친교활동이 거의 불가능하다. 그래서 청소년은 밤에 인터넷을 통해 친구를 만나고 놀이를 하게 되기 때문에 인터넷 중독이 늘어가는 것이다. 하루종일 학교공부와 과외에 시달리던 아이들이 인터넷을 통해 e-러닝으로 공부하기를 기대하는 것은 너무도 심한 요구는 아닌지 우리는 함께 생각해 보아야 한다.

선생님과 부모님은 인터넷을 하지 말라고만 하지 인터넷을 하지 않으면 무엇을 할 수 있는지에 대해서는 전혀 도움을 주지 못하고 있다. 인터넷 중독에 빠져 있는 아이들은 놀랍게도 그렇게 게임에 빠져 있는 자신에 대해 만족하지 못하고 있었고 무엇인가 돌파구를 찾기를 원하고 있었다. 그러나 외부에서 돌아오는 것은 '하지 마라!' 그리고 '그 시간에 공부해라!' 라는 명령 이외에는 다른 구체적인 도움이 없어서 좌절하고 있다(한승희, 2002).

학교와 선생님, 그리고 학부모는 이제 인터넷을 건강하게 사용하기 위한 가장 기본인 인터넷 중독에 대해 공동의 목소리를 내고 방안을 마련해야 한다. 아이들과 대화를 통해 계몽하는 한편, 다른 것을 할 수 있는 환경을 만들어 주어야 한다. 중고교 학생이 밤늦게라도 모여서 함께 운동하고 놀 수 있는 시설과 커뮤니티 그리고 지원체제를 만들어 주어야 한다. 밤늦은 시간에 학교는 체육관을 개방하고, 학생들은 인터넷을 통해 농구팀, 축구팀, 탁구팀 등을 만들고 이들이 언제든 원하는 시간에 여러 가지 교육적인 활동을 할 수 있는 체제, 그리고 학부모가 자원봉사로 아동을 관리하며 함께 뛰는 지역사회를 만드는 것, 바로 이것이 학교가 올바른 e-러닝의 활용을 위해 해야 할 가장 첫 번째 과제다.

🦋 둘째, 학교 선생님은 e-러닝 콘텐츠를 만들기보다는 교수학습상황의 데이터를 수집해야 한다.

e-러닝 콘텐츠를 만드는 일은 쉽지 않다. 그리고 교사가 할 일은 아니라고 생각한다. 오래 전부터 우리나라의 교사는 각종 콘텐츠 개발대회 등을 통해 스스로 교육용 콘텐츠를 만들어서 사용하는 것이 하나의 자랑으로 인식해 왔다. 그러나 이제 더 이상은 그것이 자랑이 될 수 없어야 한다. 왜냐하면 10년 전 또는 5년 전에 비해 콘텐츠의 제작방식이나 활용방식이 완전히 달라졌기 때문이다.

그렇다면 현장에서 교사가 e-러닝 콘텐츠 개발을 위해 할 일은 없단 말인가? 그것은 아니다. 오히려 다양한 교수기법에 대한 데이터와 사례를 모으고 정리하는 작업이 필요하다. 기술이 어떻게 발전되더라도 바로바로 콘텐츠 개발과 D/B 활용에 사용할 수 있는 많은 자료를 모으고 정리하는 활동은 교사가 아니면 아무도 할 수 없는 일이다. 그리고 학생들을 통해 많은 사례를 모으는 일 역시 교사의 몫이다.

정보사회에서 데이터의 양이 증가함에 따라 단위 데이터의 가치는 오히려 감소한다. 왜냐하면 데이터의 정리와 분류 그리고 관리에 들어가는 비용이 상대적으로 증가하기 때문이다. 따라서 학교 현장에서 교사가 이미 교과서에 다 있는 내용을 이런저런 실험적 LMS 플랫폼에 맞추어 다양한 툴을 활용해서 짜깁기 식으로 뜯어 맞추어 개발하는 것은 불필요한 데이터를 관리하기 위해 엄청난 관리비용을 지출하는 것과 마찬가지다. 따라서 이런 식의 개발보다 교사는 학교 현장에서 많은 데이터를 모으고 시간을 들여 분류하는 작업을 해 주어야 한다. 그리고 이를 위해 연구진과 장학진은 지침을 마련해 주어야 한다.

🦋 셋째, 학교는 e-러닝, 반e-러닝, 비e-러닝을 모두 함께 고려해야 한다.

e-러닝이 교육방법에서 가장 유력한 대안이 될 것으로 보인다. 하지만 e-러닝만으로 모든 교육이 이루어지는 것은 아니다. 따라서 반e-러닝, 비

e-러닝 등이 함께 포괄적으로 고려되는 교육방법이 구안되어야 한다. 반e-러닝이란 e-러닝의 여러 가지 단점을 크게 보고 e-러닝의 확산을 반대하는 것이다. 이들의 목소리에 귀를 기울여야 한다. 이들이 중요한 것을 지적하고 있기 때문이기도 하지만, 그보다 더 중요한 것은 그 중요성에 비해서 귀를 기울이는 사람이 많지 않기 때문이다.

비e-러닝이란 e-러닝 없이도 충분히 가능한 교육적인 활동을 말한다. 종종 비e-러닝은 e-러닝의 구호에 밀려서 소외받아 왔다. 예를 들면 1990년 초에 과학교육에서의 실험의 중요성이 대두되었다. 그리고 이들 실험은 비e-러닝 쪽의 활동이다. 그런데 일부 컴퓨터를 잘하는 교사와 장학사가 일부 학자와 팀을 이루어 컴퓨터 기반 시뮬레이션 실험 프로그램의 개발이 실제 실험을 대체할 수 있다고 주장했다. 이러한 프로그램은 한 번 만들어 두면 위험한 시약이나 끝없이 관리해야 하는 기자재 등 복잡한 실제 실험이 없이도 과학의 기본 실험을 할 수 있다는 것이었다. 이들의 의견은 곧 받아들여졌고, 실험에 투입되어야 할 예산의 상당 부분이 CAI 개발비로 전용되었다. 교육이 모든 것에 쓸 만큼 충분한 예산을 가졌던 적은 한 번도 없기 때문이다. 그러나 유감스럽게도 몇 년 후 시뮬레이션용 CAI 프로그램의 효과는 검증되지 않았다. 이제 다시 실험실에 투자를 해야 할 때인 것이다. 이와 같은 사례는 비단 과학교육을 위한 실험에만 국한된 것은 아니다.

모든 교육을 e-러닝으로 할 수 없다는 것은 이미 자명하다. 기업교육 쪽에서는 이미 e-러닝의 문제점을 극복하기 위해서 블렌디드 러닝을 도입한 지 오래다. 그러나 학교교육은 이미 블렌디드 러닝 상태였음에도 최근 학교에 블렌디드 러닝을 도입하기 위한 연구가 다시 일어나고 있다. 이런 혼란은 e-러닝이 마치 모든 병을 고칠 수 있는 만병통치약으로 잘못 인식하고 e-러닝을 통해서 모든 문제를 해결하려는 그릇된 인식에서 비롯된 것이다. 이제는 e-러닝만의 미신에서 벗어나야 한다. e-러닝도 효과가 있지만 그 효과는 어디까지나 부분적인 것이고, 비e-러닝이나 반e-러닝의 도움이 없이는 학교에서 올바로 성장할 수 없다.

💐 넷째, e-러닝은 체험학습과 연계되어야 한다.

인터넷을 통한 e-러닝과 u-러닝의 활용도 필요하겠지만, 면대면 활동이나 체험활동과의 연계가 고려되어야 한다. 사이버공간에서 어떤 특정한 영역에 대해 확장된 자아는 실제 활동을 통해 그걸 확인하려는 욕구가 생기기 때문이다. 또한 심리적으로 많은 사이버공간에서의 간접체험은 결국 직접체험이나 만남을 통해서 완성된다. 그렇지 않고서야 다양한 멀티미디어와 TV, 영화와 게임 등을 통해 이미 자세히 보았었던 코끼리나 얼룩말 그리고 사자와 같은 동물을 다시 보러 동물원이나 사파리 여행을 떠날 사람이 없을지도 모른다.

사이버 공간의 활동이 면대면 활동으로 이어진다는 것은 결국 사이버상의 활동에 대해서 면대면으로 격려를, 감화를 받는 곳이며 자신의 행동에 대해 책임을 지는 곳이다. 이렇게 면대면이 기대되는 사이버상의 활동에서 우리는 진정한 만남을 할 수 있다. 언어로만, 손가락으로만 이루어지는 만남이 아니다. 사이버상에서 이루어지는 많은 유형의 커뮤니케이션의 단점을 극복하고 장점을 극대화하는 방법이 바로 면대면 활동이고 직접 찾아가서 만지고 보고 느끼는 체험활동이다. 사이버 활동이 증가할수록 그에 적절히 어울리는 체험활동과 면담활동이 증대할 수 있도록 우리는 미래사회를 구조화해야 한다. 그리고 우선 학교가 가야 할 방향이 바로 이것이다.

💐 다섯째, e-러닝은 학교를 인간중심적, 가치중심적으로 복귀시키는 하나의 수단이어야 한다.

학교는 중요한 개념이고 현재의 기본 틀은 유지되는 것이 바람직하다. 단, 학교는 지금의 학교와 같은 존재로서는 곤란하다. 지금까지 학교는 시민의 사회적 신념을 반영하는 거울로서 그 안에 경제적 가치의 신, 소비지향의 신, 기술의 신 그리고 분리주의의 신이 내재되어 있으며 또 학교가 그것을 위해 노력하고 그것과의 관계를 강요하는 학교는 곤란하다(Postman, 1995: 89). 학교는 아이들의 협력이 요구되고, 타인에 대한 책임감과 배려를 필요로 하는 한 물리적 장소에서 교육되어야 한다는 것이다. Robert Fulghum의 『내가 정말 알아야 할 모든 것은 유치원에서 배웠다』의 첫 장에 나오는 내용을 다시 보아야 한다. "모든 일을 함께하는 것, 공정하게 경기하는 것, 사람을 때리지 않는 것, 쓰던 물건을 제자리에 돌려놓는 것, 주변을 깨끗이 하는 것, 식사 전에 손을 씻는 것." 학교가 없이 이런 것을 가르치는 것은 불가능하다. 단, 학교는 다른 잡신의 그림자에서 벗어나서 좀 더 인간중심, 가치중심적으로 복귀하여야 하다.

학교에서 가르치는 것이 오로지 성적으로 표현되는 것만 있는 것이 아님에도 불구하고 지금 e-러닝의 내용이나 방법은 지나치게 성적 위주로 흘러가고 있다. 이제 e-러닝은 성적이 올라가지 않는 것에 대해 더 많은 공간을 내주어야 한다. 그래서 인터넷을 통해서 자유로운 대화와 논쟁이 학생과 학생 사이에, 학생과 학부모 사이에, 그리고 이들과 교사 사이에 벌어지도록 유도해야 한다. 학교의 홈페이지는 학습자료만 올리거나, 학교장의 인사말과 훈육방침만 고시되어 있는 곳, 그리고 기껏해야 입학안내와 아이들과 학부모의 불만만 올라오는 것이어서는 곤란하다. 진정한 대화와 나눔의 장소로 사용되어야 한다.

가치를 추구하는 논의가 생기는 곳, 학교장과 교사의 신념과 헌신이 보이는 곳, 무조건적인 쓰레기 줍기 봉사활동과 그에 따른 인증서를 찍어 내는 봉사가 아닌 자신을 키우기 위한 헌신적 봉사를 위한 계몽과 실천의 방향이 논의되는 곳, 일제시대의 잔재인 정형화된 졸업식을 21세기 기술을 통해 재현하지 않고 새롭고 아이디어가 넘치는 축제의 졸업식을 만들기 위해 재학생과 졸업생, 학부모와 교사가 머리를 맞대고 논의하는 활동이 e-러닝을 통해서 이루어져야 한다. 그리고 이런 것을 위해서 엄청난 규모의 LMS가 필요한 것은 아님을 명심해야 한다.

✿ 여섯째, 학교의 e-러닝은 작은 것, 남에게 쉽게 보여 줄 수 없는 것에 치중하여야 한다.

작은 것이 아름답다. 그러나 언제부터인가 우리 교육에서 작은 것은 단 한 번도 아름답게 취급되었던 적이 없었던 것 같다. 실제로 대부분의 시범학교의 계획서를 보면 '어떻게 하면 하나라도 더 많은 것을 남에게 쉽게 보여 줄 수 있나?' 를 고민하는 것으로 나타난다. 그리고 그 대부분의 결과는 첨단 프로젝터, 첨단 모바일 장비, 매우 좋게 보이는 LMS 그리고 독자적으로 개발한 콘텐츠, 대규모 참여 교사 명단(실제로는 몇 명만 작업하기가 일쑤임) 등으로 뒤범벅이 되어 있다. 이것은 아니다. 아름다운 e-러닝은 작은 것이어야 한다. 왜냐하면 교육의 핵심은 각각의 학습자를 그때그때의 사정에 따라, 개개인의 특성에 따라 매우 작게 썰어서 집어 주고 가져가게 하는 과정에 있기 때문이다.

학교의 e-러닝은 학급의 전자앨범이 모인 것이어야 하고, 학급의 e-러닝은 학급 내에서의 이러한 과정을 모으는 전자앨범이 되어야 한다. 그리고 이러한 작은 과정이 모인 앨범을 제대로 보려는 사람은 적어도 2~3시간은 차분하게 읽을 수 있어야만 한다. 10분 정도 설명을 듣고 휘익 학교를 돌아보는 것으로 우리 학교의 e-러닝을 평가할 수 있다는 사고방식을 버리게 할 때 우리의 e-러닝은 성공할 수 있기 때문이다.

요약

1. 원격교육은 단순한 하드웨어적인 매체가 아니라 지식정보시대라는 새로운 사회패러다임에 내재되어 있는 가치의 구현도구다.

2. 원격교육은 통신매체의 발달과 함께 우편통신 기반 1세대, 대중매체 기반 2세대, 컴퓨터 통신망 기반 3세대로 발달되었다.

3. 1세대 원격교육의 장점은 ① 간편한 사용, ② 특정 기술이 필요 없음, ③ 친숙한 매체, ④ 사용자 통제권, ⑤ 경제적, ⑥ 간편한 제작이고, 1세대 원격교육의 단점은 ① 정적인 표현, ② 지루한 자료일 가

능성,③ 상호작용이 없는 일반성 ④ 언어능력, 읽기 능력에 따른 학습이 차이 등이 있다.

4. 2세대 원격교육의 장점은 ① 대량성, ② 속보성, ③ 동시성, ④ 시청각적 전달, ⑤ 현실성 등이고, 2세대 원격교육의 단점은 ① 시간적 제약, ② 상호작용성의 제약, ③ 대중지향성, ④ 개별화의 제약, ⑤ 수동적 학습 등이 있다.

5. 3세대 원격교육의 장점은 ① 편리한 의사소통, ② 다양한 협력학습 지원, ③ 멀티미디어, ④ 풍부한 정보의 제공, ⑤ 디지털화, ⑥ 다양한 상호작용 등이고, 3세대 원격교육의 단점은 ① 기술적 제한점, ② 교수자-학습자 모두 공학 사용능력 요구, ③ 잘못된 정보의 범람에 의한 오개념 형성 가능성, ④ 멀티미디어 콘텐츠 제작의 어려움 등이 있다.

6. ACTIONS 모델은 원격교육체제와 테크놀러지 선정을 위한 틀을 제공한다.

7. 원격교육의 장점은 시공간의 제약 초월, 신속한 정보접근, 원거리 협력학습, 학습자원과 학습경험의 공유 등이다.

8. 원격교육의 단점은 초기고비용, 지속적 투자, 양질의 학습 유지를 위한 지속적 노력, 피상적 학습의 가능성 등이다.

9. e-러닝은 정보통신매체 기반 온라인 학습으로 시공간의 제약 초월, 상호작용성을 특징으로 한다.

10. 보조학습형 e-러닝은 정규적인 면대면 수업에서 사이버공간의 교육적인 기능을 보충, 심화 학습용으로 활용하는 형태다.

11. 블렌디드형 e-러닝은 면대면 기반의 오프라인 교육과 인터넷 기반 온라인 교육을 결합한 형태다. 블렌디드 러닝은 학습효과를 극대화하기 위하여 비용 효과적으로 두 가지 이상의 다양한 학습전략과

학습방법을 결합하여 학습과 학습 환경을 최적화하는 전략적 학습 과정이다.

12. 학교교육을 위한 e-러닝의 활용방향은 ① 건강하게 교육활동을 할 수 있는 환경과 커뮤니티의 구축, ② 교사에 의해 수집되는 교수–학습상황의 데이터, ③ 체험학습과 연계, ④ 인간중심적·가치중심적 활용, ⑤ 아름다운 작은 실천을 위해 활용되어야 한다.

연 습 문 제

1. 인터넷을 기반으로 하는 바람직한 원격교육 체제의 특징으로 볼 수 없는 것은?

2001 중등기출

① 교사 중심의 일제식 수업방식 적용에 유리하다.
② 온라인 멀티미디어 코스웨어를 제공할 수 있다.
③ 대규모 집단에 대해서도 개별화 학습이 가능하다.
④ 원하는 시간과 장소에서 원하는 내용을 학습할 수 있다.

2. 자기주도적 학습의 중요성이 높아지는 평생학습사회를 대비하는 교육에서 강조하는 교수(teaching)의 궁극적인 목적은?

2001 초등기출

① 수업목표 달성 여부를 평가하기
② 학습자의 미래 학습 능력을 높여 주기
③ 미래에 보편화될 첨단학습매체를 활용하여 수업하기
④ 수업시간에 학습자의 학습활동을 구체적으로 안내하기

3. 다음 〈보기〉와 같은 학습 상황에 가장 적절한 교육방식은? 2000 초등기출

> **보기**
>
> • 학습자가 통학하기 어려운 곳에 살고 있다.
> • 학습주제가 교사와 학습자 간의 상호작용을 필요로 한다.
> • 팩시밀리, 위성TV 등의 통신수단이 잘 보급되어 있다.

① 원격교육   ② 집단교육

③ 개별교육   ④ 면대면 교육

4. 〈보기〉는 인터넷을 이용한 원격교육 사례다. 적용된 학습유형을 가장 바르게 연결한 것은? 2003 중등기출

> **보기**
>
> 학생들은 스스로 탐구할 주제를 찾는다(A). 학생들은 이메일이나 인터넷 토론 방을 통해 과학자들로부터 관리에 대한 피드백과 지도를 지속적으로 받으면서 실제적인 과학 탐구 경험을 점차적으로 쌓는다(B). 학생들은 과학자들의 도움을 받아 학습결과물을 산출하며, 과학자들은 그 결과물을 연구자료로 활용한다(C).

	A	B	C
①	탐구학습	인지적 도제학습	협력학습
②	탐구학습	사례중심 학습	순차학습
③	문제해결학습	순차학습	협력학습
④	문제해결학습	발견학습	탐구학습

5. 원격교육의 특징을 바르게 설명한 것은? 2002 중등기출

① 다양한 통신 매체를 사용한다.

② 학생들에 대한 관리 감독이 용이하다.

③ 교육자와 학습자 간 상호작용이 불가능하다.

④ 교사와 학생의 면대면 교육을 위주로 한다.

6. 3세대 원격교육의 통신매체 유형은 무엇인가?

   ① 인터넷기반   ② 대중매체기반

   ③ 우편통신기반   ④ 컴퓨터통신망기반

7. 1세대 원격교육의 단점이 <u>아닌</u> 것은?

   ① 상호작용이 없는 일방성

   ② 지루한 자료일 가능성

   ③ 언어능력, 읽기능력에 따른 학습의 차이

   ④ 학습자의 테크놀로지 사용능력의 요구

8. 2세대 원격교육의 장점이 <u>아닌</u> 것은?

   ① 속보성   ② 시청각적 전달

   ③ 대량성   ④ 특정 기술이 필요 없음

9. 3세대 원격교육의 단점이 <u>아닌</u> 것은?

   ① 수동적 학습

   ② 기술적 제한점

   ③ 멀티미디어 콘텐츠 제작의 어려움

   ④ 잘못된 정보의 범람에 의한 오개념 형성 가능성

첨단공학과 미래교육

에듀테인먼트 파크 시스템

e-러닝과 u-러닝만이 미래교육의 모습은 아니며 그렇게 되어서는 곤란하다. 첨
단공학은 교육을 위해서 교육적 소신과 철학이 있게, 그리고 올바르게 활용되어야 하
며 우리는 그러한 미래교육을 제대로 만들어가는 주체가 되어야 한다.

전자책 / 모바일 러닝 / 유비쿼터스 러닝 / 네티즌 / 유비티즌 / 미래교육 /
미래예측 / 학교교육의 과제

첨단공학의 발전으로 교육환경 및 교수-학습 환경은 급속도로 변화되고 있다. 예를 들면 전자책의 개발 보급, 모바일 통신의 발전으로 인한 모바일 러닝의 도입과 활용, 유비쿼터스 컴퓨팅 기술과 네트워크 기술의 발전으로 인한 유비쿼터스 러닝의 가능성 확장 등은 그 좋은 예다. 그러나 미래교육을 위해 기술기반 교육적 활용은 인간중심주의, 다양한 철학적 패러다임의 반영, 자연친화적 활용, 미래교육에 대한 비전 설정 등의 방향으로 다가가야 할 것이다.

이 장에서는 첨단공학의 교육적 활용 유형과 특징을 교수-학습방법을 중심으로 살펴보고, 미래 예측을 통한 교육의 방향을 설정하고 이러한 목적을 위해 교육공학의 새로운 방향은 무엇이어야 하는가를 탐색하고자 한다. 이 장의 학습을 끝낸 후에 학습자는 다음과 같은 학습목표를 성취하기를 기대한다.

① 전자책의 의미와 특징을 설명할 수 있다.
② 모바일 러닝의 개념과 특징을 설명할 수 있다.
③ 유비쿼터스 러닝의 개념과 특징을 설명할 수 있다.
④ 유비쿼터스 러닝의 가능성을 예측할 수 있다.
⑤ 네티즌과 유비티즌의 차이를 설명할 수 있다.
⑥ e-러닝, 모바일 러닝, 유비쿼터스 러닝의 차이를 설명할 수 있다.
⑦ 미래예측이 교육의 방향 정립을 위해 알려 주는 시사점을 파악할 수 있다.
⑧ 미래교육을 위한 학교교육의 바람직한 방향을 설정하고 그 이유를 설명할 수 있다.

1. 첨단공학과 교수-학습방법

1) 전자책

전자책(e-Books)이란 책의 내용을 디지털 형태의 정보로 가공 및 저장한 출판물을 의미한다. 전자책은 모든 전자적 매체를 통한 출판 형식을 포함하는 개념으로 오프라인 형태의 CD-ROM 등과 온라인 형태의 인터넷을 이용한 출판을 포함한다. 전자책은 하드웨어 형태의 전자책과 소프트웨어 형태의 전자책으로 구별할 수 있다. 하드웨어 형태의 전자책은 PDA등 전용 단말기를 통해 볼 수 있는 전자책으로서 인터넷을 통해 파일을 다운로드 받아서 사용하게 된다. 반면 소프트웨어 형태의 전자책은 휴대용 컴퓨터나 PC 등의 환경에서 인터넷 등을 통해 다운로드 받아서 사용하며 때로는 전용 뷰어를 설치하여 보게 된다. 이러한 전자책은 다음과 같은 특징이 있다.

① 인쇄된 책에 비하여 방대한 양의 책을 저장, 편집, 관리하는 데 용이하다.
② 멀티미디어 정보와 다양한 정보 기술의 활용으로 좀 더 실감 있는 정보의 전달이 가능하다.
③ 인쇄된 책과 달리 동일한 책의 내용이라도 다양한 화면 구성 기능을 이용하여 다양하게 볼 수 있다.
④ 전자 매체이지만 밑줄을 긋거나 메모를 할 수 있으며 책갈피에 북마크를 할 수도 있어 인쇄형 도서와 유사하게 활용할 수 있다.

2) 모바일 러닝

모바일 러닝은 학습 효과를 극대화하기 위해 모바일 통신환경을 기반으로 하는 교수-학습방법을 말한다. 모바일(mobile)은 이동성을 의미하는 것으로 모바일 통신 기기에는 노트북, PDA, 핸드헬드 PC, 핸드폰 등의 휴대용

장비 등이 있으며, 이러한 장비를 이용하여 언제 어디서나 쉽고 저렴하게 무선으로 인터넷에 접속하여 다양한 형태의 정보를 획득하고 활용하여 학습을 하는 것을 모바일 러닝이라 한다.

모바일 러닝의 특징은 모바일 기술의 속성에 의하여 이동성, 접근성, 확장성, 신속성을 그 특징으로 한다.

1. 이동성의 특징은 학습자가 어느 곳에 가든지 휴대하고 있는 자신의 모바일 기기를 통해 각종 서비스를 받을 수 있다.
2. 접근성의 특징은 언제 어디서나 인터넷 등의 네트워크에 연결이 가능한 것으로 유선 네트워크보다 정보에 대한 접근 영역을 좀 더 확장할 수 있는 특징이 있다.
3. 확장성의 특징은 모바일 기기가 다양한 기기와의 통신을 통해 다양한 기능이 확장될 수 있는 것을 말한다. 즉, 이동 가능한 네트워크 기능과 더불어 모바일 기기 간에 상호 통신이 가능하므로 모바일 기기 간의 연결을 통한 확장된 교육서비스를 받을 수 있다.
4. 신속성의 특징은 모바일 기기를 사용하여 단시간에 원하는 정보를 획득하여 실시간에 가깝게 활용할 수 있다는 점이다.

최근 학교 현장에서 정보통신기기를 활용한 자기 주도적이고 창의적인 수업이 적극 권장되고 있는데 초·중·고등학교에서는 무선 랜 노트북과 PDA 등을 이용한 인터넷 활용수업이 활발하게 시범 적용되고 있으며, 대학에서는 초·중등과는 달리 자체적으로 모바일을 이용한 학사관리 시스템 및 모바일 인터넷 교육의 확산이 활발히 전개되고 있다(한상용, 김경숙, 2003).

3) 유비쿼터스 러닝

유비쿼터스 러닝 이란 유비쿼터스 컴퓨팅 기술과 네트워크 기술 기반 환경에서 학습이 이루어지는 것을 말한다. 유비쿼터스 교육목표가 지향하는 바는 학생들이 언제 어디서나 어떤 내용에 상관없이 어떤 단말기로도 학습할 수 있는 교육환경을 조성해 줌으로써 더욱 창의적이고 학습자가 중심이 된 교육과정을 실현하는 것이다.

유비쿼터스 러닝은 무선 인터넷과 증강현실(augmented reality)과 웹의 현실화(web presence) 기술을 활용한 학습체제로, e-러닝과 모바일 러닝의 대체 개념이 아니라 물리적 공간과 전자공간이 통합된 새로운 공간차원에서 설명될 수 있는 확장된 개념의 학습체제다. 유비쿼터스 러닝은 휴대 기기 간의 네트워크를 기반으로 단말기와 사물에 이식된 각종 센서, 칩, 태그, 라벨 등을 통해서 학습자의 상황정보는 물론 해당 사물의 정보를 실시간으로 인식할 수 있고 학습자와 사물 간의 정보를 습득할 수 있는 유비쿼터스 학습활동이 이루어질 수 있음을 시사한다. 예를 들면 학습자가 박물관, 식물관 등 야외 학습활동을 수행할 경우 해당 장소의 주요 사물에 이식된 전자 태그를 통해서 학습자 자신의 학습수준과 과정에 대한 정보와 통합하여 학습자 수준에 맞는 내용이 실시간으로 학습자의 PDA를 통해서 전달될 수 있다.

이러한 유비쿼터스 컴퓨팅 기술을 기반으로 하는 u-러닝의 교육적 특징은 다음의 네 가지로 크게 요약될 수 있다(하원규 외, 2003; 한국교육신문, 2006).

① 교육장소가 융통성 있게 다양화된다. 장소와 특정 기기에 대한 의존성에서 탈피하여 고정된 교실에서 구애 받지 않고 어디서든 교육이 가능하다. e-러닝의 경우 인터넷으로 사이버공간에 접속하여 학습활동이 이루어지는 반면 유비쿼터스 환경에서는 사이버공간과 현실공간의 구분 없이 공원, 놀이동산, 박물관 등 도처에 존재하는 모든 지능형 사물(smart object)에 의하여 학습자가 있는 공간이 모두 학습 공간이 될 수 있다.

② 교육-학습방법이 다양한 맞춤형으로 변화한다. 즉, 일상생활에서 필요에 의해 자연스럽게 학습 방법을 선택할 수 있어 나만의 공간에서 나

만의 맞춤형 학습의 기회가 제공된다. e-러닝에서는 학습자가 IT기반
의 교육환경에 의도적으로 접속해야 하는 전형적인 풀(pull)형 방식의
교육이지만, u-러닝은 학습자 개인의 필요 및 상황에 맞는 푸시(Push)
형 맞춤 교육이 가능하다.

③ 지식 전달체제가 실시간으로 현장성 높게 변화한다. 다양한 네트워크
와 다양한 송수신(단말기)이 가능하여 실시간의 현장성 높은 학습의 경
험 및 실시간 협동학습 진행이 가능하다. 또한 센싱기술 인공구조물,
실시간 3차원 기술 등을 이용한 창의적 공동연구가 활발하게 이루어질
수 있는 환경이 조성된다.

④ 다양한 학습공동체의 출현이 가능하다. 이는 다양한 기술기반으로 다
양하고 전문적인 학습공동체 네트워크 형성이 급속화될 것이며 궁극
적으로 학교 교육내용의 전문화 및 심층화가 가능해진다.

(1) 유비쿼터스 공간(제3공간)

제3공간은 전자공간(사이버공간)과 물리공간의 결합이 이루어지는 새로
운 차원의 공간을 의미하며, 전자공간의 무제한성과 물리공간의 실체성을
결합한 공간이며, 전자공간의 정보가 물리공간의 물체와 연동되고 반대로

표 14-1 물리공간, 전자공간 그리고 유비쿼터스 공간의 특징 비교(하원규 외, 2003)

구 분	물리공간	전자공간	유비쿼터스 공간(제3공간)
공간원소	원자	비트	원자+비트
공간지각	만질 수 있는 공간	만질 수 없는 공간	만지지 않아도 알 수 있는 공간
공간형식	유클리드공간, 실제적인 현실임(real)	논리적 공간, 컴퓨터상에서 가상적임(virtual)	지능적 공간, 지능적으로 증강된 현실임(intellectually augmented reality)
공간구성	토지+사물	인터넷+웹	유비쿼터스 네트워크+지능화된 환경, 사물

물리공간의 물체는 전자공간의 정보로 전환되는 영역으로 특징지어진다. 즉, 유비쿼터스화된 제3공간은 만지지 않아도 공간에 존재하는 원하는 정보를 이용자가 알 수 있는 '현실체가 지능적으로 증강된 공간'이다. 기존의 전자공간에서는 고도의 정보를 집적함으로써 가상현실(virtual reality)을 창출하고자 하였으나, 유비쿼터스 공간은 물리공간의 사물이 전자공간으로 송신되고, 전자공간의 정보가 물질세계에 투영됨에 따라 증강현실이 실현되는 공간이다(하원규 외, 2003). 예를 들어 현실을 증강시키는 안경을 끼고 건물을 수리하는 사람은 물리공간에 존재하는 건물에 더하여 전기배선도, 상하수도, 통신선 등에 관한 정보를 동시에 볼 수 있다. 물리공간, 전자공간 그리고 유비쿼터스 공간의 특징을 비교하면 〈표 14-1〉과 같다.

(2) 유비쿼터스 러닝의 속성

1. 영구적인 학습자원 관리(permanency): 학습자가 의도적으로 삭제하지 않는 이상 결코 그들의 작업내용을 잃지 않는다. 모든 학습과정은 매일 매일 지속적으로 기록할 수 있다.

2. 접근성(accessibility): 학습자는 어느 곳에서나 자신들이 작성한 문서, 데이터, 비디오 자료에 접속할 수 있으며, 이러한 정보는 학습자의 요청에 의해 제공되므로 자기주도적인 학습이 이루어지게 된다.

3. 즉시성(Immediacy): 학습자가 어디에 있던지 학습자는 즉시적으로 원하는 정보를 얻을 수 있어 신속하게 문제를 해결할 수 있거나 현장에서 생긴 의문을 기록하거나 녹음해 둘 수 있다.

4. 상호작용성: 학습자는 전문가, 교사, 또래 학습자와 동시적, 비동시적으로 언제나 상호작용 할 수 있다. 그러므로 전문가와 지식에 더욱 접근하기 쉬워진다.

5. 학습활동의 맥락성: 학습은 일상생활 속에 내제되며, 모든 문제나 관련된 지식은 자연스럽고 실생활과 밀접히 연관된 형태로 제시된다. 따라서 학습자가 문제상황의 특성을 용이하게 알아내고 관련된 활동을 할

수 있도록 도와준다.

(3) 유비쿼터스 러닝의 가능성

유비쿼터스 학습공간도 학교와 교실에 제한되지 않고 모든 실제 세계의 공간이 학습공간이 된다. 지능화된 사물도 학습에 도움을 주고 휴대하는 단말기와 대화를 통해 언제 어디서나 학생들이 원하는 학습정보를 제공해 줄 수 있을 것이다. 또한 다음과 같은 가능성을 기대할 수 있을 것이다. 첫째, 미래 가정, 학교, 도서관을 주요 테마로 유기적 연계 및 오감을 통한 생생한 학습과 체험중심의 학습 환경이 가능할 것이다. 둘째, 미래의 학습 도서관은 생생히 느끼고 체험하는 새로운 학습의 장이 되며, e-북, 3차원으로 제시되는 학습자료 등이 제공되는 환경이 보편화될 것이다. 셋째, 지능형 학습장, 멀티미디어 학습장 서비스가 가능하며 원격교육 서비스가 가능할 것이다. 원격교육서비스의 경우 재택학습 서비스, 장기입원환자를 위한 원격수업 서비스, 이동식 학습서비스, 학습도우미 서비스 등 다양한 교육적 활용이 가능할 것이다.

(4) 네티즌과 유비티즌의 비교

표 14-2 네티즌과 유비티즌의 차이(하원규 외, 2003)

구분	네티즌(netizen)	유비티즌(ubitizen)
정의	네트워크상의 가상공간을 무대로 자신에게 필요한 생활정보를 수·발신함으로써 삶의 양식을 개선하고자 하는 사람	현실적인 일상공간 속에서 자신의 욕구에 맞는 생활환경과 사물의 자율적 지능화를 통해 삶의 양식을 혁신시키고자 하는 사람
성립시점	접속하고 있을때(삶·생활공간과 분리됨)	생활하고 있을 때(삶·생활공간과 일체화됨)
인간형	정보검색형 인간	상황분석형 인간
정보화 대상영역	생활과 관련된 정보 그 자체	생활과 관련된 공간의 환경과 사물

표 14-2 (계속)

구분	네티즌(netizen)	유비티즌(ubitizen)
욕구 충족수준	집합적인 이용자 수준(정보제공자에게 달려 있음)	이용자의 요구 수준(개별 이용자의 욕구에 달려 있음)
정보내용	업데이트하기 전까지는 변하지 않는 생활정보	수많은 생활공간에서 시시각각변하는 이용자와 연계된 상황정보
정보 이용환경	의식적 조작이 서비스 이용에 필수, 정보 활용 능력이 중요	의식적인 조작 없이도 서비스제공, 정보 활용의지가 중요
사용자 디바이스	데스크톱 PC	입거나 들고 다니는 컴퓨터
주요 인프라	인터넷, 유선망	센서넷-사물넷, 유무선 통합망
응용기술	가상현실+웹	증강현실+리얼웹(real web, web presence)
에플리케이션	인터넷 쇼핑몰, 전자도서관 등의 가상공간 서비스(전자공간 중심)	스마트홈, 스마트 쇼핑몰 등의 현실공간 서비스(전자+현실공간 연계)
행동화 여부	행동화 불가능(정보 수발신만 가능)	행동화 가능(MEMS+로봇 응용)

(5) e-러닝, 모바일 러닝, 유비쿼터스 러닝의 비교

표 14-3 e-러닝, 모바일 러닝, 유비쿼터스 러닝의 차이(김태영 외, 2005)

구분	e-러닝	모바일 러닝	유비쿼터스 러닝
학습공간	• 학습자가 안정된 물리적 공간에 위치하고 사이버공간을 통해 하는 학습 • 온라인에서 이루어지는 학습활동과 오프라인에서 이루어지는 학습활동이 분리되어 이루어짐	• 물리적 공간에서 이동하면서 사이버 공간을 통해 하는 학습 • 온라인에서 이루어지는 학습활동과 오프라인에서 이루어지는 학습활동이 여전히 분리되어 이루어짐	• 물리적 공간에 내제되어 있는 사이버공간을 의식하지 않으면서 일상적인 물리적 공간에서 하는 학습 • 물리적 공간에 존재하는 사물과 학습활동 공간에 존재하는 사물까지 센서/칩/라벨 등을 포함, 지능화/네트워크화하는 것으로 정보화 영역이 확대 온라인/오프라인이 모두 통합된 학습활동이 이루어짐

표 14-3 (계속)

구분	e-러닝	모바일 러닝	유비쿼터스 러닝
주된 기기	주로 PC 단말기 기반/PC의 네트워크 기반	PDA 모바일 전화기, 태블릿 PC 등 물리적으로 움직이면서 사용 가능한 모바일기기	입거나 들고 다니는 컴퓨터와 같은 다양한 차세대 휴대기기/이들 휴대기기의 네트워크기반
트래킹/자연인터페이스 구현 정도	트래킹지원/자연인터페이스 거의 구현 안됨	트래킹지원/자연인터페이스 수준 낮음	학습행동 트래킹을 통해 유연한 교육을 가능하게 하는 기술, 언어나 시각 등의 자연 인터페이스를 매개
학습분절/몰입	안정된 물리적 환경에 위치하면서 일어나는 학습이므로 학습의 분절 현상은 상대적으로 낮음	기술적인 한계 등으로 학습의 분절이라는 문제의 잠재성이 매우 높음	유비쿼터스 기술의 구현으로 (트래킹 구현, 에이전트 기술 구현) 분절의 가능성 기본적으로 해결/지속적 학습 몰입을 원활히 지원
주요기술	인터넷, 유선망, 웹기술 활용	무선인터넷활용	무선인터넷, 증강현실, 웹현실화 기술 활용
학습 수혜자	회원/등록생으로 가입되었을 때 학습활동이 이루어짐	회원/등록생으로 가입되었을 때 학습활동이 이루어짐	개인의 학습요구 발생 시에 학습자의 상황정보는 물론 학습서비스 정보까지 언제 어디서나 실시간·연속적으로 인식, 추적 그리고 의사소통하여 상황인식 학습활동이 이루어짐
학습발생 시점	접속하고 있을 때(일상생활과 학습공간의 분리)	접속하고 있을 때(일상생활과 학습공간의 분리)	생활하고 있을 때(일상생활과 학습의 일체화)

2. 미래예측과 교육

"서기 2000년이 되기 훨씬 전에 학위니 전공이니 학점이니 하는 낡은 것은 통째로 사라지게 될 것이다. 두 명의 학생이 동일한 교육과정을 밟는 일은 더 이상 존재하지 않을 것이다. 지금 대학교육을 탈표준화시켜 초산업주의적 다양성으로 나아가도록 압력을 가하고 있는 학생이 (당국과의) 투쟁에서 승리할 것이기 때문이다."(Toffler, 1989, p. 269)

1989년 Toffler는 대학의 미래에 대해서 위와 같이 예언했다. 그러나 2007년 오늘 Toffler의 예언이 아직도 크게 가까운 미래에 이루어질 것이라고 믿기는 힘들다. 이렇게 미래교육의 방향에 대해서 신기술을 중심으로 예언했다가 실패한 것은 Toffler가 처음이 아니며 또한 마지막도 아니다. 1960년대에 PC의 교육적 활용이 연구되기 시작할 즈음 미국의 교육학자인 Green은 1980년대가 되면 미국의 모든 학교 교실이 교사가 필요 없는 '컴퓨터화' 될 것이라고 예언하였다. 그에 따르면 1980년대에는 모든 교실에 학생 수만큼의 컴퓨터가 보급되고, 학생은 개별적으로 프로그램을 통해서 학습할 것이며, 교사는 단지 옆방에서 모니터링을 하다가 학생이 문제가 생겼을 때에만 들어가서 도와주면 된다는 것이다. 그러나 PC의 메모리용량이나 CPU의 속도는 1960년대의 그것에 비해 천문학적으로 발전한 2007년이 된 지금도, Green의 예언은 이루어지지 않고 있다.

Bill Gates는 1990년대에 퍼스널컴퓨터의 발전에 대해서 이야기하면서 가정집에서는 더 이상 좋은 PC가 필요 없을 것이라고 예언했었으나 이 예언은 보기 좋게 실패했다. 요즘 가정에서 아동이 게임과 인터넷용으로 사용하고 있는 PC는 1990년대에 비하면 엄청나게 발전했으나 이들은 좀처럼 만족할 줄을 모르고 있다. 그리고 우리는 이제 유비쿼터스 환경이 우리에게 닥쳐올 의미에 대해서 논하고 있을 정도로 컴퓨터는 급속히 발전하고 있다. 그러다 보니 우리는 일찍이 그 어느 세대도 가져 보지 못한 불확실하면서도 인류의 발전과 복지를 위해 잠재적인 가능성이 많은 미래를 헤쳐 나아가야 하는 사명을 갖고 있다. 그렇다면 이런 발전이 교육에 어떤 영향을 줄 것인가를 살펴보자.

3. 미래교육과 교육공학의 방향

"교육이 미래에 어떻게 변할 것인가?" 이것은 교육학자의 모임에서 나온 질문이 아닌 OECD 교육장관회의, APEC 교육장관회의 등 국제기구 그리고 미국 상무부와 같은 행정가의 입에서 나온 질문이다. 왜 많은 국제기구와 교육행정가는 그토록 미래교육에 대해서 관심을 갖고 있는 것일까? 교육 정책이 각 국가의 사회, 경제, 문화 정책과 밀접하게 연관되어 있으며, 교육이 경제성장과 사회적 통합을 달성할 수 있는 원동력이라고 강하게 믿고 있기 때문일 것이다.

OECD는 출범 초창기부터 교육 정책에 깊은 관심을 가지고 회원국의 교육 정책을 분석하고, 혁신 방안을 탐색하며, 대안을 창출, 공유함으로써 회원국의 교육 발전 방향을 제시하고자 했다. 그리고 그 결과 2001년부터 미래학교(School for Tomorrow) 연구를 발주시켰다. UNESCO의 경우에는 OECD와 같이 연구를 하고 있지는 않지만 향후 교육의 방향을 인간중심(Human Being itself)과 자아실현(Self-attainment)을 위한 교육에 역점을 두고 있고, 이를 위해 이상적 학습사회를 구축하여 가정, 학교, 사회의 관계를 개선하는 것에 치중하고 있다. APEC 역시 2004년 4월 칠레의 산티아고에서 열렸던 교육장관회의에서도 우리나라 교육부총리의 제안으로 2005년부터 APEC 미래교육 컨소시엄(APEC Future Education Consortium)을 구성하고 운영하기로 만장일치로 합의를 보았다. 2007년 현재에도 이 사업은 우리나라가 의장국으로 지속적으로 추진하고 있다(http://goiace.com 참조). 이처럼 미래교육에 대한 연구는 국제적으로 이루어지고 있다.

국제기구뿐만 아니라 강대국 역시 개별적으로 미래교육에 대한 연구를 진행하고 있다. 미국의 미래교육 프로젝트인 비전 2020(Vision 2020)을 추진하고 있는 미국 상무부는 「비전 2020 보고서」의 서문에서(한국전산원, 2004) 상무부 장관인 Evans의 입을 빌어 미래의 교육은 "시뮬레이션, 시각화, 몰입

환경, 게임, 지능형 가정교사 및 아바타, 학생 간의 네트워크, 재사용 가능한
콘텐츠 구축 요소 등을 활용하여 모든 학생의 필요를 충족시키고, 필요한 시
간과 장소에서 지식과 훈련을 제공할 수 있는 풍성하고 매력적인 학습기회
를 창출하고, 이와 동시에 학습의 생산성을 향상시키고 비용을 절감할 수 있
다(Evans, 2002)"라고 하였다.[1] 그리고 동 보고서에서는 향후 10~20년 내에
유비쿼터스 컴퓨팅을 지원하는 인터페이스, 원격전문가 등과 가상공동체를
구축할 수 있는 인터페이스, 그리고 다중 사용자 가상환경 인터페이스 등과
같은 세 가지 종류의 상호보완적인 인터페이스들이 학습하는 방법에 영향을
미칠 것이라고 전망하고 있다. 이런 전망은 일면으로는 1960년대에 1980년
을 바라보면서 Green이 했던 컴퓨터가 교사를 대체하는 교실이나, 1989년
Toffler가 예언했던 2000년의 개별화된 가상대학에 대한 전망 등과 같이 공
학을 중심으로 한 핑크빛 미래예언을 다시 생각나게 한다. 물론 그 예측은
맞지 않았지만 여전히 가능한 미래의 한 면을 보여 주는 데 의미가 있다. 중
요한 것은 그 예측이 얼마나 정확했느냐의 여부가 아니다. 그것은 미래란 여
전히 아무도 알 수 없는 것이고, 미래학이란 점성술도 아니기 때문이다.

　미래학자로 유명한 Drucker도 미래는 게릴라전처럼 예측하기 어렵다고
했다. 아직은 지평선 위에 모습을 뚜렷이 드러내기 전인 어떤 비연속성 또는
단절성이 기존의 정치 · 경제 · 사회의 의미를 변화시키고 있는데, 이러한 비
연속성이야말로 '이미 벌어지고 있는 미래', 즉 가까운 '미래 현실'이라는
것이다(황주홍, 2002).

　　"미래를 결정하는 단 하나의 유일한 길은 현재의 우리 '행동'이다."(Drucker
1995b, p. 4) "예측? 그런 것은 없다. 지금까지 내가 말한 것은 '이미 일어난 미
래'가 넌지시 제공해 주는 암시다."(Drucker 2002, p. 9)

---

1) 정보화 정책자료 2002-1, 「비전 2020: IT를 통한 미래 교육의 혁신과 평생학습」 이 자료는 미국 상무부
　주관으로 이루어진 「Vision 2020: Transforming Education and Training Through Advanced
　Technologies」의 보고서 내용 중 일부를 한국전산원에서 발췌 · 번역하여 제공한 것임.
　http://www.ta.doc.gov/Report.htm

미래가 어떻게 변화하게 될 것인가에 대해서, 그리고 미래의 교육이 또 어떤 구체적인 모습이 될 것인가에 대해서 아무도 장담할 수 없다. 그러나 한 가지 확실한 것이 있다면, 교육의 역할과 기능이 그 어느 때보다도 앞으로 닥쳐올 미래에는 더더욱 중요해질 것이며 첨단 공학을 활용한 교육이 될 것이라는 점은 부인할 수 없다. 또한 종래와는 다른 방식(특히 하이테크를 중심)으로 우리의 교육방법이 변해 갈 것이고 그에 따라 교육과정과 교육철학, 그리고 학교의 근간이 되는 교육행정, 상담 그리고 평가 등 역시 따라서 변해야 할 일이다. 그리고 이러한 변화의 과정에서 교육공학이 무엇을 어떻게 할 수 있을 것인지, 그리고 어떤 것을 경계하고 사전에 예방할 수 있으며, 해야 하는지를 찾아보는 것은 대단히 중요한 활동이 된다.

4. 미래교육을 위한 학교교육의 과제

향후 미래교육의 방향을 암중모색하기 위한 몇 가지 공교육이 가야 할 방안을 잠정적으로 제시한다면 다음과 같이 살펴볼 수 있다(Kim, 2005).

 ❧ 첫째, 미래교육은 철학적으로 어느 한 가지 패러다임이나 방법론, 그리고 철학에 의거해서 제시되는 것이 바람직하지 않으며 가능한 한 복수의 패러다임과 방법론이 고려되는 것이 바람직하다.

특히 미래교육에 있어서 자칫 방법적으로는 첨단 테크놀러지를 활용한 e-러닝이나 u-러닝으로, 철학적으로는 포스트모더니즘을 바탕으로 하는 지식기반사회로 바뀌었다고 하면서도 아직도 서양의 지식 또는 서양의 학자가 주장하는 지식만을 중심으로 미래를 보고 있는 것은 문제가 아닐 수 없다. 진정한 미래교육을 위해서는 이렇듯 어느 한 가지 관점만을 너무 깊이 보는 행태에서 벗어나야 한다.

 ❧ 둘째, 미래교육의 방법과 내용에 있어서 반드시 세계 속에서 지구촌 구성원

과 함께 살아가기 위한 것이 고려되어야 한다. 그 대표적인 활동은 국내외적 봉사활동이다.

특히 OECD 회원국을 포함한 서방의 선진국은 미래의 교육에 대한 연구를 할 때 후발개도국의 입장을 반드시 고려하는 것이 필요하며, OECD 이외의 다른 국제기구에서도 미래교육에 대한 활발한 국제적 연구과 개발이 요청된다. 선진국과 개발도상국 그리고 후진국이 함께 참여하는 국제연구와 이를 실제로 실천하는 국제협력활동이 있어야 할 것이다. 더불어 정보격차(digital divide)와 지식격차(knowledge divide)도 해소되어야 한다. 이런 활동은 OECD처럼 몇 명의 교육학자의 공동연구를 위주로 이루어지기보다는 국제적인 거대 담론의 장을 만들어서 그 안에서 수행되는 것이 바람직하다.

봉사에 대한 욕구는 인류가 기본적인 생존에 대한 위협에서 벗어나면서 가질 수 있는 거의 유일한 긍정적 기제다. 다행히도 최근에 들어 전 지구상에서 다양한 형태의 봉사활동이 꾸준하게 지속되고 있다. 지구환경을 지키는 그린피스, 저개발국가에 자기 비용을 대고 찾아가서 역시 자신의 비용으로 주택을 지어 주는 헤비스타트, 저개발국가에 장학금과 계발금을 지원해 주는 라이온스 및 로터리 클럽, APEC 안에서 국제인터넷 봉사단과 연수팀을 보내 왔던 APEC 학습공동체 인터넷봉사단(ALCOB Internet Voluteer)(ACEC: http://goacec.com) 프로젝트 등은 그 좋은 예다. 이러한 활동의미와 정신은 초·중등 학교에까지 확산되어야 한다. 인터넷과 첨단 정보통신은 이들 활동을 더욱 활성화하는 데 도움이 될 중요한 도구가 될 것이다.

🐚 셋째, 인터넷을 통한 e-러닝과 u-러닝의 활용도 필요하겠지만, 면대면 활동이나 체험활동과의 연계가 고려되어야 한다.

사이버공간에서 어떤 특정한 영역에 대해 확장된 자아는 실제 활동을 통해 그것을 확인하려는 욕구가 생기기 때문이다. 또한 심리적으로 많은 사이버공간에서의 간접체험은 결국 직접 체험이나 만남을 통해서 완성된다. 그렇지 않고서야 다양한 멀티미디어와 TV, 영화와 게임 등을 통해 이미 자세히 보았었던 코끼리나 얼룩말 그리고 사자와 같은 동물을 다시 보러 동물원이나 사파리 여행을 떠날 사람이 없을지도 모른다. 사이버 공간의 활동이 면대면 활동으로 이어진다는 것은 결국 사이버상의 활동을 통하여 면대면으로 격려와 감화를 받는 곳이며 자신의 행동에 대해 책임을 지는 곳이다. 이렇게 면대면이 기대되는 사이버상의 활동에서 우리는 진정한 만남을 할 수 있다. 언어로만, 손가락으로만 이루어지는 만남이 아니다. 사이버상에서 이루어지는 많은 유형의 커뮤니케이션의 단점을 극복하고 장점을 극대화하는 방법이 바로 면대면 활동이고 직접 찾아가서 만지고 보고 느끼는 체험활동이다. 사이버 활동이 증가할수록 그에 적절히 어울리는 체험활동과 면담활동이 증대할 수 있도록 우리는 미래사회를 구조화해야 한다. 그리고 학교는 이러한 방향을 설정해 주는 기관으로서의 역할을 수행해야 한다.

✤ 넷째, 학습자의 정신건강을 고려한 자연 친화적인 학교 또는 자연환경 안에 있는 자연 속의 학교가 만들어져야 한다.

보통 때는 대도시에 있는 지금과 같은 학교에서 공부를 하다가 일정 기간 동안에만 대안학교에 가서 자연 속에서 체험과 대화를 통한 학습을 하는 것이 그 좋은 예다. 물론 모바일 공학을 활용한 지원시스템이 들어갈 수 있을 것이다. 잠정적으로 이러한 자연 속의 대안학교를 에듀테인먼트 파크 (Edutainment Park, EduPark)라고 부르겠다. 에듀파크는 첨단공학과 자연환경, e-러닝과 신체활동 그리고 즐거운 놀이와 학습, 대화와 참여 그리고 학부모와 학생 교사의 공동 커뮤니티가 살아 있는 곳이다.

인터넷이나 정보통신의 활용이 지수적으로 발전하면서, 그에 따라 인류의 확장된 자아는 기하급수적으로 확대될 것이다. 이러한 욕구를 순기능적으로 받아들여서 국제적인 체험학습과 문화이해학습이 저렴한 수준에서 누구에게나 가능하도록 국제적인 에듀파크가 설치되어야 한다. 국제기구는 이러한 국제적 수준의 에듀파크가 운영될 수 있도록 지원을 해야 한다. 다양한 지원이 가능하겠지만 가장 중요한 지원은 개별 국가와 국제공동체의 구성원이 가진 잠재력을 발굴하고 육성할 수 있는 건강한 후원조직을 구성하는 것이다.

　　❧ **다섯째, 학교교육은 좀 더 인간중심적이며 가치중심적으로 복귀하여야 한다.**

　　교육과정상에서는 국가경제 발전을 위한 인적자원의 개발도 중요하지만 환경파괴와 인성파괴, 그리고 현대인으로부터 자유, 자기 집중과 독립성을 박탈하는 끝없는 소비적 패러다임을 개선할 수 있는 대안적 패러다임을 만들고 교육시켜야 한다. 그 한 가지 방법은 과도한 소비 욕구에서 벗어나 삶의 내적 질을 추구할 수 있도록 윤리도덕 교육을 강화하는 것이 필요하다. 예컨대 OECD의 미래교육포럼(SFT)이 간과하고 있는 인간 본성에 대한 탐구가 이루어져야 하며, 동양의 철학과 같은 여러 나라의 덕목이 풍부하게 반영된 국제적 교육과정이 개발되어야 한다. 예컨대 대한민국의 경우에 아직도 남아 있는 충효사상은 외국에 적극적으로 널리 알려야 한다. 또한 인도나 태국과 같이 아주 강한 내세관이 문화적으로 바탕이 된 나라의 사람들은 그렇지 않은 나라의 사람들에 비해 현세의 과도한 소비의 패턴에 대한 집착이 낮다는 것도 좋은 예다. 도덕적이며 윤리적 판단 그리고 자신의 개성에 입각한 삶을 설계하는 것은 사회가 복잡해지고 빨리 변천할수록 더더욱 중요한 덕목이기 때문이다.

　　실제로 이러한 교육을 실천하고 있는 사례를 보자. 영국의 유명한 기숙학교인 웰링톤 스쿨에서는 2006년 가을학기부터 '행복강의(happiness lessons)'라는 제목으로 행복하게 사는 법을 지도하기 시작했다. 이 수업은 중학교 과정의 14~16세 학생을 대상으로 일주일에 한 번씩 실시하다가 차츰 전 학년으로 확대될 예정이다. 이 수업의 주요 내용은 '대인관계 적응법', '정신건강 유지법', '우울에서 탈출하는 법', '열망을 다스리는 법' 등이다. 이 학교의 교장인 Anthony Sheldon은 "돈과 명성을 삶의 기준으로 삼고 있는 요즘 청소년은 많은 부담과 스트레스에 시달리고 있다. 따라서 학생들에게 행복과 안정감을 느낄 수 있도록 가르치는 것이 그 어떤 학문적 교육보다 중요하다."라고 말했다(이영희, 2006). 자본주의 시장의 최상층에 있는 부와

권력을 모두 가진 사람이 행복한 삶을 영위하는 것은 아니다. 자신에 대해 만족하고 자신이 하는 일에 대해 긍정적인 태도를 견지하는 사람이 행복한 사람이라는 평범 속의 진리에 대해 우리는 다시 한 번 생각해 봐야 한다.

> ❦ 여섯째, 미래교육에 대한 비전을 함께 만들어 가고, 공유할 수 있는 교육 관련 학자, 공무원, 교사, 학부모, 학습자가 함께 모여서 미래교육에 대해 논할 수 있는 교육에 대한 거대 담론의 장이 필요하다.

Banathy(1992)도 새로운 교육시스템에 대한 언급을 통해 다양한 형태의 교육서비스 체제(인류의 건강을 위한 물리적·심리적·정신적 자원), 자원봉사 기관을 포함한 공교육 및 사교육 기관 간의 연계망을 만드는 것이 중요하다고 하였다. 이를 위해서는 국제적 수준의 온라인 교육공동체를 구축하고 운영하면서 거대 담론을 구축하는 것이 필요하며 여기서 얻어진 결과를 한데 모아 학술대회와 전시회, 그룹 토의 및 방문 등의 온사이트 활동이 열리는 체험의 장을 만들어야 한다.

그리고 이러한 체험과 지식, 특히 공교육에 관련된 지식은 교육 비즈니스 측면에서보다는 비영리적인 측면에서 다루어지는 것이 바람직하다. 특히 공교육을 위해서는 더더욱 그러하다. 이런 점에서 리눅스와 같은 소스 공개 및 공유의 정신은 확대되어야 한다. 또한 이를 위해 공교육기관 간의 지식정보 공유 시스템이 운영되어야 하며 향후 국제적으로 확대되어야 한다. 단, 공유 시스템의 성공적 운영을 위해서는 참여기관 간의 책임과 신뢰가 우선 구축되어야 한다. 그렇지 않고 빠른 시간 내에 데이터를 많이 모으기 위해서 각 기관에 올릴 데이터를 할당하고 숫자 위주로 올리게 해서는 그 DB가 인터넷 서핑을 통해서 언제 어디서나 얻을 수 있는 잡다한 데이터로 다 채워질 것이 분명하기 때문이다. 양질의 정련된 데이터와 지식이 모아져야 한다. 이를 위해서는 앞서 언급한 우수한 학교와 교사가 있고 우수한 지식과 노하우를 주고받는 것이 가능하며 공동작업에 필요한 시설과 아이디어, 그리고 신념과 지원체제를 갖춘 학교로 만들어진 국제적인 스쿨 네트워크가 구축되어야 한다. 이미 한국에서는 교육관련 자료와 각종 데이터베이스를 모두 하나의 공적 네트워크에 탑재하여 교육 관련 종사자는 누구나 찾아서 보고 공유할 수 있는 시스템인 에듀넷을 만들고 운영하고 있는데 이는 좋은 사례가 된다. 이 에듀넷의 운영에서 나온 노하우 역시 국제화할 수 있는 점을 찾아내어 국제 수준에서 공유할 수 있도록 수정·보완하는 등 공동의 노력을 할 단계다.

교육의 미래는 언제까지나 미래로 남는 것이 아니다. 우리가 지향하는 것, 우리에게 닥친 것 그리고 곧 그 결과로 다가오는 것이 바로 미래며, 이러한 미래가 어떻게 될 것인가는 우리의 의지와 손에 달려 있다.

1. 전자책은 디지털 형태의 정보로 가공 및 저장된 출판물로 방대한 양의 정보 저장과 편집이 용이하며, 멀티미디어 활용으로 실감나는 정보의 전달이 가능하고, 다양한 화면 구성과 인쇄형 도서와 유사한 기능의 활용이 가능하다.

2. 모바일 러닝을 모바일 통신환경을 기반으로 이루어지는 교수-학습으로 모바일 기술의 속성에 의한 이동성, 접근성, 확장성, 신속성을 특징으로 한다.

3. 유비쿼터스 러닝은 유비쿼터스 컴퓨팅 기술과 네트워크 기술 기반의 교수-학습 형태로 교육장소의 다양화, 교육방법의 맞춤화, 지식 전달체제의 현장성, 다양한 학습공동체의 형성 등을 특징으로 한다.

4. 유비쿼터스 러닝은 오감을 통한 체험중심의 학습환경, e-북, 3차원 학습자료의 제공 환경, 지능형 학습장 등의 가능성을 기대할 수 있다.

5. 기술발전의 추세만 가지고 미래사회나 미래교육을 예측하는 것은 거의 불가능하다. 왜냐하면 기술 발전 그 자체도 예측하기 어렵지만, 이러한 기술이 사회와 인간에게 미치는 영향이 너무도 복잡다단하기 때문이다.

6. 미래교육에 대한 연구는 다양한 국가와 국제기구에서 활발하게 진행 중에 있다. OECD는 School for Tomorrow 프로젝트를 통해 미래 학교의 모형을 제시하되 지속 가능한 경제발전을 위한 인적자원 개발의 로드맵으로서의 교육의 기능을 강조하는 반면, UNESCO는 OECD에 비해 좀 더 인간중심적인 교육과 교육을 위한 학습도시의 건설에 역점을 두고 있다. APEC은 UNESCO의 입장과 유사한 측면에 있지만 OECD와 같은 미래교육의 방향을 연구하는 한편 다양한 네트워크를 통해 UNESCO와 유사한 관점에서 이를 실천하려는 노력을 많이 하고 있다.

7. 미래교육을 위해 학교들은 다음의 제언들을 고려하는 것이 바람직하다.

① 다양한 철학적 관점과 문화사적 관점을 가지고 교육을 봐야 한다. 서양 위주나 한 가지 철학적 관점만 가지고 미래교육을 조망하기는 어렵기 때문이다.

② 국내외적 봉사활동과 같이 글로벌시티즌으로서 자질을 갖추고 삶의 의미를 찾을 수 있는 세계시민적 소양을 양성해야 한다.

③ 학교는 가능한 한 자연친화적인 환경으로 돌아가야 하고 이 안에서 다양한 체험활동이 가능해야 한다.

④ 학교 교육은 좀 더 인간중심적이며 가치중심적으로 복귀하여 아이들이 과도한 소비중심의 패러다임에서 벗어나 자신의 진정한 행복을 추구할 수 있도록 지원해야 한다.

⑤ 교육을 지원하는 거대 담론의 장이 온라인과 오프라인으로 구성되어야 하며, 이 안에서 교육 관련 정보는 비영리단체에 의해서 공유되는 것이 바람직하다.

연습문제 정답

문항번호 장	1	2	3	4	5	6	7	8	9	10	11	12	13	14	15	16
1장	②	①	①	④	③	④	②	③								
2장	①	③	①	②	①	③	④	④	④	④	④	③				
3장	④	③	①	③	④	④	①	②	②	④	①	③				
4장	④	②	③	①	④	③	④	③	②	①	④					
5장	④	①	④	④	③	④	③	②								
6장	④	④	②	④	④	③	③	①	②	④	④					
7장	③	④	④	③	④	④	③	②	①	①	②					
8장	③	①	④	②	③	③										
9장	④	②	④	②	④	④	④	④	③	③	②	④				
10장	①	②	②	①	④	②	②	①	④	④	①					
11장	②	④	③	②	④	①	③	③	④	②	④	①	③	②	①	
12장	②	②	④	②	③											
13장	①	②	①	①	①	④	④	④	①							

부 록

2007 '행복 교육 1번지'를 만들어 가는

즐거운 생활과 교수-학습 계획안

- 단원(제재) : 8. 우리나라 좋은 나라
- 주   제 : 우리나라를 나타내는 것 그리기

일 시	2007년 6월 25일(월) 2교시 (09:40~10:30)
장 소	2학년 1반 교실
학 반	2학년 1반(남 18, 여 14, 계 32명)
발표자	김 영 진 [김영진인]

 예 원 초 등 학 교

Ⅰ. 배움과 나눔: '생각'과 '표현' 하는 수업 만들기

우리 반 교실 앞에는 '생각하는 교실'에 대한 글귀가 적혀 있다. 아이들에게 올 한 해를 생활하면서 생각이 부쩍 자라날 수 있었으면 하는 마음에서 적어 놓은 것이다.

> ### 생각이 자라는 교실
>
> – 생각은 자연이나 우리 생활에서 보이지 않는 것을 찾아내는 관찰하는 힘을 기르게 합니다.
> – 생각은 나무를 심어서 숲을 가꾸는 것처럼 자기가 배운 것을 차곡차곡 쌓아 가는 재미를 갖게 합니다.
> – 생각은 친구들과 서로 도와 가면서 배우는 기쁨을 느끼게 해 주고 새로운 생각을 만들어 내는 창조적인 힘을 기르게 합니다.

생각이 자라는 교실은 관찰하는 힘과 배우는 재미와 기쁨 그리고 새로운 생각을 만들어 내는 창조적인 힘을 기르게 하는 교실이라고 생각한다. 아이들 생각이 자라도록 하기 위해서는 주변의 작은 것에도 관심을 가지고 관찰을 할 수 있도록 해야 한다. 이때 관찰은 마음의 눈으로 보는 것이다.

어느 날, 아이들에게 친구가 될 나무나 꽃을 정해 보라고 하였다. 쉬는 시간에 아이 몇 명이 늦게 들어 왔다. 야단을 치려고 "교실에 왜 늦게 들어 왔느냐?"고 물어보았다. "나무와 꽃이 너무 목이 말라 하는 것 같아서 깨끗한 물을 주고 왔어요"라는 이야기를 하였다. 정말 순수한 영혼과 맑은 마음을 가진 아이들이다.

2학년 아이들은 눈에 보이는 대로, 느낌이 있는 대로 그림으로 표현하는 것을 좋아하는 시기다. 아침 활동 시간이나 쉬는 시간에 자기가 좋아하는 캐릭터나 아바타를 정성스럽게 꾸미거나 종합장에 조그만 그림을 그려서 예쁘게 색칠하는 모습을 자주 볼 수 있고, 책을 읽고 난 뒤에도 주인공이나 기억에 남는 장면 그리기를 즐겨 하는 모습을 보더라도 이 시기의 아이들은 분명히 자기만의 느낌으로 표현하는 것을 좋아하는 것 같다.

이 수업에서는 이러한 표현을 좋아하는 아이들이 활동 중심으로 기법은 다소 서툴더라도 다양한 표현 방법을 제시하면서 자기의 느낌을 가지고 의욕적으로 표현 활동을 할 수 있도록 자극하고 동기를 부여하고자 한다.

'우리나라 좋은 나라' 단원에서는 우리나라를 나타내는 여러 가지 것을 보고 듣고 느끼고 경험한 일을 우선 살펴보고, 직접 그려 보고 만들어 보는 활동을 통해 기본적인 관찰과 참여의 자세를 지니게 하고, 여러 가지 표현 방법을 스스로 찾아내게 하여 창의성 함양에도 도움을 줄 것으로 기대하고 있다. 또한 아이들이 가지고 있는 동기를 지속적으로 유지할 수 있는 Keller의 ARCS 동기 설계에 바탕을 둔 수업을 진행하고자 한다.

이 수업을 통해서 우리 아이들이 우리 것의 멋과 아름다움을 느끼고 우리 것에 강한 긍지를 지닐 것을 기대해 본다.

II. 단원 안내

1. 단원명: 8. 우리나라 좋은 나라(4/14)

2. 단원의 개관

이 단원은 '우리나라 좋은 나라' 라는 주제 아래 우리나라를 이해하는 학습 활동으로 구성되었다. 우리나라를 상징하는 여러 가지 것을 알아보는 활동을 통해서 나라 사랑하는 마음을 가지게 되고 오랜 역사를 통해 발전해 온 우리 문화에 긍지를 가질 수 있도록 한다.

즐겁게 노래 부르고 신나게 우리 춤을 추며 우리나라를 상징하는 것을 그림으로 그리거나 만들어 보는 학습 계획을 세운다. 특히 우리나라 악기에 대해서는 그 연주법보다는 음색 파악에 중점을 둔다. 악기를 가지고 놀면서 다양한 방법으로 소리를 내어 보며 우리나라 전통 문화에 친근감을 가지도록 한다. 또한 전래 동요를 통해서 우리 민요의 홍겨움을 느끼며 장단에 맞추어 소고춤을 추면서 우리 조상의 아름다운 정신을 배운다. 우리나라의 소중함과 아름다움을 깨닫고 유지하기 위해서는 자연 환경의 중요성도 깨달아야 한다. 저학년에서부터 자연 환경 보호에 적극 참여하는 자세를 가지고 그것이 생활화되도록 세심한 주의를 기울이며, 환경과 인간의 밀접한 관계를 깨우쳐 준다.

3. 단원의 목표

1. 우리나라를 상징하는 태극기와 무궁화, 애국가를 소중하게 여기는 태도를 가진다.
2. 우리나라를 나타내는 것을 찾아보고 특징을 살려 평면과 입체로 표현할 수 있다.
3. 전통 악기에 관심을 가지고 국악 장단 합주를 하며 홍겹게 노래 부를 수 있다.
4. 우리나라의 문화재를 아끼는 태도를 가진다.
5. 자연 환경과 건강과의 관계를 알 수 있다.
6. 우리 스스로 깨끗하게 환경을 보존할 수 있는 방법을 알고 실천할 수 있다.

4. 학습 계열

선수 학습	본 학습	후속 학습
2-1-4. 찾아보세요. 〈여러 가지 모양을 표현 하여 봅시다.〉 ◈ 표현 활동: 여러 가지 표현 방법의 특징 알 고 기법 활용하기	8. 우리나라 좋은 나라 〈우리나라를 나타내는 것을 재미있게 표현하여 봅시다.〉 ◈ 표현 활동: 우리나라를 나 타내는 것을 특징을 살려 표현하기	2-2-11. 신나는 물놀이 〈바다 속 풍경을 표현하 여 봅시다.〉 ◈ 표현 활동: 상상한 것 을 짜임새 있게 구성 하여 표현할 수 있다.

5. 차시별 지도 계획

차시	차시별 주제	주요 내용 및 활동
1~2	'아름다운 나라' 노래 부르기	• 3/4박자의 리듬감을 살려 노래 부르기 • 손 기호를 보고 계명으로 노래 부르기
3~4	우리나라 나타내는 것 그리기	• 우리나라를 나타내는 것을 찾아보고 특징 알아보기 • 우리나라를 나타내는 것을 특징을 살려 그 리기(본시)
5	우리나라 악기 소리 탐색하기	• 장구로 낼 수 있는 다양한 소리 탐색하기
6	우리나라 악기 소리 감상하기	• 사물놀이 감상하기
7~8	우리나라 나타내는 것 만들기	• 찰흙으로 여러 가지 모양 만들기 • 우리나라를 상징하는 것 만들기
9	'에농 데농' 노래 부르기	• 장단에 맞추어 노래 부르기 • 메기는 소리 만들어 부르기
10	여러 가지 악기로 합주하기	• 음악에 맞추어 여러 가지 리듬악기로 합주 하기
11~12	소고춤 추기	• 자진모리장단에 맞추어 소고춤 추기
13~14	깨끗한 환경 만들기	• 자연환경과 건강과의 관계 알기

6. 지도상의 유의점

① 아동이 창의적으로 여러 가지 방법을 활용하게 하여 다양한 표현이 되도록 지도한다.

② 우리나라를 나타내는 대표적인 건축물이나 유물 등과 우리나라를 상징하는 것들을 알도록 하되 역사나 사실에 대한 이해를 지나치게 강조하지 않는다.

③ 각자 개성 있는 표현이 되도록 지도한다.

④ 학생이 개인별로 하거나 모둠별로 표현하는 것을 통제하지 말고 자유롭게 선택하도록 한다.

⑤ 교수·학습을 위한 다양한 매체를 효과적으로 활용하도록 한다.

⑥ 즐거운 활동 속에서도 질서와 안전을 중요시하며, 서로를 존중하는 태도를 가지도록 해야 한다.

7. 교재 연구

1) 저학년 학생의 미술 표현의 특징

학생들은 나이에 따른 신체적 발달 단계가 있듯이 그림에도 연령에 따른 표현의 특징을 가지고 있다(참고사이트 : 이부영 선생님의 미술교실).

(1) 도식적, 양식적, 상징적 표현

저학년은 자신이 경험한 바깥 세계의 경험을 하나의 개념으로 나름대로 형을 형성해 나간다. 이것은 그들 주변의 인물, 즉 부모나 친구와의 의사 소통 수단이 되며, 환상과 현실의 세계를 연결해 주는 역할을 하기도 한다. 또한 저학년은 현실과 상상의 세계를 혼돈하여 사물을 의인화하여 표현하려는 특성이 있다.

(2) 과장적 표현

저학년은 그들이 느끼는 감정대로 표현한다. 따라서 자신에게 강하게 인상지어진 것이나 희망 사항을 확대 또는 강조하여 표현하는데, 이것은 저학년 회화 표현에서 정감 있는 표현의 원동력이 된다.

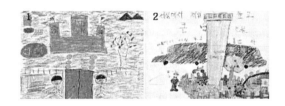

(3) 투시적 표현

저학년은 실제로 보이는 것이 아니라 그들이 경험했던 현상을 그대로 그리는 경향이 있다. 그래서 투명한 버스 속에 사람이 앉아 있는 모습을 그리거나 맛있는 음식을 먹은 경우, 배 속에 음식물을 그려 넣기도 한다.

(4) 쌍위 동존화 현상

저학년 회화 표현에서는 평면상의 그림에서 정면과 측면이 동시에 표현된다. 즉, 식탁에 둘러앉은 식구를 모두 누워 있는 것처럼 표현하거나 길 옆의 가로수가 길을 중심으로 양 옆으로 누워 있는 것 등을 말한다. 전도식기에서 많이 나타나며, 도식기에는 점차 없어지는 현상이지만 저학년 학생 중 일부에게서 나타난다.

(5) 중복적, 연속적 표현

저학년 학생은 특히 좋아하는 주제가 있으면 이 주제를 계속해서 그리는 경향이 있다. 즉, 인물이나 사물에 대한 경험의 부족으로 어떤 형태든지 반복하여 그림으로써 명확한 형태를 파악하려는 노력을 기울인다. 따라서 인물이나 나무, 집, 꽃, 공룡 등의 사물에 대한 자신의 개념화된 형태를 지니고 있다.

(6) 공간 개념의 형성

평면인 도화지에 3차원적인 공간을 나타내기 위한 시도로 기저선을 그려서 하늘과 땅을 구분하고 여러 개의 기저선을 그려 물체 간의 원근을 시도하기도 한다.

이상과 같은 표현 특징은 학생의 신체적, 정신적 발달의 차이 및 지역적 환경에 따라 차이가 있으며, 특히 저학년 학생은 개인차가 매우 심하다. 따라서 발달이 늦은 학생은 위의 특징이 모두 나타나기도 한다. 학생의 표현 단계는 급작스럽게 지도하여 변하는 것이 아니라 새로운 경험의 확대에 따라 서서히 변화해 가는 것이므로 교사는 학생의 다양한 개인차를 적절한 조언이나 격려로 지도해 나가야 할 것이다.

2) 학습동기의 개념과 동기 유발 방법

(1) 동기의 개념

동기란 개인이 어떤 목표를 지향하는 행동을 일으키고 행동의 방향을 결정하고 유지하는 힘으로서 어떤 행동의 원인이 되는 내적·외적 조건을 지칭하며 행동을 활성화시키며 행동의 방향을 잡아가는 중요한 기능을 담당한다.

동기는 흥미(interest), 욕구(need), 가치(value), 태도(attitude) 등과 함께 사용된다. 흥미는 어떤 사물이나 사건에 주의를 기울이는 것이며, 욕구는 어떤 특정한 활동이나 결과가 제공해 줄 수 있는 무엇인가가 결핍된 상태다. 가치란 자신이 중요하다고 생각하는 모든 종류의 목표에 대한 지향이며, 태도는 현재 자신이 지각하고 있는 것에 대한 호의적 혹은 비호의적 감정을 의미한다.

이러한 의미에서 동기는 학습자가 가지는 흥미, 욕구 등과 더불어 교사가 바라는 지식, 이해, 기술을 성취할 것인지의 여부를 결정하는 중요한 요인의 하나가 된다. 따라서 동기를 학습에 관련시키면 학습동기란 학습자의 의미 있고 가치 있는 학업적 활동을 모색하고, 그러한 학문적 활동에서 의도한 이점을 획득하기 위해 노력하는 경향성이다.

(2) 동기 유발 방법

동기 유발 방법은 내적 동기와 외적 동기에 따라 달라진다.

내적 동기란 학습자 스스로의 자발적인 흥미나 욕구와 같은 내적 강화에 의해서 학습 활동이 자발적으로 이루어지는 자연적 활동이다. 학습 과제가 학습자에게 의미가 있다거나 그 중요성이 인정되는 경우 학습자는 내적 동기를 가지게 되며 의욕적으로 학습을 하게 된다. 내적 동기를 유발하기 위해서 학습자의 흥미를 고려하고 학습목표의 명확한 진술 등이 필요하다.

외적 동기란 다른 사람에게서 받는 칭찬이나 인정, 경쟁 등의 외적인 자극으로 유발되어 학습 활동에 도움을 준다. 외적 동기를 유발하기 위해서 상과 벌의 사용, 교사의 열정과 자극, 질문과 부분 해답의 제시, 경쟁과 협동의 적절한 사용 및 교사의 적극적인 도움 등을 들 수 있다.

수업 목표를 성취하고자 하는 학습자의 내적 동기나 외적 동기의 수준은 제각기 다르다. 교실 수업에서 교사는 학습자의 내적 동기를 유발하기 위한 내적 보상을 제공해야 한다. 내적 보상이란 성공적인 학습활동을 수행했거나 그 활동 자체에의 만족감, 성공감, 성취에 대한 자부심, 자아 존중감의 향상 등을 의미한다. 그리고 외적 보상이란 학습 활동과는 관계없는 만족감을 제공하는 것으로서 이는 학습자 스스로가 아니라 타인에 의하여 통제되는 것을 말한다. 다시 말해 선물이나 인정 등이 여기에 속한다.

특히 교실에서 내적 동기와 외적 동기 모두가 중요하다. 수업에서 학습자의 호기심을 자극하고 학습에서 의욕과 자신감을 갖게 할 때 내적 동기가 유발될 수 있다. 그러므로 교사는 학습자의 외적 동기의 수준이 적절한가를 확인하면서 내적 동기를 자극하고 키워 주어야만 한다.

(3) Keller의 ARCS 동기 이론과 요소별 수업전략

학교 교육에서 중심이 되는 것은 바로 무엇을 가르칠 것인가와 어떻게 가르칠 것인가의 문제다. 이것은 우선 무엇을 가르칠 것인가가 결정이 되어야 하며, 이를 바탕으로 어떻게 가르칠 것인가를 생각해야 한다는 것이다. 좋은 수업이 되기 위해서는 효과적이고 효율적이며, 매력적이고 안전한 것이어야 한다. 효과적이란 목표로 하는 학습이 발생했느냐를 보는 것으로 학습자의 다양한 종류의 학업성취 수준에 의해서 측정될 수 있으며(효과성), 효율적이란 얼마나 경제적으로 그 목표가 달성되었느냐를 보는 것으로 학습자가 사용한 시간, 비용 등으로 나눔으로써 측정된다(효율성). 그리고 매력적이란 학습자와 교사가 얼마나 이 과정을 즐길 수 있으며 좋아하느냐에 대한 고려로서 학습자가 교과 내용에 대한 흥미와 욕구 등에 따라 결정된다(매력성).

하지만 지금까지 수업의 흐름을 생각해 보면 세 가지 요소 중에서도 효과성과 효율성의 달성에만 관심을 두었기에 학습동기와 관련된 매력적인 요소는 상대적으로 소홀히 다루어져 왔다. 그 이유를 찾아보면 사회적 행동과 관련해서 동기 문제는 규칙의 적절한 사용이나 강화로써 통제될 수 있다고 본 반면에 교과에 대한 흥미를 촉진하는 문제에 대해서는 직관이나 선천적인 재능의 문제로 국한시키는 경향이 뚜렷하였다. Keller는 학습동기와 관련한 이러한 태도를 비판하면서 인간의 동기를 결정짓는 여러 가지 변인 등과 그에 관련된 구체적인 개념과 전략을 제시해 주는 이론을 정립했는데, 그것이 바로 ARCS 동기유발이론이다.

ARCS 이론의 핵심적인 네 가지 요소는 주의력(attention), 관련성(relevance), 자신감(confidence), 만족감(satisfaction)이다. ARCS 이론은 수업에서 주의력을 집중시키고 학습자들의 흥미와 학습할 내용의 관련성을 확인시키며, 학습자에게 새로운 능력을 획득할 수 있다는 자신감을 고취시켜 주며, 학습과제를 성공적으로 수행한 결과에 따라서 만족감을 갖도록 하는 것을 주목적으로 한다.

ARCS 이론의 네 가지 요소에 대한 정의와 각각의 요소별 전략을 살펴보면 다음과 같다.

① 주의력 요소

주의력은 동기의 요소면서 학습의 선수조건이다. 동기의 요소로서의 주의는 어떻게 하면 학습자의 주의를 끌고 유지시키느냐에 관심이 있고, 학습의 선수조건으로서의 주의는 어떻게 하면 학습자의 관심을 학습에 필수적인 자극에 집중시키느냐에 초점을 맞추고 있다. 또한 주의력 요소는 주의를 획득하는 것만으로는 충분하지 않고 수업 시간 동안 주의를 유지하는 것이 진정한 과제이다.

새롭고 신비한 사실이나 사건을 제시하면서 학습자의 호기심이나 관심을 유발시키는 것은 지각적 주의환기(Perceptual Arousal)이고, 유발된 주의력이나 호기심을 유지하기 위해 스스로 새로운 정보를 추구하고 문제해결을 하도록 하는 것은 탐구적 주의환기(Inquiry Arousal)다.

② 관련성 요소

수업 내용이 현실적인 문제와 관련성을 가질 때 '왜 내가 이것을 공부해야 하는가?' 라는 질문에 답을 할 수 있다. 관련성은 가르칠 내용 자체에서 나오는 것이라기보다는 가르칠 내용의 방식에서 나오는 것이다. Keller는 어떻게 관련성에 대한 해답을 주느냐에 따라 세 가지 방식으로 답하고 있다.

첫째, 현재와 미래의 일들을 수행하는데 학습이 도움이 된다는 것을 보여주는 방식이고, 둘째는 학습 그 자체에서 즐거움을 찾고 가치를 알도록 도와주는 방식이며, 셋째는 Keller가 가장 중시하는 것으로 결과보다 학습의 과정에 초점을 맞추도록 하는 방식이다. 학습 과정이 학습자 개개인의 요구나 특성에 맞게 전개되어 학습자가 학습의 관련성을 지각할 때 동기는 유발되고 유지될 것이다. 따라서 관련성의 요소는 '어떻게 이 과제가 나의 개인적 흥미나 목적과 관련되는가?' 에 대한 긍정적인 해답을 제시하고자 하는 것이다.

③ 자신감 요소

학습자들이 갖는 실패의 두려움은 교사가 아는 것보다 심각하기 때문에 동기 유발을 위해 자신감을 길러주는 것은 대단히 중요하다. 즉, 성공의 원인을 행운이나 과제의 어려움이 아닌 자신의 능력과 노력에 기인하는 것으로 인식시킬 때 자신감이 길러지기 때문이다. 따라서 자신감이 있는 학습자는 실수를 두려워하지 않으며 실패나 성공의 요인을 능력이나 노력의 부족으로 생각하고 운이나 문제 자체의 어려움으로 돌리지 않는다.

동기를 지속적으로 유지시키기 위해서는 학습에 대한 관련성을 인식한 후 학습자가 학습에서 성공할 가능성이 있다는 것을 믿게 하는 자신감이 부여되어야 한다. 학습 과정에서 학습자에게 자신감을 주기 위해서 학습자가 실수를 하여도 당황하지 않고 계속할 수 있는 자유로운 학습상황을 만들어 주어야 하며, 학습자가 이러한 새로운 기능과 지식을 숙달한 후 과제를 수행할 때에는 그들의 성취도를 최대한으로 높이기 위하여 어느 정도의 도전감과 모험심을 주어 자신의 능력에 대한 기대치를 높여 주는 것이 필요하다.

④ 만족감 요소

만족감은 학습자 스스로 학습 상황을 조절할 때 느낄 수 있는 학습의 자아 조절의 의미로, 내적 동기 유발의 원리가 외적인 보상에 비해 강조되어야 달성될 수 있다. 그러므로 학습상황에서 만족감을 증진시키는 방법은 지나친 통제가 아닌 본질적인 보상을 사용하는 것이다.

특히 만족감이 강조되는 이유는 학습자의 노력 결과가 그의 기대와 일치하고 학습자가 그 결과에 대하여 만족한다면 학습동기가 계속 유지될 것이며, 이는 학습자의 학업 수행에도 영향을 미치게 될 것이기 때문이다. 만족감은 학습의 초기에 학습자의 동기를 유발시키는 요소라기보다는 일단 유발된 동기를 계속 유지시키는 역할을 한다.

만족감에 영향을 미치는 요소로 강화와 보상과 공정성이 있다. 바람직한 행동을 형성하고 유지시키기 위해 강화 계획을 이용하면 학습자는 보상을 받게 되는 때를 예측할 수 있고 이것은 행동과 결과 사이의 일관성이 유지되어 학습자에게 안정감을 형성할 수 있게 한다. 이를 정리하면 다음과 같다.

주의(attention)	관련성(relevance)
(1) 지각적 주의 환기의 전략 ① 시청각 매체의 활용 ② 비일상적인 내용이나 사건 제시 ③ 주의 분산의 자극 지양	**(1) 친밀성의 전략** ① 친밀한 인물 혹은 사건의 활용 ② 구체적이고 친숙한 그림의 활용 ③ 친밀한 예문 및 배경 지식의 활용
(2) 탐구적 주의 환기의 전략 ① 능동적 반응 유도 ② 문제 해결 활동의 구상 장려 ③ 신비감의 제공	**(2) 목적 지향성의 전략** ① 실용성에 중점을 둔 목표 제시 ② 목적 지향적인 학습 형태 활용 ③ 목적의 선택 가능성 부여
(3) 다양성의 전략 ① 간결하고 다양한 교수 형태 사용 ② 일방적 교수와 상호작용적 교수의 혼합 ③ 교수자료의 변화 추구 ④ 목표-내용-방법의 기능적 통합	**(3) 필요나 동기와의 부합성을 강조하는 전략** ① 다양한 수준의 목적 제시 ② 학업 성취 여부의 기록 체제 활용 ③ 비경쟁적 학습 상황의 선택 가능 ④ 협동적 상호 학습 상황 제시
자신감(confidence)	만족감(satisfaction)
(1) 학습의 필요조건 제시의 전략 ① 수업의 목표와 구조 제시 ② 평가 기준 및 피드백의 제시 ③ 선수 학습 능력의 판단 ④ 시험의 조건 확인	**(1) 자연적 결과 강조의 전략** ① 연습 문제를 통한 적용의 기회 제공 ② 후속 학습 상황을 통한 적용의 기회 제공 ③ 모의 상황을 통한 적용의 기회 제공
(2) 성공의 기회 제시의 전략 ① 쉬운 것에서부터 어려운 것으로 과제 제시 ② 적정 수준의 난이도 유지 ③ 다양한 수준의 시작점 제공 ④ 무작위의 다양한 사건 제시 ⑤ 다양한 수준의 난이도 제공	**(2) 긍정적 결과 강조의 전략** ① 적절한 강화 계획의 활용 ② 의미 있는 강화의 제공 ③ 정답을 위한 보상 강조 ④ 외적 보상의 사려 깊은 사용 ⑤ 선택적 보상 체제 활용 ⑥ 학업 성취 여부의 기록 체제 활용
(3) 개인적 조절감 증대의 전략 ① 학습자의 끝을 조절할 수 있는 기회 제시 ② 학습 속도의 조절 가능 ③ 원하는 학습 부분으로의 재빠른 회귀 가능 ④ 선택 가능하고 다양한 과제와 다양한 난이도 제공 ⑤ 노력이나 능력에 성공 귀착	**(3) 공정성 강조의 전략** ① 수업 목표와 내용의 일관성 유지 ② 연습과 시험 내용의 일치

3) 표현 활동의 수업 과정 모형 탐색

(1) 표현활동의 일반적인 수업 모형

준비 → 탐색 → 표현활동 → 정착 및 적용

(2) 적용할 교수–학습 과정

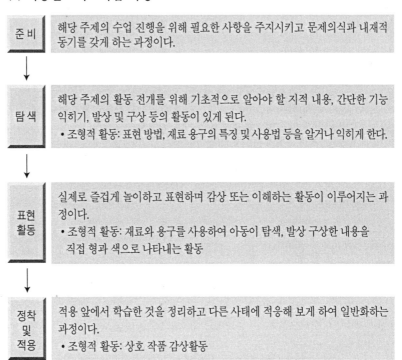

준비	해당 주제의 수업 진행을 위해 필요한 사항을 주지시키고 문제의식과 내재적 동기를 갖게 하는 과정이다.
탐색	해당 주제의 활동 전개를 위해 기초적으로 알아야 할 지적 내용, 간단한 기능 익히기, 발상 및 구상 등의 활동이 있게 된다. • 조형적 활동: 표현 방법, 재료 용구의 특징 및 사용법 등을 알거나 익히게 한다.
표현 활동	실제로 즐겁게 놀이하고 표현하며 감상 또는 이해하는 활동이 이루어지는 과정이다. • 조형적 활동: 재료와 용구를 사용하여 아동이 탐색, 발상 구상한 내용을 직접 형과 색으로 나타내는 활동
정착 및 적용	적용 앞에서 학습한 것을 정리하고 다른 사태에 적응해 보게 하여 일반화하는 과정이다. • 조형적 활동: 상호 작품 감상활동

8. 학생 실태조사 및 분석

2학년 1반 아이들이 2학년이 된 지 많은 시간이 지나고 있고 나름대로 열심히 자기 맡은 일을 처리해 가는 모습이 아름답게 보인다.

지나온 시간을 되돌아보면 바삐 달려온 것 같다. 새로움과 희망이 가득했던 봄을 느끼기도 바쁘게 새로운 학교라는 새로운 환경 속에 적응해 가면서 친구와 어울려 생활할 줄도 알고, 공부 시간에도 큰 목소리로 우렁차게 발표하는 모습을 보면 이제 어린 2학년이 아닌 제 역할을 나름대로 해내는 의젓하고 건강한 모습을 만나게 된다.

한참 활동력이 많은 32명의 아이가 내뿜는 몸의 열기로 교실 안은 후끈후끈 하지만 그들은 한창 물이 오른 여름 나무처럼 싱싱하다. 잘 정리되었다고 할 수 없는 교실환경 속에서 즐겁게 생활을 해 나가는 아이들이 고맙다. 또래 친구와 때로는 다툼으로 소란하기도 하고 때로는 환한 웃음으로 가득한 교실에서 어울려 지내는 모습을 보면서 오늘도 하루를 보낸다. 벌써 한 학기를 마무리해야 하는 때가 다가오고 있다. 이맘때쯤 내가 맡은 아이들은 어떤 생각으로 얼마나 많이 커가고 있는지 궁금해지는 것은 왜일까?

어떤 교과를 좋아하는지, 어떤 활동을 좋아하는지, 발표를 잘할 수 있는지 등을 아이들에게 물어보았다.

1) 교과별 흥미도(N=32)

좋아하는 과목	국어	수학	바른생활	슬기로운생활	즐거운 생활	계
인원수(%)	5(15.6)	6(18.8)	3(9.4)	6(18.7)	12(37.5)	32(100.0)

교과별 흥미도에서는 '즐거운 생활' 교과를 가장 좋아하는 것으로 나타났다. 이는 '즐거운 생활' 교과가 다양한 활동이나 놀이를 통한 학습으로 이루어지고 있기 때문에 흥미가 높은 것으로 판단된다. 따라서 좀 더 효율적인 '즐거운 생활' 교과를 운영하기 위해서는 동일 제재 내에서 서로 다른 주제의 학습 내용이라 할지라도 학습 방법이 비슷한 내용은 통합적으로 운영하는 것이 바람직하다. 하지만 제재의 내용 특성에 따라 특별히 강조되는 활동이 중심이 되는 경우에는 신체적, 음악적, 조형적 활동을 무리하게 통합하여 운영하지 않도록 해야 한다.

2) 과제 해결력(N=32)

과제해결	혼자서 스스로 해결한다	부모님이나 다른 사람의 도움을 받아서 한다	과제를 잘 해결 하지 못한다	계
인원수(%)	20(62.5)	12(37.5)	0(0.0)	32(100.0)

　2학년은 과제의 양이 그렇게 많지는 않다. 과제에 대한 부담이 오히려 학습에 대한 흥미도를 떨어뜨릴 수 있기 때문에 기본적인 학습과 관련된 내용, 즉 셈하기, 글자 익히기, 학습 준비물 스스로 챙겨 오기 등을 통해서 과제 해결력을 조사 관찰해 본 결과, 혼자서 스스로 해결한다는 의견이 20명(62.5%)으로 가장 높았고, 부모님이나 다른 사람의 도움을 받아서 한다는 12명(37.5%)으로 나타났다. 또한 과제를 잘 해결하지 못한다는 의견에는 한 명도 없어 자기 스스로 학습을 할 수 있는 능력이 길러졌음을 파악할 수 있다. 더불어 지속적으로 2학년은 자기 스스로 해결할 수 있도록 분위기를 조성해 주어야 할 것이다.

3) 즐거운 생활의 활동에 대한 관심도(N=32)

활동	신체적 활동	조형적 활동	음악적 활동	계
인원수(%)	10(31.3)	15(46.9)	7(21.8)	32(100.0)

　즐거운 생활 교과의 활동 중에서 학생들은 조형적 활동(46.9%), 신체적 활동(31.3%), 음악적 활동(21.8%)의 순으로 관심을 나타내었다. 즐거운 생활 교과는 '이해' 영역의 지도에서 관련 지식을 직접 주입시키려 하지 말고, '놀이와 표현', '감상' 활동을 전개하는 과정에서 관련된 기본적인 학습 요소를 즐겁게 경험하도록 하여 이해·체득하도록 하며, 그 결과를 '놀이와 표현' 그리고 '감상' 영역의 활동에서 활용할 수 있도록 한다.

4) 조형적 활동 영역에 대한 흥미도(N=32)

구분	그리기	만들기	꾸미기	감상하기	계
인원수(%)	8(25.0)	13(40.6)	5(16.6)	6(18.8)	32(100.0)

조형적 활동 영역 중에서는 학습자는 만들기 활동(40.6%)을 가장 좋아하며, 다음으로 그리기(25.0%), 감상하기(18.8%), 꾸미기(16.6%)로 대체로 만들고 그리는 활동을 좋아하는 것으로 나타났다. 이 결과에 따르면 학습자는 자기의 생각으로 다양한 재료를 활용하여 만드는 것에 관심이 많았다.

III. 배움과 나눔: 본시 학습의 전개

1. 교수 · 학습의 전개

교과	즐거운생활	단원	8. 우리나라 좋은 나라	차시	4/14
주제	우리나라를 나타내는 것 그리기	교수·학습 모형	표현활동을 위한 학습모형 (준비-탐색-표현-정착 및 적용)		
학습 목표	우리나라를 나타내는 것을 특징을 살려 다양한 방법으로 표현할 수 있다.	범위(쪽수)	86~87쪽		

단계 시간	학습내용	교수-학습활동 교사	학생	동기관련 요소 (주의, 관성, 자신감, 만족감)	자료(•) 및 유의점(*)
준비 (10′)	학습 분위기 조성 동기유발	문제 파악하기 T: 다같이 '아름다운 나라' 노래를 불러 봅시다. T.우리나라를 나타내는 것에는 무엇이 있는지를 찾아보는 퀴즈를 해 보겠습니다. T.선생님 친척 중에 다	■다함께 노래 부른다. S.우리나라를 나타내는 것 퀴즈를 풀어 본다. S.화상통신으로 인사를 나누고 이야기를	주의 (지각적 주의집중, 신비감 제공)	• 오르간 • 퀴즈플래시프로그램

단계 시간	학습내용	교수-학습활동		동기관련 요소 (주의, 관련성, 자신감, 만족감)	자료(•)및 유의점(*)
		교사	학생		
		른 나라에 살다가 얼마 전에 우리나라에 돌아온 한 아이와 지금 화상통신을 하려고 합니다. 여러분의 도움을 바라고 있어요. 한 번 만나 볼까요?	자세히 듣는다.		• 화상통신 (화상카메라)의 내용을 호기심을 가지고 듣도록 분위기를 조성한다. 만약 화상통신이 잘 안 될 경우는 직접 편지 내용을 읽어 준다.
		2학년 1반 친구들에게 　안녕? 내 이름은 '정 프랑소와' 라고 해. 　나는 프랑스에서 태어났어. 우리나라에 온지 얼마 되지 않아서 우리나라에 대해 잘 몰라. 내가 생각할 때 우리나라가 자랑스러운 것은 세종대왕님이 우리말과 글을 만드셨다는 것과 올림픽과 월드컵을 개최한 나라면서 예쁜 한복을 입는다는 거야. 　지금 가장 궁금한 것은 '우리나라를 대표적으로 나타내는 것이 무엇일까?' 하는 거야. 너희가 좀 도와주었으면 해. 우리나라를 나타내는 것이 무엇인지를 그림으로 그려서 나에게 알려 주면 프랑스에 있는 내 친구에게 자랑할 거야. 　2학년 1반 친구들. 내 궁금증을 해결할 수 있도록 도와줘. 　　　　　　　　　　2007년 6월 25일 　　　　프랑스에서 우리나라로 온 지 　　　얼마 안 된 '정 프랑소와' 보냄			* 화상통신의 내용을 통해서 알고 있는 것(Know)과 더 알아야 할 것(Need to Know)을 찾아내도록 유도한다.
	문제 파악하기	T. '정 프랑소와' 는 우리나라를 어떻게 자랑스러워하고 있습니까?	S₁ 올림픽과 월드컵을 개최한 나라라서 자랑스러워하고 있습니다. S₂ 세종대왕이 우리말과 글을 만든 것을	주의 (탐구적 주의집중) 자신감 (성공의	

단계 시간	학습내용	교수-학습활동		동기관련 요소 (주의, 관련성, 자신감, 만족감)	자료(•)및 유의점(*)
		교사	학생		
준비 (10′)	학습문제 확인		자랑스러워하고 있습니다.	기회 제시)	
		T. '정 프랑소와'의 고민이 무엇인가요?	S₁우리나라를 나타내는 것이 무엇인지 잘 모릅니다.	주의 (탐구적 주의집중)	
		T.이번 시간에는 여러분 모두가 친구의 고민을 해결하는 데 도움이 되는 일을 했으면 좋겠습니다. 이번 시간에는 어떻게 도와줄 수 있을까요?	S₂프랑스 친구들에게 우리나라 자랑거리 중 무엇을 알려 줄지 궁금해합니다. S₁우리나라의 자랑거리를 그려서 보내 줍니다.	자신감 (개인적 조절감 증대)	• 칠판 게시
			S₂우리나라를 대표하는 것이 무엇인지 알려 줍니다	관련성 (목적 지향성의 전략)	
		☞ 우리나라를 나타내는 것을 특징을 살려 다양한 방법으로 표현해 봅시다.			
탐색 (5′)	표현재료와 용구 알아보기	T: 지난 시간에 구상한 내용을 발표하여 봅시다. 무엇을 그릴 것입니까?	■구상활동지를 준비한다. S₁한복을 그리겠습니다. S₂거북선을 그리겠습니다.	관련성 (필요나 동기와의 부합성을 강조하는 전략)	• 지난 시간에 스케치한 구상활동지
			S₃소고와 무궁화를 그리겠습니다.	자신감 (개인적 조절감 증대)	* 표현재료와 용구에 대한 다양한 의견을 수용한다.
		T: 어디에 그려 볼까요?	S₁도화지에 그려 보고 싶습니다. S₂한지에 그려 보고 싶습니다.	만족감 (긍정적 결과 강조)	

단계 시간	학습내용	교수-학습활동		동기관련 요소 (주의, 관련성, 자신감, 만족감)	자료(•)및 유의점(*)
		교사	학생		
		T: 어떤 재료로 표현해 볼까요? T: 우리나라를 나타내	S₃사포에 그려 보고 싶습니다. S₃물감으로 표현해 보고 싶습니다. S₂크레파스와 색연필로 표현해 보겠습니다.		
표현 하기 (25′)	작품 표현 하기	는 것의 특징이 잘 나타나도록 그려 봅시다. T: 작품이 완성된 학생은 '정 프랑소와' 에게 작품을 소개하는 엽서를 써 봅시다. T: 완성한 작품을 발표	■구상한 내용에 따라 우리나라를 나타내는 것을 표현한다. ■엽서를 쓴다.	자신감 (성공의 기회 제시의 전략, 개인적 조절감 증대의 전략)	*각자 개성 있는 표현이 될 수 있도록 한다. • 학습지 (엽서), 병풍
정착 및 적용 (10′)	작품 전시 발표 하기 상호평가 하기 내면화 하기	하여 봅시다. T: 친구들이 그린 그림 중에서 칭찬하고 싶은 것을 발표해 봅시다. T:이번 시간에 우리나라를 나타내는 것을 표현하면서 느꼈던 점은 무엇입니까?	■작품과 엽서를 발표한다. S₁ 저는 ☆를 칭찬합니다. 거북선의 특징이 잘 나타나게 표현했기 때문입니다. S₂ 저는 ○두레를 칭찬합니다. 한복을 아름답게 표현했기 때문입니다. S₁ 우리나라를 나타내는 것이 자랑스러웠습니다. S₂우리나라를 나타내는 것을 더욱 소중히 여겨야겠다고 생각	만족감 (자연적 결과 강조의 전략, 긍정적 결과 강조의 전략) 만족감 (공정성 강조의 전략)	• 마이크 *발표를 할 때는 학생들이 활동을 멈추고 발표하는 모습을 바라보게 한다. *우리나라를 나타내는 것을 소중하게 여기는 태도를 가질

단계 시간	학습내용	교수 · 학습활동		동기관련 요소 (주의, 관련성, 자신감, 만족감)	자료(•) 및 유의점(*)
		교사	학생		
	차시예고	T: 다음 시간에는 우리나라 악기소리를 알아보도록 하겠습니다.	하였습니다.		수 있도록 한다.
	정리정돈	T: 각자 사용한 용구를 잘 정리하도록 하세요.	■사용한 용구를 정리한다.		

2. 판서 계획

8. 우리나라 좋은 나라
♧ 우리나라를 나타내는 것을 특징을 살려 다양한 방법으로 표현해 봅시다.

3. 평가 계획

학습 목표 도달도	• 우리나라를 대표하는 것을 찾을 수 있는가? • 우리나라를 나타내는 것을 특징을 살려 표현할 수 있는가? • 우리나라 문화재를 소중하게 여기는 태도를 가지는가?
학습자	• 우리나라를 나타내는 것을 특징을 살려 표현하였는가? • 학습 과정에 흥미를 가지고 적극적으로 참여했는가? • 재료를 잘 활용하여 창의적으로 표현했는가?
교사	• 지도 계획대로 수업이 진행되었는가? • 학생의 수준을 고려하고 다양한 표현이 이루어질 수 있는 분위기를 조성하였나?
평가 방법	관찰과 상호 평가

| 즐거운 생활 | 8. 우리 나라 좋은 나라 | 2학년 1반 (   )번 |
| | | 이름: |

'우리나라를 나타내는 것' 중에서 한 가지를 선택하여 그리기 위한 계획을 세워 봅시다.

무엇을 그릴 것인가요?

_____

_____

어떤 재료를 사용할 것입니까?

_____

_____

어떤 방법으로 표현할 것입니까?

_____

_____

우리나라를 대표하는 것을 그려 보고 특징을 설명해 보세요.

_____

_____

_____

_____

_____

□엽서

♡정 프랑소와에게

안녕!
난 우리나라를 나타내는 것으로 (   )을 그렸어.
이 작품의 특징을 말하면

우리나라를 나타내는 것을 잘 알 수 있었으면 좋겠다.

♡ 보내는 사람 (   )

♡정 프랑소와에게

안녕!
난 우리나라를 나타내는 것으로 (   )을 그렸어.
이 작품의 특징을 말하면

우리나라를 나타내는 것을 잘 알 수 있었으면 좋겠다.

♡ 보내는 사람 (   )

참고문헌

강명희, 한연선(2000). 자원기반 학습환경에서 탐구훈련모형의 활용이 탐구능력과 과제수행능력에 미치는 영향. 교육공학연구, 16(2), 3-18.

고범석(2007). e-러닝 칼럼: 디지털교과서 도입과 전망. KERIS@, 4(1), 16-19.

교육인적자원부(2006). 초중등학교 정보통신기술교육 운영지침 해설서(개정판).

경전연구모임(1991). 부모은중경, 우란분경, 삼세인과경. 서울: 불교시대사.

교육공학용어사전 편찬위원회 (2005). 교육공학 용어사전. 서울: 교육과학사.

권성호(1990). 교육공학원론. 서울: 양성원.

김영환 & Reigeluth, C. M. (1995). Rapid prototyping for task analysis and sequencing with Simplifying Conditions Method(SCM). 미국 교육공학회 (Association for Educational Communication and Technology) 1995년 정기 학술 발표회. Aneheim, California, USA.

김영환(1990). 최근 미국의 멀티미디어 개발 동향분석. 한국과학교육학회 발표자료집. 한국교육개발원.

김영환(1994). 과제분석과 계열화를 위한 단순화조건법. 교육공학연구, 9(1), 43-59.

김영환(1996). 멀티미디어의 특성과 과학교육에서의 활용. 최신교육공학-이론적 기저와 실천적 접근. 서울: 인산 유태영 박사 정년기념 논총간행 위원회, 497-529.

김영환(1998a). 한국교육공학계에 나타난 구성주의에 대한 비판적 탐색. 교육공학연구, 14(3), 105-134.

김영환(1998b). 교단선진화를 위한 교원연수 및 학생교육, 교단선진화 사업의 성과와 과제. 광주광역시 교육청 주최 학술세미나 자료집.

김영환(1999). 교육정보화를 위한 교육방송의 과제. 한국교육방송연구회 1999년 임원 세미나 자료집. 한국교육방송연구회.

김영환(2000). 교수설계의 이론과 실제. 서울: 교육과학사.

김영환(2007). ICT를 활용한 창의적 교수방법. 부산시 교육정보연구원. ICT 활용 교수개선방안연수.

김영환, 김영진(1997). 인터넷에 대한 초등학교 교사의 인지도와 태도에 관한 연구. 교육방송연구, 1(2), 45-68.

김영환, 손미(1997). 컴퓨터를 활용한 적응적 개별학습 성취도 검사의 제작과 활용을 위한 표준화지침 개발 및 효과연구. 교육방송연구, 제3권, 131-146.

김영환, 손미, 박수홍(2001). 인터넷 기반 원격협동학습사례 연구. 교육연구, 11, 103-128.

김영환, 이상수, 정희태, 박수홍(2003). 원격교육의 이론과 실제. 서울: 학지사.

김영환, 최중옥(1996). 교수학습용 로봇시스템의 활용과 그 효과. 교육공학연구, 12(1), 211-228.

김원희, 김용선(1975). 교육과정. 서울: 재동문화사.

김인식(1995). 수업과정과 교사의 설명방법. 교육연구, 15(5), 22-25.

김종량(1992). 교육공학. 서울: 문음사.

김혜숙, 진성희(2006). 미국 ETS의 ICT 리터러시 평가 도구. 2006 한국학술정보원 이슈리포트.

김태영, 조용상, 최현종(2005). 미래교육 시나리오에 기반한 e-러닝 표준화 로드맵 V₂연구. 한국교육학술정보원 연구보고서 KR2005-28.

박숙희, 염명숙(2001). 교수-학습과 교육공학. 서울: 학지사.

박승배 역, L. Cuban 저(1997). 교사와 기계. 서울: 양서원.

배식한(2003). 인터넷, 하이퍼텍스트 그리고 책의 종말. 서울: 책세상문고.

백영균, 박주성, 한승록, 김정, 최명숙, 변호승, 박정환, 강신천(2003). 교육방법 및 교육공학. 서울: 학지사.

백영균, 설양환(1998). 인터넷과 교육. 서울: 양서원.

변영계(1984). 학습지도. 서울: 배영사

변영계(1990). 수업자의 수업기술 향상을 위한 수업장학 시범의 구안. 교육공학연구, 6(1), 241-263.

변영계(1992). 수업설계. 서울: 배영사.

변영계(1999). 교수-학습이론의 이해. 서울: 학지사.

변영계, 김영환(1995). CAI를 이용한 개별화 시스템의 설계를 위한 원리의 구안. 교육학연구, 33(3), 373-397.

서울교대미술교육연구회(1997). 야! 미술이 보인다. 서울: 예경

산업자원부(2003). 2003 e-러닝 백서. 한국사이버교육학회.

손　미(1996). 컴퓨터 네트워크를 활용한 학교교육방법 개선과 그 효과: 미국 그린우드 중 학교 사례를 중심으로. 교육방송연구, 2, 90-107.

손　미(1999). 자원기반 학습(Research-Based Learning)을 통한 자기 주도적 학습 및 정보 소양능력 신장. 초등교육연구, 13(1). 213-234.

손　미(2000a). 인터넷 활용 협동학습을 위한 교사역할에 관한 사례연구. 교육학연구, 38(4), 149-180.

손　미(2000b). 정보통신기술과 초등교육과정의 통합 및 실천적 운영을 위한 고찰. 초등교육연구, 14(1), 237-266.

손　미(2002). 초등학교에서의 인터넷 자원기반 탐구학습 설계모형의 개발에 관한 연구. 교육정보방송연구, 8(2), 57-92.

손　미(2004). 웹기반 국제 협력학습 사례분석을 통한 현장 적용가능성 탐색. 초등교육연구, 19, 37-58.

송상호, J. M. Keller(1999). 매력적인 수업설계. 서울: 교육과학사.

신나민(2007). 원격교육입문. 고양: 서현사.

유태영(1994). 교육방송론-개념적인 접근. 서울: 형설출판사.

이돈희(1983). 교육학의 새로운 파라다임 탐색. 한국교육문제연구, 제1집, 15-23.

이부영의 초등 미술교실 사이트 http://www.eboo0.com/

이성은, 오은순, 성기옥(2002). 초·중등 교실을 위한 새 교수법. 서울: 교육과학사.

이성호(1988). 교수방법의 탐구. 서울: 양서원.

이성호(1999). 교수방법론. 서울: 학지사.

이영덕(1985). 수업이론. 서울: 한국방송통신대학.

이재규 역, P.Druker 저(2003). 『Next Society』. 서울: 한국경제신문.

임정훈, 임병노, 최성희, 김세리(2004). 초중등 학교에서 교실 수업과 웹기반 학습을 연계한 커뮤니티기반 프로젝트 학습 모형 개발연구, 교육공학연구, 20(3), 101-133.

전성연, 최병연 역, D. Stipek 저 (1999). 학습동기. 서울: 학지사.

조규락, 김선연(2006). 교육방법 및 교육공학. 서울: 학지사.

조배원(1998). 전자수업안·학습지 활용을 통한 수업의 질 향상. 인터넷을 이용한 수업 개선 세미나 자료집. 서울 서현초등학교(1998. 10. 17), 63-75.

조 벽(2000). 새시대교수법. 서울: 한단북스.

조정기(1993). 교육방법과 교육공학. 서울: 대광문화사.

주영주(2005). 온·오프라인의 만남, 블랜디드 러닝으로 학습효과 높인다. 한국교육학술정보원, 에듀넷 가을호, 11-23.

진위교 외(1993). 교육방법 및 교육공학. 서울: 정민사.

진위교, 김충희, 변영계(1990). 교육방법 및 교육공학. 서울: 정민사.

하원규, 김동환, 최남희(2003). 유비쿼터스 IT혁명과 제3공간. 서울: 전자신문사.

한국교육개발원(1993). 한국교육개발원 20년사. 서울: 한국교육개발원.

한국교육공학회(2005). 교육공학용어사전, 358-359.

한국교육신문. e-러닝을 넘어서: 유비쿼터스 환경으로. 2006년 5월 15일자, 9면.

한상용, 김경숙(2003). 모바일 컴퓨팅 환경의 교육적 활용 방안 연구. 한국교육학술정보원 연구보고서, KR 2003-2.

한승희(2002). 중학교 학생들의 컴퓨터 게임 중독에 관한 연구. 부산대학교 교육대학원 석사학위논문.

한안진(1987). 현대 탐구 과학 교육. 서울: 교육과학사.

호재숙 외 4인(1989). 교육방법 및 교육공학. 서울: 교육과학사.

황주홍(2002). 미래학 산책: 세계의 석학들로부터 듣는 미래 경영. 서울: 조선일보사.

Aronson, E., Blaney, N., Stephan, C., Sikes, J., & Snapp, M. (1978). *The jigsaw classroom*. Bevery Hills: Sage Publications, Inc.

Ausubel, D. P. (1977). The facilitation of meaningful verbal learning in the classroom. *Educational psychology, 12*, 162-178.

Barnard, J. (1992). Multimedia and the future of distance learning technology.

EMI, 29(3), 139-144.

Barrows, H. S., & Myers, A. C. (1993). *Problem based learning in secondary schools.* Unpublished monograph. Springfield, IL: Problem based learning institute, Lanphier High School, and Southern Illinois University Medical School.

Bates, T. (1993). Theory and practice in the use of technology in distance education. In Keegan, D. (Ed.). *Theoretical principles of distance education.* New York, NY: Routledge.

Beazley, M. R. (1989). Reading for a Real Reason: Computer Pals across the World. *Journal of Reading, 32,* 598-605.

Berlo, D. K. (1960). *The process of communication: An introduction on to theory and practice.* NY: Holt, Rinehart & Winston.

Breivik, P. S. (1998). *Student learning in the information age.* American Council on Education, AZ: ORYX Press.

Brewer, M. B. (1979). In group bias in the minimal intergroup situation: A cognitive-motivational analysis. *Psychological Bulletin, 86,* 307-324.

Brown, J. S., Collins, A. S., & Duguid, P. (1989). Situated cognition and the culture of learning. *Educational Researcher, 18*(1), 32-42.

Brown, J. S., & Smith, B. (1996). *Resource-Based Learning.* London: Kogan Page.

Brown, J. S., & Gibbs, G. (1996). Reasons for employing RBL. http://www.lgu.ac.uk/deliberations/rbl/brown.html.

Bruner, J. S. (1960). *The process of education.* Cambridge: Harvard University Press.

Bruner, J. S. (1966). *Toward a theory of instruction.* NY: W. W. Worton & Co.

Chu, G. C., & Schramm, W. (1979). *Learning from television: What the research says.* Washington, DC: National Association of Educational Broadcasters.

Clark, L. H., & Starr, I. S. (1986). *Secondary and middle school teaching methods* (5th ed.), NY: Macmillan Publishing Co.

Cohen, M., & Riel, M. (1989). The Effect of Distant Audiences on Students' Writing. *American Educational Research Journal, 26,* 143-159.

Collins, A. (1991). Cognitive apprenticeship and instructional technology. In L. Idol & B. F. Jones (Eds.), *Educational values and cognitive instruction: implications for reform.* NJ: Lawrence Erlbaum Associates.

Cooper, J. M. et al. (1994). *Classroom teaching skills* (5th ed.). Lexington: D. C. Health and Company.

Dale, E. (1969). *Audio-visual methods in teaching* (3rd ed.), NY: Holt Rinehart & Winston.

Davies, I. K. (1981). *Instructional teaching.* New York: McGraw-Hill Book Co.

Dewey, F. M. (1978). *Strategies for improving visual learning.* State College, PA: Learning Service.

Duffy, T. M., & Bednar, A. K. (1991). Attempting to come to grips with alternative perspectives. *Educational Technology, September,* 12-45.

Finn, J. d. (1964). The revolution in the school: Technology and instructional process. NY: Holt, Rinehart & Winston.

Gagné, R. M. (1970). *The conditions of learning.* New York: Holt, Rinehart & Winston.

Gagné, R. M., Briggs, L. J., & Wager, W. W. (1988). *Principles of instructional design* (3rd ed.). NY: Holt, Rinehart & Winston.

Galbraith, J. K. (1967). *The new industrial state.* Boston: Houghton Mifflin Co.

Gayeski, D. M. (1993). Making sense of multimedia: Introduction to special issue. *Educational Technology, 32*(5), 9-13.

Gery, G. J. (1995). Attributes and behaviors of performance-centered system. *Performance Improvement Quarterly, 8*(1), 47-93.

Good, T. L. et al. (1992a). Grouping for instruction in Mathematics. In D. A. Grouws (Ed.), *Handbook of research on mathematics teaching and learning.* New York: Macmillan, 165-196.

Good, T. L. et al. (1992b). Investigating work group to promote problem solving in mathematics. In J. Briphy (Ed.), *Advances in research on teaching Vol. 3.* Greenwich, Conn.: JAI Press, 115-160.

Hannafin, M. (1999). Learning in gen-ended environments: Tools and technologies for the next millenium. http://itechy.coe.uga.edu/itforum/paper34.html.

Harasim, L. (1986). Computer learning networks: Educational applications of computer conferencing. *Journal of Distance Education, 1*(1), 59-60.

Harasim, L. (1993). Collaborating in cyberspace: Using computer conferences as a group learning environment. *Interactive Learning Environments, 3*(2), 119-130.

Heinich, R. (1973). *Educational technology as technology, Introduction to educational technology.* (p. 38). Educational Technology Publication.

Heinich, R., Molenda, M., & Russel, J. D. (1986). *Instructional media and technologies for learning.* NY: Macmillan Publishing Company.

Heinich, R., Molenda, M., Russel, J. D., & Smaldino, S. E. (1996). *Instructional media and technologies for learning.* NJ: Englewood Cliffs, Prentice-Hall Inc.

Hilgard, E. R., & Bower, G. H. (1975). *Theories of learning.* Englewood Cliffs, NJ: Prentice-Hall.

Hoban, C. F. (1960). The usable reside of educational film research. In *New teaching aids for the American classroom.* Palo Alto, CA: Stanford Univ. Press. Institute of communication research.

Hoban, C. F. Sr., Hoban, C. F. Jr., & Zissman, S. B. (1937). *Visualizing the curriculum.* NY: Dryden Press.

Holloway, R. E. (1984). Educational technology: A critical perspective. ERIC: Syracuse University.

Johnson, D. W., & Johnson, R. T. (1991). *Learning together and alone: Cooperation, competition, and individualization* (3rd ed.). Englewood Cliffs, NJ: Prentice Hall.

Johnson, D. W., & Johnson, R. T. (1992). Positive interdependence: Key to effective cooperation. In R. Hertz-Lazarowitz & N. Miller (Eds.),

Interaction in cooperative groups. New York: Cambridge University Press.

Joyce, B., & Weil, M. (1986). *Models of teaching* (3rd ed.). New Jersey: Prentice-Hall, Inc.

Kagan, S. (1992). *Cooperation learning: Resources for teachers.* San Juan Capistrano, CA: Resources for Teachers.

Keegan, D. (1993). *Theoretical principles of distance education.* London: Routledge.

Keegan, D. (1996). *The foundations of distance education.* London: Croom Helm.

Kim, Y. H. (2005). The recent progress and vision of APEC future education consortium. APEC Future Education Forum, Beijing, China.

Levin, T., & Long, R. (1981). *Effective instruction.* Virg: ASCD.

Linn, M. C. (1992). The art of multimedia and the state of education. *Educational Researcher January, February,* 30-33.

Masie, E. (2000). Survey results: roles and expectations for e-trainers. http://www.tech/learn.com/trends/trends 168.htm.

Mayer, R. E., & Anderson, R. B. (1992). The instructive animation: Helping students build connections between words and pictures in multimedia learning. *Journal of Educational Psychology, 84*(4), 444-452.

McCreary, E. K., & Van Duren, J. (1987). Educational applications of computer conferencing. *Canadian Journal of Educational Communication, 16*(2), 107-115.

Miyake, N., & Sugimoto, T. (1985). An Educational Practice Using an International Computer Network: Functional Learning Environment for Learning English as a Foreign Language. *Bulletin of Aouama Gakuin Woman's Junior College, 39,* 1-14.

Moore, M. G., & Kearsley, G. (1996). *Distance education: A systems view.* Belmont. CA: Wadsworth Publishing Co.

Negroponte, N. (1995). *Being digital.* NY: Alfred A. Knopf.

Newmann, D. (1991). Formative experiments on the coevolution of technology and the educational environment. In Eileen Scanlon and Tim O'shea (Ed.). *New Directions in Educaitonal Technology*, NATO ASI Series, Springer-Verlag, New York.

Pettersson, R. (1989). *Visuals for information: Research and practice.* Englewood Cliff, NY: Educational Technology Publications.

Piaget, J. (1971). *Biology and knowledge.* Chicago: University of Chicago Press.

Postman, N. (1995). *The end of education: Redefining the value of school.* NY: Alfred A. Knopf.

Reigeluth, C. M. (1983). Instructional design: What is it and Why is it? In C. M. Reigeluth (Ed.), *Instructional design theories and models: An overview of their current status.* (pp. 3-36). NJ: Hillsdale, Lawrence Erlbaum Associates.

Reigeluth, C. M. (1999). *Instructional design theories and models: A new paradigm of instructional theory.* NJ: Lawrence Erlbaum Associates.

Rogers, E. M. (1983). *Diffusion of innovations* (3rd ed.). The Free Press. A Division of Macmillan Publishing Co., Inc. New York.

Salomon, G. (1992). What does the design of effective CSCL require and how do we study its effects? *SIGCUE Outlook, Special Issue on CSCL, 21*(3), 62-68.

Sattler, P. (1990). *The evolution of American educational technology.* CO: Libraries Unlimited.

Schannon, C. E., & Schramm, W. (1964). *The mathematical theory of communication.* Urbana: The University of Illinois Press.

Schwier, R. A., & Misanchuck, E. R. (1993). *Interactive Multimedia Instruction.* Educational Technology Publications, NJ: Englewood Cliffs.

Seels, B. B., & Richey, R. C. (1994). *Instructional Technology: The definition and dominations of the field.* Washington. DC: AECT.

Sharan, S. (1990). *Cooperative learning: Theory and research.* New York: Praeger.

Skinner, B. F. (1954). The science of learning and the art of teaching. *Harvard Educational Review,* Spring, 96-97.

Slavin, R. E. (1978). Student Teams and Achievement Division, *Journal of Research and Development in Education, 12,* 39-49.

Slavin, R. E. (1990). *Cooperative learning: Theory, research, and practice.* Englewood Cliffs, NJ: Prentice Hall.

Smaldino, S. E., Russel, J. D., Heinich, R., & Molenda, M. (2005). *Instructional technology and media for learning.* Pearson Merrill Prentice Hall.

Spanos, A. (1992). Discovery Writing: How to Explore it, Map it, and cultivate it well. *Hispania, 75,* 441-444.

Tella, S. (1992). The Adoption of International Communications Networks and Electronic Mail into Foreign Language Education. *Scandinavian Journal of Educational Research, 36,* 303-313.

Toffler, A. (1989). *The Third Wave.* NY: Bantam.

Toynbee, A. (1947). *A study of history.* NY: Oxford University Press.

Tucker, R. N. (1990). Transactions in european education. In J. Barker & R. N. Tucker (Eds.), *The interactive learning revolution: Multimedia in Education and Training.* Kogan page, London.

Twiddle, M. B., Nichols, D. M., Smith, G., & Trevor, J. (1995). Supporting collaborative learning during information searching. http://www.comp.lancs.uk/ computing/users/dmn/ariadne/cscl95.html

Van Manen, M. (1990). Researching Lived Experience. The Althouse Press. The University of Western Ontario. Canada.

Vedder, P. (1985). *Cooperative learning: Study on processes and effects of cooperation between primary school children.* Westerhaven Groningen, Netherlands. Rijkuniversiteit Groningen.

Wileman, R. E. (1993). *Visual communicating.* Educational Technology Publications, NJ: Englewood Clffs.

찾아보기

내 용

 저자 소개

변 영 계

경남대학교, 서울대학교 교육대학원, 미국 Pittsburgh 대학교에서 교육과정 및 장학 전공(Ph. D). 경남 마산 초·중·고교 교사, 미국 Florida 주립대와 일본 동경대학에서 교육공학 분야 연수, 서울대 사대 부설 교육행정연수원 전임강사, 한국교육개발원 책임연구원, 교육방송부장, 미국 ASCD 회원, 문교부 교육과정 심의위원, 대학입학 학력고사 출제위원회 부위원장 및 전국 중등학교 임용고시 출제위원회 부위원장 역임. 현재 부산대학교 사범대학 교육학과 명예교수.

[저 서] 교수학습이론의 이해, 수업설계, 수업체제(역), 학습지도, 교육과정과 교육평가(공저), 교육방법 및 교육공학(공저) 외 다수

김 영 환

부산대학교, 미국 Ohio 주립대(OSU) 대학원(M. A.), 미국 Indiana 대학교(Bloomington)에서 교육공학 전공(Ph. D). 부산고등학교 교사, 한국교육개발원 부설 컴퓨터교육연구개발센터 연구원, 미국 교수공학센터(AIT) 멀티미디어 책임연구원 역임, 현재 부산대학교 사대 교육학과 교수, APEC 교육위원회 조정관(Coordinator, Education Network), APEC 국제교육협력원(IACE) 원장, 한국교육정보미디어학회 회장, APEC 미래교육포럼 의장.

[저 서] 컴퓨터기반 적응적 평가의 이론과 실제(공저), 원격교육매체론(공저), 교육용 멀티미디어 개발의 실제(공저), 교육방법 및 교육공학(공저) 외 다수

손 미

이화여자대학교, 이화여자대학교 대학원(M. A.), 미국 Indiana 대학교(Bloomington)에서 교육공학 전공(Ph. D). 현재 부산교육대학교 교육학과 부교수.

[저 서] 교육용멀티미디어 개발의 실제(공저), 교육방법 및 교육공학(공저)

[논 문] 인터넷 활용 협동학습을 위한 교사의 역할에 관한 사례연구, 자원기반학습을 통한 자기주도 학습 및 정보 활용 능력 신장, 정보통신기술과 초등교육과정의 통합 및 실천적 운영을 위한 고찰, 유비쿼터스 학습환경에서 체험학습의 가능성과 실현조건탐색, 초등학교에서의 인터넷 자원기반 탐구학습 설계모형의 개발에 관한 연구, 웹기반 국제협력학습 사례분석을 통한 현장 적용가능성 탐색 외 다수

교육방법 및 교육공학 (3판)

1996년 8월 5일 1판 1쇄 발행
1999년 8월 30일 1판 5쇄 발행
2000년 2월 21일 2판 1쇄 발행
2007년 4월 25일 2판 12쇄 발행
2007년 9월 15일 3판 1쇄 발행
2019년 8월 30일 3판 17쇄 발행

지은이 • 변영계 · 김영환 · 손미 공저
펴낸이 • 김 진 환
펴낸곳 • (주) **학지사**

　　　　04031 서울특별시 마포구 양화로 15길 20 마인드월드빌딩 5층

대표전화 • 02) 330-5114　　　팩스 • 02) 324-2345

등록번호 • 제313-2006-000265호

홈페이지 • http://www.hakjisa.co.kr
페이스북 • https://www.facebook.com/hakjisabook

ISBN 978-89-5891-529-4 93370

정가 **18,000원**

출판·교육·미디어기업 **학지사**

간호보건의학출판 **학지사메디컬** www.hakjisamd.co.kr
심리검사연구소 **인싸이트** www.inpsyt.co.kr
학술논문서비스 **뉴논문** www.newnonmun.com
원격교육연수원 **카운피아** www.counpia.com